Raphael Magin

Die geringere Hälfte

Policy-Forschung und Vergleichende Regierungslehre

herausgegeben von

Prof. Dr. Uwe Wagschal (Universität Freiburg),
Prof. Dr. Herbert Döring (Universität Potsdam),
Prof. Dr. Adrian Vatter (Universität Bern),
Prof. Dr. Markus Freitag (Universität Konstanz)
und Prof. Dr. Herbert Obinger (Universität Bremen)

Band 11

Raphael Magin

Die geringere Hälfte

Erscheinungsformen, Entwicklungen
und Ursachen
der Unterrepräsentation von Frauen
in deutschen Parlamenten

LIT

Gedruckt auf alterungsbeständigem Werkdruckpapier entsprechend
ANSI Z3948   DIN ISO 9706

Der Autor dankt der Deutschen Forschungsgemeinschaft für die finanzielle Unterstützung der Drucklegung dieses Werkes.

Bibliografische Information der Deutschen Nationalbibliothek
Die Deutsche Nationalbibliothek verzeichnet diese Publikation in der Deutschen Nationalbibliografie; detaillierte bibliografische Daten sind im Internet über http://dnb.d-nb.de abrufbar.

ISBN 978-3-643-10893-7
Zugl.: Konstanz, Univ., Diss., 2010

© LIT VERLAG Dr. W. Hopf Berlin 2011
Verlagskontakt:
Fresnostr. 2   D-48159 Münster
Tel. +49 (0) 2 51-620 320   Fax +49 (0) 2 51-922 60 99
e-Mail: lit@lit-verlag.de   http://www.lit-verlag.de

Auslieferung:
Deutschland: LIT Verlag Fresnostr. 2, D-48159 Münster
Tel. +49 (0) 2 51-620 32 22, Fax +49 (0) 2 51-922 60 99, e-Mail: vertrieb@lit-verlag.de
Österreich: Medienlogistik Pichler-ÖBZ, e-Mail: mlo@medien-logistik.at
Schweiz: B + M Buch- und Medienvertrieb, e-Mail: order@buch-medien.ch

Meinen Eltern

Vorwort und Danksagung

Die Entstehung dieser Dissertation wäre nicht möglich gewesen ohne die tatkräftige Hilfe einer ganzen Reihe von Menschen, denen ich an dieser Stelle meinen herzlichsten Dank aussprechen will. Mein besonderer Dank gilt meinem Doktorvater Prof. Dr. Markus Freitag (Universität Konstanz). Er hat mir nicht nur bei der Wahl des Themas großen Freiraum gelassen, sondern mir auch die Gelegenheit dazu gegeben, meine Gedanken eigenständig zu entwickeln. Gleichzeitig hat er die Erstellung der Arbeit intensiv begleitet und zahlreiche wichtige Impulse beigesteuert. Mein weiterer Dank gebührt Prof. Dr. Adrian Vatter (Universität Bern), der die Zweitbetreuung übernommen hat und mir ebenfalls mit wertvollen Tipps und Hinweisen zur Seite stand. Auch bei Prof. Dr. Alexander Woll möchte ich mich recht herzlich bedanken, der sich für die Disputation am 23. Juni 2010 als dritter Prüfer zur Verfügung gestellt hat.

Ein besonderer Dank gebührt weiterhin meinem Bruder Matthias Magin und meiner Kusine Johanna Nickol, sowie meinen Freunden und Kollegen Julian Bernauer, Jens Clasen, Dr. Martina Flick, Birte Gundelach, PD Dr. Sven Jochem, Antje Kirchner, Kerstin Nebel, Aline Schniewind und Dr. Isabelle Stadelmann-Steffen. Sie alle haben das Manuskript ganz oder in Teilen kritisch gelesen und durch ihre Kommentare einen unschätzbaren Beitrag geleistet. Mein Dank gilt darüber hinaus den Freunden und Kollegen, die mir mit Rat und Tat zur Seite standen. Zu erwähnen sind hier insbesondere Prof. Dr. Susumu Shikano (Universität Konstanz) sowie Dr. Christina Eder, Dr. Raphaela Schlicht und Richard Traunmüller. Über mehr als drei Jahre hinweg haben mich zudem mehrere wissenschaftliche Hilfskräfte vor allem bei der Sammlung des umfangreichen Datenmaterials unterstützt. Ohne sie hätte diese Arbeit nicht entstehen können. Zu nennen sind hier Jonas Ertlmaier, Peter Flemming, Tonio Gaida, Kerstin Nebel, Carolin Rapp und Patrick Simm.

Ein ganz besonderer Dank gilt meinen Eltern, die nicht nur das Manuskript kritisch gelesen und kommentiert haben, sondern mich auch auf dem langen Weg bis zum Abschluss dieser Arbeit stets begleitet und unterstützt haben. Ihnen ist diese Arbeit gewidmet. Schließlich bin ich Katrin Tschunko für ihre Mithilfe dankbar, aber vor allem dafür, dass sie mich immer wieder ins Hier und Jetzt zurückgeholt hat.

Inhaltsverzeichnis

Vorwort und Danksagung	6
Inhaltsverzeichnis	7
Abkürzungsverzeichnis	10
Tabellenverzeichnis	11
1. Einleitung	**15**
1.1. Ausgangslage und Fragestellung	15
1.2. Der Repräsentationsbegriff	17
1.3. Forschungsstand und Relevanz der Untersuchung	18
1.4. Anlage der Untersuchung, theoretischer Rahmen und Methodologie	23
1.5. Gliederung der Arbeit	27
2. Ist „ohne Frauen kein Staat zu machen"? – Argumente für mehr Frauen in den Parlamenten	**29**
2.1. Argumentationsstrang 1 – Gerechtigkeit	30
2.2. Argumentationsstrang 2 – gesellschaftlicher Nutzen	32
2.2.1. Steigerung von staatsbürgerlichen Kompetenzen und politischem Interesse	33
2.2.2. Politische Legitimität und Demokratiezufriedenheit	37
2.2.3. Interessensvertretung und weibliche Bedürfnisse	43
2.2.4. Bessere Politik	47
2.3. Abschließende Bewertung der Argumente	50
3. Zwischen Einzelfall und Normalfall – zur Entwicklung der Präsenz von Frauen in deutschen Parlamenten	**53**
3.1. Die Entwicklung in Bund, Ländern und Kommunen im Vergleich	54
3.2. Frauen in den Kommunalparlamenten	58
3.3. Frauen in den Landtagen	64
3.4. Frauenrepräsentation in der DDR	66
3.5. Die Repräsentation von Frauen in Deutschland im Vergleich zur EU-27	68
3.6. Zusammenfassung	71

4. Eine Analyse allgemeiner Entwicklungstrends der Frauenrepräsentation in deutschen Parlamenten — 73

   4.1. Der theoretische Rahmen: Das Konzept der Pfadabhängigkeit — 73

   4.2. Untersuchungseinheiten, Zeitraum und Methodik — 75

   4.3. Aus der Marginalität in eine starke Minderheitenposition – drei Erklärungsansätze für die Entwicklungslinien der Frauenrepräsentation — 77

      4.3.1. Erster Ansatz: Die langen Schatten der politischen Ideengeschichte — 77

          4.3.1.1. Die Stellung der Frauen im Mainstream der klassischen politischen Theorie — 78

          4.3.1.2. Der Mainstream der Demokratietheorie im 20. Jahrhundert — 87

          4.3.1.3. „Das Private ist politisch" – Die Erweiterung der politischen Philosophie im Feminismus — 90

          4.3.1.4. Zusammenfassende Bewertung der politischen Ideengeschichte — 92

      4.3.2. Zweiter und dritter Ansatz: Die Rolle Akteure sowie die Veränderung des gesellschaftlichen Kontexts — 93

          4.3.2.1. Die Formierung der ersten Frauenbewegung und der Kampf für das Frauenwahlrecht — 94

          4.3.2.2. Die Formierung der zweiten Frauenbewegung und die Entwicklung des gesellschaftlichen Kontexts — 98

          4.3.2.3. Zusammenfassende Bewertung der Rolle der Akteure und des gesellschaftlichen Kontexts — 117

      4.3.3. Abschließende Bewertung der Entwicklung der Frauenrepräsentation in Deutschland — 118

5. Eine Analyse von Niveauunterschieden bei der Frauenrepräsentation in einzelnen deutschen Parlamenten — 121

   5.1. Mögliche Erklärungsansätze für die unterschiedliche Präsenz von Frauen in einzelnen Parlamenten — 121

      5.1.1. Politisch-institutioneller Ansatz — 122

      5.1.2. Soziostruktureller Ansatz — 131

          5.1.2.1. Das Standardmodell politischer Partizipation — 131

          5.1.2.2. Der Grad der gesellschaftlichen Modernisierung — 135

      5.1.3. Kultureller Ansatz — 137

5.2.	Die unterschiedliche Präsenz von Frauen in den deutschen Kreisparlamenten und Landtagen – eine statistische Ursachenanalyse	147
5.2.1.	Frauen in den Kreisparlamenten	148
5.2.1.1.	Untersuchungseinheiten, Zeitraum und Methodik	148
5.2.1.2.	Operationalisierung und Datenlage	151
5.2.1.3.	Resultate	155
5.2.2.	Frauen in den Landtagen	174
5.2.2.1.	Untersuchungseinheiten, Zeitraum und Methodik	174
5.2.2.2.	Operationalisierung und Datenlage	179
5.2.2.3.	Resultate	181
5.2.3.	Abschließende Bewertung der Ergebnisse und Vergleich der Kreis- und der Landesebene	186

6. Fazit und Ausblick — **191**

6.1. Zusammenfassung der Ergebnisse — 191

6.2. Ausblick – mögliche Maßnahmen zur Steigerung der Frauenrepräsentation — 196

6.2.1. Unmittelbar wirksame Maßnahmen — 196

6.2.2. Mittelbar wirksame Maßnahmen — 199

Anhang A – Datenlage — **201**

Anhang B – Anmerkungen zu Kapitel 5: Operationalisierung und Datenlage — **219**

Kreisebene — 219

Landesebene — 226

Literaturverzeichnis — **231**

Abkürzungsverzeichnis

a.F.	alte Fassung
Abs.	Absatz
ALLBUS	Allgemeine Bevölkerungsumfrage der Sozialwissenschaften
Art.	Artikel
BGB	Bürgerliches Gesetzbuch
CDU	Christlich Demokratische Union Deutschlands
CSU	Christlich Soziale Union
DDR	Deutsche Demokratische Republik
DVU	Deutsche Volksunion
ECPR	European Consortium for Political Research
EKD	Evangelische Kirche in Deutschland
FDP	Freie Demokratische Partei
FW	Freie Wähler
GG	Grundgesetz
NPD	Nationaldemokratische Partei Deutschlands
OLS	Ordinary Least Squares
PDS	Partei des demokratischen Sozialismus
SED	Sozialistische Einheitspartei Deutschlands
SPD	Sozialdemokratische Partei Deutschlands
StGB	Strafgesetzbuch
USPD	Unabhängige Sozialdemokratische Partei Deutschlands
WASG	Wahlalternative Arbeit & Soziale Gerechtigkeit
WRV	Weimarer Reichsverfassung

Tabellenverzeichnis

Tabelle 3.1: Frauen in den Kreistagen Bayerns und Nordrhein-Westfalens, 1960er und 2000er Jahre.   56

Tabelle 3.2: Frauenanteile in den kreisfreien Städten, 1951 bis 2008.   60

Tabelle 3.3: Frauen in deutschen Kreisparlamenten, letzte Wahl vor dem 31.12.2008 (Ausschnitt).   63

Tabelle 3.4: Frauenanteile in den nationalen und regionalen Parlamenten der EU-Mitgliedsstaaten (Stand März 2009).   69

Tabelle 4.1: Die Einführung des Frauenwahlrechts in Westeuropa.   96

Tabelle 4.2: Zeittafel zu gleichstellungsrelevanten Maßnahmen und Gesetzen seit 1969.   106

Tabelle 5.1: Berücksichtigte Kommunalwahlen nach Bundesländern.   149

Tabelle 5.2: Sitzanteile, Quoten und Umsetzungserfolg der Parteien in deutschen Kreisparlamenten.   153

Tabelle 5.3: Determinanten der Frauenrepräsentation in deutschen Kreisen, bivariate Regressionen (OLS).   157

Tabelle 5.4: Determinanten der Frauenrepräsentation in deutschen Kreisen, multiple Regressionen (OLS).   159

Tabelle 5.5: Determinanten der Frauenrepräsentation in westdeutschen Kreisen, multiple Regressionen (OLS).   163

Tabelle 5.6: Determinanten der Frauenrepräsentation in ostdeutschen Kreisen, multiple Regressionen (OLS).   167

Tabelle 5.7: Determinanten der Frauenrepräsentation in deutschen Kreisen im Vergleich.   169

Tabelle 5.8: Berücksichtigte Landtagswahlen.   177

Tabelle 5.9: Sitzanteile, Quoten und Umsetzungserfolg der Parteien in deutschen Landesparlamenten, 1998-2008.   180

Tabelle 5.10: Determinanten der Frauenrepräsentation in deutschen Landtagen 1990/94-2008 (Bivariate Zusammenhänge, OLS, N=16, Durchschnittswerte).   182

Tabelle 5.11: Determinanten der Frauenrepräsentation in deutschen Landtagen, 1990/94-2008 (gepoolte Zeitreihe, fixed-effects-vector-decomposition). 184

Tabelle 5.12: Die Determinanten der Frauenrepräsentation im Ebenenvergleich. 187

Tabelle A.1: Datenquellen zur Frauenrepräsentation. 202

Tabelle A.2: Frauen im Bundestag (1949 bis 2009). 203

Tabelle A.3: Frauen im Bundesrat (1950 bis 2008). 204

Tabelle A.4: Frauen in den deutschen Landtagen (1946 bis 2008, Anteile in Prozent nach Wahljahren). 205

Tabelle A.5: Frauen in den Parlamenten der Landkreise und kreisfreien Städte (letzte Wahl vor dem 31.12.2008). 206

Tabelle A.6: Frauen in den Räten kreisangehöriger Gemeinden über 10.000 Einwohner (1976 bis 2007). 218

Tabelle A.7: Frauen in der DDR-Volkskammer. 218

Tabelle B.1: Variablen, Operationalisierungen und Datenbeschreibung für die Kreisebene. 220

Tabelle B.2: Variablen, Operationalisierungen und Datenbeschreibung für die Landesebene. 227

Abbildungsverzeichnis

Abbildung 2.1: Politische Meinungsführerschaft nach Geschlecht (Eurobarometer) und Anteil weiblicher Bundestagsabgeordneter, 1973 bis 2007.   35

Abbildung 2.2: Politisches Interesse nach Geschlecht (ALLBUS) und Anteil weiblicher Bundestagsabgeordneter, 1980 bis 2008.   36

Abbildung 2.3: Vertrauen in den Bundestag nach Geschlecht und Anteil weiblicher Bundestagsabgeordneter, (ALLBUS) 1984-2008.   39

Abbildung 2.4: Demokratiezufriedenheit nach Geschlecht (Politbarometer) und Anteil weiblicher Bundestagsabgeordneter, 1977 bis 2007.   40

Abbildung 2.5: Demokratiezufriedenheit nach Geschlecht (ALLBUS) und Anteil weiblicher Bundestagsabgeordneter, 1988 bis 2002.   41

Abbildung 2.6: Demokratiezufriedenheit nach Geschlecht (Eurobarometer) und Anteil weiblicher Bundestagsabgeordneter, 1973 bis 2007.   42

Abbildung 3.1: Frauen in deutschen Parlamenten, 1950 bis 2008.   55

Abbildung 3.2: Frauen im Bundesrat, 1950 bis 2008.   57

Abbildung 3.3: Kreisfreie Städte mit den höchsten und niedrigsten Frauenanteilen im Stadtrat, 1951 bis 2008.   59

Abbildung 3.4: Frauen in den kreisfreien Städten, 1951 bis 2008.   61

Abbildung 3.5: Frauen in den Landtagen, 1946 bis 2008.   65

Abbildung 3.6: Frauen in den Landtagen, 1950 bis 2008 (Fühnfjahreszeiträume).   66

Abbildung 3.7: Frauenanteil in der DDR-Volkskammer, 1950 bis 1990 (nach Wahljahren).   67

Abbildung 3.8: Frauen in den Parlamenten der EU-Mitgliedsstaaten, nationale und regionale Ebene im Vergleich.   70

Abbildung 4.1: Frauenanteil an den Parteimitgliedern von CDU und SPD, 1957 bis 2008.   104

Abbildung 4.2: Wahlbeteiligung bei Bundestagswahlen nach Geschlecht, 1953 bis 2008.   105

Abbildung 4.3: Erwerbsbeteiligung von Frauen in Deutschland, 1970 bis 2008. 112

Abbildung 4.4: Bildungsbeteiligung von Mädchen und Jungen im Vergleich, 1960 bis 2008. 113

Abbildung 5.1: Kinderbetreuung und Frauenrepräsentation in den Kreisen West- und Ostdeutschlands. 170

Abbildung 5.2: Abnehmender Grenznutzen des Kinderbetreuungsangebots. 171

Abbildung 5.3: Wahlkreisgröße und Frauenrepräsentation in den Kreisen und Ländern. 178

1. Einleitung

1.1. Ausgangslage und Fragestellung

Am 26. Januar 2009 luden die Bundeskanzlerin Angela Merkel und die Bundesministerin Ursula von der Leyen zu einer Matinee ins Kanzleramt. Der Anlass waren „90 Jahre Frauenwahlrecht" und damit ein Jahrestag, der nicht nur zum Feiern animierte, sondern auch zur kritischen Reflexion unter den Gastgebern und Teilnehmern. „90 Jahre Frauenwahlrecht sind eine gute Sache, aber wählen zu können war nur der Anfang", so die Ministerin.[1]

Diese Einschätzung mag sich banal anhören, trifft aber den Kern der Sache: Das Wahlrecht besteht nicht nur aus dem Recht zu wählen (aktives Wahlrecht), sondern auch aus dem Recht gewählt werden zu können (passives Wahlrecht). Hinsichtlich des aktiven Wahlrechts lassen sich zu keiner Zeit größere Unterschiede zwischen den Geschlechtern beobachten: Schon beim ersten Urnengang, an dem Frauen in Deutschland teilnehmen durften (die Wahlen zur Nationalversammlung am 19.01.1919), gingen lediglich 0,1% weniger Frauen als Männer zur Wahl (Kolinsky 1995: 175). Bei den Bundestagswahlen betrug die Differenz zwischen der Wahlbeteiligung von Männern und Frauen in den 1950er Jahren noch knapp über 3% (1953: 3,1%, 1957: 3,3%). Seither hat sich dieser Abstand jedoch immer weiter verkürzt und betrug 2005 nur noch 0,4%.[2]

Gänzlich anders gestaltet sich die Entwicklung der Nutzung des passiven Wahlrechts. Hier sind von Anfang an weitaus stärkere Geschlechterunterschiede zu beobachten und auch heute noch ist in der Mehrheit der deutschen Parlamente ein deutliches Übergewicht an männlichen Abgeordneten feststellbar. Seit der Einführung des Frauenwahlrechts 1919 vergingen knapp sieben Jahrzehnte, bis 1987 der Frauenanteil in einem demokratisch gewählten nationalen Parlament in Deutschland erstmals mehr als 10% betrug.[3] Zwar stieg der Frauenanteil bis 1998 auf 30,9%, seither stagniert dieser Wert jedoch bei knapp über 30%. Ähnlich verlief die Entwicklung der parlamentarischen Präsenz von Frauen auf den subnationalen Ebenen: In den Landtagen betrug der durchschnittliche Anteil weiblicher Abgeordneter bis Anfang der 1980er Jahre noch weniger als 10%, dann begann, zunächst schleppend, der Anstieg. Seit der Jahrtausendwende wird ein knappes Drittel der Landtagsmandate von Frauen gehalten. Auch in den Räten der kreisfreien Städte ist der durchschnittliche

---

[1] Vgl. Presseerklärung des Bundesministeriums für Familie, Senioren, Frauen und Jugend vom 26.01.2009 (www.bmfsfj.de/bmfsfj/generator/BMFSFJ/gleichstellung,did=119760.html, 16.06.2009).
[2] Quellen: Schindler (1999: 152ff.) sowie Bundeswahlleiter (www.bundeswahlleiter.de, 16.06.2009). Bei der Wahl des Jahres 1949 wurden keine entsprechenden Daten erhoben. Vgl. auch Abbildung 4.2.
[3] Der Frauenanteil in der DDR-Volkskammer lag stets über 10%, jedoch waren die Wahlen zu diesem Parlament bis 1990 weder frei noch geheim (vgl. Abschnitt 3.4).

Frauenanteil seit Mitte der 1970er Jahre von etwa 10% bis zum Jahr 2000 auf knapp über 30% angestiegen und stagniert seither auf diesem Niveau. In den Landkreisen finden sich gar weniger als ein Viertel Frauen unter den Volksvertretern. Insgesamt also hat die Präsenz von Frauen in den Parlamenten aller politischen Ebenen Deutschlands in den vergangenen Jahrzehnten zwar deutlich zugenommen, gegen Ende der 1990er Jahre ist sie aber offenbar an eine „gläserne Decke"[4] gestoßen.

Hinter diesem allgemeinen Trend verbirgt sich ein hohes Maß an Varianz. Betrachtet man die Parlamente der Kreisebene (also der Landkreise und der kreisfreien Städte), so liegen Welten zwischen den einzelnen Volksvertretungen:[5] Den niedrigsten Frauenanteil weist Rottweil in Baden-Württemberg auf, wo 2004 nur zwei Frauen in die 48 Mitglieder zählenden Kreistag gewählt wurden, was einem Anteil von 4,2% entspricht. Von den 60 Mitgliedern des Kreistags Gütersloh in Nordrhein-Westfalen waren nach der Wahl 2004 hingegen 29 weiblich. Mit einem Frauenanteil von 48,3% wurden hier also nahezu paritätische Verhältnisse erreicht. Wären die beiden Kreistage nationale Parlamente, so würde Gütersloh weltweit an zweiter Stelle noch vor Schweden und hinter Ruanda rangieren; Rottweil hingegen käme auf den Rangplatz 116, zwischen dem Iran und der Türkei.[6] Weniger ausgeprägt, aber dennoch deutlich sind die Unterschiede auf der Landesebene. So wurden bei der Wahl des Jahres 2006 in Baden-Württemberg lediglich 23% der Mandate an Frauen vergeben, hingegen drei Jahre zuvor in Bremen mit 44,6% fast die Hälfte der Sitze. Im weltweiten Vergleich wäre Baden-Württemberg damit auf Platz 37 hinter Luxemburg und vor Tunesien gekommen, während Bremen knapp hinter Schweden und deutlich vor Dänemark auf dem dritten Platz gelandet wäre.[7]

Der allgemein plötzliche Anstieg wie auch die enormen Differenzen zwischen den einzelnen Parlamenten scheinen erklärungsbedürftig. Wie kann es sein, dass Frauen in der politischen Arena über Jahrzehnte hinweg nahezu abwesend sind, dann aber innerhalb eines bestimmten Zeitraumes mit Macht in die Parlamente drängen, um dann vor der Erreichung der Parität ihren Sturmlauf wieder abzubrechen? Wie kann im selben Land zur selben Zeit Frauen mancherorts eine so marginale Rolle zukommen, während andernorts die Macht zwischen den Geschlechtern nahezu gleich verteilt ist? Ziel dieser Untersuchung ist es, die Ursachen der unterschiedlichen Repräsentation von Frauen in

---

[4] Der Begriff der „gläsernen Decke" stammt aus der Managementforschung und bezieht sich auf das Phänomen, dass Frauen an „scheinbar unsichtbaren Barrieren" stoßen, die sie „daran hindern, in die höchsten Führungspositionen zu gelangen" (Ohlendieck 2003: 183). In der Politikwissenschaft wird dieser Begriff nicht nur auf Individuen, sondern auch auf Parlamente angewandt und bezeichnet die Stagnation des Frauenanteils auf einem Niveau unterhalb der Paritätsschwelle (vgl. Palmer und Simon 2008).
[5] Zur Einordnung kommunaler Vertretungen als Parlamente vgl. Ott (1994).
[6] Alle Daten für Dezember 2004, vgl. www.ipu.org (05.10.2009).
[7] Alle Daten für Dezember des jeweiligen Jahres (2003 und 2006), vgl. www.ipu.org (05.10.2009).

deutschen Parlamenten, der Herzkammer der Demokratie, zu erklären. Die übergeordnete Fragestellung lässt sich wie folgt formulieren:

Welche Unterschiede lassen sich hinsichtlich der Frauenrepräsentation in Deutschland erkennen und auf welche Faktoren können diese Unterschiede zurückgeführt werden?

Die Unterschiede bei der Frauenrepräsentation können, wie gezeigt, aus zwei verschiedenen Perspektiven dargestellt werden: Einerseits als allgemeiner Entwicklungsverlauf über die Zeit hinweg, andererseits im Vergleich der einzelnen Parlamente untereinander. Diese Arbeit versucht, beide Aspekte zu berücksichtigen, indem sie einerseits die allgemeinen Entwicklungstrends für die Räte der kreisfreien Städte, die Landtage und den Bundestag zu erklären versucht, und andererseits die Ursachen unterschiedlich hoher Repräsentationsniveaus in den Kreisparlamenten und Landtagen ergründen will. Die genaue Vorgehensweise wird in Abschnitt 1.4 behandelt. Zuvor jedoch gilt es, den Inhalt des verwendeten *Repräsentationsbegriffs* zu klären (Abschnitt 1.2) und die *Relevanz* der Untersuchung aus gesellschaftlicher und theoretischer Sicht darzulegen (Abschnitt 1.3).

1.2. Der Repräsentationsbegriff

Repräsentation bedeutet, dem lateinischen Ursprung des Wortes folgend, zunächst einmal *Vertretung*. In der vorliegenden Untersuchung steht der *deskriptive* Aspekt des Repräsentationsbegriffs im Mittelpunkt (Pitkin 1967: 60ff., vgl. auch Schwindt-Bayer und Mishler 2005). Nach dieser Sichtweise geht es nicht um das symbolische Einstehen oder um das konkrete Handeln für die Repräsentierten, sondern vielmehr um deren physische Abbildung. Diese Abbildung erfolgt anhand bestimmter Merkmale, in diesem Fall anhand des Geschlechts. Im *Idealfall* der deskriptiven Repräsentation stellt das Parlament ein exaktes Spiegelbild der Gesellschaft dar: Alle Gruppen sind dann im Parlament gemäß ihrer gesellschaftlichen Stärke vertreten. Diese idealtypische Sichtweise der deskriptiven Repräsentation ist also ganz offensichtlich eine *normative*, die im Abschnitt 2.1 eingehend diskutiert wird.

Davon abzugrenzen ist die *empirische Verwendung* des deskriptiven Repräsentationsbegriffs, wie er in dieser Arbeit (außer in Abschnitt 2.1) benutzt wird: Dieser bezieht sich schlicht auf den Anteil weiblicher Abgeordneter in einem Parlament. Ist also von „Unterschieden bei der Frauenrepräsentation" die Rede, so sind damit empirisch feststellbare Differenzen hinsichtlich der Frauenanteile in Parlamenten gemeint.

1.3. Forschungsstand und Relevanz der Untersuchung

Die Relevanz und damit der Sinn einer politikwissenschaftlichen Untersuchung speist sich bekanntermaßen aus zwei Quellen: aus ihrer *gesellschaftlichen* und ihrer *theoretischen* Bedeutung (King et al. 1994: 15; Lehnert et al. 2007).

Die *gesellschaftliche Relevanz* ergibt sich nach Lehnert et al. (2007: 47) als das „Verständnis sozialer und politischer Prozesse, deren Auswirkungen auf eine Gruppe potenziell Betroffener sich benennen lassen und für die Veränderungen auch einen normativ bewertbaren Unterschied machen". Kommt einer höheren oder niedrigeren Frauenrepräsentation Bedeutung zu? Verfechter des *Gerechtigkeitsarguments* bejahen diese Frage. Vergegenwärtigt man sich die Zentralität des Gleichheitsbegriffs in demokratietheoretischen Diskursen (vgl. Sartori 1992), so verwundert dies nicht: Demokratische Gleichheit setzt voraus, dass die Zugehörigkeit zu einer Kategorie wie Geschlecht oder Rasse in einer Demokratie keine fortdauernde Exklusion ermöglichen darf (Cunningham 2002: 95f.; Held 1997: 318). Diesem Gerechtigkeitsargument stehen utilitaristische Überlegungen zur Seite, die der Erhöhung des Frauenanteils im Parlament einen *gesellschaftlichen Nutzen* zuschreiben. So wird argumentiert, mit der Anzahl der Frauen im Parlament stiegen auch die staatsbürgerlichen Kompetenzen und das politische Interesse der weiblichen Bevölkerung. Weiterhin wird angenommen, dass sich eine höhere Frauenrepräsentation positiv auf die Legitimität des Parlaments sowie auf die Demokratiezufriedenheit der weiblichen Bevölkerung auswirke. Auch die Güte der Vertretung spezifisch weiblicher Interessen und die Berücksichtigung spezifisch weiblicher Bedürfnisse verbesserten sich mit dem Anstieg der Frauenrepräsentation. Und schließlich, so eine häufig geäußerte Hoffnung, würden durch die Erhöhung des Frauenanteils auch die Qualität politischer Prozesse und Ergebnisse allgemein gesteigert. Über die Berechtigung dieser Argumente wird in der Literatur mitunter heftig gestritten. Im weiteren Verlauf dieser Arbeit wird daher zu prüfen sein, inwieweit sie tatsächlich eine Erhöhung des Frauenanteils rechtfertigen (vgl. Kapitel 2).

Die *theoretische Relevanz* bezieht sich „auf den Beitrag, den ein Forschungsprojekt zur einschlägigen politikwissenschaftlichen Diskussion leistet" (Lehnert et al. 2007: 39). Hier kommt es also darauf an, wie es um die Erforschung der parlamentarischen Repräsentation von Frauen bestellt ist und ob es diesbezüglich Lücken gibt, die als noch nicht geschlossen zu betrachten sind. Eine Beurteilung dieser Punkte ist nur unter Berücksichtigung des derzeitigen Forschungsstands möglich, der in der Folge dargestellt wird. Bei der Aufarbeitung des Forschungsstandes gilt es jeweils zwischen der Entwicklung der Frauenrepräsentation im Zeitverlauf und dem Vergleich der Repräsentationsniveaus zwischen einzelnen Parlamenten zu unterscheiden.

Der Erforschung der Frauenrepräsentation widmet sich die Politikwissenschaft bereits seit den 1950er Jahren (Duverger 1955). Seit etwa 30 Jahren ist ein verstärktes Interesse an diesem Gegenstand feststellbar, welches sich in der kontinuierlich steigenden Anzahl der Veröffentlichungen widerspiegelt. Die meisten Arbeiten sind als international vergleichende, quantitativ-statistische Studien angelegt, die auf eine Erklärung der Niveauunterschiede bei der Frauenrepräsentation in einzelnen Parlamenten abzielen. Esterchild (1999: 519) spricht hier von „Myriaden" entsprechender Untersuchungen. Zu den häufig zitierten Beispielen solcher Arbeiten zählen Caul (1999), Kenworthy und Malami (1999), Kunovich und Paxton (2005), Matland (1998), Norris (1985; 2006), Paxton et al. (2006; 2009), Reynolds (1999), Rule (1987), Russell und O'Cinneide (2003), Schwindt-Bayer (2005) und Siaroff (2000). Einzig die Studien von Paxton et al. (2006; 2009) versuchen neben Niveauunterschieden auch den Entwicklungsverlauf der Frauenrepräsentation zu erklären. Die spezifischen Probleme dieser beiden Untersuchungen werden am Ende dieses Abschnitts diskutiert.

Vergleichsweise wenige Publikationen beschäftigen sich mit der Repräsentation von Frauen auf der subnationalen Ebene. In der anglo-amerikanischen Sphäre finden sich vereinzelte Arbeiten zu verschiedenen Ländern: Einen internationalen Vergleich subnationaler Parlamente legen Vengroff et al. (2003) vor. Die US-Bundesstaaten untersuchen Arceneaux (2001), Crowley (2006), Sanbonmatsu (2002) sowie Welch und Studlar (1990, hier im Vergleich zu britischen Kommunen). Die kanadischen Provinzen analysieren Studlar und Matland (1996). Die genannten Studien zielen mehrheitlich auf einen Vergleich einzelner Parlamente ab, lediglich Crowley (2006) modelliert explizit eine Entwicklungskomponente über die Zeit hinweg.

Die lokale Ebene blieb bisher nahezu unbeachtet. Stokes (2005: 175ff.) betont den Forschungsbedarf auf diesem Gebiet auch im internationalen Vergleich. Einige wenige Untersuchungen gibt es jedoch: Für Japan siehe Bochel und Bochel (2005) sowie Bochel et al. (2003), für Peru siehe Schmidt und Saunders (2004), für Großbritannien siehe Welch und Studlar (1988), für die Republik Irland siehe Galligan und Wilford (1999), für Dänemark siehe Kjær (1999), für Finnland siehe Pikkala (1997; 2000), für einen Vergleich der skandinavischen Länder siehe Sinkkonen (1985). Einige der genannten Arbeiten stellen Bezüge zur Entwicklung der Frauenrepräsentation her, ganz explizit wird dieser Aspekt aber nur bei Kjær (1999) analysiert. Die übrigen Studien betrachten, mit Ausnahme von Welch und Studlar (1988), nationale oder regionale Durchschnitte, nicht jedoch die Zusammensetzung einzelner Parlamente.

Mit der Intensivierung der international vergleichenden Forschung entwickelte sich auch in Deutschland ein reges Interesse an der Frage ungleicher Repräsentation von Männern und Frauen. Hoecker (1987) veröffentlichte eine umfassende Untersuchung, deren Gegenstand die Präsenz von Frauen in deutschen Parteien und Parlamenten ist. Andere Arbeiten über die Bundesebene folgten (Anderson 1993; Kolinsky 1991; 1993b; 1996; McKay 2004; 2007; Roberts 1999; von Wahl 2006), darunter auch Länderkapitel in international vergleichenden Werken (Hoecker 1994; Kittilson 2006; Kolinsky 1993a). Die Bestandteile der genannten Werke ähneln sich oftmals: Sie beinhalten eine Darstellung der Frauenrepräsentation im Bundestag und mitunter auch deren Entwicklung, sie diskutieren den Einfluss der Parteien sowie die Wirkung der Quoten und des Wahlsystems. Diese Studien vermitteln einen fundierten ersten Eindruck von den Zusammenhängen, die die Präsenz von Frauen im Bundestag umgeben, stellen dabei jedoch die Deskription und weniger die theoriegeleitete Analyse in den Vordergrund. Auch wenn die meisten der genannten Werke Bezüge zu historischen Entwicklungstrends aufweisen, so stellen nur die Beiträge Kittilsons (2006) und von Wahls (2006) eine systematische Analyse der Entwicklung des Frauenanteils dar. Die beiden Autorinnen konzentrieren sich dabei jedoch lediglich auf die Rolle verschiedener Akteure (die Parteien und die Frauenbewegung) und lassen weitere Aspekte, wie die Veränderung des gesellschaftlichen Kontextes oder den Wandel ideologischer Diskurse außer Acht.

Neben der Bundesebene wurde in jüngerer Zeit auch der Präsenz von Frauen in den Landtagen Aufmerksamkeit zuteil (Davidson-Schmich 2006; Hennl und Kaiser 2008; Kaiser und Hennl 2008). Ein zusätzlicher Forschungsbedarf ist trotzdem ersichtlich: Das Vorgehen von Davidson-Schmich erscheint aus methodischer Sicht fragwürdig,[8] zudem konzentriert sie sich mit der Erfüllung der freiwilligen Parteiquoten lediglich auf einen Teilaspekt des Feldes. Die beiden anderen Untersuchungen bedienen sich einer sachgerechten Methodik, wählen aber aus inhaltlicher Sicht einen eher spezifischen Fokus: Hennl und Kaiser (2008) analysieren den Frauenanteil auf sicheren Listenplätzen bei Landtagswahlen in den Jahren 2000 bis 2004. Sie zielen damit nicht auf die Erklärung des Frauenanteils im Landtag, sondern konzentrieren sich auf die parteiinterne Nominierung und Auswahl von Kandidaten. Kaiser und Hennl (2008) untersuchen, wie auch die vorliegende Arbeit, die Unterschiede hinsichtlich der Frauenrepräsentation in den einzelnen Landtagen. Der mögliche Einfluss einiger potenziell wichtiger Faktoren bleibt dabei jedoch außer Acht. So werden Ost-West-Unterschiede nur am Rande berücksichtigt und weitere Faktoren wie die Geschlechterunterschiede beim Vereinsengagement werden gar nicht diskutiert.[9]

Lückenhaft untersucht blieb bis dato die politische Partizipation von Frauen auf der Kommunalebene. Studien, in denen die zeitliche Entwicklung der Frauenrepräsentation auf Kommunalebene analysiert wird, finden sich nach

---

[8] Die Autorin schätzt eine OLS-Regression, in der bei nur 16 Fällen 12 unabhängige Variablen verwendet werden. Die verbleibende Zahl an Freiheitsgraden ist so gering, dass jegliche Schlussfolgerungen aus den Ergebnissen angezweifelt werden müssen. Darüber hinaus werden Koeffizienten mit $p \leq 0{,}2$ noch als signifikant ausgewiesen, was in keiner Weise etablierten Standards entspricht.

[9] Die Studie von Kaiser und Hennl bezieht sich zwar auf den Zeitraum zwischen 1957 und 2004, dennoch zielt sie inhaltlich *nicht* darauf ab, die konkrete Entwicklung der Frauenrepräsentation nachzuzeichnen. Kaiser und Hennl erkennen lediglich die Abhängigkeit der verschiedenen Zeitpunkte an und korrigieren für diese Autokorrelation.

Kenntnisstand des Autors nicht. Die existierenden Untersuchungen konzentrieren sich auf die Darstellung und teilweise auch auf die Analyse der Unterschiede der kommunalen Frauenrepräsentation in den Kommunen eines oder höchstens zweier Bundesländer. Die Kontrolle für Länderunterschiede im Wahlsystem oder für Ost-West-Unterschiede ist so nicht oder nur in stark eingeschränktem Umfang möglich. Als Beispiele können hier die folgenden Untersuchungen genannt werden: Zu Berlin vgl. Banaszak (1995), zu Baden-Württemberg vgl. Berkmann (1975), Brenner (2009), Hin und Michel (2004), Infratest Burke (1995), Wehling (2000), zu Baden-Württemberg und Nordrhein-Westfalen im Vergleich siehe Holtkamp und Schnittke (2008). In einer weiteren Reihe von Untersuchungen wird die Repräsentation von Frauen auf der Kommunalebene nur angerissen (vgl. Geißler 2006; Hoecker 1987; 1995; 1998a; Mielke und Eith 1994; Walter 1997).

Bisher existiert lediglich eine Untersuchung, welche die Unterschiede der Frauenrepräsentation in Kommunalparlamenten in einem bundesweiten Vergleich analysiert (Holtkamp und Schnittke 2010). Diese Studie konzentriert sich jedoch ausschließlich auf Großstädte über 100.000 Einwohner und lässt Landkreise sowie kleinere Städte völlig außer Acht. Auch werden potenziell wichtige Faktoren nicht berücksichtigt, wie etwa der Zuschnitt der Wahlkreise, das Wohlstandsniveau, der Bildungs- und Verdienstabstand zwischen den Geschlechtern, der Grad der Frauenerwerbstätigkeit oder die konfessionelle Prägung eines Kreises. Zudem bestehen erhebliche Bedenken in methodischer Hinsicht (vgl. Abschnitt 5.2.1.3 dieser Arbeit).

Neben diesen Arbeiten, die sich wie auch die vorliegende mit der zahlenmäßigen Präsenz von Frauen in Parlamenten beschäftigen, existiert eine Reihe weiterer Analysen, die sich mit den Umständen der Abgeordnetentätigkeit von Frauen befassen. Für die Bundesebene ist hier Meyer (1997) zu nennen, für die Landesebene ist dies Schöler-Macher (1994), für die Kommunalebene Horstkötter (1990), Geißel (1999), Holuscha (1999), Lukoschat et al. (2008) und Scholz (2004). Bei diesen Studien geht es in erster Linie um die Erfahrungen von Frauen im parlamentarischen Alltag, um ihr soziales Umfeld, oder um die spezifischen Probleme, mit denen sich weibliche Politiker konfrontiert sehen, wie etwa der Sexismus männlicher Kollegen oder einseitige Kompetenzzuschreibungen, die sich üblicherweise auf „weiche Themen" wie Soziales und Bildung beschränken. Auch wenn diese Studien einen wichtigen Beitrag zur Klärung des Komplexes „Frauen in der Politik" leisten, so sind sie für die vorliegende Arbeit nur am Rande von Relevanz: Sie stützen sich auf Interviews mit einzelnen, meist wenigen Politikerinnen und versuchen dadurch, deren Situation und politische Position im Parlament zu rekonstruieren. Die vorliegende Untersuchung ist jedoch nicht auf der Individual-, sondern auf der Aggregatebene angesiedelt und zielt auf die Analyse jener makrostrukturellen Faktoren, die die Frauenrepräsentation insgesamt beeinflussen.

Eine weitere Lücke besteht darüber hinaus in der Verbindung verschiedener Analyseebenen. Einzig Kinzig (2007) hat bisher eine Arbeit vorgelegt, in der mehrere Regierungsebenen miteinander verglichen werden, in diesem Fall die Landes- und die Bundesebene. Dabei handelt es sich jedoch nicht um eine originäre Untersuchung, sondern vielmehr um eine Sekundäranalyse, in welcher die Ergebnisse anderer Untersuchungen zusammengeführt werden (vgl. Kinzig 2007: 28). Ein Versuch, die Determinanten der politischen Repräsentation von Frauen auf der Kommunalebene und darüber liegender Ebenen miteinander zu vergleichen, wurde bisher noch nicht unternommen. Das gilt sowohl für die Entwicklung im zeitlichen Verlauf, als auch hinsichtlich der Unterschiede zwischen den einzelnen Parlamenten. Gleichwohl sind von einer solchen Vorgehensweise interessante Ergebnisse zu erwarten.[10] So ist beispielsweise davon auszugehen, dass Parteien ein vergleichsweise hohes Engagement bei der Einbindung von Frauen zeigen, wenn es um die Nominierung von Landtagskandidaten geht, denn die Landesebene steht sehr viel stärker im Blickpunkt der Öffentlichkeit als die darunter liegenden Ebenen.

Insgesamt besteht also ein erheblicher Forschungsbedarf hinsichtlich der Faktoren, die die Repräsentation von Frauen in deutschen Parlamenten beeinflussen. Was die Analyse der zeitlichen Entwicklung der parlamentarischen Präsenz von Frauen betrifft, so klafft die Lücke besonders deutlich auf. Die beiden dem Autor bekannten Studien, die sich dieser Frage im deutschen Kontext widmen, blenden wie dargestellt wichtige Faktoren aus, wie die Entwicklung des gesellschaftlichen Umfeldes oder die Veränderung ideologischer Diskurse (Kittilson 2006; von Wahl 2006). Die Autoren der einzigen beiden international vergleichenden Studien zu diesem Thema (Paxton et al. 2006; 2009) versuchen, die genannten Faktoren zu berücksichtigen. Jedoch weisen die Untersuchungen spezifische Schwächen auf, die es nicht ratsam erscheinen lassen, die Gültigkeit der Ergebnisse ungeprüft auch für den deutschen Kontext anzunehmen. Konkret stellt sich die Frage, inwieweit die den Studien zugrundeliegenden Fälle mit den politischen und gesellschaftlichen Realitäten in Deutschland vergleichbar sind. Dieser Einwand trifft neben den genannten Beiträgen von Paxton et al. (2006; 2009) auch andere Arbeiten, deren Fokus jedoch auf der Erklärung der Niveauunterschiede zwischen einzelnen nationalen Parlamenten liegt. Dazu zählt neben zwei weiteren Untersuchungen, an denen Paxton beteiligt war (Kunovich und Paxton 2005; Paxton 1997), auch das Papier von Kenworthy und Malami (1999). Alle genannten Studien betrachten gleichzeitig westliche Demokratien und autokratische Systeme wie etwa China, Kuba, den Iran, den Irak unter Saddam Hussein, die Sowjetunion, Syrien oder Vietnam. Mit anderen Worten werden Rückschlüsse auf die Determinanten der Frauenrepräsentation in Demokratien auch aus Wahlvorgängen gezogen, die nicht im Mindesten demokra-

---

[10] Diese Einschätzung bestätigte auch Mona-Lena Krook (Washington University, St. Louis) in einem persönlichen Gespräch am Rande der ECPR *Politics and Gender*-Konferenz in Belfast, 2009.

tischen Maßstäben entsprechen. Führt man sich weiterhin die meist rein akklamative Funktion des Parlaments in autokratischen Systemen vor Augen, so stellt sich die Frage, was durch einen solchen Vergleich überhaupt gewonnen ist (vgl. auch Abschnitte 3.4 und 5.1.3).

Im Hinblick auf die Untersuchung der unterschiedlichen Repräsentationsniveaus von Frauen in einzelnen Parlamenten kann sowohl an Arbeiten mit Deutschlandbezug als auch auf international vergleichende Studien angeknüpft werden. Wie dargestellt, entbehren die existierenden Arbeiten zu subnationalen Parlamenten in Deutschland jedoch wichtiger analytischer Aspekte, die sich in international vergleichenden Studien als zentral erwiesen haben, wie beispielsweise die Berücksichtigung der sozialistischen Vergangenheit. Aber auch international vergleichende Arbeiten unterliegen Beschränkungen: Dazu zählt neben der bereits angesprochenen, mitunter fragwürdigen Fallauswahl auch die Widersprüchlichkeit der Ergebnisse dieser Untersuchungen. Eine der am häufigsten zitierten Arbeiten (Reynolds 1999) kommt etwa zu dem Schluss, dass die Intensität des Parteienwettbewerbs einen negativen, das Ausmaß der katholischen Prägung eines Landes aber einen positiven Effekt auf die Frauenrepräsentation ausübt – Norris (1993; 1997), ebenfalls eine der Protagonistinnen der Disziplin, kommt in beiden Fällen zu gegenteiligen Einschätzungen. Um nicht auf diese Ergebnisse angewiesen zu sein, erscheint eine eigenständige Untersuchung der deutschen Parlamente notwendig.

1.4. Anlage der Untersuchung, theoretischer Rahmen und Methodologie

Ziel dieser Untersuchung ist es, der Unterrepräsentation von Frauen in deutschen Parlamenten systematisch auf den Grund zu gehen. Wie bereits dargelegt, lässt sich das Phänomen von zwei Seiten her beleuchten. Einerseits scheinen die markanten Unterschiede im zeitlichen Entwicklungsverlauf erklärungsbedürftig, andererseits bestehen zwischen den einzelnen Parlamenten enorme Unterschiede, deren Ursachen es zu entschlüsseln gilt.

Um die Entwicklung der Frauenrepräsentation im Zeitverlauf zu erklären (Kapitel 4 dieser Arbeit), wird auf das Konzept der *Pfadabhängigkeit* zurückgegriffen. Dieser Ansatz geht davon aus, dass institutionelle Arrangements, hier der Frauenanteil im Parlament, über lange Zeit unverändert bleiben, da sich ihr Nutzen für relevante Akteure über die Zeit hinweg immer weiter steigert. Ein einmal eingeschlagener Entwicklungspfad kann nur verlassen werden, wenn sich die *ideologische Grundlage* ändert, wenn relevante *Akteure* auf eine Veränderung dringen und wenn sich gleichzeitig der *gesellschaftliche Kontext* wandelt. Alle drei dieser potentiellen Ursachen finden in der vorliegenden Untersuchung Berücksichtigung. So werden die geistesgeschichtlichen Grundlagen der politischen Marginalisierung der Frauen sowie die vom Feminismus als Alternative dargebotene Ideologie aufgearbeitet. Es folgt eine Analyse der Rolle der Akteure (hier die politischen Parteien sowie die Frauenbewegung) und des gesellschaftlichen Kontextes in Form der rechtlichen Stellung von Frauen sowie zentraler makrostruktureller Aspekte. Bei diesem Untersuchungsschritt wird nicht die Entwicklung der Frauenanteile in einzelnen Parlamenten, sondern die aggregierte Entwicklung auf den verschiedenen Regierungsebenen betrachtet, um allgemeine Trends besser identifizieren zu können. Im Einzelnen werden Durchschnittswerte für die Räte der kreisfreien Städte und die Landtage gebildet, darüber hinaus wird die Entwicklung im Bundestag betrachtet.

Den theoretischen Ausgangspunkt für die Analyse der Unterschiede zwischen den einzelnen Parlamenten (Kapitel 5) bildet im Anschluss an die deutsche wie auch die international vergleichende Forschung die Annahme, dass sich das Ausmaß ungleicher Repräsentation von Frauen und Männern maßgeblich auf *institutionelle Merkmale* des politischen Systems, auf *soziostrukturelle* sowie auf *kulturelle Einflüsse* zurückführen lässt (vgl. etwa Fleschenberg et al. 2008; Hoecker 1995; Hoecker und Fuchs 2004; Inglehart und Norris 2003; Matland 1998; Norris 1985; Reynolds 1999; Siaroff 2000; Tripp und Kang 2008). Zur Überprüfung dieser Annahme wird in Kapitel 5 eine Reihe von Hypothesen zum Einfluss einzelner Faktoren vorgestellt, die auf der Grundlage der aktuellen Forschungsliteratur gewonnen werden. Aus dem Bereich *politisch-institutioneller Größen* werden die Einflüsse des Wahlsystemtypus, der Wahlkreisgröße, der Frauenquoten der Parteien, des Parteienwettbewerbs sowie des Frauenanteils an den Parteimitgliedern geprüft. Die *soziostrukturellen Faktoren* werden in zwei separaten Blöcken betrachtet. Im ersten Block, der sich am *Standardmodell politischer Partizipation* orientiert, finden der Bildungsabstand zwischen Frauen und Männern, die Frauenerwerbsquote, Einkommensunterschiede, die Dichte des Kinderbetreuungsangebots und das unterschiedlich ausgeprägte Vereinsengagement der Geschlechter Berücksichtigung. Der zweite Block richtet den Blick auf den *Modernisierungsgrad* einer Gesellschaft und umfasst die Erwerbsstruktur im ersten und dritten Sektor, den Urbanisierungsgrad einer Einheit sowie ihr Wohlstandsniveau. Die *kulturellen Faktoren* schließlich umfassen die Prävalenz verschiedener Partnerschaftsmodelle, die Verbreitung des Katholizismus in der Bevölkerung und die möglichen Einflüsse des sozialistischen Erbes in Ostdeutschland. In diesem Schritt der Untersuchung werden die einzelnen Parlamente der Landes- und der Kreisebene betrachtet. Die Bundesebene bleibt hier außen vor, da sie für die gewählte Methodologie mit N=1 eine zu geringe Fallzahl aufweist (vgl. Abschnitt 5.2).

In methodischer Hinsicht entspricht diese duale Analysestrategie der Bewegung auf Giovanni Sartoris „ladder of abstraction" zwischen einem mittleren und einem niedrigen Abstraktionsniveau. Sartori (1970: 1041) zufolge betont ein niedriges Abstraktionsniveau die Unterschiede zwischen den Einheiten, ein mittleres Abstraktionsniveau hingegen deren Gemeinsamkeiten. Ähnlich spricht auch Robert Merton (1968: 39) von „theories of middle range", die stärker abstrahieren als präzise „working hypotheses". Die gleichzeitige Betrachtung verschiedener Abstraktionsniveaus ermöglicht, so Sartori (1970: 1053) weiter, einerseits die präzise Vermessung von Kausalstrukturen (niedriges Niveau), andererseits aber auch eine makrotheoretische Betrachtung, die sich durch ein hohes Maß an Erklärungskraft auszeichnet (mittleres Niveau).[11]

Mit diesen Einschätzungen zeichnen sich bereits die zur Anwendung kommenden Analyseverfahren ab. Die Entwicklung der Frauenrepräsentation im Zeitverlauf wird mittels eines qualitativen Fallstudiendesigns untersucht, zur Analyse der Unterschiede zwischen den einzelnen Parlamenten werden quantitative Methoden eingesetzt. Neben der Abstraktionsebene, die den Rahmen für die Wahl des Forschungsdesigns bereits andeutet, sprechen weitere Argumente für die skizzierten Entscheidungen:

- *Erstens* ist es von zentraler Bedeutung, welcher Natur das zu erklärende Phänomen, aber auch die erklärenden Faktoren sind, das heißt, auf welche Weise sie empirisch erfasst werden können. Zweifelsohne lässt sich die Frauenrepräsentation als Anteil weiblicher Abgeordneter problemlos quantifizieren. Dies gilt indessen nicht für alle oben genannten Erklärungsgrößen. So ist dem Autor kein Verfahren bekannt, durch welches sich die geistesgeschichtlichen Grundlagen der politischen Unterprivilegierung der Frauen *sinnvoll* in ein Zahlenformat überführen ließen. Eine Anwendung quantitativer Methoden ist in solchen Fällen nicht realisierbar. King et al. (1994: 6, 44) merken dazu an:

  „Many subjects of interest to social scientists cannot be meaningfully formulated in ways that permit statistical testing of hypotheses with quantitative data."
  „If quantification produces precision, it does not necessarily encourage accuracy, since inventing quantitative indices that do not relate closely to the concepts or events that we purport to measure can lead to serious measurement error […]. There are more or less precise ways to describe events that cannot be quantified."

  Im Angesicht dieser Umstände scheint die deskriptive Analyse im Rahmen einer Fallstudie die vernünftigere Wahl für die Untersuchung der Entwicklung im Zeitverlauf. Bei der Analyse der Unterschiede zwischen den Parlamenten liegen diese Einschränkungen hingegen nicht vor, denn alle gelisteten Variablen lassen sich problemlos quantifizieren (vgl. Abschnitt 5.2 sowie Anhang B).

- *Zweitens* existieren, wie bereits dargestellt, lediglich wenige Arbeiten, in denen systematisch versucht wird, die Entwicklung der Frauenrepräsentation zu erklären. Auf die Einschränkungen dieser Studien wurde

---

[11] Die darüber liegende Ebene, also hohe Abstraktionsniveaus bei Sartori (1970: 1041) beziehungsweise „general theories of social systems" bei Merton (1968: 39) weisen einen für empirische Analysen zu hohen Allgemeinheitsgrad auf, sie sind „too remote […] to account for what is observed". Die vorliegende Arbeit erhebt nicht den Anspruch, eine *universell* gültige Theorie der Frauenrepräsentation zu entwickeln, weshalb die letztgenannte theoretische Perspektive keine Berücksichtigung findet.

bereits hingewiesen. Demgegenüber liegen, wie skizziert, „Myriaden" von Studien vor, deren Ziel die Erklärung von Niveauunterschieden zwischen einzelnen Parlamenten ist (Esterchild 1999: 519). Es liegt auf der Hand, dass die Annäherung an bis dato unberührte oder nahezu unberührte Forschungsfelder eine andere Herangehensweise erfordert, als dies bei bekannten und vielfach, wenn auch nicht erschöpfend untersuchten Gegenständen der Fall ist (Gerring 2007: 39ff.). Um der relativen Unberührtheit Rechnung zu tragen, ist eine Analyse notwendig, im Laufe derer das Phänomen in aller Tiefe ausgelotet werden kann. Dazu bietet sich eine Fallstudie an. In weiteren, nachfolgenden Untersuchungen kann die Korrektheit der so gewonnenen Erkenntnisse überprüft werden, indem beispielsweise mehrere Fälle miteinander verglichen werden. Mit anderen Worten werden Fallstudien eher in exploratorischen Forschungskontexten eingesetzt (wie bei der Analyse der Entwicklung der Frauenrepräsentation), sie dienen also der Generierung von Theorien und Hypothesen. Quantitative Designs folgen demgegenüber einer konfirmatorischen Logik, sie testen bereits bestehende Theorien und Hypothesen (wie bei der Untersuchung der Niveauunterschiede zwischen einzelnen Parlamenten). Damit stehen die beiden Vorgehensweisen keineswegs in Konkurrenz zueinander, sondern in einem komplementären Verhältnis – sie bedingen sich gegenseitig als die beiden Seiten der einen Medaille des wissenschaftlichen Fortschritts (Popper 1965, vgl. auch King et al. 1994: 45).

Ein Schwerpunkt der Analyse liegt wie dargestellt auf den Kreis- und Landesparlamenten. Die vorliegende Arbeit kann daher in methodischer Hinsicht als *subnationaler Vergleich* interpretiert werden (Freitag und Vatter 2008a: 27; Sellers 2005; Snyder 2001). Ein solches Forschungsdesign besitzt entscheidende methodologische Vorteile gegenüber dem Vergleich von Nationalstaaten: Es kann davon ausgegangen werden, dass für eine Vielzahl nicht beobachteter Hintergrundgrößen durch den einheitlichen staatlichen Rahmen kontrolliert wird. So erfolgte die Einführung des Frauenwahlrechts in Deutschland überall zum gleichen Zeitpunkt, unterschiedliche, an Sprachen oder Ethnien gekoppelte Kultursphären gibt es nicht und gesetzliche Regelungen treten zumeist einheitlich und zeitgleich in Kraft. In diesem Zusammenhang argumentiert Sellers (2005: 431), subnationale und kommunale Vergleiche ermöglichten „more far-reaching explanatory power and greater precision than traditional comparative analyses based on countries". Auch Lijphart (1975: 167) argumentiert, dass die vergleichende Methode in der Politikwissenschaft allgemein eine sorgfältige Fallauswahl erfordere und die Arbeit mit subnationalen Einheiten in diesem Zusammenhang als „highly conducive" zu bewerten sei (vgl. auch King et al. 1994: 219f.). Freitag und Vatter (2008a: 17) attestieren dem subnationalen Vergleich sogar „quasi Laborcharakter".

Ein weiterer Vorteil betrifft vor allem den zweiten Analyseschritt, der auf einem quantitativen Design beruht. Statistische Analyseverfahren sind, um robuste Ergebnisse zu produzieren, auf möglichst hohe Fallzahlen angewiesen (King et al. 1994; Lijphart 1971; 1975). Die Zahl der Fälle auf der Kreisebene in Deutschland erreicht Größenordnungen, die in einem Nationalstaatenvergleich überhaupt nicht oder nur schwer zu realisieren sind. Im Untersuchungszeitraum (vgl. nächster Absatz) bestand die Kreisebene aus insgesamt 436 Einheiten, also aus mehr als doppelt so vielen Fällen, wie die Vereinten Nationen Mitglieder haben. Selbst wenn man die Kreise nach West- und Ostdeutschland aufteilt, so stehen immer noch jeweils mehr als 100 Einheiten zur Verfügung und damit ein Vielfaches der Zahl der 25 OECD- oder der 27 EU-Staaten, die häufig Gegenstand vergleichender Analysen sind. Auf der Landesebene stehen demgegenüber nur 16 Fälle zur Verfügung. Durch die Betrachtung nicht nur einer, sondern mehrerer Wahlen pro Land lässt sich indessen die Zahl der Beobachtungen auf insgesamt 67 erhöhen, sodass eine robuste Analyse auch hier möglich wird (King et al. 1994: 223).

Der zeitliche Rahmen der Untersuchung richtet sich nach dem Erkenntnisinteresse, aber auch nach der Datenlage. Da die vorliegende Arbeit im Wesentlichen im Laufe des Jahres 2009 erstellt wurde, endet der Beobachtungszeitraum grundsätzlich mit dem Ablauf des Jahres 2008. Den Anfangspunkt des ersten Schrittes der Untersuchung, bei welchem die Entwicklung der Frauenrepräsentation analysiert wird, stellt grundsätzlich die Gründung der Bundesrepublik dar, es wird aber auch der Situation zur Zeit der Weimarer Republik Rechnung getragen. Für den zweiten Schritt, die Erklärung der Niveauunterschiede in einzelnen Parlamenten, wurde der Beginn des Beobachtungszeitraums wie folgt bestimmt: Die Kreise werden ab 2004 analysiert, die Landesebene ab 1990 (Westdeutschland) beziehungsweise ab 1994 (Ostdeutschland). Die näheren Bestimmungsgründe für die Eingrenzung der Untersuchungszeiträume finden sich an den entsprechenden Stellen der Untersuchung (vgl. Abschnitte 4.2, 5.2.1.1 und 5.2.2.1)

1.5. Gliederung der Arbeit

Die Arbeit gliedert sich wie folgt: Sie beginnt mit einer Diskussion der oben bereits angesprochenen Argumente für eine Erhöhung der Frauenrepräsentation respektive für eine geschlechterparitätische Besetzung von Parlamenten (*Kapitel 2*). *Kapitel 3* richtet den Blick auf die Entwicklung und die Unterschiede der politischen Repräsentation von Frauen in Deutschland. Dabei werden Versammlungen von der Kommunal- bis zur Bundesebene seit der Gründung der Bundesrepublik – mit einem Kurzrückblick auf die Zeit der Weimarer Republik – betrachtet. Zudem erfolgt eine Einordnung der Situation in Deutschland in den europäischen Kontext. *Kapitel 4* beinhaltet den ersten Teil der Ursachenforschung über die Unterschiede bei der Frauenrepräsentation, die Erklärung der Entwicklung im Zeitverlauf. In diesem Kapitel wird die Theorie der Pfadabhängigkeit vorgestellt und für die Thematik dieser Arbeit adaptiert. Sodann erfolgt die Analyse der verschiedenen Faktoren, die eine Veränderung der historisch konstant niedrigen Frauenrepräsentation sowie ihre erneute Stabilisierung im neuen Jahrtausend bewirkt haben. *Kapitel 5* enthält den zweiten Teil der Ursachenforschung, die Untersuchung der Unterschiede zwischen einzelnen Parlamenten. Dazu werden zunächst mögliche Faktoren diskutiert, die auf das Niveau der Frauenrepräsentation einwirken könnten. Diese Faktoren werden sodann mittels quantitativ-statistischer Verfahren auf ihren Einfluss hin überprüft. Die Arbeit schließt mit einer Zusammenfassung der wichtigsten Befunde und einer Diskussion möglicher Maßnahmen, die einen Beitrag zur Erreichung parlamentarischer Geschlechterparität in Deutschland leisten könnten (*Kapitel 6*).

2. Ist „ohne Frauen kein Staat zu machen"? – Argumente für mehr Frauen in den Parlamenten

In Deutschland besitzen Frauen seit dem Ende des ersten Weltkriegs die gleichen politischen Partizipationsrechte wie Männer (vgl. Kapitel 4). Trotzdem sind Frauen im Vergleich zu Männern von der Gemeindeebene über die Landes- bis zur Bundesebene nahezu allerorten deutlich unterrepräsentiert (vgl. Kapitel 3). Vor dem Hintergrund dieser Sachlage wird immer wieder die Erhöhung des Frauenanteils in den Volksvertretungen gefordert. Doch worauf stützen sich diese Forderungen? Wenn die Zusammensetzung einer Volksvertretung das Ergebnis einer freien und demokratischen Wahl ist, so sollte sie doch eigentlich nicht anzweifelbar sein. Oder ist „ohne Frauen [tatsächlich] kein Staat zu machen"?[12]

Die Argumente, die für die Erhöhung des Frauenanteils in Parlamenten ins Feld geführt werden, lassen sich zu zwei Gruppen zusammenfassen (Mateo Diaz 2005: 110, vgl. auch Sawer 2000), die in den folgenden beiden Abschnitten gesondert diskutiert werden: Eine *erste* Gruppe von Argumenten basiert auf dem Gedanken, dass bei der Verteilung von Mandaten in Volksvertretungen die *Gerechtigkeit* eine möglichst große Rolle spielen sollte (vgl. Abschnitt 2.1). Das entspricht jener Strömung innerhalb des Feminismus, die die *Gleichheit der Geschlechter* betont. Pateman (1992: 28) etwa merkt an, dass beiden Geschlechtern nicht nur vollständige Bürgerrechte zukommen müssten, sondern dass diese Rechte für Frauen und Männer auch „of equal worth" sein sollten.

Die *zweite* Gruppe von Argumenten beruht auf einer utilitaristischen Sichtweise, nach welcher sich die Erhöhung des Frauenanteils in Parlamenten durch den daraus resultierenden *gesellschaftlichen Nutzen* begründet (vgl. Abschnitt 2.2). Hinter diesen Argumenten stehen vor allem jene Vertreter des Feminismus, die die *Unterschiede der Geschlechter* hervorheben. Ganz gleich ob diese Unterschiede biologisch bedingt oder sozial konstruiert seien, sie verdienten in jedem Fall eine besondere Beachtung und Wertschätzung, so die Verfechter dieses Ansatzes. Autorinnen wie Williams (1998) oder Young (1990) heben in diesem Zusammenhang hervor, dass die Realisierung der Demokratie und gesellschaftlicher Gerechtigkeit nur gelingen kann, wenn alle gesellschaftlichen Gruppen Gehör finden. Das Geschlecht bildet diesem Ansatz zufolge ein zentrales Identifikationsmerkmal sozialer Gruppen, weshalb Frauen und Männer der gesonderten Repräsentation bedürfen. Ferguson (1993: 3f.) fasst diesen Ansatz wie folgt zusammen:

---

[12] Der Leitspruch „Ohne Frauen ist kein Staat zu machen" ist der Titel des vorläufigen Gründungsmanifests des *Unabhängigen Frauenverbandes* (UFV), einem ostdeutschen Frauenverband, der sich im Spätjahr 1989 konstituierte. Der UFV forderte darin die „sofortige Halbierung der Besetzung aller gesellschaftlich relevanten Positionen [als] Voraussetzung für eine wirkliche Demokratisierung" (zitiert in Lenz 2008a: 882). Der Slogan wurde wenig später von der Frauenunion der CDU übernommen (vgl. Lenz 2008a: 867).

„The creation of women's voice [...] entails immersion in a world divided between male and female experience in order to critique the power of the former and valorize the alternative residing in the latter. It is a theoretical project that opposes the identities and coherencies contained in patriarchal theory in the name of a different set of identities and coherencies, a different and better way of thinking and living."

Die Diskussion der vorgestellten Argumente schließt mit einer vergleichenden Bewertung (Abschnitt 2.3).

2.1. Argumentationsstrang 1 – Gerechtigkeit

Das Argument der Gerechtigkeit wird von Phillips (1995: 63) als „the most immediately compelling" bezeichnet. Wäre der Zugang zu Ämtern im politischen Institutionengefüge für Frauen nicht durch Hindernisse welcher Art auch immer verbaut oder zumindest erschwert, so würde man eine zufällige Verteilung der Mandate an Männer und Frauen erwarten. Diese sollte im Mittel auf eine Parität oder sogar auf ein leichtes Übergewicht an Frauen hinauslaufen, da Frauen auch die Mehrheit der Bevölkerung darstellen.[13] Bei einer solchen Gleichverteilung wird gewöhnlich auf die normative Konnotation des *deskriptiven Repräsentationsbegriffs* nach Pitkin (1967: 60ff.) verwiesen: Danach sollte ein demokratisch gewähltes Gremium einen Spiegel der jeweiligen Gesellschaft darstellen, die verschiedenen gesellschaftlichen Gruppierungen sollten also entsprechend ihrer Stärke vertreten sein (vgl. Abschnitt 1.2).

Dieser Forderung liegt die Überlegung zugrunde, dass die Zugehörigkeit zu einer Kategorie wie Geschlecht oder Rasse in einer Demokratie keine fortdauernde Exklusion ermöglichen darf. Dabei ist es zunächst sekundär, ob diese Exklusion rechtlich festgeschrieben ist oder ob der Ausschluss beziehungsweise die Unterrepräsentation ein Ergebnis freier Wahlen darstellt (Cunningham 2002: 95f.; Held 1997: 318). Gesteht man nämlich allen Bürgern formal gleiche Rechte zu, unterstützt diese aber nicht, wenn nötig auch durch konkrete Maßnahmen, um ihre Nutzung zu ermöglichen, so bildet sich ein Kreislauf ähnlich eines autopoietischen Systems, in welchem sich die Charakteristika, aus denen sich die Amts- und Machtinhaber rekrutieren, selbst reproduzieren (Eulau 1976; vgl. auch Manin 1997: 146; Sartori 1992: 326, 342). Die Zusicherung eines gleichberechtigten Zugangs zum politischen Amt bleibt in diesem Fall ein leeres Diktum – hier wird der für die Demokratie so zentrale Gleichheitsanspruch eindeutig unterhöhlt.

Nun lässt sich jedoch argumentieren, dass die *Gleichheit* neben der *Freiheit* nur einer der beiden zentralen Grundwerte der Demokratie ist. Die Förderung der Gleichheit bedeutet aber zumeist einen Eingriff in die Freiheit – diesen

---

[13] Die deutsche Bevölkerung besteht zu etwa 51% aus Frauen (Wert für Gesamtdeutschland 2007; Statistisches Bundesamt 2008: 29, eigene Berechnung).

Zielkonflikt demokratischer Ideale sah bereits Alexis de Tocqueville (vgl. Schmidt 2008: 113). Im vorliegenden Fall, der Förderung der Frauenrepräsentation, geht es vor allem um die Freiheit der Parteien, Kandidaten aufzustellen. Doch während eine solche Sichtweise die Debatte auf ein einfaches „entweder-oder" verkürzen würde, ist die Wirklichkeit komplexer: So legt die Argumentation von John Rawls nahe, dass es neben dem *Bestand* an Freiheiten auch um deren *Wert* geht. Rawls (1971: 204) argumentiert dabei, dass ein woraus auch immer resultierendes Unvermögen, seine Freiheitsrechte zu nutzen, den Wert der Freiheit für den Einzelnen beeinträchtigen kann:

> „*Freedom as equal liberty* is the same for all [...]. But the *worth of liberty* is not the same for everyone. Some have greater authority and wealth, and therefore greater means to achieve their aims." (eigene Hervorhebung)

Daraus folgert Rawls (1971: 205):

> „The basic structure is to be arranged to maximize the worth to the least advantaged of the complete scheme of equal liberty shared by all. This defines the end of social justice."

Betrachtet man das Recht auf politische Betätigung als eine Freiheit, so wird klar, dass der *Wert* dieser Freiheit für die weibliche Bevölkerung erheblich beeinträchtigt ist. Diesen Überlegungen zufolge wären Maßnahmen zur Ausweitung der Frauenrepräsentation also keine Bedrohung für die Freiheit im Namen der Gleichheit, sondern bedeuteten eine Abwägung zwischen dem *Bestand* einer Freiheit und dem *Wert* einer anderen Freiheit.

Demokratische Gerechtigkeit als Argument für die Herstellung einer Geschlechterparität im Parlament ist jedoch nicht nur ein abstraktes akademisches Theoriekonstrukt. Auch das Grundgesetz normiert die Gleichberechtigung von Frauen und Männern in Art. 3 Abs. 2 („Männer und Frauen sind gleichberechtigt") als *Staatsziel* (vgl. Cordes 2008: 917). Bereits vor dem Hintergrund dieser recht allgemein gehaltenen Formulierung erweist sich die männliche Dominanz in nahezu allen deutschen Parlamenten (vgl. Kapitel 3) als zumindest fragwürdiges Faktum.

Die materielle Erweiterung des Gleichberechtigungsartikels erfolgte im Jahre 1994 durch den Satz „Der Staat fördert die tatsächliche Durchsetzung der Gleichberechtigung von Frauen und Männern und wirkt auf die Beseitigung bestehender Nachteile hin" (Art. 3 Abs. 2 S. 2 GG). Ganz konkret wird hier also formuliert, dass Ungleichheiten existieren, die sich nachteilig auswirken und die es abzubauen gilt.

Vergleicht man sich die Regelungen des Grundgesetzes zur Gleichstellung von Frauen und Männern mit den Gedanken Rawls', so sind Parallelen unübersehbar: Der Erste Absatz des Art. 3 GG lautet „Alle Menschen sind vor dem

Gesetz gleich", der im folgenden Satz (Art. 3 Abs. 2 S. 1 GG) im Bezug auf die Geschlechter konkretisiert wird: „Männer und Frauen sind gleichberechtigt." Diese Regelungen können im Sinne von Rawls „freedom as equal liberty" aufgefasst werden. Der nächste Satz, der oben genannte Art. 3 Abs. 2 S. 2 GG lässt sich jedoch nicht mehr als „equal liberty" interpretieren, sondern ist vielmehr im Kontext des „worth of liberty" zu sehen, wird hier doch von der „tatsächlichen Durchsetzung der Gleichberechtigung von Frauen und Männern" gesprochen.

Die Urheber der zitierten Erweiterung des Gleichberechtigungsgrundsatzes im Grundgesetz, die Mitglieder der Gemeinsamen Verfassungskommission, beschreiben die Zielsetzung dieser Ergänzung mit den Worten, es gehe darum „die Lebensverhältnisse von Männern und Frauen auch real anzugleichen". Die Regelung stelle daher „weniger [...] den Versuch der Lösung eines rechtlichen als eines gesellschaftlichen Problems" dar.[14] Begreift man die Politik als einen integralen Teil der Gesellschaft, so kann die paritätische Repräsentation von Frauen und Männern durchaus als grundgesetzlich intendiert aufgefasst werden. Insgesamt ist dem Gerechtigkeitsargument also sowohl aus theoretischer Sicht als auch vor dem Hintergrund der deutschen Verfassungsbestimmungen Gültigkeit zuzusprechen.

2.2. Argumentationsstrang 2 – gesellschaftlicher Nutzen

Der zweite Argumentationsstrang für eine Erhöhung des Frauenanteils in Parlamenten behandelt die Konsequenzen demokratischer Herrschaft. Im Kern wird dabei behauptet, mehr Frauen in einer Volksvertretung führten zu einem erhöhten gesamtgesellschaftlichen Nutzen (Mateo Diaz 2005: 116). Der Begriff des gesellschaftlichen Nutzens erfährt dabei eine recht breite Auslegung, wird er doch in vierfacher Weise interpretiert: Im Sinne einer Steigerung der staatsbürgerlichen Kompetenzen und des politischen Interesses der weiblichen Bevölkerung, im legitimatorischen Sinn, im Sinne einer besseren Berücksichtigung der Bedürfnisse von Frauen bei der Politikformulierung sowie im Sinne einer Steigerung der Qualität politischer Prozesse und Ergebnisse im Allgemeinen.[15] Im Folgenden sollen alle diese Argumente auf ihre Stichhaltigkeit hin überprüft werden. Dazu werden zunächst die bis dato existierenden Untersuchungen zu diesen Fragen zusammengetragen und diskutiert. Wo sich Lücken ergeben, werden jeweils kurze eigenständige Analysen durchgeführt. Mittels Umfrage-

---

[14] Vgl. Bericht der Gemeinsamen Verfassungskommission vom 05.11.1994, Drucksache des Deutschen Bundestags Nr. 12/6000, S. 50.

[15] Mateo Diaz (2005: 116) nennt außerdem die symbolische Bedeutung des Frauenanteils sowie die politische Erneuerung durch unverbrauchte Kandidaten als separate Aspekte des gesellschaftlichen Nutzens. Ersteres Argument wird mit der Bedeutung des Frauenanteils für die Legitimität eines Parlamentes zusammengefasst, letzteres wird bei der Diskussion der Qualität von Politik berücksichtigt.

daten und graphischer Darstellungen wird dabei die Wirkung der Veränderung des Frauenanteils im deutschen Bundestag untersucht.[16]

2.2.1. Steigerung von staatsbürgerlichen Kompetenzen und politischem Interesse

Eine Reihe von positiven Wirkungen, die man einem höheren Frauenanteil im Parlament zuschreibt, bezieht sich in erster Linie auf die Repräsentierten: So wird angenommen, dass die Erhöhung des Frauenanteils im Parlament eine Steigerung der *staatsbürgerlichen Kompetenzen* und des *politischen Interesses* der weiblichen Bevölkerung nach sich ziehe. Mittelbar habe jedoch ein solcher Zusammenhang auch positive Folgen für das Gesamtsystem, denn die politische Mündigkeit des Volkes ist, zumindest wenn man den partizipationsorientierten Theorien folgt, eine der zentralen Funktionsbedingungen einer jeden Demokratie (Schmidt 2008: 240ff.).[17]

Konkret wird vermutet, dass durch die vermehrte Präsenz von Frauen im Parlament das Vertrauen der weiblichen Bevölkerung in die eigenen politischen Fähigkeiten, ihr spezifisches politisches Wissen, ihr politisches Interesse und damit auch ihre Bereitschaft, sich politisch zu engagieren, ansteigen. Weiterhin würde Frauen auf diese Weise das Gefühl vermittelt, sie seien grundsätzlich ebenso für die Politik geeignet wie Männer. Die beschriebenen Beziehungen wurden mehrfach nachgewiesen (vgl. Atkeson 2003; Burns et al. 2001; Campbell und Wolbrecht 2006; Hansen 1997; High-Pippert und Comer 1998; vgl. jedoch Lawless 2004).

Alle genannten Untersuchungen beziehen sich auf das politische System der Vereinigten Staaten, für welches aufgrund der dort üblichen Mehrheitswahl von einer grundsätzlich anderen Beziehung zwischen Wählern und Gewählten auszugehen ist als in Deutschland, wo Misch- und Verhältniswahlsysteme angewandt werden (vgl. Abschnitt 5.1.1): Während jenseits des Atlantiks von einer direkten Beziehung zwischen Abgeordnetem und Bürger auszugehen ist, kommt den Parteien hierzulande eine zentrale Rolle als Mittlerinstanz zu (vgl. Norris 2004: 66ff.). Es ist daher nicht auszuschließen, dass die in den USA diagnostizierten Beziehungen zwischen Parlamentariern und Bürgern im deutschen Kontext nicht bestehen, dass sich also das Geschlecht der Abgeordneten nicht in gleicher Weise auf die Kompetenzen und das Interesse der Repräsentierten auswirkt.

---

[16] Der Autor ist sich bewusst, dass die hier dargestellten Befunde nur als vorläufige Ergebnisse zu bewerten sind. Zur weiteren empirischen Absicherung bedarf es neben graphischer Verfahren einer umfassenden Analyse mitsamt der Kontrolle weiterer möglicher Einflussfaktoren, die jedoch an dieser Stelle nicht geleistet werden kann.

[17] Diese Annahme setzt freilich voraus, dass die Kompetenzen der männlichen Bevölkerung nicht gleichzeitig im selben Maß absinken.

Um für Deutschland eine Aussage über die Beziehungen zwischen der Frauenrepräsentation einerseits und den staatsbürgerlichen Kompetenzen beziehungsweise dem politischen Interesse der weiblichen Bevölkerung andererseits machen zu können, erfolgt nun eine kurze eigenständige Untersuchung. Dabei werden die Kompetenz- und Interessenswerte der weiblichen und männlichen Bevölkerung über eine längere Zeit hinweg miteinander verglichen und der Entwicklung der Frauenrepräsentation im Bundestag gegenübergestellt.[18]

Zur Erfassung der staatsbürgerlichen Kompetenzen finden sich im Eurobarometer zwei geeignete Items: Zum einen die Frage nach der Häufigkeit, mit der politische Themen im persönlichen Umfeld diskutiert werden, zum anderen die Frage nach der Häufigkeit des Versuchs, andere von der eigenen Meinung oder vom eigenen Standpunkt zu überzeugen. Beide Fragen werden im Eurobarometer zu einem „Opinion Leader Index" zusammengefasst, mit dem der Hang des oder der Befragten zur Meinungsführerschaft abgebildet wird. Die Entwicklung des „Opinion Leader Index" und des Frauenanteils im Bundestag sind in Abbildung 2.1 dargestellt.

Hinsichtlich der Meinungsführerschaft ist zu erkennen, dass Frauen über den gesamten Beobachtungszeitraum hinweg im Mittel niedrigere Werte aufweisen als Männer (die gepunktete Linie bildet die Differenz der Werte von Frauen und Männern ab). Dieser Eindruck bleibt auch bestehen, wenn man die beiden dem Index zugrunde liegenden Items getrennt betrachtet: Frauen sind sowohl weniger diskussionsfreudig, als auch seltener gewillt, jemanden von der eigenen Meinung zu überzeugen.[19] Die Differenz zwischen Frauen und Männern sinkt jedoch über die Zeit hinweg von 0,57 Skalenpunkten im Jahr 1973 auf 0,23 Punkte im Jahr 2007. Die Entwicklung verläuft nicht linear und auch nicht analog zur Steigerung des Frauenanteils im Bundestag, trotzdem ist eine Verringerung des Abstandes zwischen den Geschlechtern nicht zu bestreiten. Auch für sich genommen ist bei der weiblichen Bevölkerung eine Tendenz zu einer stärker ausgeprägten Meinungsführerschaft erkennbar, steigen doch die Werte von 1,27 Punkten 1973 auf 1,47 im Jahr 2007. Bei den Männern hingegen ist eine leichte Abnahme des Hanges zur Meinungsführerschaft zu beobachten: Hier sanken die Werte zwischen 1973 und 2007 von 1,84 auf 1,69 Punkte, sodass über den gesamten Zeitraum insgesamt von einer Annäherung zwischen Männern und Frauen gesprochen werden kann.

---

[18] Der Frauenanteil im Bundestag bewegte sich seit 1949 bis zur Wahl des Jahres 1987 zwischen 5% und 10% der Abgeordneten. Ab diesem Zeitpunkt nahm die Frauenrepräsentation rasant zu: 1987 wurde ein Anteil von 15,4% erreicht, 1990 waren es 20,5%, 1994 waren 26,2% der Abgeordneten weiblich und vier Jahre später 30,9%. In den folgenden Wahlen stagnierte der Frauenanteil bei knapp über 30% (mehr zu dieser Entwicklung und zu den verwendeten Quellen in Kapitel 3 sowie im Anhang A dieser Untersuchung).

[19] Diese Analysen sind hier nicht gesondert dargestellt.

Abbildung 2.1: Politische Meinungsführerschaft nach Geschlecht (Eurobarometer) und Anteil weiblicher Bundestagsabgeordneter, 1973 bis 2007.

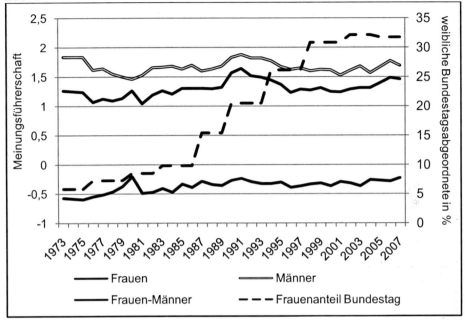

Anmerkungen: Eigene Darstellung. Wertebereich für Meinungsführerschaft von 0 = „sehr niedrig" bis 3 = „sehr hoch".
Quellen: Meinungsführerschaft: Eurobarometer 1973 bis 2007 (ZA3521, ZA3938, ZA4056, ZA4506, ZA 4565), eigene Berechnungen. Anteil weibliche Abgeordnete: vgl. Abschnitt 3.1 und Anhang A.

Eine kurzfristig verstärkte Neigung zur Meinungsführerschaft ist ab 1989 für beide Geschlechter zu beobachten. Diese Entwicklung ist auf die besondere Situation während und nach der Zeit des Mauerfalls zurückzuführen: Demnach führte der Umbruch zu einer Phase der demokratischen Euphorie, wenig später machte sich vielerorts Ernüchterung breit (Vester 2001: 167).

Neben dem Eurobarometer beinhaltet auch die ALLBUS Daten, welche Rückschlüsse auf die Entwicklung der politischen Kompetenzen der deutschen Bevölkerung zulassen. So wurde zwischen 1980 und 2008 in insgesamt 13 Jahrgängen nach der Intensität des politischen Interesses gefragt, wobei die Antwortmöglichkeiten von „sehr stark" bis „überhaupt nicht" reichten (vgl. Abbildung 2.2).

Es zeigt sich, dass Männer sich über den gesamten Untersuchungszeitraum hinweg als politisch interessierter einstufen als Frauen. Beide Kurven schwanken nahezu parallel und wiederum fallen die Werte für das stärkste politische Interesse bei beiden Geschlechtern mit der deutschen Einheit zusammen. Betrachtet man sich die Differenz zwischen Männern und Frauen, so ist auch hier eine leichte Annäherungsbewegung feststellbar: Zwischen 1980 und 2008 vermindert sich der Abstand von 0,58 auf 0,44 Skalenpunkte. Und auch wenn man nur die Werte der weiblichen Bevölkerung heranzieht, so lässt sich eine leichte Steigerung des politischen Interesses von 1,64 auf 1,83 Punkte erkennen.

Abbildung 2.2: Politisches Interesse nach Geschlecht (ALLBUS) und Anteil weiblicher Bundestagsabgeordneter, 1980 bis 2008.

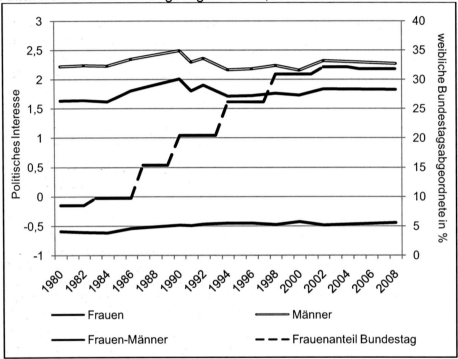

Anmerkungen: Eigene Darstellung. Wertebereich für politisches Interesse von 0 = „überhaupt nicht" bis 4 = „sehr stark".
Quellen: politisches Interesse: ALLBUS (ZA4242, ZA4601), eigene Berechnungen. Anteil weibliche Abgeordnete: vgl. Abschnitt 3.1 und Anhang A.

Die Frage, ob ein höherer Frauenanteil unter den Abgeordneten zu einer Erhöhung der staatsbürgerlichen Kompetenzen der weiblichen Bevölkerung führt, kann aufgrund der hier zusammengestellten Befunde nicht abschlägig beantwortet werden. Zum einen sprechen die Ergebnisse empirischer Studien aus den USA größtenteils für das Bestehen eines solchen Zusammenhangs. Zum anderen zeigen auch die für den deutschen Kontext betrachteten Daten eine leichte Verminderung der Differenz zwischen Frauen und Männern hinsichtlich der Meinungsführerschaft und dem politischen Interesse, während der Frauenanteil im Bundestag von unter 10% auf über 30% steigt. Da die Entwicklungskurven der Frauenrepräsentation einerseits und der Meinungsführerschaft respektive des politischen Interesses andererseits jedoch recht unterschiedliche

Entwicklungspfade aufweisen, sollte eher von einem Indiz, als von einem Beleg für eine entsprechende Kausalbeziehung gesprochen werden.

2.2.2. Politische Legitimität und Demokratiezufriedenheit

Mit einem niedrigen Frauenanteil im Parlament, so Mateo Diaz (2005: 116f.), geht ein niedriger Grad an *Legitimität* dieser Institution einher, was wiederum der allgemeinen *Demokratiezufriedenheit* abträglich ist.

Hinsichtlich der Legitimität des Parlaments geht es in erster Linie um den Eindruck und die Vertrauenswürdigkeit, die durch seine personelle Zusammensetzung vermittelt werden. Zentral ist die Frage, ob sich Frauen überhaupt repräsentiert *fühlen* können, wenn nur eine kleine Minderheit der Abgeordneten weiblich ist (Phillips 1995: 6). Es geht also bei diesem Argument um Symbolpolitik. Pitkin (1967: 97) betont in diesem Zusammenhang, es komme nicht auf die Natur des Symbols an, sondern vielmehr auf „the symbol's power to evoke feelings or attitudes". Eine Erhöhung des Frauenanteils, so die Annahme, führe zu einer stärkeren Identifikation der weiblichen Bevölkerung mit ihren Volksvertretern und damit auch zu einer Steigerung der Demokratiezufriedenheit und Legitimität des politischen Systems insgesamt (vgl. von Beyme 1991: 315).

Der einleuchtenden Argumentation stehen indessen gemischte empirische Ergebnisse gegenüber: Schwindt-Bayer und Mishler (2005: 422) etwa weisen einen solchen Zusammenhang mittels Daten aus dem World Value Survey für 31 Länder nach und resümieren: „The percentage of women in the legislature is a principal determinant [...] of women's confidence in the legislative process." Auch Atkeson und Carillo (2007) diagnostizieren eine positive Verbindung zwischen der Frauenrepräsentation in amerikanischen Bundesstaaten und dem Grad an Vertrauen, das den politischen Institutionen entgegengebracht wird. Lawless (2004: 93) hingegen weist einen solchen Zusammenhang anhand ihrer Analyse der National Election Study und der Zusammensetzung des US-Kongresses sowie der US-Staatenparlamente zurück: „The presence of women in politics does not seem to affect women's political trust [or] efficacy [...]." Ebenso finden Campbell und Wolbrecht (2006), Dolan (2006) sowie High-Pippert und Comer (1998) keine Anhaltspunkte für eine systematische Beziehung zwischen Kandidaten- oder Abgeordnetengeschlecht und der Bewertung von Parlament und Regierung durch die weibliche Bevölkerung.

Da die Studien zu widersprüchlichen Ergebnissen kommen und Deutschland, wenn überhaupt, nur als einer von vielen Datenpunkten analysiert wird, stellt sich die Frage, wie es hierzulande um die Verbindung zwischen weiblicher Repräsentation und parlamentarischer Legitimität respektive Demokratiezufriedenheit bestellt ist. Entsprechende Untersuchungen mit explizit deutschem

Fokus sind dem Autor nicht bekannt.[20] Um sich dennoch einen Eindruck zu verschaffen, ob und in welchem Ausmaß die Zusammensetzung des Bundestages in dieser Hinsicht ausschlaggebend sein könnte, folgt nun wiederum eine eigenständige Untersuchung mittels Surveydaten. Ob die Legitimität des gewählten Parlaments (hier des Bundestags) von seiner Zusammensetzung abhängt, lässt sich am Vertrauen, das ihm von Männern und Frauen entgegengebracht wird, beurteilen. Dabei ist zu erwarten, dass das Vertrauen der weiblichen Bevölkerung mit steigendem Frauenanteil unter den Abgeordneten zunimmt.

Einzig in der ALLBUS wurde das Vertrauen der Bevölkerung in den Bundestag über einen längeren Zeitraum hinweg erhoben. Die erstmalige Messung erfolgte 1984, zu einem Zeitpunkt also, als der Frauenanteil im Bundestag noch weniger als 10% betrug. Die letzte hier berücksichtigte Erhebung stammt von 2008, als die 30%-Schwelle bereits seit einem Jahrzehnt überschritten war. Wenn der Frauenanteil im Parlament also das Vertrauen, das ihm aus der weiblichen Bevölkerung entgegengebracht wird, positiv beeinflusst, so sollten diese Daten darüber Aufschluss geben (vgl. Abbildung 2.3).

Die Vertrauenskurven beider Geschlechter verlaufen über den gesamten Zeitraum von mehr als zwei Jahrzehnten nahezu deckungsgleich. Ab Mitte der 1990er Jahre ist ein leicht höheres Vertrauen der männlichen Bevölkerung festzustellen, bis 2008 verliert sich diese Differenz jedoch wieder. Insgesamt ist sowohl für Frauen, als auch für Männer ein deutlicher Rückgang des Vertrauens in den Bundestag zu beobachten, besonders in jener Phase, in der der Frauenanteil unter den Abgeordneten am stärksten angewachsen ist.

Diesen Rückgang der Zusammensetzung des Parlamentes anzulasten, also eine Minderung des Vertrauens mit der erhöhten Frauenrepräsentation in Verbindung zu bringen, erscheint wenig plausibel, zumal sich die Kurvenverläufe der männlichen und der weiblichen Bevölkerung in hohem Maße entsprechen. Vielmehr dürften hier andere Faktoren eine Rolle spielen, die oft unter dem Schlagwort „Politikverdrossenheit" zusammengefasst werden.[21]

---

[20] Westle und Schoen (2002: 226) analysieren zwar den Unterschied zwischen Männern und Frauen hinsichtlich der Bewertung der „demokratischen Realität in der Bundesrepublik", ziehen dabei den Frauenanteil unter den Abgeordneten als Erklärungsgröße nicht in Betracht.

[21] Für eine Übersicht über die Begrifflichkeit und die Entwicklung entsprechender Haltungen in der Bevölkerung vgl. Maier (2000). Für eine Kritik des Begriffs siehe Arzheimer (2002).

Abbildung 2.3: Vertrauen in den Bundestag nach Geschlecht und Anteil weiblicher Bundestagsabgeordneter, (ALLBUS) 1984-2008.

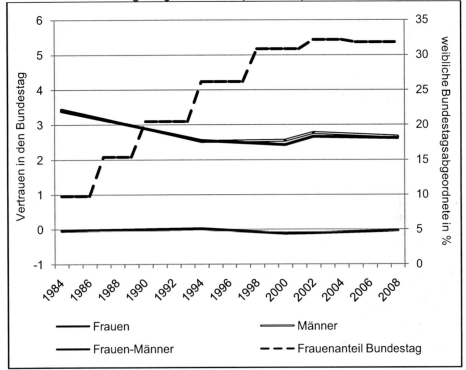

Anmerkungen: Eigene Darstellung. Wertebereich für Vertrauen in den Bundestag von 0 = „gar kein Vertrauen" bis 6 = „großes Vertrauen".
Quellen: politisches Interesse: ALLBUS (ZA4242, ZA4601), eigene Berechnungen. Anteil weibliche Abgeordnete: vgl. Abschnitt 3.1 und Anhang A.

Nachdem bei der Bewertung des Parlaments kein systematischer *gender gap* festgestellt werden konnte, richtet sich der Blick nun auf die allgemeine Demokratiezufriedenheit. Sowohl das Politbarometer, als auch das Eurobarometer beinhalten über etwa 30 Erhebungsjahrgänge hinweg eine Frage zur allgemeinen Zufriedenheit mit der Demokratie. In der ALLBUS wurde diese Frage zwischen 1988 und 2008 zwar nur sieben Mal gestellt, doch sollen auch diese Daten berücksichtigt werden.

Zunächst zum Politbarometer: Betrachtet man sich die Mittelwerte der Befragten nach Geschlecht und den Frauenanteil im Bundestag, so ergibt sich folgende Grafik (vgl. Abbildung 2.4).

Abbildung 2.4: Demokratiezufriedenheit nach Geschlecht (Politbarometer) und Anteil weiblicher Bundestagsabgeordneter, 1977 bis 2007.

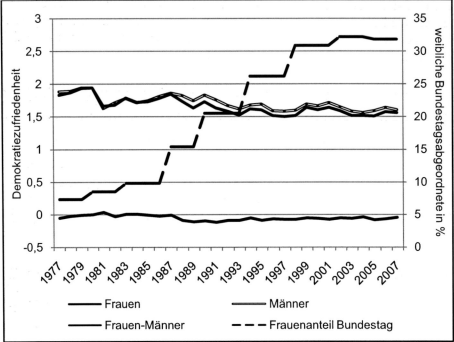

Anmerkungen: Eigene Darstellung. Wertebereich für Demokratiezufriedenheit bis 1988 von 0 = „sehr unzufrieden" bis 3 = „sehr zufrieden", ab 1989 von 1 = „eher unzufrieden" bis 2 = „eher zufrieden".
Quellen: Demokratiezufriedenheit: Politbarometer (ZA2391), eigene Berechnungen. Anteil weibliche Abgeordnete: vgl. Abschnitt 3.1 und Anhang A.

Es ist deutlich ersichtlich, dass Frauen und Männer bis 1987 ein fast identisches Maß an Demokratiezufriedenheit aufweisen. Ab 1988 beginnen diese Werte jedoch zu divergieren: Zwar gleichen sich die Entwicklungs*richtungen* der Kurven in den meisten der darauf folgenden Jahre, jedoch zeigen sich Männer nun insgesamt leicht zufriedener mit der Demokratie als Frauen. Der Beginn der Divergenz überrascht insbesondere deswegen, weil 1987 zum ersten Mal in der deutschen Geschichte ein frei gewähltes nationales Parlament zusammentrat, in welchem mehr als 10% der Abgeordneten weiblichen Geschlechts waren. Auch die Persistenz der Geschlechterunterschiede erscheint zunächst unerklärlich, zeigen die folgenden zehn Jahre doch einen kontinuierlichen weiteren Anstieg des Frauenanteils im Bundestagauf über 30% im Jahr 1998 (vgl. Abschnitt 3.1 und Anhang A). Ausgerechnet seit der historisch anmutenden Wahl von 1987, seit also spürbar mehr Frauen unter den Volksvertretern zu finden sind, beurteilt die weibliche Bevölkerung die Demokratie geringfügig, aber dennoch systematisch schlechter als die männliche.

Die Daten der ALLBUS bestätigen die Ergebnisse des Politbarometers im Wesentlichen (Abbildung 2.5). Wie das Politbarometer zeigen auch die ALLBUS-Daten, dass Ende der 1980er Jahre Männer und Frauen die Demokratie noch ähnlich bewerten. Jedoch divergieren auch hier die Einschätzungen der Geschlechter ab diesem Zeitpunkt und wiederum sind es die Frauen, die sich weniger zufrieden mit der Demokratie zeigen.

Abbildung 2.5: Demokratiezufriedenheit nach Geschlecht (ALLBUS) und Anteil weiblicher Bundestagsabgeordneter, 1988 bis 2002.

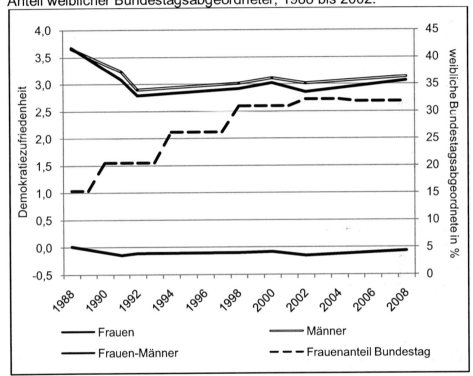

Anmerkungen: Eigene Darstellung. Wertebereich für Demokratiezufriedenheit von 0 = „sehr unzufrieden" bis 5 = „sehr zufrieden".
Quellen: Demokratiezufriedenheit: ALLBUS (ZA4242, ZA4601), eigene Berechnungen. Anteil weibliche Abgeordnete: vgl. Abschnitt 3.1 und Anhang A.

Kommen wir zum Eurobarometer, der dritten Umfrage, die Anhaltspunkte für einen möglichen Zusammenhang zwischen der Demokratiezufriedenheit und der Zusammensetzung des Parlaments liefern könnte. Der Eindruck, der sich aus diesen Daten ergibt (vgl. Abbildung 2.6), ist ein anderer als der durch das Politbarometer und die ALLBUS vermittelte: Während Frauen nach dem Politbarometer und der ALLBUS seit den späten 1980er Jahren erkennbar unzufriedener als Männer sind, sind die Kurven beider Geschlechter im Eurobarometer über den gesamten Zeitraum hinweg nahezu identisch.

Abbildung 2.6: Demokratiezufriedenheit nach Geschlecht (Eurobarometer) und Anteil weiblicher Bundestagsabgeordneter, 1973 bis 2007.

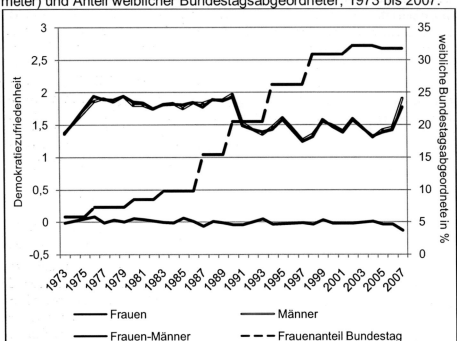

Anmerkungen: Eigene Darstellung. Wertebereich für Demokratiezufriedenheit: 0 = „sehr unzufrieden" bis 4 – „sehr zufrieden".
Quellen: Demokratiezufriedenheit: Eurobarometer 1973 bis 2007 (ZA3521, ZA3693, ZA4056, ZA4411, ZA4506, ZA4565), eigene Berechnungen. Anteil weibliche Abgeordnete: vgl. Abschnitt 3.1 und Anhang A.

Insgesamt lässt sich mittels dieser graphischen Vergleiche kein systematischer, positiver Zusammenhang zwischen dem Frauenanteil unter den Bundestagsabgeordneten und der Demokratiezufriedenheit der weiblichen Bevölkerung bestätigen; die Politbarometerdaten und die Daten der ALLBUS legen sogar eher einen negativen Zusammenhang nahe. Eine mögliche Erklärung für diesen zunächst paradox erscheinenden Befund findet sich bei Bernauer (2009), der die Effekte der parlamentarischen Repräsentation von Minderheiten in Osteuropa untersucht. Bernauer beobachtet einen niedrigen Grad an Demokratiezufriedenheit unter den Angehörigen ethnischer Minderheiten, die parlamentarisch repräsentiert sind (im Gegensatz zu nicht repräsentierten Minderheiten). Damit findet Bernauer einen ähnlichen Zusammenhang, wie er auch hier für die weibliche Bevölkerung im Zeitverlauf zu beobachten war. Bernauer führt dieses Phänomen jedoch nicht auf eine unmittelbar negative Beziehung zwischen Repräsentation und Demokratiezufriedenheit zurück, sondern auf andere Faktoren, wie etwa ein unterschiedlich stark ausgeprägtes Problembewusstsein unter den Mitgliedern verschiedener Minderheiten. Ein hohes Problembewusstsein könnte die Mitglieder der relevanten Subpopulation ihre Lage, die politische Marginalisierung, erkennen lassen. Dies wiederum könnte sowohl zur Steigerung der Unzufriedenheit als auch zu einem verstärkten politischen Engagement und damit zu einer höheren Repräsentation führen.[22] Der oben beobachtete Anstieg des politischen Interesses der weiblichen Bevölkerung könnte ein Indiz für das wachsende Problembewusstsein unter der weiblichen Bevölkerung sein und lässt auf die Übertragbarkeit von Bernauers Befunden auf die Repräsentation von Frauen schließen. Zur Bestätigung dieser Überlegung wäre indessen eine eigenständige empirische Untersuchung notwendig, die jedoch an dieser Stelle nicht geleistet werden kann. Es muss daher vorerst der Befund genügen, dass der Zusammenhang zwischen der deskriptiven Repräsentation der Geschlechter und der Demokratiezufriedenheit der weiblichen Bevölkerung ungeklärt ist.

2.2.3. Interessensvertretung und weibliche Bedürfnisse

Das dritte auf dem gesellschaftlichen Nutzen gegründete Argument fragt danach, ob die *Interessen* und *Bedürfnisse* der Frauen hinreichend beachtet werden, wenn weniger Frauen als Männer unter den Repräsentanten sind. Dabei wird der Kern der Nutzenargumente, die Betonung der Unterschiedlichkeit der Geschlechter, besonders deutlich: Unterschiedliche Gruppen von Bürgern haben unterschiedliche Interessen und die Inklusion von Vertretern der verschiedenen Gruppen soll dazu beitragen, dass auch deren Interessen besser beziehungsweise überhaupt berücksichtigt werden (Williams 1998: 195). Phillips (1995: 28) bringt diese Überlegung in ihrem bezeichnenderweise „The Politics of Presence" benannten Band auf den Punkt: „No one can know better than I do what are my preferences and priorities." Aus dieser Auffassung folgert Phillips, es bedürfe der Anwesenheit von Gruppenmitgliedern, um bestimmte gruppenspezifische Anliegen durchsetzen zu können.

Der Gedanke der paritätischen Repräsentation als Zielmarke steht bei diesem Argument nicht im Mittelpunkt (Phillips 1995: 67). Im Zentrum des Interesses steht vielmehr das Konzept der „kritischen Masse" (Dahlerup 1988: 276), die Idee also, dass mit der Zahl der Frauen in einem Parlament auch der Umfang und die Qualität der weiblichen Interessensvertretung steigt (nachgewiesen etwa bei Bratton 2005; Thomas 1991; 1994; Vega und Firestone 1995; Wängnerud 2000). Umstritten bleibt, wo der sogenannte „tipping point" liegt, wie groß also der Anteil der Betroffenen sein muss, um bestimmte Anliegen wirkungsvoll zu artikulieren und durchzusetzen. Studlar und McAllister (2002: 233) zitieren aus verschiedenen Studien Frauenanteile zwischen 15% und 30%, Wängnerud (2009: 60) nennt Werte zwischen 15% und 40%.

An dieser Stelle ergibt sich allerdings ein Problem: Stellen Frauen eine in sich geschlossene Gruppe dar, die gemeinsame Interessen hat? Gibt es über-

---

[22] Statistisch betrachtet läge damit ein Suppressionssystem vor (Davis 1985: 58).

haupt spezifisch „weibliche" Interessen und können diese nur von Frauen vertreten werden (Kenngott 1995: 367)?

Mit einem unumwundenen „Ja" beantworten die Vertreter des „standpoint feminism" diese Fragen: Frauen teilen einen gemeinsamen Erfahrungsschatz, der aus ihrer traditionellen sozialen Rolle resultiert (vgl. etwa Diamond und Hartsock 1981; Sapiro 1981). Dem ist entgegenzuhalten, dass es einen solchen gemeinsamen Erfahrungshorizont, den wirklich *alle* Frauen teilen, nicht gibt. Selbst wenn man auf biologischer Grundlage argumentiert und die Geburt von Kindern als exklusiv weibliche Erfahrung ins Feld führt, so kann immer noch reklamiert werden, dass längst nicht alle Frauen Kinder zur Welt bringen (Phillips 1995: 67f.). Dasselbe gilt für alle anderen Bereiche des spezifisch Weiblichen: Bei genauerem Hinsehen kann nichts davon allen Frauen zugeschrieben werden.[23] Am eingehendsten wird die Frage, ob es das spezifisch Weibliche gibt, wohl in Butlers einflussreichem Werk *Gender trouble* beantwortet. Butler (1990: 142) fasst ihr Argument wie folgt zusammen:

> „The feminist „we" is always and only a phantasmatic construction, one that has its purposes, but which denies the internal complexity and indeterminacy of the term and constitutes itself only through the exclusion of some part of the constituency that it simultaneously seeks to represent."

Um das Argument dennoch zu retten, versucht sich Phillips (1995: 68f.) gar nicht erst hinter solchen Monopolisierungen von Erfahrungen zu verstecken. Stattdessen erwidert sie, dass die Vielfalt und bisweilen auch die Ambivalenz weiblicher Interessen deren Existenz nicht gleich widerlegt. Geburt, Abtreibung, ein ungleicher Status im Berufsleben im Vergleich zu Männern sowie viele Beispiele mehr deuten sehr wohl auf einen Geschlechterunterschied hinsichtlich des Erfahrungshorizonts und der Interessenslagen hin, der eine Vertretung von Frauen durch Frauen nötig mache: Denn auch wenn sich einige Männer für Frauen in die Bresche werfen, so könnte man von diesen nicht den „degree of vigorous advocacy that people bring to their own concerns" erwarten (Phillips 1995: 69, vgl. auch Mansbridge 1999: 646; Young 1990; 2000: 147f.).

Es erscheint durchaus plausibel, dass es zwar nicht *die* weiblichen Interessen gibt, aber dass dennoch in gewisser Hinsicht von einem Interessensunterschied zwischen den Geschlechtern ausgegangen werden kann (Campbell et al. 2010). Weniger überzeugend wirken indessen die Schlussfolgerungen, dass Fraueninteressen von weiblichen Abgeordneten generell besser vertreten würden und dass sich die Qualität dieser Interessensvertretung darüber hinaus mit dem Anteil weiblicher Abgeordneter steigere. Bereits die Autoren der *Federalist Articles* (Hamilton et al. 1788 [1966]: Nr. 35, 257) hegten ihre Zweifel an

---

[23] Hakim (1995: 450) und Stadelmann-Steffen (2007: 24) belegen diese Einschätzung empirisch am Beispiel der Arbeitsmarktpartizipation von Frauen.

einer solchen „special group representation" und sahen sie gar als akute Bedrohung der demokratischen Wahlfreiheit an:

> „It is said to be necessary, that all classes of citizens should have some of their own number in the representative body, in order that their feelings and interests may be the better understood and attended to. But we have seen that this will never happen under any arrangement that leaves the votes of the people free."

Hamilton, Madison und Jay (1788 [1966]: Nr. 35, 258) bezweifeln weiterhin, dass bei einer Abhängigkeit der Repräsentanten vom Wahlvolk eine systematische Missachtung bestimmter Interessen überhaupt möglich sei:

> „Is it not natural that a man who is a candidate for the favor of the people, and who is dependent on the suffrages of his fellow-citizens for the continuance of his public honors, should take care to inform himself of their dispositions and inclinations, and should be willing to allow them their proper degree of influence upon his conduct? This dependence, and the necessity of being bound himself, and his posterity, by the laws to which he gives his assent, are the true, and they are the strong chords of sympathy between the representative and the constituent."

Doch selbst wenn man diese Einwände außer Acht lässt und wie Phillips annimmt, dass Frauen tendenziell eher dazu bereit sind, Frauenanliegen zu vertreten, so sind neben dem Geschlecht der Abgeordneten auch andere Faktoren zu beachten, die dazu führen, dass Frauen nicht unbedingt Frauenpolitik machen können oder wollen. Dazu zählen die Parteidisziplin, ein möglicher Mangel an parlamentarischer Erfahrung[24] und die Sorge um die eigene Karriere (für entsprechende empirische Ergebnisse vgl. Childs 2004b; Cowell-Meyers und Langbein 2008; Htun und Jones 2002; Mateo Diaz 2005: 158ff.). Reingold (2006: 1) konstatiert daher, die simple Erhöhung des Frauenanteils sei „neither absolutely necessary nor entirely sufficient", um Frauenanliegen wirkungsvoll durchzusetzen (vgl. auch Hoecker und Scheele 2008: 15).

Weldon (2002, vgl. auch 2006) zieht die logische Konsequenz aus diesen Befunden und spürt der Frage nach, welche Mechanismen und Institutionen *anstelle* des Anteils weiblicher Abgeordneter für die Umsetzung von Fraueninteressen (bei Weldon der Schutz vor Gewalt) verantwortlich sein könnten. In ihrer empirischen Untersuchung kommt Weldon zu dem Schluss, dass es im Wesentlichen außerparlamentarische Akteure sind, denen entsprechende Erfolge zuzuschreiben sind, und zwar ein starkes Frauenministerium in Kombination mit einer politisch unabhängigen Frauenbewegung. Gerade Länder mit ho-

---

[24] Viele weibliche Abgeordnete sind politische Neulinge und stehen daher in der Parlamentshierarchie recht weit unten (vgl. Green 2009).

hen Frauenanteilen im Parlament zeichneten sich nicht durch eine Vorreiterrolle bei der Umsetzung von Fraueninteressen aus. Wie auch Weldon kommen andere Autoren zu der Einschätzung, dass es nicht einfach ein hoher Frauenanteil im Parlament ist, der die Verwirklichung von Fraueninteressen sicherstellt, sondern dass für die Vertretung weiblicher Belange ein wesentlich komplexeres Geflecht aus verschiedensten Akteuren und Institutionen maßgeblich ist (Elman 1996; Grey 2006; Keiser 1997). Darüber hinaus sind vor allem im internationalen Vergleich auch kulturelle Einflussfaktoren zu berücksichtigen (Pfau-Effinger 1998).

Übereinstimmend mit diesen Befunden arbeitet Gerlach (2004) für den deutschen Kontext die Bedeutung des Familienministeriums und des jeweiligen Ressortchefs heraus. Weiterhin sprechen verschiedene Autoren dem Bundesverfassungsgericht eine nicht zu unterschätzende Rolle bei der Umsetzung der Gleichstellung von Frauen und Männern zu (vgl. Berghahn 1993: 87ff.; Flick 2009: 247; Gerlach 2004: 130ff.; Heintz et al. 2001: 416f.; Sachs 2003). In Abschnitt 4.3.2.2 dieser Arbeit wird weiterhin sichtbar, dass wesentliche Teile der bundesdeutschen Gleichstellungsgesetzgebung aus den 1970er Jahren datieren. Für diese Zeit kann kaum von einem Effekt einer kritischen Masse an weiblichen Abgeordneten gesprochen werden: Wie bereits dargelegt, geht die Literatur im optimistischsten Fall davon aus, dass bereits ein Frauenanteil von nur 15% eine kritische Masse darstellt (vgl. Studlar und McAllister 2002; Wängnerud 2009). Der Frauenanteil im Bundestag erreichte in den 1970er Jahren jedoch maximal 7,3% (vgl. Abschnitt 3.1 und Anhang A) und damit nicht einmal die Hälfte dieses niedrigsten angenommenen tipping-point-Werts.

Vor diesem Hintergrund rücken immer mehr Vertreter der Disziplin vom oben skizzierten schlichten Konzept der „kritischen Masse" ab (Celis et al. 2008; Childs und Krook 2006; 2008a; b; Squires 2007, vgl. jedoch Wängnerud 2009). Der von Weldon (2002) eingeschlagene Weg wird dabei als zukünftige Forschungsagenda bestätigt: Anstatt zu fragen, ab welchem Anteil Frauen im Parlament weibliche Interessen wirkungsvoll vertreten können, sollte untersucht werden, welche Bedingungen die Vertretung weiblicher Interessen ermöglichen oder erschweren und welche Rolle weibliche Abgeordnete dabei spielen (können).

Das dritte Nutzenargument zur Rechtfertigung eines erhöhten Frauenanteils in Parlamenten, nach welchem sich mit der Erhöhung der Zahl der Frauen auch deren Interessensvertretung verbessert, ist insgesamt gesehen nicht eindeutig zu beurteilen. Weibliche Abgeordnete pauschal als Garantinnen einer frauenfreundlichen Politik zu interpretieren, greift nach dem derzeitigen Forschungsstand zu kurz. Den zitierten kritischen Studien stehen jedoch, wie oben beschrieben, zahlreiche anders lautende Befunde gegenüber, auch wenn in den letzten Jahren die kritischen Stimmen zunehmen. Vor diesem Hintergrund sollte das Argument der „Politics of Presence" nicht sofort *ad acta* gelegt werden, es ist aber zumindest mit einem deutlichen Fragezeichen zu versehen. In jedem

Fall bedarf es einer Überarbeitung der Modellbildung hinsichtlich des Potenzials, welches Parlamentarierinnen bei der Vertretung weiblicher Interessen zugeschrieben wird.

2.2.4. Bessere Politik

Frauen, so wird mitunter argumentiert, brächten positive, spezifisch weibliche Eigenschaften in die Politik ein. Die Unterrepräsentation von Frauen bedeute daher eine Vergeudung wertvoller Humanressourcen, deren Nutzung die Qualität politischer Ergebnisse insgesamt verbessern könne (Bacchi 2006: 44; Scholz 2004: 42ff.). In diesem Zusammenhang wird immer wieder betont, Frauen pflegten einen anderen Politikstil und verfügten über ein sozialeres Wertesystem als Männer, welches sich aus ihrer Mutterrolle speise (Phillips 1995: 73f.).[25] Weibliche Eigenschaften wirkten sich daher positiv auf die deliberative Qualität politischer Prozesse aus (Mansbridge 1991; Mendelberg und Karpowitz 2007). Phillips (1995: 74f.) fasst die Überlegungen zum weiblichen Charakter wie folgt zusammen: „Running through all such arguments is a consistent contrast between women and the politics of self-interest." Die Politik, die sich daraus ergebe, so Phillips (1995: 74) weiter, „offers the most profound and hopeful challenge to the sordid instrumentalism of the modern world."[26]

Diese Heilserwartungen lassen den Leser jedoch stutzig werden: Nachdem Frauen jahrhundertelang als minderwertig angesehen wurden (vgl. Abschnitt 4.3.1.1), wird nun die überholte traditionelle Sichtweise männlicher Überlegenheit in ihr Gegenteil verkehrt. Solche soziobiologischen Argumentationsmuster offenbaren ein im Kern vormodernes Gedankengut und unterhöhlen damit die Forderungen nach einer Gleichberechtigung der Geschlechter. Einige feministische Autorinnen zeigen sich daher bemüht, dieses Messen mit zweierlei Maß nicht ausufern zu lassen und besinnen sich auf die eigene Geschichte des Ringens um Gleichberechtigung (Dietz 1987: 17f.):

> „Such a premise [die Überlegenheit der Frauen, R.M.] would posit as a starting point precisely what a democratic attitude must deny – that one group of citizens' voices is generally better, more deserving of attention, more worthy of emulation, more moral, than another's. A feminist democrat cannot give way to this sort of temptation, lest democracy itself lose its meaning, and citizenship its special name."

Analogien zu dieser Debatte zeigen sich auch im deutschsprachigen Raum. Laut Kurz-Scherf (1999: 240) fehlt Männern das Gespür für „das Soziale", was

---

[25] Vgl. hierzu auch Gilligans (1982: 151ff.) Überlegungen zu einer weiblichen „ethic of care" im Gegensatz zur männlichen „ethic of justice".

[26] Hier ist anzumerken, dass Phillips nicht ihre eigene Auffassung widergibt, sondern die Argumente Dritter zusammenfasst. Phillips (1995: 75) selbst steht der „supposed superiority" der Frauen durchaus kritisch gegenüber.

die Autorin durchaus als eine Gefahr für die Demokratie ansieht. Gleichzeitig bezweifelt sie aber, dass „Frauen *per se* die besseren DemokratInnen sind" (Kurz-Scherf 1999: 253, Hervorhebung im Original).

Neben diesen *theoretischen* Auseinandersetzungen gibt es insgesamt nur wenige *empirische* Untersuchungen zur Frage, ob ein höherer Frauenanteil die Qualität politischer Prozesse und Ergebnisse verbessert (Squires 2007: 102). Ein kürzlich erschienener Beitrag (Hangartner et al. 2007) vermittelt indessen den Eindruck, dass neben institutionellen Faktoren, wie dem Grad an konsensdemokratischer Ausrichtung eines Entscheidungsgremiums, auch die geschlechtliche Zusammensetzung einen Einfluss auf die Qualität politischer Auseinandersetzungen hat. Die Autoren analysieren deutsche und schweizerische Parlamentsdebatten und kommen zum Schluss, dass der Anteil weiblicher Abgeordneter tatsächlich positive Folgen für die Debattenkultur zeitigt (Hangartner et al. 2007: 628): „The higher the share of women in committees and plenary sessions, the higher the respect level."[27] Explizit schließen die Autoren jedoch einen ähnlichen Zusammenhang auf der Individualebene aus (Hangartner et al. 2007: 629). Mit anderen Worten heißt das, dass sich die Debattenkultur in einem Parlament mit einem steigenden Frauenanteil signifikant verbessert, dass aber die deliberative Qualität der Beiträge einzelner Personen nicht von deren Geschlecht abhängt. Best et al. (2007) stellen bei einer Befragung von Bundestagsparlamentariern gar fest, dass sich weibliche Abgeordnete konfliktfreudiger als ihre männlichen Kollegen einschätzen: So gaben 37% der befragten Parlamentarierinnen an, die Durchsetzung von Interessen sei ihnen wichtiger als der Interessensausgleich, 10% der Frauen waren beide Aspekte gleich wichtig und 53% war der Interessensausgleich wichtiger. Demgegenüber war nur 29% der Männer die Durchsetzung von Interessen wichtiger, 9% gewichteten beide Komponenten gleich und 62% votierten für den Interessensausgleich als oberste Priorität. Vor dem Hintergrund erscheinen ältere Lehrmeinungen fragwürdig. Childs (2004a) und Hoecker (1998a: 152f.) etwa argumentieren, dass Frauen einen weiblichen, konsensorientierten Wertehorizont besäßen, diesen aber in der Politik nicht einbringen könnten, da eingeschliffene (männliche) Debattenkulturen und Parteinormen sie daran hinderten.

Die Antwort auf die Frage, was Frauen zur Qualität der Politik beitragen, scheint sich also nicht auf die konkreten Leistungen einzelner Frauen zu beschränken, sondern muss auch die indirekten Wirkungen der Präsenz von Frauen berücksichtigen. Diese Überlegungen finden Entsprechungen in der Managementforschung. Gratton et al. (2007) untersuchen, inwieweit die geschlechtliche Zusammensetzung von Arbeitsgruppen sich auf deren Leistung auswirkt, wobei neben Teams, die männlich dominiert sind, auch weiblich do-

---

[27] Karpowitz und Mendelberg (2007: 653) kommen zu einem vergleichbaren Ergebnis: „The presence of more women leads the members of the group to be more open about their doubts and the gaps in their knowledge." Gegenstand der Studie sind jedoch nicht parlamentarische Prozesse, sondern männliches und weibliches Gruppenverhalten, welches mittels eines experimentellen Designs untersucht wird.

minierte analysiert werden. Die Autoren kommen zum Ergebnis, dass jene Teams am leistungsfähigsten sind, die den „optimal gender mix" von je 50% Männern und Frauen aufweisen (Gratton et al. 2007: 6). Die Leistungsfähigkeit nimmt ab, wenn eines der beiden Geschlechter die Oberhand gewinnt (ganz gleich ob Männer oder Frauen). Ob es in Parlamenten auch einen solchen „optimal gender mix" gibt, kann an dieser Stelle allenfalls vermutet werden. Der Versuch eines Nachweises würde schon allein deshalb scheitern, weil es nahezu keine Parlamente gibt, in denen Frauen ähnlich stark wie Männer vertreten sind oder sich gar in einer deutlichen Mehrheitsposition befinden (vgl. Kapitel 3 dieser Arbeit).

Viele Fragen zum Komplex „Frauen machen bessere Politik" bleiben damit offen: Wie kann es sein, dass sich die delibarative Qualität durch einen erhöhten Frauenanteil verbessert, ohne dass sich die Debattenbeiträge von Frauen durch eine höhere Diskursqualität auszeichnen? Verändert sich das Verhalten von Männern durch die Anwesenheit von Frauen – und wenn ja, inwiefern und in welchem Ausmaß? Wie erklärt sich die geringere Affinität zum Interessensausgleich unter den deutschen Parlamentarierinnen im Vergleich zu ihren männlichen Kollegen? Spielen die „weiblichen Eigenschaften wie Empathie und Beziehungsfähigkeit" (Hoecker 1998a) für Frauen, die sich politisch engagieren, womöglich eine untergeordnete Rolle? Weitere empirische Untersuchungen sind notwendig, um mögliche Unterschiede im Bezug auf das politische Verhalten von Frauen und Männern zu analysieren, und vor allem auch um zu prüfen, wie die Angehörigen beider Geschlechter in politischen Gremien aufeinander reagieren. Weiterhin stellt sich die Frage, welche Folgen sich aus alledem für die Qualität politischer Entscheidungen ergeben. Hinsichtlich der Wirkung von Frauen auf die Qualität von Politik steht die Forschung demnach erst am Anfang. Interessant erscheint in diesem Zusammenhang, dass viele weibliche Politiker nicht *per se* den Anspruch besitzen, besser zu sein als ihre männlichen Kollegen, sondern mit gleichem Recht als gute Politiker wahrgenommen werden wollen. Antje Vollmer, von 1994 bis 2005 Vizepräsidentin des Bundestags, bringt es auf den Punkt (Die ZEIT 28/2009: 17): „Frauen sind keine besseren Politiker. Aber sie können es auch."

In der Literatur findet sich ein weiteres Argument, welches die Steigerung des Frauenanteils mit einer Verbesserung politischer Prozesse in Verbindung bringt. So wird die Hoffnung geäußert, mehr weibliche Abgeordnete würden zu einem „political renewal" führen, da sie vom politischen System noch nicht korrumpiert seien (Mateo Diaz 2005: 118). Diese Annahme ist jedoch bereits in ihrer Logik nicht haltbar: Wenn weiblichen Parlamentariern eine politische Erneuerungswirkung zugeschrieben wird, nur weil sie neu im Parlament und damit „unverdorben" sind, so müssten auch männliche Neulinge frischen Wind ins Parlament bringen. An dieser Stelle dürfte die Forderung also nicht auf „mehr Frauen ins Parlament" lauten, sondern müsste eine allgemein kürzere Verweildauer von Abgeordneten im Parlament zum Ziel erheben.[28] Eine solche Amtszeitbegrenzung würde dann aber beide Geschlechter betreffen müssen, denn auch zahlreiche Frauen sitzen länger als eine Legislaturperiode im Parlament.

2.3. Abschließende Bewertung der Argumente

Betrachtet man sich die beiden Argumentationsstränge, die der Forderung nach einer stärkeren Präsenz von Frauen in der Politik zugrunde liegen, so kommt man zu sehr unterschiedlichen Ergebnissen. Das im ersten Strang vorgebrachte Argument wirkt überzeugend: Demnach sollten in einer Demokratie aus Gründen der Gerechtigkeit nicht nur die Zugangs*rechte* zur Politik für alle Bürgerinnen und Bürger gleich ausgestaltet, sondern auch die Zugangs*chancen* gleich verteilt sein. Das Grundgesetz expliziert dieses Argument im Grundrechtskatalog, sodass seine Gültigkeit zumindest in Deutschland anzunehmen ist.

Der zweite Argumentationsstrang besteht aus insgesamt vier Einzelargumenten, die sich alle um den gesellschaftlichen Nutzen von Frauen in Parlamenten drehen: Eine höhere Zahl weiblicher Abgeordneter fördert *erstens* die staatsbürgerlichen Kompetenzen und das politische Interesse der weiblichen Bevölkerung, sie stärkt *zweitens* die Legitimität der Volksvertretung und steigert die Demokratiezufriedenheit unter den vertretenen Frauen, sie führt *drittens* zu einer besseren Berücksichtigung der Belange der Frauen und erhöht *viertens* die Qualität politischer Prozesse und Ergebnisse insgesamt. Lediglich für das erste dieser vier Argumente finden sich Indizien, die auf einen positiven Zusammenhang zwischen der Repräsentation von Frauen und einem gesellschaftlichen Nutzen schließen lassen: Mehr weibliche Abgeordnete könnten demnach zu einer Steigerung der staatsbürgerlichen Kompetenzen und des politischen Interesses der weiblichen Bevölkerung führen. Was die Legitimität des Parlaments und die Zufriedenheit mit der Demokratie betrifft, so ist von keinem unmittelbaren Zusammenhang auszugehen. Ob die vermehrte Präsenz von Frauen auch die Vertretung weiblicher Anliegen verbessert, ist umstritten. In jüngerer Zeit rücken jedoch immer mehr Autoren von der Annahme eines unmittelbaren oder gar linearen Zusammenhangs zwischen dem Frauenanteil im Parlament und der Durchsetzung weiblicher Interessen ab. Die These von einer besseren weiblichen Politik erweist sich als theoretisch problematisch und empirisch nur schwer nachweisbar. Für die drei letztgenannten Punkte ergeben sich insgesamt mehr Fragen als Antworten. Als Argumente können sie daher nicht ins Feld geführt werden; sie sind vielmehr als Forschungsfelder aufzufassen, die in ihrer gesamten Komplexität bis dato noch nicht erschlossen sind.

---

[28] Zu den Erklärungsgrößen der Verweildauer von Abgeordneten in Parlamenten vgl. Matland und Studlar (2004) sowie Manow (2008).

Nichtsdestoweniger bietet bereits das eindeutig positiv zu bewertende Gerechtigkeitsargument (und eingeschränkt auch das Argument der Steigerung staatsbürgerlicher Kompetenzen und politischen Interesses) genügend Anlass für die vorliegende Untersuchung: Es erscheint weder gerecht noch legitim, wenn in einer Demokratie ein biologischer Unterschied dazu führt, dass die eine Hälfte der Bürger „more equal" als die andere Hälfte ist, um mit George Orwell ([1945] 1987: 90) zu sprechen.

3. Zwischen Einzelfall und Normalfall – zur Entwicklung der Präsenz von Frauen in deutschen Parlamenten

Die Einführung des Frauenwahlrechts 1918/19 war aus Genderperspektive zweifelsohne ein wichtiger Schritt auf dem Weg zur Öffnung gesellschaftlicher und politischer Strukturen, doch bis zur Alltäglichkeit des Anblicks von Frauen in der einstigen Männerdomäne Politik sollten noch mehrere Jahrzehnte ins Land gehen: Bis in die 1980er Jahre hinein waren Frauen in deutschen Parlamenten ein seltener Anblick. Heute finden sich zwar mitunter demokratisch gewählte Versammlungen, in denen die Geschlechterparität verwirklicht ist oder in greifbarer Nähe liegt. In anderen Parlamenten spielen Frauen aber nach wie vor die traditionell marginale Rolle.

Ziel dieses Kapitels ist es, die Präsenz von Frauen in deutschen Parlamenten, also das zu erklärende Phänomen dieser Arbeit, umfassend zu dokumentieren. Dazu erfolgt in Abschnitt 3.1 zunächst die Darstellung der allgemeinen Entwicklung der Frauenrepräsentation auf den verschiedenen Regierungsebenen seit der Gründung der Bundesrepublik (mit einem kurzen Rückblick auf die Lage zur Zeit der Weimarer Republik). In den Abschnitten 3.2 und 3.3 werden die Frauenanteile in den Kommunal- und den Landesparlamenten vertieft betrachtet, wobei vor allem auf die massiven Niveauunterschiede zwischen den einzelnen Parlamenten eingegangen wird. Dabei finden alle eigenständigen kommunalen Einheiten Beachtung, also sowohl die kreisfreien Städte und die Landkreise als auch kreisangehörigen Gemeinden.[29] In einem Exkurs wird zudem die Frauenrepräsentation in der DDR am Beispiel der DDR-Volkskammer beleuchtet (Abschnitt 3.4). Zur allgemeinen Einordnung der Lage in Deutschland wird darüber hinaus ein Vergleich mit der Situation in anderen EU-Staaten gezogen (Abschnitt 3.5). Durch die verschiedenen Perspektiven soll ein umfassender Eindruck von der Vielschichtigkeit des Phänomens der Frauenrepräsentation in deutschen Volksvertretungen vermittelt werden.

Eingeschränkt wird die Nachzeichnung der Frauenrepräsentation durch die Datenlage, die in Anhang A ausführlich dargestellt wird: Während für die Bundes- und die Landesebene eine durchgängige Dokumentation seit der Gründung

---

[29] Die kreisangehörigen Gemeinden sind grundsätzlich selbstständige Gebietskörperschaften, gehören aber einem Landkreis an. Sowohl die Landkreise als auch die kreisangehörigen Gemeinden haben eigene gewählte Vertretungen (Kreistage bzw. Gemeinderäte). Die Landkreise nehmen die Aufgaben der „überörtlichen Gemeinschaft" wahr, wie etwa die Organisation des Nahverkehrs, während die kreisangehörigen Gemeinden für die Belange der „örtlichen Gemeinschaft" zuständig sind, wie etwa Schulbauten und Schwimmbäder (ausführlich dazu von der Heide 1999: 127). Neben den Landkreisen, denen jeweils eine Zahl an kreisangehörigen Gemeinden zugeordnet ist, gibt es weiterhin kreisfreie Städte, innerhalb derer es keine selbstständigen Gebietskörperschaften gibt. Kreisfreie Städte nehmen daher Kreis- und Gemeindeaufgaben gleichzeitig wahr (zur Struktur der Kommunalebene vgl. auch Magin und Eder 2008).

der Bundesrepublik möglich ist, zeigen sich für die Kommunalebene mitunter erheblich Lücken. Für die kreisfreien Städte sind seit 1951 Informationen zum durchschnittlichen Frauenanteil in den Stadträten erhältlich, sowie Einzeldaten für alle Städte mit mehr als 100.000 Einwohnern. Seit 1973 sind Einzeldaten für alle kreisfreien Städte zugänglich. Für die Landkreise ist eine flächendeckende Dokumentation erst für die letzte Wahl vor dem Jahresende 2008 möglich. Die Frauenrepräsentation in kreisangehörigen Gemeinden ist seit 1973 für Gemeinden mit mehr als 20.000 Einwohnern, seit 1976 für Gemeinden mit mehr als 10.000 Einwohnern dokumentiert. Daten für die kleineren Gemeinden liegen nicht flächendeckend, sondern nur aus einzelnen Bundesländern vor.

3.1. Die Entwicklung in Bund, Ländern und Kommunen im Vergleich

Wie hat sich die Repräsentation von Frauen in deutschen Parlamenten im Laufe der Zeit entwickelt? Einen ersten Eindruck vermittelt Abbildung 3.1, in welcher die Frauenanteile im Bundestag sowie Mittelwerte für die Landtage, die Räte der kreisfreien Städte und für die Räte von Gemeinden mit mehr als 10.000 Einwohnern dargestellt sind.

Zunächst sticht ein recht ähnlicher Kurven*verlauf* für alle Parlamente ins Auge: In den ersten Jahrzehnten der Bundesrepublik weisen die Parlamente aller politischen Ebenen einen konstant niedrigen Frauenanteil von durchschnittlich ca. 5% bis 10% auf. Damit hat sich die Lage gegenüber der Zeit der Weimarer Republik nicht verändert: In der Nationalversammlung des Jahres 1919, zu deren Wahl Frauen zum ersten Mal in der deutschen Geschichte zugelassen waren, betrug der Frauenanteil 9,6%. In den zwischen 1920 und 1932 gewählten Reichstagen lag dieser Wert zwischen 5% und 8% (vgl. Hervé 1995a: 87; Hofmann-Göttig 1986: 91; Kolinsky 1995: 178). Auch auf der Landes- und der Kommunalebene bewegte sich die Frauenrepräsentation zur Zeit der Weimarer Republik auf einem Niveau von deutlich unter 10% (vgl. Albrecht et al. 1979: 476f.; Deutscher Städtetag 1926; Rosenbusch 1998: 479f.; Sack 1998: 79ff.; Wickert 1986: 112).

Ab Mitte der 1970er Jahre ist ein Anstieg der weiblichen Repräsentation zu beobachten, der etwa bis zur Jahrtausendwende andauert. In diesem Zeitraum hat sich die Frauenrepräsentation auf allen Ebenen mindestens verdreifacht. Auf der Bundes- und Landesebene sowie in den kreisfreien Städten betragen die Frauenanteile seither im Schnitt über 30%, in den kreisangehörigen Gemeinden sind es mehr als 20%. Nach dem Jahr 2000 sind indessen keine deutlichen Aufwärtstrends mehr zu verzeichnen, vielmehr scheint eine Phase der Stagnation angebrochen zu sein. So stieg der Frauenanteil in den kreisfreien Städten zwischen 2000 und 2008 nur noch um 1% auf 31,2%, in den Landtagen um 1,1% auf 32,3% und im Bundestag bewegten sich die Werte von 1998 bis 2008 zwischen 30,9% und 32,2%. Für die kreisangehörigen Gemeinden über 10.000 Einwohner ist immerhin ein Anstieg von 2% im Zeitraum zwischen 2000 und

2008 feststellbar, jedoch ist auch dieser Wert gegenüber dem Plus von 5,5% in den Jahren 1985 bis 1990 als moderat zu bezeichnen.

Abbildung 3.1: Frauen in deutschen Parlamenten, 1950 bis 2008.

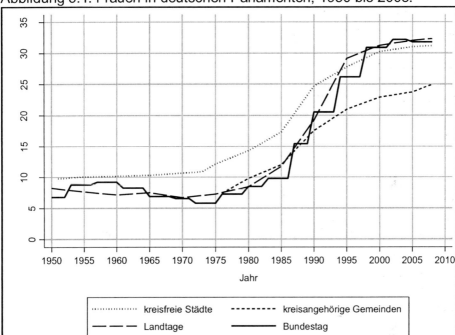

Anmerkungen (Beobachtungszeitpunkte): BUNDESTAG – Jahre der Neuwahl des Bundestages. LANDTAGE – ab 1950 jedes fünfte Jahr sowie 2008. Das Saarland ist bei den Landtagen von Anfang an mit berücksichtigt, die ostdeutschen Landtage ab 1990. KREISFREIE STÄDTE – Jahre 1951, 1954, 1965, 1973, ab 1975 jedes fünfte Jahr sowie 2008. Berücksichtigt wurden zwischen 1973 und 2008 alle Kommunen, die zum 01.01.2008 den Status einer kreisfreien Stadt besaßen. Zwischen 1951 und 1965 wurden alle Städte berücksichtigt, die zum jeweiligen Zeitpunkt kreisfrei waren. Ostdeutsche Städte sind ab 1995 berücksichtigt. KREISANGEHÖRIGE GEMEINDEN – 1976, ab 1980 jedes fünfte Jahr sowie 2008.
Quellen: vgl. Anhang A.

Ein Blick auf die einzelnen Kurven offenbart weitere aufschlussreiche Details: So liegt der Frauenanteil in den Räten der kreisfreien Städte bereits in den 1950er Jahren bei ca. 10% und damit leicht höher als in den Parlamenten der darüber liegenden Ebenen. Während die Anteile weiblicher Abgeordneter in den Ländern und im Bund 1980 noch deutlich unter 10% liegen, kommen die kreisfreien Städte bereits auf durchschnittlich 14,3% (vgl. Tabelle 3.2). Dieser Vorsprung hält sich über die gesamten 1980er Jahre hinweg. Die Kurve für die Stadträte flacht jedoch bereits ab 1990 ab, und seit dem Jahr 2000 sind die Niveaus von kreisfreien Städten, Ländern und dem Bundestag nahezu deckungsgleich bei einem Frauenanteil von knapp einem Drittel der Mandate. Insgesamt verläuft die Entwicklung in den Städten weniger rasant als in den Ländern und im Bund: In den kreisfreien Städten dauert der Anstieg von knapp über 10% im Jahr 1973 auf knapp über 30% im Jahr 2000 nahezu 30 Jahre. Im Bundestag nimmt der Frauenanteil in den vier Wahlen zwischen 1972 und 1983 zunächst nur geringfügig um vier Prozentpunkte auf 9,8% zu, um in den vier darauffolgenden Urnengängen zwischen 1987 und 1998 einen Sprung um 20,1 Prozentpunkte auf 30,9% zu machen (vgl. Tabelle A.2 im Anhang A). Für die Landtage ist ein fast analoger Anstieg zu beobachten. Die Präsenz von Frauen in den Vertretungen kreisangehöriger Gemeinden mit mehr als 10.000 Einwohnern, für welche erst seit 1976 Daten verfügbar sind, entwickelt sich zunächst parallel zu den Werten der Landes- und der Bundesebene (vgl. Tabelle A.6 im Anhang A). Wie auch für die kreisfreien Städte flacht der Anstieg um 1990 erkennbar ab. Insgesamt rangiert die politische Repräsentation von Frauen auf dieser Ebene seit dem Jahr 1995 mehr als fünf Prozentpunkte unter den übrigen hier dargestellten Ebenen.

Weder der Bundesrat, noch die Vertretungen der Landkreise sind in Abbildung 3.1 enthalten. Bei den Landkreisen ist dies auf die lückenhafte Datenlage zurückzuführen, die eine Einschätzung der Entwicklung lediglich ausschnittsweise zulässt. In einem Bericht der Bundesregierung (1966: 526) finden sich Daten für die Repräsentation von Frauen in den Kreistagen Bayerns und Nordrhein-Westfalens in den 1960er Jahren. Stellt man diesen Daten aktuelle Wahlergebnisse gegenüber, so gewinnt man einen Eindruck von der Entwicklung, die auch in diesem Bereich stattgefunden hat (Tabelle 3.1).

Tabelle 3.1: Frauen in den Kreistagen Bayerns und Nordrhein-Westfalens, 1960er und 2000er Jahre.

Bundesland *Jahr der Wahl*	Ratsmitglieder insgesamt	Ratsmitglieder weiblich	Frauenanteil in Prozent
Bayern			
1960	5.334	65	1,2
2008	4.390	1.021	23,3
Nordrhein-Westfalen			
1964	2.400	88	3,7
2004	1.828	502	27,5

Anmerkungen: eigene Berechnungen.
Quellen: Bundesregierung (1966: 526) sowie Statistische Landesämter.

Es zeigt sich zum einen, dass Frauen in den Kreistagen der 1960er Jahre zumindest in den beiden aufgeführten Beispielen eine absolute Ausnahmeerscheinung darstellen. Zum anderen ist zwar in beiden Ländern ein massiver Anstieg der Frauenanteile unter den Kreistagsabgeordneten zu verzeichnen, jedoch bleiben die Durchschnittswerte deutlich hinter jenen der kreisfreien

Städte zurück. Dabei liegen die Werte für die bayerischen und nordrhein-westfälischen Landkreise sogar noch über dem Bundesdurchschnitt: Dieser beträgt 2008 lediglich 22,8%, und rangiert damit noch unter dem Wert der kreisangehörigen Gemeinden (vgl. Abschnitt 3.2).

Ebenso nicht diskutiert wurde die Zusammensetzung des Bundesrats, der zweiten Kammer des deutschen Parlaments, der wegen seiner Sonderrolle im deutschen Parlamentarismus (Rudzio 2000: 315ff.) getrennt behandelt wird. Der Bundesrat wird nicht direkt vom Volk gewählt, er setzt sich vielmehr aus Vertretern der Landesregierungen zusammen. Die Mitgliedschaft ist nicht an eine festgelegte Amtszeit oder Legislaturperiode gebunden. Die Zusammensetzung des Bundesrats ändert sich vielmehr nur dann, wenn eine Landesregierung ihre alten Vertreter abberuft und neue Vertreter entsendet. Dabei ist anzumerken, dass neben den ordentlichen Mitgliedern auch Stellvertreter nominiert werden.

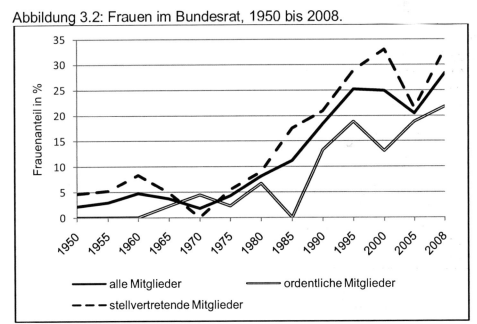

Abbildung 3.2: Frauen im Bundesrat, 1950 bis 2008.

Anmerkungen: Zusammensetzung zum 31.12. jedes fünften Jahres ab 1950. Eine Datentabelle findet sich im Anhang A (Tabelle A.3).
Quelle: vgl. Anhang A.

Die Frauenrepräsentation im Bundesrat hat sich Abbildung 3.2 folgend in ähnlicher Weise wie in den übrigen hier vorgestellten Parlamenten entwickelt, zumindest wenn man neben den ordentlichen auch die stellvertretenden Mitglieder betrachtet: Sind Frauen bis Mitte der 1970er Jahre eine Ausnahmeerscheinung in diesem Gremium, so nimmt ihr Anteil in den folgenden zwei Jahrzehnten rasch bis auf 25,1% im Jahr 1995 zu (vgl. Tabelle A.3 im Anhang A). Seitdem ist keine klare Entwicklungsrichtung mehr zu erkennen, auf eine Phase der Stagnation (1995 bis 2000) folgt eine Abnahme des Frauenanteils zum Jahr 2005 auf 20,4% und ein Wiederanstieg auf 28,2% im Jahr 2008.

Interessant erscheint der Vergleich zwischen ordentlichen und stellvertretenden Mitgliedern: Mit Ausnahme des Jahres 1970 liegt der Frauenanteil unter den Stellvertretern stets über dem der ordentlichen Deputierten. Ganz eklatant zeigt sich dieses Verhältnis 1985: Während sich der Frauenanteil unter den Stellvertretern der 20%-Marke nähert, geht der Anteil unter den ordentlichen Mitgliedern zum ersten Mal seit 1960 wieder auf null zurück. Frauen waren demnach im Bundesrat immer präsent, jedoch kam ihnen über lange Zeit hinweg in erster Linie nur die Stellvertreterrolle zu.

Insgesamt betrachtet liegt der Schluss nahe, dass die Entwicklung der Frauenrepräsentation in den deutschen Parlamenten etwa zur Zeit der Jahrtausendwende an eine „gläserne Decke" gestoßen ist, die sie scheinbar nicht zu durchdringen vermag. Damit stellt Deutschland keine Ausnahme dar, im Gegenteil. In zahlreichen anderen westlichen Demokratien hat sich der Frauenanteil im Parlament in ähnlicher Weise entwickelt: Nach einem mehr oder minder steilen Anstieg seit Mitte/Ende der 1970er Jahre brach um das Jahr 2000 eine Phase der Stagnation an, wobei sich der Anteil weiblicher Abgeordneter meist deutlich unter der 50%-Marke einpendelte (Paxton und Hughes 2007: 72ff.).

Der Eindruck, es existiere eine „gläserne Decke" für die Frauenrepräsentation in Deutschland, stellt jedoch nur eine mögliche Perspektive dar. So ist im Mittel tatsächlich eine Stagnation der Frauenanteile in den Parlamenten aller drei politischen Ebenen feststellbar. Dabei werden aber die enormen Unterschiede verdeckt, die zwischen den einzelnen Parlamenten einer Ebene bestehen. Diese Differenzen werden nun vertieft betrachtet.

3.2. Frauen in den Kommunalparlamenten

Die Beschreibung der Frauenrepräsentation auf der Kommunalebene beginnt bei den *kreisfreien Städten*, für die die Datenlage am lückenlosesten dokumentiert ist. Die Darstellung der Entwicklung erfolgt zunächst beispielhaft anhand der jeweils sechs Städte mit den höchsten beziehungsweise niedrigsten Frauenanteilen im Stadtrat (Stand Ende 2008) mittels Liniendiagrammen (vgl. Abbildung 3.3).

Ein erster Blick auf die Kurvenverläufe macht deutlich, dass große Ähnlichkeiten bezüglich der Entwicklung der Frauenrepräsentation in den hier dargestellten Stadträten zur Entwicklung des Durchschnittswerts (vgl. Abbildung 3.1) bestehen, was zunächst wenig überraschend erscheinen mag: Bis etwa Mitte der 1970er Jahre bleiben die Frauenanteile relativ stabil, dann steigen die Werte überall an. In einigen Städten beginnt diese Entwicklung bereits früher: Für Osnabrück und München sind entsprechende Tendenzen schon für Mitte der 1960er Jahre erkennbar.

Abbildung 3.3: Kreisfreie Städte mit den höchsten und niedrigsten Frauenanteilen im Stadtrat, 1951 bis 2008.

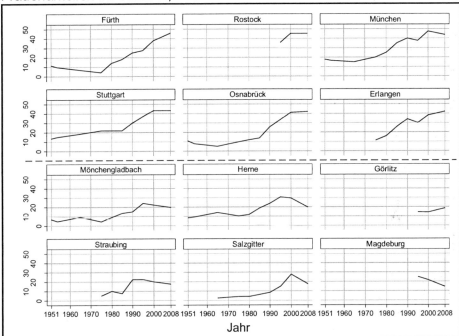

Anmerkungen: Die sechs Städte oberhalb der gestrichelten Linie wiesen 2008 unter allen kreisfreien Städten den höchsten Frauenanteil im Stadtrat auf, die darunterliegenden den niedrigsten. Die Daten liegen seit unterschiedlichen Zeitpunkten vor, vgl. Anhang A. Eigene Darstellung.
Quellen: siehe Anhang A.

Demgegenüber gibt es Nachzügler wie Straubing und Stuttgart, für die ein deutlicher Anstieg erst seit Mitte der 1980er Jahre erkennbar ist. In Salzgitter ist eine merkliche Aufwärtsbewegung gar erst ab 1990 zu beobachten. Ab Mitte der 1990er Jahre ist für die meisten der hier dargestellten Städte ein Abflachen des Anstiegs (z.B. Osnabrück), eine Stagnation (z.B. Stuttgart und Rostock) oder sogar ein leichter Rückgang (z.B. Straubing und Herne) der Frauenrepräsentation festzustellen. Einzig im Stadtrat Fürths nahm der Frauenanteil seit Mitte der 1970er Jahre in nahezu unveränderter Weise zu.

Betrachtet man die Niveaus, die die Städte zu verschiedenen Zeitpunkten aufweisen, so sind enorme Differenzen feststellbar (vgl. Tabelle 3.2): Besonders München sticht ins Auge, hier sank der Frauenanteil im Stadtrat seit 1951 nie unter die 15%-Marke. Fast ebenso progressiv erweist sich Stuttgart. Beide süddeutschen Landeshauptstädte weisen im Jahr 2008 nahezu identisch hohe Frauenanteile auf (43,3% in Stuttgart und 43,8% in München). Relativ gesehen noch mehr Frauen finden sich im Stadtrat Fürths, wo im Jahr 2008 mit einem Anteil von 46% nahezu paritätische Verhältnisse erreicht wurden. 1975 waren hier lediglich 4% der Mandatsträger weiblich – der Frauenanteil hat sich also in gut dreißig Jahren mehr als verzehnfacht. Eine ähnliche Entwicklung ist in Osnabrück zu beobachten, wo der Frauenanteil zwischen 1965 und 2008 von 4,9% auf 42% anstieg. Demgegenüber sind die Fortschritte in Straubing und Mönchengladbach als mäßig zu bezeichnen: Hier standen den Minima von 1975 (5% bzw. 4,5%) im Jahr 2008 Werte von unter 20% gegenüber.

Tabelle 3.2: Frauenanteile in den kreisfreien Städten, 1951 bis 2008.

Rangplatz	Stadt	1951	1954	1965	1975	1980	1985	1990	1995	2000	2008
1	Fürth	11,6	9,5		4,0	14,0	18,2	25,0	27,3	38,0	46,0
2	Rostock								35,8	45,3	45,3
3	München	17,6	16,4	15,0	20,0	25,0	35,0	40,0	37,5	47,5	43,8
4	Stuttgart	13,3	15,0	18,3	21,7	21,7	21,7	30,0	36,7	43,3	43,3
5	Osnabrück	10,8	7,7	4,9	9,8	11,8	13,7	25,5	33,3	41,2	42,0
6	Erlangen				11,4	16,0	26,0	34,0	30,0	38,0	42,0
...	...	...	...	...	...	...	...	...	...	...	...
108	Mönchengladbach	7,0	4,8	9,3	4,5	9,0	13,4	14,9	23,9	22,1	19,7
109	Herne	8,3	9,5	14,0	10,2	11,9	18,6	23,7	30,5	29,3	19,7
110	Görlitz								14,3	14,0	18,4
111	Straubing				5,0	10,0	7,5	22,5	22,5	20,0	17,5
112	Salzgitter			2,6	4,3	4,3	6,4	8,5	14,9	27,7	17,4
113	Magdeburg								25,0	21,4	14,3
GESAMT		11,5	11,2	11,7	12,1	14,3	17,3	24,7	27,8	30,2	31,2

Anmerkungen: Alle Angaben in Prozent. Gelistet sind die je sechs kreisfreien Städte mit dem höchsten beziehungsweise mit dem niedrigsten Frauenanteil im Stadtrat im Jahr 2008. Die Rangplätze beziehen sich auf das Jahr 2008. Die Angaben in der letzten Spalte (2008) beziehen sich auf die Zusammensetzung des Stadtrates unmittelbar nach der letzten Kommunalwahl vor dem 31.12.2008. Die übrigen Werte beruhen auf Stichtagserhebungen aus dem jeweiligen Jahr. In Tabelle A.5 im Anhang A sind die Werte für alle kreisfreien Städte zur letzten Wahl vor dem 31.12.2008 aufgeführt.
Quellen: siehe Anhang A.

Unter den drei ostdeutschen Städten in Abbildung 3.3 fällt vor allem Magdeburg ins Auge. Hier ging der Frauenanteil von 1995 bis 2008 um mehr als 10 Prozentpunkte zurück und 2008 stand die Landeshauptstadt Sachsen-Anhalts an letzter Stelle unter allen kreisfreien Städten Deutschlands. In Görlitz ist hingegen ein leichter Anstieg von 14,3% auf 18,4% zu verzeichnen. In Rostock, das im Jahr 2008 mit 45,3% bundesweit an zweiter Stelle hinter Fürth stand, ist der Frauenanteil sogar um fast 10 Prozentpunkte von 35,8% auf 45,3% angewachsen.

Aus Abbildung 3.1 ist die Entwicklung des Frauenanteils in den Stadträten insgesamt ersichtlich und Abbildung 3.3 macht die Besonderheiten einzelner Städte deutlich. Für eine gezielte Darstellung der Varianz im Zeitverlauf empfiehlt sich jedoch eine andere Form der graphischen Darstellung, der *Boxplot* (vgl. Abbildung 3.4). Zunächst zum Informationsgehalt dieser Darstellungsart: Boxplots zeigen nicht nur den Median, sondern auch die Quartile und die Extremwerte einer Verteilung. Damit fasst diese graphische Darstellungsmethode Aussagen über die Spannweite einer Verteilung, ihre Symmetrie und Schiefe auf eingängige Art zusammen (Schnell 1994: 18).[30]

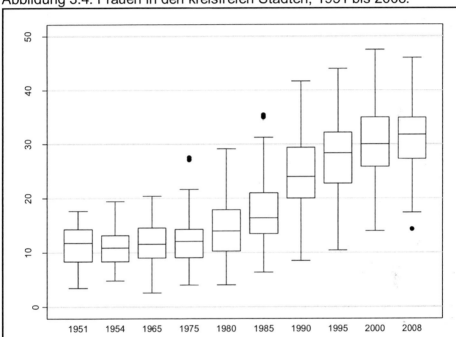

Abbildung 3.4: Frauen in den kreisfreien Städten, 1951 bis 2008.

Anmerkungen: Von 1951 bis 1965 wurden nur Städte über 100.000 Einwohner betrachtet. Zwischen 1975 und 2008 wurden alle diejenigen Kommunen berücksichtigt, die zum 31.12.2008 den Status einer kreisfreien Stadt besaßen. Ostdeutsche Städte werden ab 1995 berücksichtigt. Eigene Darstellung.
Quellen: siehe Anhang A.

Die Graphik verdeutlicht, dass zwischen den Städten zu allen Beobachtungszeitpunkten erhebliche Unterschiede bestehen. Betrachtet man die Entwicklung der Spannweite der Verteilung, also den Abstand zwischen dem

---

[30] Die Linie innerhalb der Box markiert den Median, die obere und untere Begrenzung der Box (*upper* und *lower hinge*) stehen für die Quartile. Die maximale Länge der *whisker*, den von den *hinges* ausgehenden vertikalen Linien, berechnet sich als der 1,5-fache Quartilsabstand. Die *whisker* markieren die Randbereiche der Verteilung und enden in der graphischen Darstellung am jeweils minimal beziehungsweise maximal beobachteten Wert innerhalb der maximalen Ausdehnung. Außerhalb der *whisker* gelegene Werte gelten als Ausreißer und sind als Punkte dargestellt.

kleinsten und dem größten Wert, so ist eine deutliche Zunahme dieses Wertes feststellbar. Divergieren die Werte der Städte mit dem höchsten und dem niedrigsten Frauenanteil 1951 und 1954 noch um weniger als 15 Prozentpunkte, so wächst dieser Abstand bereits zur Mitte der 1960er Jahre auf 17,8 Prozentpunkte.[31] Seit 1975 liegt die Spannweite jenseits der 20-Prozent-Marke und seit 1990 beträgt sie mehr als 30 Prozentpunkte (vgl. Tabelle 3.2).

Die Entwicklung zum Ende des Beobachtungszeitraumes bekräftigt die Befunde einer Stabilisierung der Frauenrepräsentation: So nimmt die Spannweite zwischen den Jahren 2000 und 2008 um 1,7 Prozentpunkte auf 31,7% ab. Aber auch der Abstand zwischen dem 25%- und dem 75%-Quartil, also die Höhe der Box, verringert sich von mehr als 9 Prozentpunkten zwischen 1990 und 2000[32] auf 7,6 Prozentpunkte im Jahr 2008. Die Graphik verdeutlicht, dass jene Phasen, die durch ein hohes Maß an Entwicklungsdynamik gekennzeichnet sind, auch ein hohes Maß an Varianz aufweisen – hier wird also die Diskrepanz zwischen Vorreitern und Nachzüglern besonders offensichtlich.

Neben den 113 kreisfreien Städten gibt es 323 *Landkreise* in Deutschland. Den Landkreisen kommt an dieser Stelle eine nicht zu unterschätzende Bedeutung zu, wohnen doch von den 82,3 Millionen in Deutschland lebenden Menschen 56,1 Millionen in Landkreisen, also 68,2% der Bevölkerung.[33]

Bislang existiert keine zentrale Erfassung der Wahlergebnisse zu den Kreistagen, also der Parlamente der Landkreise. Für die vorliegende Untersuchung wurden die entsprechenden Daten aus den statistischen Landesämtern zusammengeführt, die flächendeckend nur für die letzte Wahl vor dem 31.12.2008 erhältlich sind (vgl. auch Anhang A).

Der durchschnittliche Frauenanteil in den Parlamenten der Landkreise liegt unter dem der kreisfreien Städte (22,8% gegenüber 31,2%), jedoch variiert die Frauenrepräsentation in den Vertretungen der erstgenannten Gebietskörperschaften wesentlich stärker (vgl. Tabelle 3.3): Der Abstand zwischen dem Landkreis mit dem höchsten und dem niedrigsten Frauenanteil im Kreistag beträgt 44,1 Prozentpunkte – bei den Räten der kreisfreien Städte beträgt dieser Abstand im gleichen Zeitraum „nur" 31,7 Prozentpunkte. Der Landkreis mit dem höchsten Frauenanteil im Kreistag, Gütersloh (48,3%), übertrifft dabei den Wert Fürths (46%), dem Spitzenreiter unter den kreisfreien Städten. Beachtlich wirken aber vor allem die Werte der Landkreise auf den letzten Plätzen: Die sechs letztplatzierten Landkreise weisen mit Werten zwischen 4,2% und 8,6%

---

[31] Tatsächlich ist für die Jahre 1951 bis 1965 eine höhere Spannweite anzunehmen, da in diesem Zeitraum nur Städte mit mindestens 100.000 Einwohnern erfasst sind. In kleineren Städten und Gemeinden, so eine häufige Beobachtung, ist die Frauenrepräsentation jedoch häufig schwächer ausgeprägt (vgl. etwa die Durchschnittswerte der kreisangehörigen Gemeinden in Abbildung 3.1). Geht man davon aus, dass es in den kleineren kreisfreien Städten zwischen 1951 und 1965 auch Vertretungen ohne eine einzige Frau gab, so liegt die Spannweite in den 1950er und 1960er Jahren bei 17,6% (1951), 19,4% (1954), und 20,4% (1965).

[32] Quartilsabstand 1990: 9,4%, 1995: 9,5%, 2000: 9,1%.

[33] Stand 2006, Quelle: Statistische Ämter des Bundes und der Länder (2008).

einen um etwa zehn Prozentpunkte niedrigeren Frauenanteil auf als die sechs letztplatzierten kreisfreien Städte (14,3% bis 19,7%, vgl. Tabelle 3.2). Ins Auge sticht weiterhin, dass alle fünf letztplatzierten Landkreise in Baden-Württemberg liegen.

Tabelle 3.3: Frauen in deutschen Kreisparlamenten, letzte Wahl vor dem 31.12.2008 (Ausschnitt).

Rangplatz	Name	Mandate insgesamt	davon Frauen	Frauenanteil in %
1	Gütersloh	60	29	48,3
2	Hochtaunuskreis	71	32	45,1
3	Unna	66	29	43,9
4	Landkreis München	70	28	40,0
5	Mainz-Bingen	50	20	40,0
6	Wetteraukreis	81	32	39,5
...	...	...	...	...
318	Aue-Schwarzenberg	58	5	8,6
319	Main-Tauber-Kreis	47	4	8,5
320	Neckar-Odenwald-Kreis	47	3	6,4
321	Tuttlingen	48	3	6,3
322	Ravensburg	72	4	5,6
323	Rottweil	48	2	4,2
GESAMT		18.232	4.148	22,8

Anmerkungen: Gelistet sind die je sechs Landkreise mit dem höchsten beziehungsweise mit dem niedrigsten Frauenanteil im Kreistag. In Tabelle A.5 im Anhang A sind die Werte für alle Kreise aufgeführt.
Quelle: siehe Anhang A.

Für die *kreisangehörigen Gemeinden* wurde die Entwicklung der Frauenrepräsentation aufgrund der lückenhaften Datenlage bisher nur für Gemeinden mit mehr als 10.000 Einwohnern nachvollzogen (vgl. Abschnitt 3.1). Diese Beschränkung liefert indessen ein unvollständiges Bild. Es sei hier darauf verwiesen, dass 27,2% der deutschen Bevölkerung in Gemeinden mit weniger als 10.000 Einwohnern lebt, in Mecklenburg-Vorpommern, Rheinland-Pfalz und Thüringen sind es sogar mehr als 50%.[34] Betrachtet man die Anzahl der Gemeinden, so weisen von den insgesamt 12.315 deutschen Gemeinden 10.745, also fast 90%, Einwohnerzahlen von weniger als 10.000 auf.[35] Alle diese Gemeindevertretungen wurden bisher noch nicht diskutiert.

---

[34] Stand 31.12.2006, Quelle: Statistisches Bundesamt (2008: 40f.), eigene Berechnung.
[35] Stand 31.12.2006, Quelle: Statistisches Bundesamt (2008: 40), eigene Berechnung.

Aufgrund der mangelhaften Zugänglichkeit flächendeckender Daten wird die Lage der Frauenrepräsentation in den kreisangehörigen Gemeinden an dieser Stelle nur skizziert.[36] Dazu wird auf die Resultate der baden-württembergischen Kommunalwahl des Jahres 2009 zurückgegriffen.[37] Bei dieser Wahl wurden in den 1.091 kreisangehörigen Gemeinden des Landes insgesamt 18.102 Mandate vergeben, von denen 4.152 an Frauen gingen. Landesweit entspricht das einem Anteil von 22,9%. In 35 Gemeinderäten war keine einzige Frau vertreten, in weiteren 1.046 waren Männer in der – meist deutlichen – Überzahl: Männer errangen in 149 Gemeinden mindestens 90% der Mandate und in 778 Gemeinden 75% der Sitze oder mehr. Demgegenüber wiesen 41 Gemeinden einen Frauenanteil von mehr als 40% auf und in sieben Gemeinden herrschten paritätische Verhältnisse. In landesweit drei Gemeinden waren Frauen knapp in der Mehrheit. Insgesamt stehen den über 99% an männlich dominierten knapp 0,3% an weiblich dominierten und etwa 0,6% an paritätisch besetzten Gemeinderäten gegenüber. Auch wenn diese Daten zeigen, dass paritätische Verhältnisse oder sogar eine weibliche Mehrheit heute möglich sind, so stellen solche Resultate die große Ausnahme dar: Häufiger als auf die verwirklichte politische Gleichstellung trifft man, zumindest im gewählten Beispiel, auf eine nahezu uneingeschränkte männliche Hegemonie.

3.3. Frauen in den Landtagen

Um die Entwicklung der Frauenanteile in den Landtagen differenziert darzustellen, wird wiederum auf Liniendiagramme zurückgegriffen (vgl. Abbildung 3.5). Insgesamt ähneln die Kurvenverläufe der Durchschnittskurve für die Landtage aus Abbildung 3.1: Bis einschließlich 1980 sind weibliche Abgeordnete in der überwiegenden Zahl der Landtage eine Randerscheinung, und nur vereinzelt werden Frauenanteile von mehr als 10% erreicht (vgl. auch Tabelle A.4 im Anhang A). In Bayern liegt dieser Wert bis einschließlich 1970 bei unter 5%. Im saarländischen Landtag ist in den Jahren zwischen 1956 und 1970 nur jeweils eine einzige Frau vertreten, in Baden-Württemberg ist dies von 1968 bis 1972 der Fall. Der Südweststaat belegt zudem seit 1968 mit nur zwei kurzen Unterbrechungen zwischen 1980 und 1985 den letzten Platz unter den Bundesländern.[38]

In den Bürgerschaften der beiden Hansestädte sinkt der Frauenanteil hingegen zu keiner Zeit unter 10%, und auch in Berlin liegt er bis auf die Jahre 1971 bis 1979 über diesem Wert. 1999 wird in Bremen zum ersten Mal ein

---

[36] Die Datenlage für die kreisangehörigen Gemeinden ist nicht nur in zeitlicher, sondern auch in räumlicher Perspektive stark eingeschränkt, da nicht alle Statistischen Landesämter die Wahlergebnisse entsprechend aufbereiten (vgl. Anhang A).

[37] Quelle: vorläufiges Endergebnis der Kommunalwahl 2009, (www.statistik.baden-wuerttemberg.de/Wahlen, 20.06.2009).

[38] Zwischen 1980 und 1985 wechselten sich die Länder Baden-Württemberg, Schleswig-Holstein und das Saarland auf dem letzten Platz ab (vgl. Tabelle A.4 im Anhang A).

Landtag gewählt, in dem mehr als 40% der Abgeordneten weiblich sind. Bremen übertrifft diese Marke vier Jahre später nochmals und verfehlt sie 2007 nur knapp. Weiterhin ist seit Mitte der 1990er Jahre eine Stagnation, in etlichen Fällen sogar ein leichter Rückgang des Frauenanteils zu beobachten. Letzterer Entwicklungstrend fällt besonders in Hamburg, Mecklenburg-Vorpommern, Niedersachsen, Nordrhein-Westfalen, Sachsen und Schleswig-Holstein ins Auge. Ein leichter Anstieg ist in den ersten Jahren des neuen Jahrtausends hingegen in Bayern, Hessen, Rheinland-Pfalz und Thüringen zu verzeichnen.

Abbildung 3.5: Frauen in den Landtagen, 1946 bis 2008.

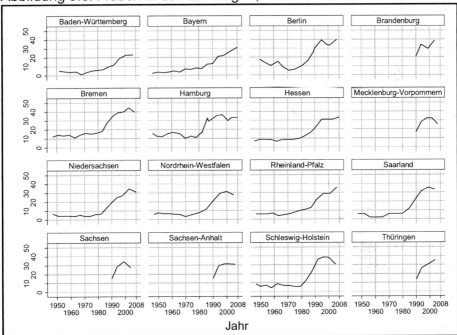

Anmerkungen: Eigene Darstellung.
Quellen: siehe Anhang A.

Zur genaueren Betrachtung der Varianzen im Zeitverlauf kommen wiederum Boxplots zum Einsatz (vgl. Abbildung 3.6). Erneut sieht man dabei, dass der Anstieg der Frauenanteile in den Landtagen später einsetzt als in den Räten der kreisfreien Städte: Zu Beginn und zur Mitte der 1990er Jahre, als in den kreisfreien Städten die Entwicklung bereits an Kraft verliert, ist auf der Landesebene die Dynamik am höchsten.

Wie in den kreisfreien Städten geht auch in den Landtagen der allgemeine Anstieg mit einer Vergrößerung der Spannweite der Verteilung einher: Liegt dieser Wert zwischen 1950 und 1985 stets im Bereich zwischen 10 bis 15 Prozentpunkten, so beträgt er ab dieser Zeit bis zum Jahr 2000 über 20 Prozentpunkte, 1995 sind es sogar fast 30 Prozentpunkte. In den Jahren 1985 bis 1995 sind außerdem die stärksten Anstiege des durchschnittlichen Frauenanteils zu verzeichnen (vgl. Abbildung 3.1). Im Jahr 2008 sinkt die Spannweite wieder unter die 20-Prozent-Marke auf 16,8 Prozentpunkte, was im Einklang mit der relativen Stagnation des Durchschnittswerts erneut als eine Bestätigung für die Konsolidierung des erreichten Niveaus interpretiert werden kann. Auch für die Landtage zeigt es sich also, dass die Abstände zwischen Vorreitern und Nachzüglern vor allem in jenen Phasen besonders groß werden, in denen die Entwicklung besonders rasant verläuft.

Abbildung 3.6: Frauen in den Landtagen, 1950 bis 2008 (Fühnfjahreszeiträume).

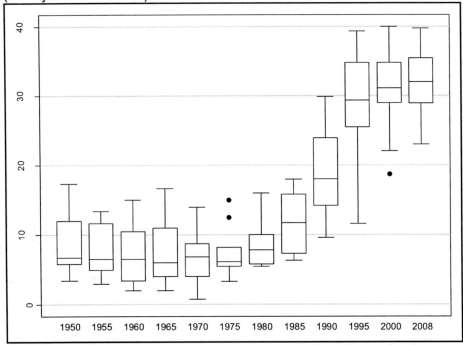

Anmerkungen: Die Datenpunkte stehen für den Frauenanteil jeweils eines Landtags zum Ende des angegebenen Jahres (1950, 1955, usw.). Berlin und das Saarland sind trotz ihres zeitweisen Sonderstatus von Anfang an mit berücksichtigt. Eigene Darstellung. Quellen: siehe Anhang A.

3.4. Frauenrepräsentation in der DDR

Neben der Entwicklung der parlamentarischen Vertretung von Frauen in der Bundesrepublik soll auch auf die Lage in der DDR eingegangen werden. Vor der Darstellung entsprechender Zahlen sind jedoch zwei Punkte zu betonen: *Erstens* ist die DDR als ein totalitäres und zentral gelenktes Staatswesen einzustufen, in dem die wahren Schaltstellen der Macht bei der Staatspartei SED verortet waren. Nominell demokratische Institutionen wie das nationale

Parlament, die Volkskammer, besaßen lediglich eine akklamative Funktion. *Zweitens* waren die Wahlen zu diesem Parlament zumindest bis zur Öffnung der Mauer nicht frei. Vielmehr wurde über eine vorgefertigte Einheitsliste abgestimmt, auf der auch eine bestimmte Zahl an Frauen zu finden war (vgl. Thomas 1999: 181). Die Ablehnung der Einheitsliste oder auch nur die Nutzung der Wahlkabine führte meist zu massiven Repressalien.[39]

Abbildung 3.7: Frauenanteil in der DDR-Volkskammer, 1950 bis 1990 (nach Wahljahren).

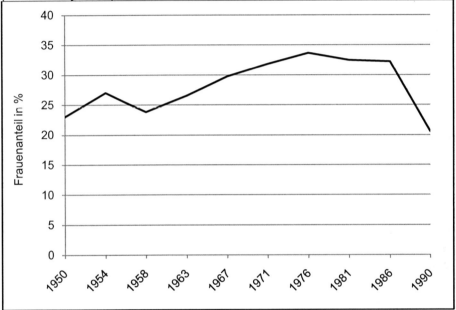

Anmerkung: Eine Datentabelle findet sich im Anhang A (Tabelle A.7). Eigene Darstellung.
Quelle: Statistische Jahrbücher der DDR, diverse Jahrgänge, sowie Gast (1973: 165).

Das Resultat der Volkskammerwahlen war ein Frauenanteil, der, solange die SED noch unangefochtene Machthaberin war, zu jeder Zeit deutlich über dem des Bundestags lag (vgl. Abbildungen 3.1 und 3.7). Bereits seit 1971 waren mehr als 30% der Volkskammerabgeordneten weiblich (vgl. Tabelle A.7 im Anhang). Diese Marke erreichte der Bundestag erst 1998. Man konnte sich im Osten also rühmen, dem Westen in diesem Punkt ein gutes Stück voraus zu sein.[40] Die einzige freie Volkskammerwahl war die des Jahres 1990, sie führte zur Reduzierung des Frauenanteils um mehr als ein Drittel (von 32,2% auf

---

[39] Da man üblicherweise den Stimmzettel nur faltete und in die Urne steckte, sprach man im Volksmund nicht vom „wählen gehen", sondern vom „falten gehen" (Jesse 2009: 25).

[40] Wie es außerhalb des machtlosen Parlaments um die politische und gesellschaftliche Rolle der Frau bestellt war, wird in Abschnitt 5.1.3 erläutert.

20,5%) und zum niedrigsten Frauenanteil seit der ersten Volkskammer„wahl" im Jahr 1950.

3.5. Die Repräsentation von Frauen in Deutschland im Vergleich zur EU-27

Zum Abschluss dieses Kapitels wird untersucht, wie Deutschland hinsichtlich der Frauenrepräsentation im internationalen Vergleich einzuordnen ist. Dazu werden die Anteile weiblicher Abgeordneter in den nationalen und regionalen Parlamenten der 27 Mitgliedstaaten der Europäischen Union betrachtet (vgl. Tabelle 3.4, Daten zu den Frauenanteilen auf der lokalen Ebene werden nicht zentral gesammelt).

Deutschland belegt hinsichtlich der Repräsentation von Frauen im nationalen Parlament zwar keinen Spitzenplatz, ist jedoch auf dem Rangplatz sieben von 27 und damit im oberen Mittelfeld zu finden. Zum Spitzenreiter Schweden, in dessen Parlament nahezu paritätische Verhältnisse zwischen den Geschlechtern herrschen, fehlen indessen noch 16 Prozentpunkte. Bei den regionalen Parlamenten landet Deutschland auf dem achten von 19 Plätzen und liegt mit 18 Prozentpunkten Abstand zum Erstplatzierten Frankreich im Mittelfeld.

Frankreich verdient in dieser Übersicht besondere Beachtung, denn während es die Rangliste der regionalen Parlamente mit einem Frauenanteil von 49% anführt, kommt es bei den nationalen Parlamenten mit 18% lediglich auf Platz 18. In keinem anderen Land der EU unterscheiden sich die Frauenanteile auf der nationalen und der regionalen Ebene so stark voneinander (vgl. auch Abbildung 3.8).

Tabelle 3.4: Frauenanteile in den nationalen und regionalen Parlamenten der EU-Mitgliedsstaaten (Stand März 2009).

Land	Frauenanteil im nationalen Parlament	Rangplatz nationales Parlament	Frauenanteil in regionalen Parlamenten	Rangplatz regionale Parlamente
Schweden	48	1	48	2
Finnland	41	2	43	3
Niederlande	41	3	34	5
Belgien	38	4	30	9
Dänemark	37	5	33	6
Spanien	36	6	42	4
Deutschland	**32**	**7**	**31**	**8**
Portugal	30	8	19	13
Österreich	28	9	30	10
Luxemburg	25	10	n.a.	n.a.
Lettland	22	11	33	7
Bulgarien	22	12	n.a.	n.a.
Italien	21	13	11	19
Estland	21	14	n.a.	n.a.
Polen	20	15	19	14
Großbritannien	19	16	30	11
Slowakei	19	17	15	16
Frankreich	18	18	49	1
Tschechien	18	19	18	15
Litauen	18	20	n.a.	n.a.
Griechenland	16	21	21	12
Zypern	16	22	n.a.	n.a.
Slowenien	14	23	n.a.	n.a.
Irland	13	24	n.a.	n.a.
Ungarn	11	25	12	17
Rumänien	11	26	12	18
Malta	9	27	n.a.	n.a.
EU-27	24		30	

Anmerkungen: n.a. = nicht anwendbar, da keine subnationalen Parlamente vorhanden. In Ländern mit einem Zwei-Kammer-System beziehen sich die Angaben für die nationalen Parlamente auf die erste Kammer.
Quellen: Europäische Kommission, Generaldirektion Beschäftigung, soziale Angelegenheiten und Chancengleichheit, Datenbank „Frauen und Männer in Entscheidungsprozessen" (http://ec.europa.eu/social/main.jsp?catId=774& langId=de, 10.12.2009).

Abbildung 3.8: Frauen in den Parlamenten der EU-Mitgliedsstaaten, nationale und regionale Ebene im Vergleich.

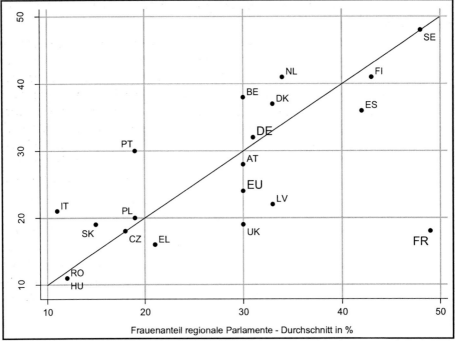

Anmerkungen: Staaten ohne Angaben zu Regionalparlamenten (vgl. Tabelle 3.4) sind nicht aufgeführt. Abkürzungen: AT = Österreich, BE = Belgien, CZ = Tschechien, DE = Deutschland, DK = Dänemark, EL = Griechenland, ES = Spanien, EU = Europäische Union, FI = Finnland, FR = Frankreich, HU = Ungarn, IT = Italien, LV = Lettland, NL = Niederlande, PL = Polen, PT = Portugal, RO = Rumänien, SE = Schweden, SK = Slowakei, UK = Großbritannien. Eigene Darstellung.
Quellen: siehe Tabelle 3.4.

Zurückzuführen ist diese enorme Diskrepanz im französischen Fall auf die Besonderheiten der 1999 eingeführten *Parité-Regelung* (vgl. Sineau 2005; Teissier 2002): Nach dieser Vorschrift werden zu Regional- und Kommunalwahlen in Gemeinden mit mehr als 3.500 Einwohnern nur solche Listen zugelassen, auf denen Männer und Frauen gleich stark vertreten sind (+/- ein Kandidat) und zudem alternierende Listenplätze belegen. Bei der Wahl zur Nationalversammlung, die keine Listen-, sondern eine Persönlichkeitswahl ist, müssen die Parteien zwar ebenso viele Frauen wie Männer als Kandidaten aufstellen (+/- 2%). Bei Nichtbefolgung dieser Regel droht jedoch nicht der Ausschluss von der Wahl, wie dies auf der Kommunal- und Regionalebene der Fall ist, sondern lediglich eine Kürzung der Mittel aus der staatlichen Parteienfinanzierung – eine Hintertür, die offensichtlich häufig genutzt wird. Eine Verschärfung erfuhr die Parité-Regelung in den Jahren 2007/08 (Krook 2009: 199f.): Zum einen wurden die monetären Anreize für die Aufstellung weiblicher Kandidaten bei der Wahl zur Nationalversammlung erhöht. Zum anderen erfuhr die Vorschrift eine Ausweitung auf die regionalen und kommunalen Exekutiven, in letzterem Fall jedoch wiederum beschränkt auf Gemeinden mit mehr als 3.500 Einwohnern.

Ein weiterer Aspekt, der an dieser Stelle interessant erscheint, der im weiteren Verlauf der Untersuchung jedoch nicht mehr analysiert werden kann, ist die Beziehung zwischen der kameralen Struktur des Parlaments und der Frauenrepräsentation.[41] So findet Vatter (2005: 209) einen negativen Zusammenhang zwischen der Ausprägung bikameraler Parlamentsstrukturen und der politischen Präsenz von Frauen: „The existence of a second chamber proves to be a significant obstacle to gender equality in politics." Vatters Ergebnisse fußen auf einer Analyse von 21 OECD-Staaten im Zeitraum 1971 bis 1996. Korreliert man für den Zeitraum 1997 bis 2006 die Ausprägung der bikameraler Strukturen in 23 OECD-Staaten mit den Frauenanteilen im Parlament, so zeigt sich zwar immer noch ein negativer, jedoch nicht mehr signifikanter Zusammenhang von $p = -0{,}32$.[42] Ein ähnliches Bild ergibt sich bei der Betrachtung von 25 EU-Staaten im gleichen Zeitraum: Auch hier ist der Zusammenhang mit $p = -0{,}06$ zwar negativ, jedoch wiederum nicht signifikant.[43] Insgesamt scheint sich der Zusammenhang zwischen einem stark ausgebauten Bikameralismus und einer niedrigen Frauenrepräsentation ab dem Ende der 1990er Jahre also abgeschwächt zu haben.

3.6. Zusammenfassung

Als wesentliche Ergebnisse der Betrachtung der Frauenrepräsentation in deutschen Parlamenten können die folgenden Punkte festgehalten werden: *Erstens* ähneln sich die Entwicklungspfade des Frauenanteils auf allen politischen Ebenen recht stark. Während bis in die 1970er Jahre weibliche Abgeordnete im Schnitt nur 5% bis 10% aller Mandate hielten, verdreifachte sich dieser Anteil bis zum Jahr 2000. Seither ist eine Stagnation oder nur noch ein geringfügiger Anstieg zu beobachten. *Zweitens* zeigt sich auf der Kommunal- und der Landesebene ein hohes Maß an Varianz zwischen den einzelnen Parlamenten. Unter den kreisfreien Städten lagen die Extrempunkte im Jahr 2008 31,7 Pro-

---

[41] Auf den in Kapitel 5 analysierten subnationalen Ebenen Deutschlands kann diese Beziehung nicht analysiert werden, da alle dort untersuchten Kreise und Länder lediglich ein Einkammernparlament aufweisen. Die einzige Ausnahme bildet Bayern, wo mit dem Senat eine zweite Kammer auf Landesebene existierte. Der Senat wurde jedoch 1998 per Volksentscheid abgeschafft (vgl. Eder 2009: 221; Magin und Eder 2007: 176).

[42] Die Daten für die Ausprägung bikameraler Strukturen entstammen Vatter (2009: 152), die Frauenanteile in den Parlamenten der OECD-Staaten finden sich unter www.ipu.org (05.01.2010).

[43] Die Daten für die Ausprägung bikameraler Strukturen entstammen Vatter und Bernauer (2009: Online-Anhang), die Frauenanteile in den Parlamenten der OECD-Staaten finden sich unter www.ipu.org (05.01.2010). Für Malta und Zypern stehen bei Vatter und Bernauer (2009) keine Daten zur Verfügung

zentpunkte auseinander, bei den Landkreisen sind es sogar 44,1 Prozentpunkte. Unter den Landtagen betrug dieser Abstand im selben Jahr 16,8 Prozentpunkte. Der Erklärung der hier skizzierten Entwicklungsmuster sowie der enormen Niveauunterschiede der Frauenrepräsentation in einzelnen Parlamenten widmen sich die beiden folgenden Kapitel.

4. Eine Analyse allgemeiner Entwicklungstrends der Frauenrepräsentation in deutschen Parlamenten

In deutschen Parlamenten haben Frauen über lange Zeit eine marginale Rolle gespielt, stellten sie doch über Jahrzehnte hinweg im Schnitt nie deutlich mehr als 10% der Abgeordneten auf allen politischen Ebenen. Nach einem zwischenzeitlichen Anstieg ab Mitte der 1970er Jahre stagniert die Frauenrepräsentation im Bundestag, in den Landtagen sowie in den Räten der kreisfreien Städte seit der Jahrtausendwende bei etwas über 30% (vgl. Abschnitt 3.1). Wie lässt sich diese Entwicklung erklären? Der Beantwortung dieser Frage widmet sich das nun folgende Kapitel. Dazu wird zunächst das Konzept der Pfadabhängigkeit eingeführt, welches den theoretischen Rahmen für die Untersuchung bildet (Abschnitt 4.1). Dem folgen methodische Überlegungen in Abschnitt 4.2 und schließlich die Analyse der Entwicklung der Frauenrepräsentation in Abschnitt 4.3.

4.1. Der theoretische Rahmen: Das Konzept der Pfadabhängigkeit

Wie skizziert kann die Entwicklung der Frauenrepräsentation in Deutschland in drei Phasen eingeteilt werden: Eine *erste Phase relativer Stabilität*, gefolgt von einer *Phase des Anstiegs* und eine *zweite Phase relativer Stabilität*. In einer allgemeineren Terminologie würde man von zwei gesellschaftlichen Gleichgewichtszuständen sprechen, die von einer Phase des Wandels und der Neuorientierung unterbrochen werden. Zur Erklärung solcher Entwicklungen hat die vergleichende Politikwissenschaft mit dem Konzept der *Pfadabhängigkeit* ein analytisches Instrumentarium entwickelt, welches auch in der vorliegenden Untersuchung Verwendung findet. Pierson (2000: 260) umreißt dieses Konzept wie folgt:

> „Once established, basic outlooks on politics, ranging from ideologies to understandings of particular aspects of governments or orientations toward political groups or parties, are generally tenacious. They are path dependent."

Ein einmal eingeschlagener Entwicklungspfad weist demnach ein hohes Maß an Beständigkeit auf (vgl. auch Peters 2005: 71). Diese Kontinuität begründet sich durch die Wirkung, die eine etablierte Struktur auf die von ihr betroffenen Individuen hat (Pierson 2000: 259):

> „Institutions and policies may encourage individuals and organizations to invest in specialized skills, deepen relationships with other individuals and organizations, and develop particular political and social identities. These activities increase the attractiveness of existing institutional arrangements relative to hypothetical alternatives. As social actors make

commitments based on existing institutions and policies, their cost of exit from established arrangements generally rises dramatically."

Institutionelle Arrangements schaffen also Sicherheiten für Akteure, sie ermöglichen eine Abschätzung des Erfolgs von Investitionen gleich welcher Art und steigern dadurch die Anreize für eine Beteiligung beziehungsweise für den Ausbau des Engagements. Pierson (2000: 251) spricht in diesem Zusammenhang von „increasing returns", also von einem Anstieg des Nutzens, den ein bestimmtes institutionelles Arrangement für beteiligte Akteure bewirkt, je länger es besteht.

Als einen weiteren Faktor, der den Bestand eines institutionellen Arrangements festigt, nennen Peters et al. (2005: 1288f.) *Ideen* und *Wertvorstellungen* (vgl. auch Rueschemeyer 2006; Thelen 1999: 397; Weir 1992). Demnach verfügt jeder Pfad über eine identitätsstiftende ideologische Grundlage, welche den Status quo für die Beteiligten über die materiellen Vorteile hinaus rechtfertigt.

Das hohe Maß an Stabilität, welches einem eingeschlagenen Pfad zugesprochen wird, bedeutet im Umkehrschluss große Schwierigkeiten bei der Herbeiführung eines Wandels. Um einen Wandel bewirken zu können, kommt es im Wesentlichen auf drei Faktoren an (vgl. Peters et al. 2005: 1296f.; Thelen 1999: 397.): *Erstens* bedarf es, um die eingeschliffenen Wertvorstellungen ändern zu können, einer alternativen Ideologie, die in der Lage ist, einen Wandlungsprozess und einen neuen Pfad hinreichend zu begründen. *Zweitens* sind Akteure vonnöten, die durch eine Veränderung der momentanen Lage besser gestellt würden und die daher auf eine Veränderung drängen. Flankierend dazu ist *drittens* ein gesellschaftlicher Kontext erforderlich, der die Wandlungsbewegung begünstigt. Wirken alle diese Faktoren zusammen, so ist eine Veränderung des Status quo möglich. Die Literatur spricht in diesem Fall von „critical junctures" (Collier und Collier 1991) oder von „formative moments" (Peters et al. 2005: 1276; Rothstein 1992: 35). Nach Abschluss der Veränderungsphase ergibt sich oft ein neues Gleichgewicht, sodass Krasner (1984: 226) den Wechsel von einem Pfad zum nächsten als „punctuated equilibrium" bezeichnet.

Die nun folgende Analyse berücksichtigt die drei genannten Faktoren, die für einen Wandel notwendig sind. Dabei werden zunächst die geistesgeschichtlichen Grundlagen der politischen Marginalisierung der Frauen sowie die vom Feminismus als Alternative dargebotene Ideologie aufgearbeitet, gefolgt von der Analyse der Akteure und des gesellschaftlichen Kontextes. Bei der Betrachtung der Akteure liegt der Schwerpunkt auf der Frauenbewegung sowie auf den politischen Parteien. Hinsichtlich des gesellschaftlichen Kontextes wird einerseits die Entwicklung der rechtlichen Stellung der Frauen betrachtet. Diese juristische Bestandsaufnahme spiegelt einerseits die Zunahme der Handlungsoptionen und Freiräume für Frauen wider, andererseits vermittelt sie einen Eindruck von der Entwicklung des Frauenbildes in der Gesellschaft. In den Worten

Luhmanns ([1972] 2008: 294) ist „Recht als unaufgebbares Element der Gesellschaftsstruktur immer Bewirktes und Wirkendes zugleich." Andererseits wird auch auf die Entwicklung einer Reihe makrostruktureller Aspekte eingegangen, wie der Frauenanteil in den politischen Parteien, die Wahlbeteiligung nach Geschlecht, die Erwerbsbeteiligung von Frauen sowie die Bildungsbeteiligung von Frauen im Vergleich zu Männern.

Auf die Berücksichtigung weiterer Erklärungsgrößen wird bewusst verzichtet. Die Konzentration auf wenige Faktoren erlaubt nicht nur eine tiefgehende Betrachtung der einzelnen Erklärungsgrößen, sondern ist auch im Gesamtkontext dieser Arbeit zu verstehen: Das vorliegende Kapitel 4 zielt auf die Analyse der übergeordneten Entwicklungstrends der Frauenrepräsentation im zeitlichen Verlauf. Im folgenden Kapitel 5 werden komplementär dazu die Unterschiede zwischen den einzelnen Parlamenten analysiert, die trotz allgemeiner Tendenzen zu beobachten sind. Dabei wird eine weitaus größere Palette an unabhängigen Variablen als in diesem Kapitel berücksichtigt (vgl. Abschnitt 1.4).

Beim Rückgriff auf das Konzept der Pfadabhängigkeit ist schließlich auf die folgende Besonderheit hinzuweisen: Die Idee der Pfadabhängigkeit entstammt der Denkschule des *historischen Institutionalismus*, der wiederum dem *Neo-Institutionalismus* zuzurechnen ist (vgl. Hall und Taylor 1996; Immergut 1998; Peters et al. 2005). Neo-institutionalistische Untersuchungen beziehen sich oft *nicht* auf die Analyse der Stabilität und Veränderung politischer Institutionen (wie hier das Parlament), sondern vielmehr auf die Wirkung von Institutionen auf politische Akteure und Prozesse sowie damit einhergehend auf politische Programme respektive Politikergebnisse (Hall und Taylor 1996: 936; Immergut 1998: 25; Peters 2005: 19). Jedoch sprechen sich Autoren wie Thelen und Steinmo (1992: 21f.) oder Kaiser (2006: 316) explizit dafür aus, diesen engen Untersuchungsfokus zu erweitern. Sie betonen, es gehe nicht nur um den Einfluss von Institutionen auf Politikergebnisse, sondern auch um politische Institutionen als abhängige Variablen.

4.2. Untersuchungseinheiten, Zeitraum und Methodik

Ziel des vorliegenden Kapitels ist die Erklärung der Entwicklung der Frauenrepräsentation in Deutschland. Der Schwerpunkt liegt dabei grundsätzlich auf dem Bundestag, den Landtagen und den Räten der kreisfreien Städte, jenen Parlamenten, für die seit den 1950er Jahren Daten vorliegen (vgl. Kapitel 3 und Anhang A). Die Landtage und die kreisfreien Städte werden dabei in aggregierter Form betrachtet, es werden also Durchschnittswerte herangezogen (vgl. Abschnitt 3.1). Bei aller bestehenden Varianz zwischen den einzelnen Parlamenten soll diese Vorgehensweise den Blick auf allgemeine Entwicklungstrends lenken.

Die Entwicklung der Frauenrepräsentation beginnt in Deutschland jedoch nicht erst nach dem Zweiten Weltkrieg, sondern mit der Einführung des Frauenwahlrechts bereits nach dem Ersten Weltkrieg. Da, wie in Abschnitt 3.1 gezeigt wurde, die Anteile weiblicher Abgeordneter zu Zeiten der Weimarer Republik ein vergleichbar niedriges Niveau aufwiesen wie in den ersten Jahrzehnten der Bundesrepublik, ist davon auszugehen, dass der Pfad der Unterrepräsentation, der nach dem Zweiten Weltkrieg beschritten wurde, eine Fortsetzung des Pfades darstellt, der bereits während der Weimarer Zeit etabliert worden war. Um im Sinne der Pfadabhängigkeitstheorie ein möglichst vollständiges Bild von der Entwicklung der Frauenrepräsentation zeichnen zu können, gilt es daher, auch diese Epoche zu beleuchten. Der Untersuchungszeitraum endet 2008, dem Jahr vor der Erstellung dieser Untersuchung.

Ergänzend dazu kann auch die Einführung des Frauenwahlrechts mehr als fünf Jahrzehnte nach der Einführung des Männerwahlrechts selbst als eine „critical juncture" aufgefasst werden, denn dieses Ereignis machte die Frauenrepräsentation überhaupt erst möglich. Auf die Umstände der Einführung des Frauenwahlrechts wird daher in einem kurzen Exkurs im Laufe des Kapitels eingegangen.

Da die Erforschung der Entwicklung der Frauenrepräsentation erst am Anfang steht und quantitative Methoden ungeeignet beziehungsweise unangemessen erscheinen, ergibt sich als Konsequenz der Rückgriff auf qualitative Methoden (vgl. Abschnitt 1.4). Diese Überlegungen implizieren auch, dass es nicht um den rigiden Test von Hypothesen geht, die in der Folge zu bestätigen oder abzulehnen sind. Im Mittelpunkt steht vielmehr eine Exploration, deren Ziel es ist, die oben geäußerten Vermutungen zur Anwendbarkeit des Konzeptes der Pfadabhängigkeit zu fundieren und zu präzisieren (vgl. Popper 1965).

Zum Einsatz kommt, wie in der Einleitung (Abschnitt 1.4) erläutert, eine *Fallstudie*. Gerring (2007: 20, 83) definiert diese Methodologie wie folgt:

> „A case study may be understood as the intensive study of a single case where the purpose of that study is [...] to shed light on a larger class of cases."
> „[The case study] is a synecdochic style of investigation, studying the whole through intensive focus on one (or several) of its parts."

In der vorliegenden Untersuchung wird die durchschnittliche Frauenrepräsentation in deutschen Parlamenten über einen Zeitraum von mehr als 50 Jahren analysiert. Diese mittlere Entwicklung ist also der zu untersuchende Fall, er steht für die Entwicklung in jeder einzelnen Volksvertretung in Deutschland (vgl. auch Gerring 2007: 21).

4.3. Aus der Marginalität in eine starke Minderheitenposition – drei Erklärungsansätze für die Entwicklungslinien der Frauenrepräsentation

Die Analyse der Entwicklung der Frauenrepräsentation im Zeitverlauf wird in zwei Schritten vollzogen. Im ersten Schritt (Abschnitt 4.3.1) erfolgt die Untersuchung der politischen Ideengeschichte. Im zweiten Schritt (Abschnitt 4.3.2) werden die Rollen relevanten Akteure sowie die Veränderungen des gesellschaftlichen Kontextes gemeinsam analysiert, um den vielfältigen Wechselbeziehungen zwischen diesen beiden Aspekten Rechnung zu tragen. Im Rahmen dieses zweiten Untersuchungsschrittes werden auch die Umstände diskutiert, die zur Einführung des Frauenwahlrechts führten.

4.3.1. Erster Ansatz: Die langen Schatten der politischen Ideengeschichte

Als ein erster Erklärungsansatz für die bemerkenswerte, jahrzehntelange Stabilität der Frauenrepräsentation auf einem marginalen Niveau von maximal etwa 10% und ihrem recht unvermittelten Anstieg bietet sich die ideologische Basis der Geschlechterrollenverteilung an. Über Jahrtausende hinweg hatte sich im abendländischen Denken eine Tradition der systematischen Herabqualifizierung des weiblichen Geschlechts herausgebildet und verstetigt. Die Argumente, die gegen eine Gleichstellung der Geschlechter vorgebracht werden, gehen dabei oft Hand in Hand mit Überlegungen zur Theorie der Demokratie. Es lässt sich sogar die These aufstellen, dass die geistesgeschichtlichen Grundlagen der Demokratie und die Unterprivilegierung der Frauen nicht nur eng miteinander verwoben sind, sondern sich bei den meisten klassischen Autoren sogar gegenseitig bedingen. Um diese Thesen zu überprüfen, werden die wichtigsten klassischen Vordenker der Demokratie betrachtet (Abschnitt 4.3.1.1). Dazu zählen nach Manfred G. Schmidt (2008) Platon, Aristoteles, Hobbes, Locke, Rousseau, Montesquieu, den Autoren der *Federalist Articles*, Tocqueville, Mill und Marx.[44] Die Darstellung setzt bewusst deutlich vor dem Beginn des Untersuchungszeitraums an. Dieses Vorgehen begründet sich in den Grundannahmen der Pfadabhängigkeit, nach denen die Langfristigkeit und Langlebigkeit gesellschaftlicher Gleichgewichte von zentraler Bedeutung sind (vgl. Pierson 2000).

An diese Ausführungen schließt sich eine Einschätzung der Positionen an, die die Protagonisten des Mainstreams der politischen Theorie des 20. Jahrhunderts im Hinblick auf die Gleichstellung der Geschlechter vertraten (Abschnitt 4.3.1.2). Dabei wird die Entwicklung deutlich, die einerseits zwischen den Klassikern und den modernen Theoretikern liegt (politische Rechte für Frauen

---

[44] Platon wird bei Schmidt nicht separat dargestellt, jedoch im Rahmen der Lehren des Aristoteles ausführlich diskutiert.

werden nun nicht mehr grundsätzlich abgelehnt), andererseits aber auch die Veränderungen, die sich im Mainstream besonders in den 1980er und 1990er Jahren ergeben haben (nicht mehr nur die Rechte, sondern auch die Mitwirkungschancen rücken mehr und mehr ins Blickfeld).

Wenn nun das Gros der Demokratietheoretiker traditionell eine Geschlechterhierarchie befürwortete, nicht ablehnte oder nicht hinterfragte, so gilt zu fragen, wodurch sich diese Positionen in den vergangenen Jahrzehnten gewandelt haben. In diesem Kontext wird der Beitrag feministischer Autoren untersucht und analysiert, was der Feminismus dem Mainstream der politischen Ideengeschichte entgegenzuhalten hat (Abschnitt 4.3.1.3). Bemerkenswert erscheint, dass die entsprechenden Positionen seit Anfang der 1970er Jahre formuliert werden (Hochgeschurz 2001: 171; Shanley und Pateman 1991: 1), und damit unmittelbar vor der Veränderung der Diskurse im theoretischen Mainstream sowie vor dem Beginn des Anstiegs der Frauenrepräsentation.

Begreift man die Äußerungen der in der Folge zu diskutierenden Autoren nicht nur als Ausfluss eines isolierten Elitendialogs, sondern als Reflexion und Systematisierung gesellschaftlicher Wirklichkeiten und Diskurse, so wird deutlich, wie tief die Wurzeln der politischen Unterprivilegierung der Frauen in der westlichen Zivilisation reichen, aber auch, wie Veränderungen möglich sind.

4.3.1.1. Die Stellung der Frauen im Mainstream der klassischen politischen Theorie

Bei allen Gedanken zur Theoretisierung der Demokratie, wie wir sie heute kennen, war den meisten der klassischen Autoren die vollständige Gleichstellung von Frauen und Männern fremd. Das weibliche Geschlecht blieb indessen nicht unberücksichtigt: Nahezu alle dieser Denker gehen auf die (ideale) gesellschaftliche Stellung der Frauen ein, wobei sie häufig auf die Analyse geschlechtlicher Eigenschaften zurückgreifen, um die vorgeschlagene Rollenverteilung zu rechtfertigen.

Platon

Interessanterweise ist Platon (427-347 v. Chr.) auf den ersten Blick einer der progressivsten Theoretiker bezüglich der Gleichstellung von Frauen und Männern. In seinem zentralen Werk, dem *Staat* (Platon 1989), welches zu Beginn des vierten Jahrhunderts vor Christus entstand, entwirft er den idealen Staat, der auf Gerechtigkeit basiert und von Philosophen, sogenannten *Wächtern*, beherrscht wird (Zehnpfennig 2007). In solch einer Gesellschaftsordnung, so lässt Platon sein Sprachrohr Sokrates räsonieren, gäbe es „keine die Staatsverwaltung betreffende Beschäftigung, die der Frau als Frau oder dem Mann als Mann zukäme" (Platon 1989: 455d). Weiter heißt es an derselben Stelle, die menschlichen Anlagen seien „gleichmäßig unter beiden Geschlechtern verteilt und naturgemäß hat die Frau ebenso wie der Mann Anspruch auf alle Beschäftigungen". Die bisherige Rollenverteilung resultiere nicht aus den unterschiedlichen Anlagen von Männern und Frauen, sondern aus unterschiedlichen Erziehungsmethoden. So lässt Platon Sokrates fragen: „Ist es nun möglich, irgendein Geschöpf für die gleichen Dienste zu verwenden, wenn man ihm nicht die gleiche Erziehung und Unterweisung zuteil werden lässt?" (Platon 1989: 451e). Als logische Folge dieser Überlegungen gewährt er Frauen und Männern gleichermaßen Zugang zum Amt der Wächter. Die Erhebung in den Wächterstand bedeutet jedoch auch die Loslösung von der familiären Lebenswelt (Krause 2003: 172). Mehr noch, Platon schwebt eine nahezu geschlechtslose, androgyne Herrscherkaste vor (Okin 1977: 368). Alle anderen Frauen, die nicht zum Wächterstand zählen, sowie die Kinder, sollten eine Gemeinschaft bilden und in Gemeineigentum übergehen – wie auch der (übrige) Privatbesitz. Hintergrund dieser Überlegung war, dass das familiäre Leben und der Privatbesitz die negativen Eigenschaften der Menschen (also der Männer) fördere, insbesondere den Partikularismus und den Eigensinn (Okin 1977: 349f.). Mit anderen Worten stehen Frauen bei Platon – mit Ausnahme der Wächterinnen – auf einer Stufe mit materiellen Gütern.

Von einem egalitären Geschlechterbild kann bei Platon also keine Rede sein. Die Gleichheit zwischen Männern und Frauen im Wächteramt stellt eher eine Ausnahmekonstruktion dar, in der aber Frauen nicht als Frauen leben, sondern sich einem geschlechtslosen Ideal annähern sollen. Und auch wenn Platon der Erziehung eine Schlüsselrolle bei der Verteilung von Geschlechterrollen zukommen lässt und Frauen Führungspositionen zutraut, so bleibt doch ein Abstand zwischen den Geschlechtern allgegenwärtig. Denn Frauen haben nach Platon (1989: 455e; 456a) zwar grundsätzlich die gleichen Anlagen wie Männer, diese sind jedoch auf allen Gebieten schwächer ausgeprägt.

Aristoteles

Von Platons Schüler Aristoteles (384-322 v. Chr.) stammt die *Politik*, die auch als „Gründungswerk der Politikwissenschaft" bezeichnet wird (Llanque 2007: 12). Hier entwickelt Aristoteles seine bekannte Staatsformenlehre, in der er drei legitime und drei illegitime Verfassungen unterscheidet (Höffe 2007: 35). Die Rolle der Frauen in der Gesellschaft ergibt sich für Aristoteles (1959: 737a, 767a) aus ihrer biologischen Beschreibung: Frauen sind „verkrüppelte" Männer, sie sind „gewissermaßen aus der Art geschlagen". Die Männer sind den Frauen gegenüber als körperlich, intellektuell und moralisch klar überlegen anzusehen, die Frauen hingegen als ein unvollständiges Abbild der Männer (Okin 1979: 82). Getreu des Gedankens der hierarchischen Ordnung, der Aristoteles gesamtes Werk durchzieht (Pfetsch 2003: 65), herrschen die auf allen Gebieten dominierenden Männer über die unterlegenen Frauen (Saxonhouse 1985: 69). Die Lehren des Aristoteles, nach denen neben Sklaven, Knechten und wirtschaftlich nicht Eigenständigen auch die Frauen keine Bürgerrechte besitzen, also unfrei und ungleich sind, galten in der antiken und mittelalterlichen Welt als „verbindliche Philosophie" (Kersting 1994: 1, 6).

Thomas Hobbes, John Locke und Jean-Jacques Rousseau

In der Neuzeit bringen die Wurzeln der Demokratie neue Triebe hervor. Den Vertragstheoretikern des 17. und 18. Jahrhunderts, allen voran Thomas Hobbes (1588-1679), John Locke (1632-1704) und Jean-Jacques Rousseau (1712-1778), kommt dabei eine Schlüsselrolle zu. Gemein ist diesen drei politischen Vordenkern die Methode (Kersting 1994: 15): Sie entwerfen einen Naturzustand, in dem die Menschheit sich ursprünglich befand, frei von allen gesellschaftlichen Bindungen und Verpflichtungen. Diese Lage muss unweigerlich zu einem Krieg aller gegen alle führen, der nur beendet werden kann, indem per Abschluss eines Gesellschaftsvertrags zwischen freien Individuen ein Staat gegründet wird.[45] Die resultierenden Staatsentwürfe unterscheiden sich indessen erheblich: Bei Hobbes wird die staatliche Souveränität durch einen absoluten Herrscher ausgeübt (Schwaabe 2007a: 143ff.). Lockes Staat wird von zwei Gewalten regiert, der gewählten Legislative und der monarchischen Exekutive. Dem Bürger steht darüber hinaus das Widerstandsrecht zu (Waschkuhn 1998: 210ff.). Nach Rousseau schließen sich die einzelnen Bürger per Vertrag zu einem Kollektiv zusammen, in welchem nach der mitunter diffusen Maxime des allgemeinen Willens regiert wird (Nusser 2007).

Trotz dieser erheblichen Unterschiede weisen die drei Theoretiker starke Ähnlichkeiten in einem hier ganz entscheidenden Punkt auf: Sie sehen patriarchalische Familienstrukturen vor, nicht jedoch eine politische Gleichberechtigung der Frauen. Bei Hobbes sind die Frauen im Naturzustand zwar noch mit den gleichen Rechten wie die Männer ausgestattet (Dickenson 1997: 73), dies ändert sich aber mit dem Abschluss des Gesellschaftsvertrags: „In civil society the husband has dominion because for the most part commonwealths have been errected by the fathers, not by the mothers of families" (Hobbes [1651] 1962: 48). Ebenso spricht Locke ([1689] 1988: §48) dem Mann das Recht zu, dass „his will take place before that of his wife". In Rousseaus *Gesellschaftsvertrag* ([1762] 1977: 63) ist die Familie „sozusagen das erste Muster der politischen Gesellschaft: Der Herrscher steht für den Vater, das Volk für die Kinder". Auf die Mutter kommt er gar nicht zu sprechen. Schlägt man aber im *Emil* nach, seinem überaus einflussreichen Werk über die Erziehung, so erfährt man, dass „die Frau dazu geschaffen ist, [...] sich zu unterwerfen" (Rousseau [1762] 1971: 386). Damit konzipieren alle drei Vertragstheoretiker allein den Mann als politisch handelndes Individuum und unumstrittenes Familienoberhaupt, dem

---

[45] Die Gründe für das Ausbrechen dieses Krieges sind je nach Autor unterschiedlich: Nach Hobbes sind es Konkurrenz um knappe Güter, Misstrauen und Ruhmsucht (Schwaabe 2007a: 137); Locke zufolge herrschen Egoismus, Leidenschaft, Rachsucht und Selbstjustiz (Schwaabe 2007a: 157); und Rousseau nennt vor allem Eigentum und Habgier als Ursachen (Schwaabe 2007b: 16).

sich die Frau ganz selbstverständlich unterzuordnen hat (vgl. Dickenson 1997: 73; Eisenstein 1987: 43; Nicholson 1986: 165; Okin 1979: 114). Pateman (1988) spricht daher von einem „sexual contract", also einem Geschlechtervertrag, der allen Varianten des Gesellschaftsvertrags zugrunde liegt und die Dominanz der Männer über die Frauen regelt.

Charles-Louis de Secondat, Baron de Montesquieu

Montesquieu (1689-1755) analysiert in seinem Hauptwerk *Vom Geist der Gesetze* zum einen die Abhängigkeit der Staatsform von natürlichen Gegebenheiten wie Geographie, Klima und Mentalität, zum anderen entwickelt er die Lehre der Gewaltenteilung weiter, wobei er sich wesentlich von John Locke inspirieren lässt (Montesquieu [1748] 1951a; b, vgl. auch Westphalen 2007: 298f.). Bezüglich der gesellschaftlichen Stellung der Frauen gibt sich Montesquieu ([1748] 1951a: 155) anfangs recht unvoreingenommen, wenn er proklamiert: „Es steht nichts im Wege, dass sie [die Frauen, R.M.] ein Reich regieren". Weiterhin betont er, dass Frauen gerade aufgrund ihrer relativen Schwäche gegenüber Männern gut für Regierungsgeschäfte geeignet seien, denn ihre Schwäche führe zu „größerer Milde und Mäßigung, und eben das vermag eher zu einer guten Regierung zu führen als harte und raue Tugenden."

Unter Berücksichtigung des zeitlichen Entstehungskontextes muss dieser Standpunkt überraschen. Es gilt jedoch auch zu fragen, welches Bild Montesquieu im Allgemeinen von den Frauen zeichnet. Von einer Begegnung zwischen Männern und Frauen auf Augenhöhe kann bei Montesquieu nämlich keineswegs die Rede sein. Die Beziehungen innerhalb der Familie sind klar geregelt: „Es verstößt gegen die Vernunft und Natur, dass die Frauen Herrinnen des Hauses sind" (Montesquieu [1748] 1951a: 155). Auch die Beschreibungen der weiblichen Eigenschaften beschränken sich auf die üblichen Klischees der Zeit: Neben der bereits oben zitierten „angeborene[n] Schwäche" erfährt man über „ihre Zänkereien, ihre Schwatzhaftigkeit, ihre Zu- und Abneigungen, ihre Eifersucht, ihr[en] Groll und jene Kunst, mit der kleine Seelen Große gefangen zu nehmen verstehen" (Montesquieu [1748] 1951a: 146, 155). Andernorts vergleicht Montesquieu ([1748] 1951a: 353) die „natürlichen" Gaben der Geschlechter: „Die Natur hat die Männer mit Kraft und Verstand begabt und ihrer Macht keine andere Grenze gezogen als die dieser Kraft und Vernunft. Den Frauen hat sie ihre Reize verliehen." Insgesamt zeichnet Montesquieu also ein Bild vom weiblichen Charakter, das man als launisch, sentimental und intrigant bezeichnen kann. Angesichts dieser Gedanken zum Wesen der Frauen erscheint es mehr als fraglich, ob Montesquieu mit der oben zitierten Aussage auf eine tatsächliche Gleichberechtigung abzielte oder ob er lediglich Frauen in der Regierung nicht *per se* ablehnte. Als Advokat einer aktiven Gleichstellungspolitik ist Montesquieu keinesfalls einzustufen.

Die Autoren der Federalist Articles

Mit ihren *Federalist Articles* schufen Alexander Hamilton, James Madison und John Jay ([1788] 1966) die Grundlage für die Verfassung der ersten funktionierenden modernen Demokratie in den Vereinigten Staaten von Amerika. Auf die Rolle der Frauen gingen sie dabei nicht explizit ein. Robert Dahl (1985: 11) zufolge ist die von den Federalists skizzierte Gesellschaftsordnung indessen eine „democracy among white males". An anderer Stelle betont Dahl (2006: 19), keiner der Deputierten des amerikanischen Kontinentalkongresses habe auch nur „the slightest intention" gehabt, das Wahlrecht oder andere politische und Bürgerrechte auf die Frauen auszudehnen, die rein rechtlich „property of their fathers or husbands" waren.

Alexis de Tocqueville

Alexis de Tocqueville (1805-1859) wird wegen seines Werkes *Über die Demokratie in Amerika* (de Tocqueville [1835/1840] 1976) auch als „der erste Theoretiker der modernen Massendemokratie" (Fetscher 1975: 255) bezeichnet. Die „Maßstäbe setzende" (Schmidt 2008: 127f.) Studie analysiert insbesondere den Zielkonflikt zwischen Freiheit und Gleichheit, in dessen Kielwasser vor allem die Gefahr der Tyrannei der Mehrheit lauert. Mit dem Aufkommen der Sozialkapitalforschung in den letzten 20 Jahren hat de Tocquevilles Werk wieder stark an Bedeutung gewonnen (Freitag 2003; Putnam 2000; Putnam et al. 1993).

Ähnlich wie auch bei Platon und Montesquieu wirken die genderrelevanten Passagen der *Demokratie in Amerika* auf den ersten Blick bemerkenswert progressiv. So ist nach de Tocqueville ([1835/1840] 1976: 689) „alles, was die Stellung der Frauen, ihre Gewohnheiten und ihre Anschauungen beeinflusst […], von großer politischer Bedeutung". Frauen, so de Tocqueville weiter, seien die wesentlichen Träger der Sitten und die Sitten wiederum bildeten eine wichtige Grundlage freier Gesellschaften.[46] In der Folge wird den Amerikanerinnen ein hohes Maß an Selbstständigkeit und Selbstbewusstsein bereits im Mädchenalter zugesprochen, besonders im Vergleich zu ihren europäischen Zeitgenossinnen. De Tocqueville ([1835/1840] 1976: 691) begrüßt diese Tendenz, da „dadurch die Gesellschaft ruhiger und geordneter" wird. Andererseits sieht er jedoch die Gefahr, dass diese Entwicklung „auf Kosten [weiblicher] Einbildungskraft" gehe und „kalte Frauen" statt „zärtliche Gattinnen und liebenswerte Gefährtinnen des Mannes" hervorbringe.

Der *in summa* hochgepriesene Charakter der amerikanischen Frauen resultiert bei de Tocqueville ([1835/1840] 1976: 702ff.) jedoch nicht in ihrer gesellschaftlichen und politischen Gleichstellung, sondern, unter Berufung auf biologische Unterschiede, in ihrer strikten Unterordnung. Die beschriebene Charak-

---

[46] Den Begriff der „Sitten" umschreibt de Tocqueville ([1835/1840] 1976: 332) mit Gebräuchen, allgemein üblichen Verhaltensweisen und „geistigen Gewohnheiten".

terfestigkeit und moralische Größe der amerikanischen Frauen zeigt sich nach de Tocqueville ([1835/1840] 1976: 703) daran, dass sie „ihrem Willen aus freien Stücken [entsagen]" und sich mit der Entscheidung zur Eheschließung „aus eigenem Antrieb dem Joch [beugen]". Tocqueville befürwortet diese Hierarchie, denn eine Gleichmacherei erniedrige nur beide Geschlechter. Der demokratische Grundsatz der Gleichheit wird zwischen Männern und Frauen dennoch realisiert, und zwar „in der geistigen und sittlichen Welt" (de Tocqueville [1835/1840] 1976: 705). Die aus heutiger Sicht massive Einschränkung der Rechte der Frauen widerspreche dem Geist der Demokratie durchaus nicht, denn die Amerikaner glauben, so de Tocqueville ([1835/1840] 1976: 703):

> „dass in der kleinen Gesellschaft von Mann und Frau wie in der großen politischen Gesellschaft der Zweck der Demokratie darin besteht, die notwendigen Gewalten zu regeln und sie rechtlich zu begründen, nicht aber, jegliche Gewalt zu zerstören."

Sein Kapitel „Wie die Amerikaner die Gleichheit von Mann und Frau auffassen" schließt de Tocqueville ([1835/1840] 1976: 705) mit dem folgenden Resümee, welches verdeutlicht, wie strikt die Rollenverteilung in der Frühzeit der US-amerikanischen Demokratie war – und wie sehr de Tocqueville diesen Zustand schätzte:

> „Was mich angeht, zögere ich nicht, es zu sagen: Obwohl in den Vereinigten Staaten die Frau den häuslichen Kreis kaum verlässt und sie darin in gewisser Hinsicht sehr abhängig ist, erscheint mir nirgends ihre Stellung höher; und wenn man mir [...] die Frage stellte, auf was man nach meinem Dafürhalten den besonderen Wohlstand und die wachsende Kraft dieses Volkes zurückführen müsse, so antworte ich: Es ist die Überlegenheit seiner Frauen."

John Stuart Mill

John Stuart Mill (1806-1873) gilt mit seinen Werken *On Liberty* ([1859] 1977) und *Considerations on Representative Government* ([1861] 1977) als der „wohl bedeutendste Theoretiker des englischen Liberalismus" (Waschkuhn 1998: 234). Zwar war er prinzipiell ein Verfechter des allgemeinen Wahlrechts, jedoch sah auch er die Gefahr der Tyrannei der Mehrheit sowie eines „low grade of intelligence in the representative body" (Mill [1861] 1977: 448). Um also die Qualität des demokratischen Systems und seiner Entscheidungen sicherzustellen, sollte das Wahlrecht an Kriterien wie Besitz und vor allem an den Bildungsstand geknüpft sein:

> „It is also important that the assembly which votes the taxes [...] should be elected exclusively by those who pay something toward the taxes imposed" (Mill [1861] 1977: 471).

> „I regard it as wholly inadmissible that any person should participate in the suffrage without being able to read, write and [...] perform the common operations of arithmetic" (Mill [1861] 1977: 470).

Explizit eingeschlossen hat Mill hingegen die Frauen:

> „In the preceding argument for universal but graduated suffrage, I have taken no account of difference of sex. I consider it to be as entirely irrelevant to political rights as difference in height or in the colour of the hair" (Mill [1861] 1977: 479).

Mit diesem Standpunkt betrat Mill als namhafter männlicher politischer Denker Neuland. John Stuart Mill brach mit tradierten Vorstellungen über die Rolle der Frauen, wie sie noch sein Vater James Mill ([1820] 1992: 27) pflegte:

> „One thing is pretty clear, that all those individuals whose interests are indisputably included in those of other individuals, may be struck off without inconvenience. [...] In this light, also, women may be regarded, the interest of almost all of whom is involved either in that of their fathers or in that of their husbands".

John Stuart Mill widmete der Gleichstellung von Frauen und Männern jedoch nicht nur einige Passagen seiner *Considerations*, sondern gemeinsam mit seiner Frau Harriet Taylor Mill gleich ein ganzes Buch (*The Subjection of Women*, Mill [1869] 1984). Die hier geäußerten Gedanken gehen so weit, für Frauen den gleichberechtigten Zugang zum Arbeitsmarkt (Kapitel 3) zu fordern, ihnen eigenen Besitz zuzugestehen und für den Schutz von Ehefrauen vor gewalttätigen Ehemännern einzutreten (Kapitel 2). Ebenso spricht Mill Frauen die Fähigkeit zur politischen Betätigung explizit zu und sieht dabei keine Unterschiede zu Männern – er geißelt den Ausschluss von Frauen aus der aktiven Politik gar als eine Ressourcenverschwendung (Kapitel 3).

Neben seinen Veröffentlichungen setzte sich Mill auch aktiv für die Gleichberechtigung von Frauen ein: Während seiner Zeit als Abgeordneter des britischen Unterhauses brachte er einen Antrag zur Einführung des Frauenwahlrechts ein, der jedoch von der großen Mehrheit der Deputierten abgelehnt wurde (Darcy et al. 1987: 18).

Das Werk und das Wirken Mills markieren eine deutliche Zäsur in der Sichtweise der Frauen in der politischen Theorie. Indem er öffentlich das Wort für die Frauen ergreift, bricht er mit den gesellschaftlichen Konventionen seiner Zeit. Sein hoher Bekanntheitsgrad bescherte seiner Forderung ein hohes Maß an Aufmerksamkeit, aber auch viel Kritik und Häme vonseiten seiner Zeitgenossen (Bryson 1992: 50, 63; Koepcke 1979: 31). Mill unterbricht auch die lange Tradition der systematischen Disqualifizierung der Frauen. Im Gegensatz zu allen anderen hier besprochenen Theoretikern erachtet er die Naturen der Geschlechter explizit als gleichwertig und gleichermaßen fähig, am politischen Leben teilzunehmen. Mill versucht eine Zuschreibung von tradierten Geschlechterrollen zumindest außerhalb der Familie zu vermeiden. Weiblichen, meist negativ besetzten Charakterzuschreibungen begegnet er offensiv.

Obschon John Stuart Mills Äußerungen hinsichtlich ihrer zeitlichen Verortung revolutionär anmuten, hat sich selbst dieser vehemente Verfechter der Gleichberechtigung nicht vollständig vom traditionellen Gesellschaftsbild samt der entsprechenden Rollenverteilung zwischen den Geschlechtern zu lösen vermocht. Dem Beitrag Mills zur Gleichstellung wird daher aus feministischer Perspektive nicht unkritisch applaudiert, denn er stellt die traditionelle Rolle der Frauen nicht mit aller Konsequenz in Frage. So gewährt er ihnen zwar die Freiheit der Berufswahl, schränkt diese aber sogleich wieder auf nicht verheiratete Frauen ein (Mill [1869] 1984: 298):

> „Like a man when he chooses a profession, so, when a woman marries, it may in general be understood that she makes choice of the management of a household, and the bringing up of a family, as the first call upon her exertions, during as many years of her life as may be required for the purpose; and that she renounces, not all other objects and occupations, but all which are not consistent with the requirements of this."

Vor diesem Hintergrund wird Mill von feministischen Autoren bisweilen die Ernsthaftigkeit, beziehungsweise die logische Konsistenz seiner Forderungen abgesprochen (Bryson 1992: 65f.; Eisenstein 1987: 138f.; Okin 1979: 230; Pateman 1989: 222). Die von Mill vorgenommene einseitige Verteilung der Geschlechterrollen innerhalb der Familie bedeutet eine faktische Unterprivilegierung der Frauen, auch wenn Mill, durchaus im Gegensatz zu den meisten anderen hier diskutierten Denkern, für gleichberechtigte innerfamiliäre Beziehungen eintritt (vgl. Ackelsberg und Shanley 1996: 216).

Karl Marx

Karl Marx (1818-1883), der theoretische Begründer des Kommunismus, hat mit seinen Schriften, vor allem mit seinem *Kapital* ([1867] 2005; [1885] 2003; [1894] 2003) wie kaum ein zweiter neuzeitlicher Denker das politische Geschehen beeinflusst. Basierend auf einer breit angelegten Fundamentalkritik des Kapitalismus versuchte er, die Gesetze zu entschlüsseln, nach denen die menschliche Gesellschaft sich in beständigen Klassenkämpfen fortentwickelt, bis sie schließlich und notwendig im Kommunismus anlangt, jener klassenlosen Gesellschaft, in der die „Selbstentfremdung" ihr Ende findet und alle grundlegenden Widersprüche der menschlichen Existenz aufgelöst werden (Marx [1844] 1956: 536).

Karl Marx war sich der Frauenfrage durchaus bewusst, schrieb er doch in einem Brief an Ludwig Kugelmann (Marx 1965: 582f.):

"Jeder, der etwas von der Geschichte weiß, weiß auch, dass große gesellschaftliche Umwälzungen ohne das weibliche Ferment unmöglich sind. Der gesellschaftliche Fortschritt lässt sich exakt messen an der gesellschaftlichen Stellung des schönen Geschlechts (die Hässlichen eingeschlossen)."

In der Marxschen Analyse kommen die Frauen jedoch allenfalls als Randfiguren vor. Ihre unentlohnte Arbeit sei in der politischen Ökonomie „geradezu systematisch zum Verschwinden gebracht" worden, urteilt Haug (2008: 54). Ähnlich betont auch Meyer (1999: 196), dass Marx die gesellschaftliche Rolle der Frauen „eher unterbewertet" und sich mit der Frauenfrage praktisch nicht befasst habe. Steiner (2000: 153) resümiert, die Frauenfrage sei bei Marx zu einem „Nebenwiderspruch degradiert" worden. Diesen Umstand versuchen auch Stimmen aus dem damaligen Ostblock nicht zu leugnen: Kuhrig und Speigner (1978: 18) sprechen in einem Beitrag für einen Sammelband, der von der Akademie der Wissenschaften der DDR herausgegeben wurde, von der Frauenfrage als einer „Teilfrage der sozialen Frage". Nach Bryson (1992: 77) war die Stellung der Frauen für Marx „theoretically uninteresting", da sie ein Produkt der Klassengesellschaft war, die in der Revolution überwunden werden würde. Senf (2001: 107) spricht sogar von einem „feministisch blinden Fleck" bei Marx. Folgerichtig kommt Hartmann (1981: 2) in ihrer vielbeachteten Auseinandersetzung mit den Verbindungslinien zwischen Marxismus und Feminismus zur Einschätzung, „the categories of marxism are sex-blind".

Trotz dieses Missverhältnisses hat sich eine eigenständige Strömung innerhalb des Feminismus herausgebildet, die versucht, die unterprivilegierte Stellung der Frauen und deren Überwindung in den Analysekontext des Marxismus einzuflechten, indem neben die Kategorie „Klasse" die Kategorie „Geschlecht" gestellt wird, um die gesellschaftlichen Verhältnisse gänzlich zu erfassen (Bryson 1992: 77; Krause 2003: 30ff.). Der marxistische Feminismus gründet also nicht unmittelbar auf Marxschem Gedankengut, sondern hat dieses weiterentwickelt.

Abschließende Bewertung der Klassiker der Demokratietheorie

Die meisten der hier behandelten politischen Denker pflegen traditionelle Weiblichkeitsklischees und begründen sie zum Teil eingehend, wie etwa Aristoteles. Während letzterer, wie auch alle drei Vertragstheoretiker, die Autoren der *Federalist Articles* und de Tocqueville die Rolle der Frauen *per se* nur auf den Haushalt und die Familie beschränken, sind sie bei Platon und Montesquieu den Männern zwar von ihren Eigenschaften her unterlegen, werden aber nicht grundsätzlich aus der politischen Sphäre ausgeschlossen.

Mit John Stuart Mill und Karl Marx endet diese Betrachtung der Klassiker der Demokratietheorie. Die beiden Theoretiker nehmen dabei, jeder auf seine

Weise, die Positionen des Mainstreams in der politischen Theorie, aber auch in der demokratischen Praxis der folgenden Jahrzehnte vorweg:
- Mill billigt Frauen grundsätzlich die gleichen Beteiligungsrechte wie Männern zu, er gewährt ihnen also Zutritt zur öffentlichen Sphäre. Gleichzeitig aber sieht Mill eine von der öffentlichen Sphäre strikt getrennte Privatsphäre vor. Den gleichen Rechten in der öffentlichen Sphäre stehen ungleiche Pflichten in der Privatsphäre gegenüber. Wie sich in Abschnitt 4.3.2 zeigen wird, wirkt Mills Sichtweise der Geschlechterrollen als eine Art Blaupause für die Konzeption politischer Gleichstellung, wie sie über weite Strecken des 20. Jahrhunderts praktiziert wird.
- Marx zeigt sich der analytischen Kategorie „Geschlecht" gegenüber indifferent und blendet sie aus seinen Untersuchungen systematisch aus. Das offensichtliche Desinteresse, nur leicht kaschiert durch die Aussage, die Lage der Frauen sei fraglos wichtig, erweist sich dabei nicht als Triebfeder der Gleichstellung, sondern vielmehr als Garant des jeweiligen Status quo.

4.3.1.2. Der Mainstream der Demokratietheorie im 20. Jahrhundert

Anfang des 20. Jahrhunderts, in den Jahren 1918/19, gestand man Frauen in Deutschland das Wahlrecht zu, sie hatten nun die volle Berechtigung, aktiv am politischen Leben teilzunehmen (näheres zu den historischen Umständen vgl. Abschnitt 4.3.2.1). Gleichermaßen ging in den demokratietheoretischen Diskursen auch die *explizite* Diskriminierung der Frauen zurück, also die Forderung ihres rechtlich normierten Ausschlusses aus der Politik. Schumpeter und Downs können als Epigonen der traditionellen Position betrachtet werden, sehen sie doch unisono das Frauenwahlrecht *nicht* als notwendige Voraussetzung demokratischer Herrschaft an. Schumpeter notiert, das Wahlrecht sei in einzelnen Staaten nicht universell, sondern an unterschiedliche Kriterien gebunden, wie Rasse, Religion oder Geschlecht. Ein lückenhaftes Wahlrecht sei jedoch „compatible with democracy" (Schumpeter [1943] 1976: 245), denn in jeder Demokratie gebe es Ausschlusskriterien, wie beispielsweise ein bestimmtes Wahlalter. Downs (1957: 23) listet die Bedingungen auf, die einen Staat als Demokratie kennzeichnen, darunter das allgemeine Wahlrecht, welches er jedoch sogleich und ohne weiteren Kommentar in einer Fußnote wieder einschränkt: „In some domocracies, women [...] are not allowed to vote."

Neben Schumpeter und Downs, die eine explizite Diskriminierung zumindest als der Demokratie nicht grundsätzlich abträglich einschätzten, kommt die *implizite* Diskriminierung auf, und zwar in Form der Nichtthematisierung des faktischen Ausschlusses von Frauen aus der Politik. Das Muster ist dabei stets identisch: Theorien werden meist allgemein, also geschlechtsneutral formuliert, wie auch Marx es zu tun vorgibt. Gleichzeitig besteht jedoch in der Realität der jeweiligen Gegenwart eine faktische oder gar eine an Mill erinnernde rechtlich festgeschriebene Geschlechterrollenverteilung fort, die in Deutschland erst Ende der 1970er Jahre revidiert wird (vgl. Abschnitt 4.3.2.2). Diese Rollenzuschreibungen wirkten sich für die Hälfte der Bevölkerung, für die Frauen, über lange Zeit hinweg nahezu prohibitiv aus, wenn es um die Nutzung politischer Beteiligungsrechte geht. Die Ausblendung des Spannungsverhältnisses zwischen dem Bestand und der Nutzbarkeit oder dem Wert von Rechten lässt jede Staats- und Demokratiekonzeption unvollständig erscheinen (vgl. Abschnitt 2.1). Ein Umdenken ist erst gegen Ende des 20. Jahrhunderts, seit den 1980er Jahren zu bemerken.

Belege für die skizzierte Entwicklung hat die Forschung reichlich zusammengetragen: So verschwindet das Geschlecht systematisch aus den Analysen Max Webers, indem er die Machtverhältnisse im Privatbereich „systematisch dethematisiert" (Sauer 1997: 40).[47] Hannah Arendt (1958) und Jürgen Habermas (1962) diskutieren beide die Bedingungen öffentlicher Teilhabe und betonen die Zugangsrechte jedes Einzelnen. Gleichzeitig klammern sie aber aus, dass Frauen und Männer historisch bedingt nicht die gleichen materiellen Voraussetzungen mitbringen und damit faktisch ungleiche Partizipationschancen haben (vgl. Lang 1994; 1995). Nancy Fraser (1990: 64) kommentiert die asymmetrische Konzeption der Öffentlichkeit bei Habermas wie folgt:

> „Insofar as the bracketing of social inequalities in deliberation means proceeding as if they don't exist when they do, this does not foster participatory parity. On the contrary, such bracketing usually works to the advantage of dominant groups in society and to the disadvantage of subordinates."

Trotz dieses blinden Flecks ist sowohl Arendt, als auch Habermas zugute zu halten, dass sie sich für eine insgesamt möglichst breite Beteiligung aller Bürger aussprechen (vgl. Dietz 1991: 249f.; Lang 1995: 102). Darüber hinaus geht Habermas (1992: 514) in *Faktizität und Geltung* auf seine Kritiker ein und betont nun, dass die „Stellung der Frauen in der politischen Öffentlichkeit [...] und die Teilnahme an den politischen Kommunikationen" in einem wechselseitigen Abhängigkeitsverhältnis mit der Gleichberechtigung der Geschlechter im Privatbereich steht. Von Arendt sind entsprechende Stellungnahmen nicht bekannt – sie starb 1975.

Eine ähnliche Entwicklung wie bei Habermas ist auch bei John Rawls zu beobachten. In seiner *Theory of Justice* (1971) skizziert er die Grundlinien einer gerechten Gesellschaftsordnung, klammert jedoch die Gerechtigkeit innerhalb der Familie aus (vgl. Nussbaum 2002; Okin 1989). In *Justice as Fairness. A Restatement* (Rawls 2001: 166) reagiert Rawls jedoch auf die vorgebrachten

---

[47] Interessant erscheint hier, dass Webers Frau Marianne sich als Frauenrechtlerin engagierte, als Rechtshistorikerin die Rolle der Frauen in der Rechtsgeschichte aufarbeitete (vgl. Weber 1907) und 1919 für die Deutsche Demokratische Partei im badischen Landtag saß (vgl. Hochreuther 1992: 67ff., vgl. auch folgender Abschnitt).

Einwände und konstatiert nun mit konkretem Bezug auf die Familie und die Stellung der Frauen: „If the so-called private sphere is a space alleged to exempt from justice, then there is no such thing."

Eine weitere Veränderung lässt sich bei Benjamin Barber feststellen. In seiner Analyse der schweizerischen Direktdemokratie stellt Barber (1974: 273) zunächst klar, dass die Einführung des Frauenwahlrechts in der Schweiz im Jahr 1971 „just and equitable" war (vgl. auch Abschnitt 4.3.2.1). Barber diskutiert jedoch gleichzeitig auch die vermeintlichen Nachteile des Frauenstimmrechts. So ginge die Vergrößerung der Stimmbürgerschaft auf Kosten von „participation and community", denn Bürgerversammlungen würden schwerfällig und die Beteiligungsmöglichkeiten des Einzelnen würden eingeschränkt (vgl. Pateman 1989: 211). In *Strong Democracy* revidiert Barber seine Haltung. So sieht er nun – dank des technischen Fortschritts – in der Größe einer Gemeinschaft keine Nachteile mehr für eine breite und funktionierende Beteiligung aller Bürgerinnen und Bürger (Barber [1984] 2003: 247) und betont im Vorwort zur Ausgabe von 1984, „political equality of women and men is an unstated premise throughout the book" (Barber [1984] 2003: XXXI). Im Vorwort zur Ausgabe von 1990 wird Barber ([1984] 2003: XXVIII) noch konkreter, indem er betont, die Demokratie müsse sich öffnen und Partizipation für wirklich alle ermöglichen, sonst wirke sie nicht glaubwürdig und büße an Legitimität ein:

> „If we await a social or an economic revolution to make our democracy credible to the poor as well as the rich, to people of color as well as whites, to women as well as men, we may (and what's worse they may) have to wait forever."

Ein weiteres Anzeichen dafür, dass die Beachtung der politischen Repräsentation von Frauen im Mainstream der Politikwissenschaft angekommen ist, ist die Beachtung des weiblichen Geschlechts in der empirischen Demokratieforschung, insbesondere wenn es um die Beurteilung der Qualität einer Demokratie geht. So betont Dahl (1971) das demokratische Defizit der Schweiz, da Frauen bei der Abfassung von Dahls *Polyarchy* noch vom Stimmrecht ausgeschlossen waren.[48] Für Lijphart (1999: 280) stellen Indikatoren, die die politische Beteiligung von Frauen abbilden, „important measures of the quality of democracy" dar. Bühlmann et al. (2008; 2009) beziehen in ihr *Demokratiebarometer* nicht nur die gleiche Zugangsberechtigung von Frauen ein, sondern auch die Repräsentationschancen. Auch der *Transformation Index* der Bertelsmann Stiftung differenziert nach dem nominellen Bestand an politischen Rechten und den faktischen Zugangschancen für Frauen (Center for Applied Policy Research und Bertelsmann Stiftung 2009: 21, 31). Im *Polity IV-Projekt* von Marshall, Jaggers und Gurr gibt es zwar zunächst keine Referenz zur Gleichstellung der Geschlechter, aber immerhin wird zur Validierung der im Polity-

---

[48] Die Einführung des Frauenwahlrechts auf nationaler Ebene erfolgte jedoch noch im Jahr der Veröffentlichung dieses Werkes (vgl. Abschnitt 4.3.2.1).

IV-Datensatz entwickelten Demokratieindikatoren auf UNDP-Daten zu „gender empowerment" zurückgegriffen (Marshall und Jaggers 2009: 47). Ein Gegenbeispiel ist Vanhanens Demokratieindex (2003), in den die politische Beteiligung von Frauen nicht eingeht.

Insgesamt zeigt sich, dass der systematische und explizite Ausschluss von Frauen aus der Politik, wie er von den klassischen Theoretikern der politischen Ideengeschichte vertreten wurde, auch auf das Denken des 20. Jahrhundert noch deutlich nachgewirkt hat: Bis in die 1950er Jahre wurden politische Systeme ohne Frauenwahlrecht mitunter noch als vollwertige Demokratien bezeichnet. Erst ab den 1980er und 1990er Jahren wurden nicht nur die Gleichheit politischer Rechte, sondern auch die der politischen Beteiligung von Frauen vom Mainstream der Politikwissenschaft als für die Demokratie relevant erachtet. Zu erklären ist dieser Positionswandel durch die Intervention des seit Beginn der 1970er Jahre aufkommenden und sich verstetigenden politikwissenschaftlichen Feminismus (Hochgeschurz 2001: 171; Shanley und Pateman 1991: 1), dessen Autoren den Mainstream auf entsprechende Einseitigkeiten und Beschränkungen in ihren Theorien hinwiesen.[49]

4.3.1.3. „Das Private ist politisch" – Die Erweiterung der politischen Philosophie im Feminismus

Was sich an verschiedenen Stellen bereits abzeichnete, haben feministische Autoren seit Beginn der 1970er Jahre anhand zeitgenössischer, aber auch klassischer Texte gezielt analysiert (vgl. Shanley und Pateman 1991). Der Kern feministischer Theorie ist die Kritik an der Dichotomie der privaten Sphäre einerseits und der öffentlichen oder politischen Sphäre andererseits, „it is, ultimately, what the feminist movement is about" (Pateman 1989: 118, vgl. auch Hirschmann 2007: 145; Klinger 1998: 130). Die Abgrenzung dieser beiden Sphären voneinander bildet das Herzstück des Liberalismus, hat dieser doch „only one overriding aim: to secure the political conditions that are necessary for the exercise of personal freedom" (Shklar 1991: 21).[50] Eine wirkungsvolle Trennungslinie zwischen dem Privaten und dem Politischen ist also die zentrale Funktionsvorraussetzung des Liberalismus, sie beschreibt die Grenzen des staatlichen Einflusses auf das Individuum (Squires 1999: 24). Der Schutz der Privatsphäre ist als ein konstitutives Merkmal in unser modernes Demokratiever-

---

[49] Feministische Theorien finden sich freilich schon viel früher: Es sei hier nur an die Werke von Olympe de Gouges ([1791] 1995) oder Mary Wollstonecraft ([1792] 2004) erinnert. Diese Schriften, wie auch „Das andere Geschlecht" von Simone de Beauvoir ([1949] 1992), fanden bei ihrem Erscheinen durchaus Beachtung in der Öffentlichkeit. Eine breitere Wirkung im Sinne eines politischen Wandels konnten die Werke zur Zeit ihrer Erstveröffentlichung jedoch nicht entfalten, da der jeweilige zeitliche Kontext dies nicht zuließ. In späteren Generationen sind Referenzen auf diese Werke aber unübersehbar (vgl. etwa Schulz 2002: 179ff.).

[50] Die Abgrenzung beider Sphären voneinander geht ursprünglich auf Aristoteles zurück (vgl. Ackelsberg und Shanley 1996: 214).

ständnis eingeflossen. Merkel (2010: 32f.) etwa bezeichnet „bürgerliche Freiheitsrechte", die Schutz vor „unerlaubter Einmischung ins Privatleben" bieten, als eines der unabdingbaren „Teilregime der Demokratie".[51]

Die Privatsphäre, zumindest in ihrer hier relevanten Form, umfasst in erster Linie das Heim und die Familie.[52] Hier herrscht zwar nach dem liberalen Idealbild "freedom from political power" (Squires 1999: 26), jedoch ist die Privatsphäre keineswegs ein machtfreier Raum. Wie etwa am Beispiel von Locke, dem klassischen Vertreter des Liberalismus, gezeigt wurde (vgl. Abschnitt 4.3.1.1), bestehen im häuslichen Rahmen Abhängigkeitsverhältnisse und hierarchische Beziehungssysteme, die dem Mann ganz natürlich und selbstverständlich die Position des Familienoberhaupts zuweisen. Die *bürgerliche Freiheit* der Privatsphäre ist also zunächst eine rein *männliche Freiheit*. In logischer Konsequenz bedeutet die natürliche Unterordnung der Frau unter den Mann in der Privatsphäre, dass die Frau außerhalb der Familie gar nicht erst in Erscheinung tritt, da sie nicht den Status eines freien und gleichen Individuums besitzt (Pateman 1989: 121).

In den meisten westlichen Demokratien haben Frauen in der ersten Hälfte des 20. Jahrhunderts politische Partizipationsrechte erhalten (vgl. folgender Abschnitt), und damit das Recht, sich in der öffentlichen Sphäre zu bewegen. Dieser wichtige Schritt, von Schmidt (2008: 25) als die Trennungslinie zwischen der klassischen und der modernen Konzeption von Demokratie bezeichnet, bedeutete jedoch *nicht* die Aufhebung der Geschlechterhierarchie. Zwar waren Frauen von nun an zur politischen Mitsprache berechtigt. Aber auf das Verhältnis zwischen Männern und Frauen im Privatbereich hatte das zunächst keine oder nur geringe Auswirkungen, denn dieses Verhältnis wurde nicht als ein politisches, sondern als ein natürlich gegebenes angesehen. Dadurch ergab sich ein eigenartiges Spannungsverhältnis: Frauen hatten das Recht, sich ins Parlament wählen zu lassen, sie durften (zumindest in der Theorie) zur politischen Elite gehören und die Geschicke des Landes lenken – zuhause aber hatten sie sich unterzuordnen. Zur Illustration dieser Lage mögen die folgenden Daten genügen, die im nächsten Abschnitt ausführlich diskutiert werden: Die Einführung des Frauenwahlrechts erfolgte in Deutschland 1918/19, seither sind Frauen und Männer politisch gleichberechtigt. Die innerfamiliäre Dominanz des Mannes über die Frau wird jedoch erst seit dem Beginn der 1970er Jahre systematisch abgebaut. Zu den wichtigsten Reformschritten in diesem Bereich zählt die Revision des Namensrechts, denn bis 1976 hatte die Frau bei der Eheschließung den Namen des Mannes anzunehmen. Bis 1977 war sie verpflichtet, die Hausarbeit zu erledigen, eine außerhäusliche Tätigkeit bedurfte der Zustimmung des Mannes. Die Vergewaltigung innerhalb der Ehe ist erst seit 1997 strafbar. Und

---

[51] Laut Merkel führt die Verletzung eines Teilregimes zum demokratischen Defekt (Merkel 2010: 37).
[52] Für eine Diskussion weiterer Konzeptionen der Privatsphäre vgl. Kymlicka (2002: 250) und Squires (1999: 26).

selbst die sogenannten „Vätermonate" stießen bei ihrer Einführung im Jahr 2007 auf heftigen Widerstand aus konservativen Kreisen.[53]

Für Anhänger des klassischen Liberalismus mag es keinen fundamentalen Widerspruch darstellen, wenn die Frau dem Mann in der politischen Sphäre gleichgestellt, in der Privatsphäre jedoch untergeordnet ist. Für den Feminismus hingegen ist es *der* Widerspruch schlechthin. „Das Private ist politisch" lautet daher der wohl bekannteste Slogan der Frauenbewegung: Nur wenn die Gleichstellung der Geschlechter auch in der Privatsphäre vollzogen wird, dann ist eine politische Gleichstellung überhaupt erst möglich. Beide Bereiche, so die Botschaft, sind also nicht strikt voneinander getrennt, sondern hochgradig miteinander verflochten. Mehr noch, sie sind „the two sides of the single coin of liberal-patriarchalism" (Pateman 1989: 122).

Der hier skizzierte Skeptizismus des Feminismus ist indessen nicht notwendigerweise als Opposition zum Liberalismus oder gar zur Demokratie in ihrer heutigen Form zu verstehen. Zwar gibt es diese oppositionellen Positionen innerhalb des Feminismus durchaus (Young 1990). Dieser Auffassung halten jedoch Autorinnen wie Squires (1999: 185) entgegen, die feministische Kritik am Liberalismus solle eher als „a call for further democratization within the framework of liberal democracy itself" interpretiert werden (vgl. auch Phillips 1993: 114). Das Anliegen von Autoren wie Squires und Philips zielt darauf ab, die bürgerlichen Freiheitsrechte Frauen und Männern gleichermaßen zu garantieren. Wie Squires (1999: 186) anmerkt, ist es die letztgenannte Strömung, die in der theoretischen Literatur dominiert.

4.3.1.4. Zusammenfassende Bewertung der politischen Ideengeschichte

„Ideas Do Matter" lautet ein vielzitiertes Schlagwort (vgl. Rueschemeyer 2006: 229), welches sich im vorliegenden Fall als durchaus zutreffend erweist. Zu Beginn dieses Kapitels wurde dargestellt, dass einem gesellschaftlichen Gleichgewichtszustand eine Ideologie zugrunde liegt. Eine Veränderung des Gleichgewichtszustandes erfordert demnach auch eine Veränderung der ideologischen Basis oder eine alternative Ideologie. Die vorherrschende Ideologie, die sich über die Jahrhunderte hinweg in den Diskursen der politischen Ideengeschichte herausgebildet hatte, sah den Ausschluss der Frauen aus der Politik vor. Bis tief ins 20. Jahrhundert hinein gab es Stimmen, die dieses demokratische Defizit nicht anzweifelten (Downs oder Schumpeter) oder seine Nachwirkungen in der Form der Unterrepräsentation der Frauen nicht thematisierten (Weber, Arendt, die frühen Werke von Habermas, Rawls und Barber). Erst die systematische Aufarbeitung dieser theoretischen Asymmetrie durch den auf-

---

[53] Die Vätermonate stellen einen moderaten Versuch dar, beide Elternteile zur Betreuung der Kinder zu animieren. Dabei wird aber bei weitem nicht auf eine Gleichverteilung unter den Geschlechtern gesetzt (vgl. 4.3.2.2).

kommenden politikwissenschaftlichen Feminismus führte dazu, dass Theoretiker wie Habermas, Rawls und Barber ihre Positionen revidierten beziehungsweise anpassten und im politischen Denken der Gegenwart nunmehr ein „universaler Gleichheitsanspruch" besteht (Schmidt 2008: 20).

Was die zeitliche Verortung dieser Veränderung des ideologischen Diskurses betrifft, so ist es nicht möglich, einen genauen Zeitpunkt zu benennen. Die Begründung des feministischen Diskurses, wie er hier nachvollzogen wurde, erfolgte Anfang der 1970er Jahre. Wenig später sind die letzten Äußerungen zu verzeichnen, die eine Ausweitung der politischen Rechte der Frauen kritisch diskutierten (Barber 1974). Seit Beginn der 1980er (Barber 1984) lässt sich erkennen, dass auch der Mainstream der politischen Theorie nicht nur die Gleich*berechtigung*, sondern auch die faktisch gleiche *Verteilung* von Mitsprachemöglichkeiten an Frauen und Männer in sein Repertoire aufgenommen hat. Eben in dieser Phase, zum Ende der 1970er beziehungsweise in den 1980er Jahren lässt sich für die deutschen Parlamente der Beginn des Anstiegs der Frauenrepräsentation feststellen. Die erste Bedingung zum Aufbrechen eines Gleichgewichtszustandes, die Veränderung der vorherrschenden Ideologie, hat also vorgelegen.

4.3.2. Zweiter und dritter Ansatz: Die Rolle Akteure sowie die Veränderung des gesellschaftlichen Kontexts

Nach der Analyse der ideologischen Grundlagen gilt es nun zu fragen, welche Rolle den verschiedenen Akteuren sowie dem gesellschaftlichen Kontext für die Veränderung der Frauenrepräsentation zugeschrieben werden können. Aufgrund der engen Beziehungen zwischen dem Handeln relevanter Akteure und der Veränderung des gesellschaftlichen Umfeldes werden beide Aspekte gemeinsam untersucht.

Die nun folgende Analyse gliedert sich in zwei Schritte, die dem historischen Verlauf der Ereignisse folgen (vgl. Lenz 2008b: 860). Der erste Schritt beinhaltet den bereits angesprochenen Exkurs zur Ausweitung der politischen Rechte, insbesondere die Einführung des Frauenwahlrechts 1918/19, wobei auch auf die Rolle der ersten Frauenbewegung eingegangen wird (Abschnitt 4.3.2.1). Dieser Aspekt bildet eine Vorstufe zur Erklärung der Frauenrepräsentation, lag doch der Frauenanteil in den deutschen Parlamenten bis zur Einführung des allgemeinen Wahlrechts bei 0%. Der zweite Schritt beleuchtet die Entwicklung der Frauenrepräsentation unter Berücksichtigung der zweiten Frauenbewegung sowie der Rechtsstellung der Frauen außerhalb der politischen Arena (Abschnitt 4.3.2.2). Die Rolle der Parteien wird in beiden Abschnitten berücksichtigt.

4.3.2.1. Die Formierung der ersten Frauenbewegung und der Kampf für das Frauenwahlrecht

Die politischen Rechte der Frauen summierten sich zum Beginn des 20. Jahrhunderts auf nahe null. Nicht nur der Gang zur Wahlurne war ihnen versagt, sie durften auch keiner politischen Vereinigung beitreten und keiner politischen Veranstaltung beiwohnen (Hoecker 1998a: 28; Niggemann 1981: 13). Diese eklatante Rechtlosigkeit wurde von der weiblichen Bevölkerung nicht einfach hingenommen, sondern hatte bereits im 19. Jahrhundert zur Formierung einer ersten Frauenbewegung geführt, deren Ziel das Erstreiten von Rechten war. Diese erste Frauenbewegung war zumindest in Deutschland zu keiner Zeit eine einheitliche Bewegung, weder hinsichtlich ihrer Mitglieder und Unterstützer, noch in ihren Strukturen oder Zielsetzungen (vgl. Nave-Herz 1994): Von Anfang an, also seit den 1860er Jahren, organisierten Arbeiterinnen und Bürgerfrauen ihre Interessen strikt getrennt, und auch innerhalb der beiden Lager bestanden mitunter erhebliche Differenzen. Vor allem in der Wahlrechtsfrage klafften zwischen den Frauenverbänden tiefe Gräben, die bis zum Ausbruch des Ersten Weltkrieges nicht zugeschüttet werden konnten.

Auf der Seite des *Bürgertums* spaltete sich die Frauenbewegung in drei Flügel auf (Wurms 1995: 46ff.): Eine Minderheit von *radikalen* Bürgerlichen trat für ein unumschränktes und gleiches Wahlrecht für Frauen und Männer ein. Die *gemäßigten* Frauenverbände forderten eine Ausdehnung des bestehenden (ungleichen) Männerwahlrechts auf Frauen. Die *konservativen*, meist christlich-konfessionellen Verbände lehnten das Frauenwahlrecht entweder „demonstrativ" ab (Koepcke 1979: 35) oder artikulierten allenfalls leise und stark eingeschränkte Forderungen, wie etwa nach einem kommunalen Wahlrecht für Frauen (Wurms 1995: 52). Angesichts dieser Differenzen verwundert es nicht, dass es im 1902 eigens gegründeten „Deutschen Verband für Frauenstimmrecht" bereits 1911 und 1913 zu Abspaltungen kam, was die Wahlrechtsbewegung entscheidend schwächte (Evans 1976: 99ff.; Hoecker 1998a: 29ff.).

Außerhalb dieser bürgerlichen Frauenverbände traten immer wieder die SPD sowie die sozialdemokratische Frauenbewegung für die Einführung des Frauenwahlrechts ein: August Bebel sprach sich in seiner Streitschrift *Die Frau und der Sozialismus* bereits 1879 vehement für das Frauenwahlrecht aus. Nach der Aufnahme der Forderung des Frauenwahlrechts in ihr „Erfurter Programm" von 1891 brachte die SPD vier Jahre später zum ersten Mal einen entsprechenden Antrag im Reichstag ein, der aber mehrheitlich abgelehnt wurde (Hoecker 1998a: 30).

Neben ihrer eigenen Zersplitterung hatte die erste deutsche Frauenbewegung bei jeglichen Gleichberechtigungsbestrebungen mit dem erbitterten Widerstand national-konservativer und kirchlicher Kreise zu kämpfen (Planert 1998). Es kam sogar zur Gründung eines „Bundes zur Bekämpfung der Frauenemanzipation" (Evans 1976: 175).

Trotz aller Differenzen und Widerstände konnte die Frauenbewegung 1908 einen Etappensieg verbuchen: Im neuen Reichsvereinsgesetz, welches in diesem Jahr verabschiedet worden war, wurde die Vereinigungsfreiheit in vollem Umfang auf Frauen ausgedehnt, sodass sie nunmehr Mitglied einer politischen Partei werden konnten. Ebenso waren Frauen von diesem Zeitpunkt an zur Teilnahme an politischen Veranstaltungen zugelassen (Hoecker 1998a: 29ff.).

Eine letzte konzertierte Aktion der verschiedenen Frauenverbände erfolgte während des Ersten Weltkriegs, als 1917 Frauenwahlrechtsverbände verschiedener Couleur (einschließlich sozialdemokratischer Verbände) eine gemeinsame Erklärung zur Wahlrechtsfrage verabschiedeten (Wurms 1995: 61f.). Ein im gleichen Jahr eingebrachter Antrag der SPD-Fraktion scheiterte an der Reichstagsmehrheit (vgl. Rosenbusch 1998: 431ff.), jedoch sollte das Frauenwahlrecht nun nicht mehr lange auf sich warten lassen: Im Zuge der Novemberrevolution des Jahres 1918 proklamierte der von Linken dominierte „Rat der Volksbeauftragten" am 12. November das allgemeine Wahlrecht – nur einen Tag nach der Unterzeichnung des Waffenstillstands (Kolinsky 1995: 152).[54] In der Weimarer Reichsverfassung wurde das Frauenwahlrecht verbindlich für alle Regierungsebenen festgeschrieben[55] und gilt seither ununterbrochen. Der erste Urnengang, an dem Frauen teilnehmen durften, waren die Wahlen zur Nationalversammlung am 19.01.1919.

Die Einführung des Frauenwahlrechts ereignete sich in Deutschland im Vergleich zu anderen westeuropäischen Ländern recht früh, man gehörte jedoch nicht zu den Pionieren. Auch nahm die Entwicklung ihren Anfang nicht in Europa, sondern in einer britischen Kronkolonie: Das weltweit erste Land, in dem Frauen das Wahlrecht zugestanden wurde, war Neuseeland 1893 (Paxton und Hughes 2007: 48). Finnland ließ 1906 als erstes europäisches Land Frauen zur Wahl zu, gefolgt von drei weiteren nordischen Ländern. Wie aus Tabelle 4.1 ersichtlich, ist Deutschland Teil einer Welle von insgesamt fünf Staaten in Westeuropa, die der weiblichen Bevölkerung zum Ende des Ersten Weltkrigs politische Mitwirkungsrechte zubilligten.[56]

Die Übersicht macht weiterhin deutlich, dass zwischen der Einführung des allgemeinen Männerwahlrechts und seiner Ausweitung auf die weibliche Bevölkerung in der Mehrheit der aufgeführten Staaten viele Jahre vergingen, im Schnitt fast drei Jahrzehnte. Nur in einem Drittel der aufgelisteten Länder kamen beide Geschlechter gleichzeitig in den Genuss dieser essentiellen politischen Teilhaberechte.

---

[54] Der Rat der Volksbeauftragten hatte die oberste Regierungsgewalt in der unmittelbaren Nachkriegszeit inne. Er konstituierte sich aus je drei Vertretern der SPD und der USPD, die wiederum eine Abspaltung der SPD war (Böckenförde 1998: 28).
[55] Vgl. Art. 17 und 22 WRV vom 11.08.1919.
[56] Für eine weltweite Übersicht über die Einführung des Frauenwahlrechts vgl. Paxton und Hughes (2007: 48f.) sowie die Internetseite der International Parliamentary Union (www.ipu.org, 01.06.2009). Für Daten zur Einführung des Männerwahlrechts vgl. Colomer (2004).

Tabelle 4.1: Die Einführung des Frauenwahlrechts in Westeuropa.

Land	Frauenwahlrecht	Männerwahlrecht	Differenz in Jahren
Finnland	1906	1906	0
Norwegen	1913	1898	15
Dänemark	1915	1915	0
Island	1915	1915	0
Irland	1918	1918	0
Österreich	1918	1907	11
Deutschland	**1919**	**1867**	**52**
Luxemburg	1919	1919	0
Niederlande	1919	1917	2
Schweden	1921	1909	12
Großbritannien	1928	1918	10
Spanien	1931	1907	24
Frankreich	1944	1848	96
Italien	1945	1919	26
Belgien	1948	1919	29
Griechenland	1952	1877	75
Portugal	1968	1968	0
Schweiz	1971	1848	123
Durchschnitt	**1931**	**1904**	**27**

Anmerkungen: Die Einführung des allgemeinen Männerwahlrechts in Deutschland bezieht sich auf den 1867 gegründeten Norddeutschen Bund.
Quelle: Lane und Ersson (1999: 300).

Besonders aus dem Rahmen fällt die Schweiz: Neben Frankreich weist sie unter den westeuropäischen Staaten das älteste allgemeine Wahlrecht für Männer auf, führte aber das Frauenwahlrecht als letztes ein – volle 123 Jahre nach dem Männerwahlrecht (vgl. Freitag 1996b). Diese extreme Verzögerung soll zum Anlass genommen werden, am Beispiel der Schweiz die Umstände näher zu beleuchten, welche die Ausdehnung der politischen Rechte auf die weibliche Bevölkerung im Allgemeinen befördern oder behindern können. Es bieten sich zwei Erklärungsansätze an:

- *Erstens* ist die Schweiz seit 1848 ein politisch vergleichsweise stabiles Land, welches bis dato an keinem Krieg mehr teilgenommen und auch keine internen Umstürze durchlebt hat – es gab also keine externen oder internen Schocks, die das gesellschaftliche Gleichgewicht, den historischen Pfad, hätten schlagartig verändern können. Oft sind es aber gerade solche Momente oder Phasen, in denen politische Rechte insbesondere auch für Frauen ausgeweitet werden (Paxton und Hughes 2007: 168ff.). In Tabelle 4.1 ist dies sowohl an den fünf bereits genannten Ländern zu erkennen, die das Frauenwahlrecht zum Ende des Ersten Weltkrieges einführten, darunter auch Deutschland. In Frankreich, Italien und Belgien wurde dieser Schritt zum Ende des Zweiten Weltkriegs vollzogen. Explizit führt die schweizerische Historikerin Mesmer (2007: 97f.) die Nichteinführung des Frauenwahlrechts zum Ende des Ersten Weltkriegs auf die Neutralität der Eidgenossenschaft während des Krieges sowie auf das im Vergleich zu den Nachbarländern hohe Maß an politischer Stabilität und Kontinuität in der Nachkriegszeit zurück. Auch die politische Lage der Schweiz nach 1945 fügt sich nahtlos in dieses Bild ein. Für Voegeli stellt die bewusste Bewahrung alter gesellschaftlicher Strukturen in der Schweiz nach dem Zweiten Weltkrieg ein stabilisierendes Moment dar. Voegeli (1997: 669) resümiert die Situation wie folgt: „Gerade die Unsicherheit über die politische Entwicklung in den umliegenden Ländern mochte aber dazu beigetragen haben, die im Krieg zur nationalen Selbstbehauptung gepflegte Konservativität beizubehalten." Dass zu dieser Konservativität auch der Ausschluss der Frauen vom Wahlrecht gehörte, muss hier nicht näher erläutert werden.

- *Zweitens* sind nirgendwo auf der Welt direktdemokratische Institutionen so stark ausgebaut wie in der Schweiz, wo jede Verfassungsänderung, und damit auch die Einführung des Frauenwahlrechts, per Volksentscheid bestätigt werden muss (Vatter 2009).[57] Solche direkten Beteiligungsrechte mögen zwar mitunter Innovationen im Politikbetrieb anstoßen, wie die jüngsten Wahlrechtsreformen in Bremen und Hamburg zeigen (vgl. Magin 2010b). Andererseits wird diesen Instrumenten häufig auch eine politische Bremswirkung attestiert, da die Bürger oftmals auf die Bewahrung des Status quo setzen, um mögliche „Unsicherheiten und Risiken" zu vermeiden (Freitag et al. 2003: 355, vgl. auch Vatter und Freitag 2002: 61). Dies trifft den Kern der Pfadabhängigkeitstheorie, die davon ausgeht, dass seit langem bestehende Arrangements den Beteiligten ein Gefühl der Sicherheit vermitteln, welches sie nur ungern aufzugeben bereit sind.

Grundsätzlich ist den direktdemokratischen Instrumenten zwar nicht die Alleinschuld für die späte Einführung des Frauenwahlrechts in der Schweiz zu geben, denn weitere zentrale Akteure wie Regierungen und Parlamente zeigten sich ebenfalls meist nicht sonderlich aufgeschlossen in dieser Frage (vgl. Voegeli 1997: 71ff.). Dennoch kann die „retardierende Wirkung des Referendums" (Hardmeier 1997: 345) nicht bezweifelt werden: Vor der Einführung des Frauenwahlrechts in der Schweiz im Jahr 1971 war bereits 1959 ein entsprechender Versuch auf der Bundesebene an der Urne gescheitert. Auf der Kommunal- und der Kantonsebene war das Frauenwahlrecht in den Nachkriegsjahren des Ersten und Zweiten Weltkrieges bereits insgesamt 14 Mal abgelehnt worden, bevor der Kanton Waadt 1959 das kantonale Frauenwahlrecht einführte, und zwar am Tag der Ablehnung auf

---

[57] An dieser Stelle ist zu betonen, dass das Wahlrecht und das Recht, an Volksabstimmungen teilzunehmen, aneinander gekoppelt sind. Für die Abstimmungen über die Einführung des Frauenwahlrechts war die weibliche Bevölkerung also nicht stimmberechtigt.

der Bundesebene (vgl. Voegeli 2005).[58] Der letzte Kanton, in welchem den Frauen die vollen politischen Mitwirkungsrechte zugebilligt wurden, war Appenzell-Innerrhoden im Jahr 1990 (Vatter 2002: 118). Dieser Fall ist bezeichnend für verzögernde Wirkung der direkten Demokratie, die in Appenzell-Innerrhoden selbst für schweizerische Verhältnisse stark ausgebaut ist, denn hier hatte sich die Mehrheit der abstimmenden Männer bis zuletzt gegen das Frauenwahlrecht ausgesprochen. Schließlich war es das schweizerische Bundesgericht, das dieses letzte formelle Patriarchat im demokratischen Europa gegen den Widerstand der männlichen Bürger beseitigte.

4.3.2.2. Die Formierung der zweiten Frauenbewegung und die Entwicklung des gesellschaftlichen Kontexts

Zu Beginn des 20. Jahrhunderts waren Frauen nicht nur von der politischen Partizipation formell ausgeschlossen, sie durften auch das Abitur nicht ablegen und wurden nicht zu Universitäten zugelassen (Hoecker 1998a: 28; Niggemann 1981: 13). Ehefrauen waren in nahezu allen Angelegenheiten „gleichsam einer feudalen Abhängigkeit" (Wurms 1995: 40) an die Weisungen ihres Mannes gebunden, auch in Fragen der Erziehung der gemeinsamen Kinder.[59] Das „patriarchalische Eheideal" (Weber 1907: 458) des Bürgerlichen Gesetzbuches von 1896/1900 bestimmte zudem, dass im Regelfall das gesamte Vermögen der Frau „der Verwaltung und Nutznießung des Mannes" unterlag (§1363 BGB vom 01.01.1900). Auch die Erwerbstätigkeit der Frau bedurfte der Zustimmung des Mannes – wenn dieser nicht sogar selbst den Arbeitsvertrag abschloss und den Lohn erhielt (Wurms 1995: 41).

Noch vor dem Ersten Weltkrieg wurden Frauen jedoch zum Abitur und zum Studium zugelassen, letzteres zuerst in Baden (1900) und zuletzt in Preußen (1908, vgl. Wurms 1995: 42). Zeitgleich mit der Einführung des Frauenwahlrechts wurde auch ein Gleichberechtigungsgrundsatz in die Weimarer Verfassung aufgenommen, der aber beschränkter Natur war.[60] Zudem wurde die Freiheit der Berufswahl eingeführt und Ausnahmebestimmungen für weibliche Beamte abgeschafft. 1920 sprach man Frauen das Habilitationsrecht zu, der Zugang zum Richteramt wurde 1922 geöffnet (Hoecker 1998a: 28).

---

[58] Im Unterschied zu Deutschland wurde das Frauenwahlrecht in der Schweiz also nicht zeitgleich auf allen politischen Ebenen eingeführt. Dies lässt sich durch die wesentlich stärkere Stellung der Kantone im schweizerischen Föderalismus im Vergleich zu den Bundesländern im deutschen Föderalismus erklären (vgl. Braun 2003).

[59] Vgl. §1354 Abs. 1 BGB vom 01.01.1900: „Dem Manne steht die Entscheidung in allen das gemeinschaftliche eheliche Leben betreffenden Angelegenheiten zu; er bestimmt insbesondere Wohnort und Wohnung." Vgl. weiterhin §1627 BGB vom 01.01.1900: „Der Vater hat kraft der elterlichen Gewalt das Recht und die Pflicht, für die Person und das Vermögen des Kindes zu sorgen."

[60] Art. 109 Abs. 2 WRV: „Männer und Frauen haben *grundsätzlich* die dieselben staatsbürgerlichen Rechte und Pflichten" (eigene Hervorhebung). „Grundsätzlich" bedeutete dabei unter Vorbehalt aller Reichs- und Landesgesetze (Wiggershaus 1978: 23).

Trotz dieser positiven Signale änderte sich die Stellung der Frau in der Gesellschaft der Weimarer Republik nicht wesentlich, sah man doch den Haushalt weiterhin als ihren angestammten Verantwortungsbereich an und definierte ihre Rolle in materieller Abhängigkeit vom Mann. Daher waren es in erster Linie Frauen, die entlassen wurden, um den Kriegsheimkehrern Arbeitsplätze zu verschaffen. Auch während der Weltwirtschaftskrise wurden die Entlassung weiblicher Arbeitskräfte und die Kürzung von Sozialleistungen für verheiratete Frauen als sozialverträgliche Mittel der Krisenbewältigung aufgefasst (Hervé 1995a: 88, 101f.).

Komplementär zu dieser Entwicklung kam es zu einer Rückbildung der Frauenbewegung. Die sozialdemokratischen Frauenverbände sahen ihre Forderungen mit der Einführung des Frauenwahlrechts als weitgehend erfüllt an, was zu Beginn der 1920er Jahre zu einem Niedergang ihrer Verbandsarbeit führte. Die bürgerlichen und kirchlichen Frauenverbände, die den sozialdemokratischen bezüglich der Mitgliederzahl weit überlegen waren, grenzten sich gegenüber weiteren Gleichstellungsbestrebungen dezidiert ab und propagierten das klassische Frauenbild, das sich unter den „drei Ks" – Kinder, Küche, Kirche – zusammenfassen lässt (Hervé 1995a: 103ff.). Vor diesem Hintergrund verwundert es nicht, dass die Frauenrepräsentation zur Zeit der Weimarer Republik auf allen politischen Ebenen unter 10% lag (vgl. Abschnitt 3.1).

Der auf die Weimarer Republik folgende Nationalsozialismus pflegte ein zutiefst reaktionäres Frauenbild, welches von Hitler folgendermaßen auf den Punkt gebracht wurde: „Die Frau hat die Aufgabe, schön zu sein und Kinder zur Welt zu bringen" (zitiert in Hervé 1995b: 114). Das Frauenwahlrecht wurde zwar formell nicht beschnitten, doch wo immer möglich wurde die Frau aus dem öffentlichen Leben und aus der Erwerbstätigkeit herausgedrängt. Dabei kam es beispielsweise zum Verbot des Doppelverdienertums und zu gezielten Entlassungen von Frauen aus dem öffentlichen Dienst. Darüber hinaus gab es anreizsteuernde Maßnahmen wie Ehestandsdarlehen, die gewährt wurden, wenn Frauen mit dem Eheschluss ihren Beruf aufgaben (Hervé 1995b: 112). Zum Studium waren Frauen weiterhin zugelassen, jedoch durften sie nur noch maximal 10% eines Jahrgangs ausmachen (Wiggershaus 1978: 15). Aus der Politik hatten Frauen sich generell herauszuhalten – der parlamentarische Betrieb „schände" die Frauen nämlich, so Hitler (zitiert in Wiggershaus 1978: 15). Nach den anfänglichen Entlassungen wurden Frauen freilich für die aufkommende Kriegsproduktion benötigt und deshalb massenhaft wieder eingestellt, auch um die an der Front eingesetzten Männer zu ersetzen (Wiggershaus 1978: 15f.).

Die vielbeschworene „Stunde null" nach dem Ende des Zweiten Weltkriegs gab es aus Genderperspektive nicht. In der Nachkriegszeit herrschte zwar ein Defizit von mehr als sieben Millionen Männern, die erst Jahre später aus der Gefangenschaft oder gar nicht heimkehrten (Wiggershaus 1978: 21). Nichtsdestoweniger war die Nachkriegsgesellschaft eine strukturell patriarchalische, in der Männern ganz selbstverständlich die wichtigen Positionen zufielen, und in der die Zulassung von Frauen zu den Universitäten beschränkt blieb (Meyer 2000: 193). Unter den 65 Mitgliedern des Parlamentarischen Rates, jenem Gremium, welches das Grundgesetz beriet, waren lediglich vier Frauen. Von diesen „Müttern des Grundgesetzes" gehörten zwei der SPD, eine der CDU und eine dem Zentrum an (Hoecker 1998a: 35).

Die Stellung der Frauen im Parlamentarischen Rat wird jedoch nicht nur an ihrer zahlenmäßigen Präsenz deutlich, sondern mit dem Streit um die Aufnahme des unumschränkten Gleichberechtigungsgrundsatzes ins Grundgesetz auch an konkreten Inhalten: Die Initiatorin dieser Bestimmung, Elisabeth Selbert (SPD), provozierte durch ihren Vorstoß den Widerstand von FDP und CDU, der so massiv war, dass es zu einer zweimaligen Ablehnung kam (Wiggershaus 1978: 24). In einer Begründung der Ablehnung hieß es, die Einräumung der unumschränkten Gleichberechtigung von Männern und Frauen habe „unabsehbare zivilrechtliche und sozialpolitische Folgen" und entspräche nicht den „verschiedenartigen Rechten und Pflichten", die sich aus den unterschiedlichen Naturen der Geschlechter ergäben (zitiert in Hoecker 1998a: 36). Erst nachdem Frauenverbände, Gewerkschaften und alle weiblichen Landtagsabgeordneten außer den bayerischen öffentlich und massiv protestierten, wurde die Bestimmung in den Grundrechtsteil aufgenommen (Wiggershaus 1978: 24). Die jetzige Fassung gilt, im Gegensatz zu ihrem Weimarer Pendant, uneingeschränkt.

Die Universalität des Gleichberechtigungsgrundsatzes machte es notwendig, alle Rechtsvorschriften, die eine Benachteiligung der Frau kodifizierten, zu bereinigen. Nach Art. 117 Abs. 1 GG war dafür eine Frist bis zum 31. März 1953 vorgesehen, nach diesem Stichtag verloren die mit der Verfassung nicht zu vereinbarenden Regelungen ihre Gültigkeit (Bundesministerium für Familie, Senioren, Frauen und Jugend 2004: 222). Es sollte jedoch noch bis zum 1. Juli 1958 dauern, bis das entsprechende Gleichberechtigungsgesetz tatsächlich in Kraft trat. Zwar verbesserte sich die Situation der Frau durch dieses Gesetz in einigen Bereichen (Heintz et al. 2001: 416f.; Hoecker 1998a: 39; Wiggershaus 1978: 29ff.): So konnte der Mann nicht mehr alleine über das während der Ehe erworbene sowie über das von der Frau in die Ehe eingebrachte Vermögen verfügen. Der Frau wurde zudem zugestanden, erwerbstätig zu sein, allerdings nur, wenn ihre Berufstätigkeit „mit ihren Pflichten in Ehe und Familie vereinbar" war (BGB §1356 a.F.). Der Mann behielt zudem ein formelles Veto, wenn es um die Berufstätigkeit seiner Frau ging. Auch bei Meinungsverschiedenheiten in Erziehungsfragen stand dem Vater das letzte Wort zu (sog. „Stichentscheid").

Das Ziel, welches mit den genannten Regelungen verfolgt wurde, war einerseits, dem Gleichberechtigungsgrundsatz formell zu genügen, andererseits sollte aber an den Grundfesten der Geschlechterhierarchie und der traditionellen „Hausfrauenehe" nicht gerüttelt werden. Ganz explizit verteilen nicht nur die einzelnen Regelungen, sondern bereits der Einleitungstext des Gleichberechtigungsgesetzes die Geschlechterrollen: „Es gehört zu den vorrangigen Funktionen des Mannes, dass er grundsätzlich der Erhalter und Ernährer der Familie ist, während es die Frau als ihre vornehmste Aufgabe ansehen muss, das Herz der Familie zu sein" (zitiert in Wiggershaus 1978: 30). Wie schmal der Grat war, den die Politik mit diesem Gesetz beschritten hatte, offenbarte sich bereits ein Jahr nach seiner Inkraftsetzung: So erklärte das Bundesverfassungsgericht 1959 die Regelung zum oben zitierten „Stichentscheid" des Vaters in Erziehungsfragen für verfassungswidrig (Heintz et al. 2001: 416).

Nicht nur die in den 1950er Jahren dominierende CDU, sondern auch die SPD, die 1918/19 an der Einführung des Frauenwahlrechts und 1948 an der Durchsetzung des Gleichberechtigungsgrundsatzes maßgeblich beteiligt war, zeigte sich in dieser Zeit wenig progressiv. Fraueninteressen wurde zunächst fast keine Bedeutung beigemessen und meist konzentrierten sich die Sozialdemokraten auf die spezifischen Probleme der Frau als Hausfrau und Mutter. Erst ins sogenannte „Godesberger Programm", das Parteiprogramm der SPD von 1959, wurde die Forderung nach einer umfassenden Gleichstellung der Geschlechter aufgenommen (Hervé und Nödinger 1995: 136f.).

Die verschleppte rechtliche Gleichstellung und die Zurückhaltung der Parteien spiegelte die in der Gesellschaft der Nachkriegszeit gepflegten Weiblichkeitsideologien, die tradierten Frauen- und Familienbilder wider. Wie fest diese verankert waren und bleiben sollten, zeigt sich beispielsweise an einem Kodex der Filmindustrie aus der Nachkriegszeit, nach welchem mittels der Darstellung von Eheglück und Familienidylle die „Heiligkeit von Ehe und Familie" geschützt werden sollte (zitiert in Hervé und Nödinger 1995: 129).

Diese Tendenzen setzten sich bis in die 1960er Jahre fort. 1961 reformierte die alleinregierende CDU/CSU das Scheidungsrecht und machte eine Trennung nahezu unmöglich, wenn sich einer der beiden Partner der Scheidung widersetzte. Es wurde nach dem „Schuldprinzip" geschieden, dem Schuldigen wurde der Unterhaltsanspruch und das Sorgerecht versagt. Für gering oder gar nicht Verdienende (und das waren die meisten Frauen zu dieser Zeit) bedeutete das Einreichen der Scheidung daher ein erhebliches wirtschaftliches Risiko, da im Falle einer gerichtlich nachgewiesenen Schuld am Scheitern der Ehe der Ruin vorprogrammiert war (Wiggershaus 1978: 33).

Die damals strikt konservative Position vor allem der Unionsparteien offenbarte sich auch an einem 1962 von der SPD-Fraktion eingebrachten Antrag an die Bundesregierung, dem Bundestag einen Bericht über die Situation der berufstätigen Frau in der Bundesrepublik vorzulegen. Dieser Antrag erwies sich als überaus konflikträchtig, sollte er doch die Regierung zum gesellschaftspolitischen Offenbarungseid zwingen. Um der Opposition nicht in die Hände zu spielen, brachte die CDU-Fraktion einen Zusatzantrag ein, nach welchem in diesem Bericht auch die Maßnahmen und Leistungen zu berücksichtigen seien, „durch die der besonderen Situation der Frau in Beruf, Familie und Gesellschaft schon jetzt Rechnung getragen wird" (zitiert in Wiggershaus 1978: 35). Einen Eindruck von der Brisanz der Thematik vermittelt der folgende Ausschnitt aus der Bundestagsrede der CDU-Abgeordneten Kalinke, in der sie den Zusatzantrag begründet (zitiert in Wiggershaus 1978: 35):

> „Die Frau hat zu allen Zeiten bestimmte Aufgaben übernommen und wird sie auch künftig zu übernehmen haben. Es sei nur auf ihre spezifische Rolle als Hausfrau und Mutter hingewiesen, auch auf ihre Neigung zu hüten, zu bewahren, zu sorgen und zu pflegen, die – Gott sei Dank – in der Bundesrepublik [...] noch eine andere Grundlage haben, als hier zum Teil in der Rede der Frau Kollegin Strobel [SPD, R.M.] durchgeklungen ist."

Der Bericht wurde 1966 vom Bundesminister für Arbeit und Sozialordnung vorgelegt. Sein Ziel bestand letztendlich darin, über die „Situation der Frauen in Beruf, Familie und Gesellschaft umfassend zu berichten" (Bundesregierung 1966: I). Nach Wiggershaus (1978: 35ff.) waren der Umfang (ca. 600 Seiten) und die Struktur des Berichts auf Unübersichtlichkeit ausgelegt, inhaltlich diente er den Unionsparteien dazu, das konservative Frauen- und Familienbild zu schützen.

Der Teil des Berichts, in dem die politische Beteiligung von Frauen analysiert wird, bestätigt den Befund von Wiggershaus durchaus: Aus heutiger Sicht alarmierende Daten, wie die marginale Repräsentation von Frauen auf allen politischen Ebenen (vgl. Abschnitt 3.2), sind mit dem Kommentar versehen, dass „Zahlen trügen mögen" und dass die Beteiligung der Frau am öffentlichen Leben sich „vielfach indirekt und in schwer feststellbarem Umfang" vollziehe (Bundesregierung 1966: 265). An gleicher Stelle wird darauf verwiesen, dass gerade die einzelne „Konzessionsfrau" (heute: „Quotenfrau") durchaus „relativ großen Einfluss" in einem Gremium gewinnen könne. Vor diesem Hintergrund ergibt sich für die Autoren des Berichts keine Notwendigkeit, Maßnahmen zur Steigerung der politischen Partizipation von Frauen zu ergreifen. Wenn überhaupt jemand für die Unterrepräsentation von Frauen verantwortlich gemacht werden könne, dann seien dies die Frauen selbst. Denn „Rechte [...] in Anspruch zu nehmen und die in ihnen enthaltenen Möglichkeiten auszuschöpfen, obliegt dem Einzelnen selbst; dies gilt auch für die Frau" (Bundesregierung 1966: 265).

Noch in den 1960er Jahren begann sich jedoch ein grundlegender gesellschaftlicher Wandel abzuzeichnen, der die dezidiert konservative und einer tatsächlichen Gleichstellung der Geschlechter gegenüber ablehnende Positionsbestimmung aus dem zitierten Bericht als Rückzugsgefecht erscheinen lässt. So kam es noch zu Zeiten, als die Union an der Regierung beteiligt war (also bis 1969) zu einer Abmilderung der grundsätzlichen Kritik an der Frauenerwerbstätigkeit (Gerlach 2004: 200), erkennbar etwa am Arbeitsförderungsgesetz von 1969, mit dem insbesondere Frauen die Teilnahme am beziehungsweise die Rückkehr ins Erwerbsleben erleichtert werden sollte (Bundesministerium für Familie, Senioren, Frauen und Jugend 2004: 223). Eine weitere Tendenz ist die

Erweiterung und Flexibilisierung des Familienbildes, das sich nicht mehr nur am Idealbild verheirateter Eltern, einem ernährenden Vater und einer sorgenden Mutter orientierte, sondern auch den daneben existierenden gesellschaftlichen Realitäten zunehmend Beachtung schenkte. So wurden ebenfalls 1969 die Rechte ehelicher und nichtehelicher Kinder weitgehend angeglichen (Bundesministerium für Familie, Senioren, Frauen und Jugend 2004: 223).

Der endgültige Wandel vollzog sich ab dem Ende der 1960er Jahre. In dieser Zeit des allgemeinen gesellschaftlichen Umbruchs, der 1968er-Bewegung, der Studentenproteste gegen die Springer-Presse und den Vietnamkrieg, gegen das „Establishment" und die Notstandsgesetze liegen auch die Ursprünge der *zweiten Frauenbewegung*.[61] Den Impuls gab zunächst der Umstand, dass das allgemeine Aufbegehren einem männlichen Monopol unterlag, was in der Gründung eines *Aktionsrats zur Befreiung der Frau* resultierte. Auf einer Delegiertenkonferenz im September 1968 lehnte es der SDS (Sozialistischer Deutscher Studentenbund) ab, wie von einer Vertreterin des Aktionsrats angeregt, über Geschlechterfragen auch nur zu diskutieren. Diese Gleichgültigkeit gegenüber der Thematik wurde mit einem Tomatenwurf auf den Vorsitzenden des SDS beantwortet, der vielen Kommentatoren als die „Geburtsstunde der neuen Frauenbewegung" gilt (Schulz 2002: 85).

Der hauptsächliche Kristallisationspunkt der Bewegung bestand in dieser ersten *Phase der Bewusstwerdung* (Lenz 2008b: 865) im Kampf gegen die Kriminalisierung der Abtreibung (§218 StGB). Diese wurde 1974 zunächst per Fristenlösung, also innerhalb der ersten zwölf Schwangerschaftswochen legalisiert, ein Jahr später jedoch vom Bundesverfassungsgericht auf Betreiben der oppositionellen CDU/CSU wieder kassiert (Wiggershaus 1978: 115ff.). 1976 wurde ein Indikationsmodell eingeführt, welches den Schwangerschaftsabbruch nur in besonderen Fällen erlaubt (etwa bei einer gesundheitlichen Gefahr für die Mutter oder nach einer Vergewaltigung).

Nach diesem Misserfolg beim Versuch der Legalisierung der Abtreibung brach eine neue Phase für die Frauenbewegung an, die *Phase der institutionellen Integration* (Lenz 2008b: 868; Nave-Herz 1994: 78; Schulz 2002: 172). Der zentrale Angelpunkt, der Kampf gegen den §218 StGB, existierte nicht mehr. Die freigesetzten Energien flossen nun stattdessen in konkrete Projekte vor Ort, beispielsweise in die Gründung von Frauenhäusern. Auch begannen mehr und mehr Frauen, sich an der institutionalisierten Politik zu beteiligen. Bereits seit Beginn der 1970er Jahre hatten die Bundestagsparteien einen starken Zuwachs weiblicher Mitglieder erlebt (vgl. Abbildung 4.1 und Kolinsky 1995: 192), nun begannen diese, ihr Recht auf Mitsprache aktiv einzufordern (Hochgeschurz 2001: 160; Hoecker 1998a: 125).

---

[61] Zu den Ereignissen von 1968 und ihrer gesellschaftlichen und politischen Bedeutung vgl. Gilcher-Holtey (2001) oder Etzemüller (2005).

Abbildung 4.1: Frauenanteil an den Parteimitgliedern von CDU und SPD, 1957 bis 2008.

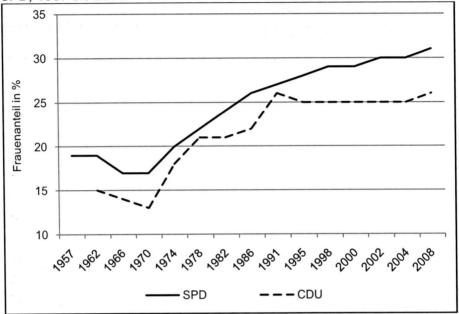

Anmerkungen: Die übrigen Parteien sind aus Gründen mangelnder Datenverfügbarkeit über längere Zeiträume hinweg nicht aufgeführt. Eigene Darstellung.
Quellen: Biehl (2005: 127) sowie Niedermayer (2009: 15).

Politische Karrieren beruhen in der Regel auf dem Prinzip der Karriereleiter, und nur wer sich ausreichend Meriten auf den unteren Stufen verdient hat, kann aufsteigen (Norris und Lovenduski 1993: 399f.; Roberts 1988). So verwundert es denn auch nicht, dass der Anstieg der Frauenrepräsentation zunächst in den kreisfreien Städten am deutlichsten zu beobachten ist und erst zeitversetzt auf der Landes- und Bundesebene an Dynamik gewinnt (vgl. Abbildung 3.1).

Begleitet wurde das zunehmende parteipolitische Engagement der weiblichen Bevölkerung durch den Rückgang der Differenzen zwischen den Geschlechtern hinsichtlich der Wahlbeteiligung bei den Bundestagswahlen (vgl. Abbildung 4.2). Während der Abstand zwischen Frauen und Männern über die gesamten 1950er und 1960er Jahren hinweg noch bei etwa drei Prozentpunkten lag, verringerte sich dieser Unterschied zu Beginn der 1970er Jahre deutlich. So gingen 1972 nur noch 1,2 Prozentpunkte weniger Frauen als Männer zur Wahl, gegenüber 2,6 Prozentpunkten bei der vorangegangenen Wahl 1969. Der Abstand von etwa einem Prozentpunkt blieb in den folgenden beiden Jahrzehnten stabil, sieht man einmal von der Wahl der Jahres 1987 ab, bei welcher 2,1 Prozentpunkte weniger Frauen als Männer zur Wahl gingen. Nach zwei nicht erfassten Wahlen (1994 und 1998) haben sich die Werte von Frauen und Männern nach der Jahrtausendwende weiter angenähert und betragen nun konstant unter einem Prozentpunkt.

Abbildung 4.2: Wahlbeteiligung bei Bundestagswahlen nach Geschlecht, 1953 bis 2008.

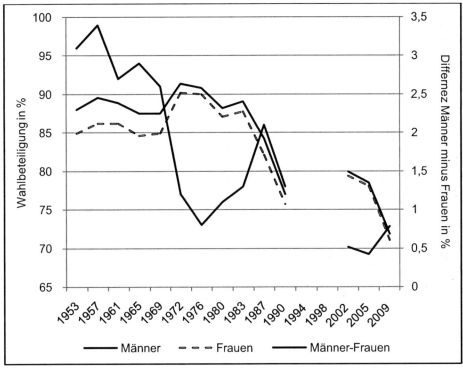

Anmerkungen: Für die Wahlen der Jahre 1949, 1994 und 1998 sind keine entsprechenden Daten verfügbar. Eigene Darstellung.
Quellen: Bundeswahlleiter (www.bundeswahlleiter.de, 06.09.2010), eigene Berechnungen.

Diese gesellschaftlichen Prozesse begleitete die allgemeine Umorientierung in der Frauenpolitik unter der sozialliberalen Koalition, die zwischen 1969 und 1982 die Mehrheit im Bundestag stellte. Wo vorher Frauenpolitik vor allem vor dem Hintergrund der klassischen Frauenrolle innerhalb der Familie betrieben und Familie oft nur als das oben beschriebene Idealbild definiert wurde, rückten nun die einzelnen Familienmitglieder in den Blickpunkt des politischen Gestaltungsanspruchs (Gerlach 2004: 200f.). Der Amtsantritt der sozialliberalen Koalition 1969 markiert also auch eine politische Zeitenwende: Bis dato war die Frauenrolle fast ausschließlich gesellschaftspolitisch-funktional gedacht worden, nun gelangten die Besonderheiten weiblicher Lebensumstände, Sachzwänge wie die Situation Alleinerziehender und letztendlich auch Selbstverwirklichungsansprüche mehr und mehr ins Zentrum politischer Aufmerksamkeit.

Bis heute ist es zu zahlreichen tiefgreifenden gesetzlichen Veränderungen gekommen, deren wesentliche Punkte in den verschiedenen Politikfeldern anhand der folgenden Zeittafel (Tabelle 4.2) nachvollzogen werden. Auch die institutionelle Entwicklung des Politikfeldes *Gleichstellung* wird dabei dargestellt. Die Zusammenstellung stützt sich auf die folgenden Quellen: Berghahn (1993: 85), Bundesministerium für Familie, Senioren, Frauen und Jugend (2007; 2004: 222ff.), Heintz et al. (2001: 418), Hoecker (1998a: 39ff.), Gerlach (2004: 193ff.), Wagner-Kern (2002: 392) und Wiggershaus (1978: 30ff.). Internetquellen werden in der Tabelle benannt.

Tabelle 4.2: Zeittafel zu gleichstellungsrelevanten Maßnahmen und Gesetzen seit 1969.

Strafrecht (Abtreibung und Schutz vor physischer Gewalt)
1973 Vergewaltigung und sexuelle Nötigung werden als Straftaten anerkannt.
1974 Der Schwangerschaftsabbruch in den ersten zwölf Wochen wird legalisiert (§218 StGB, sog. *Fristenregelung*). Die Regelung wird 1975 vom Bundesverfassungsgericht wieder rückgängig gemacht. Seit 1976 gilt die *Indikationsregelung*, nach der ein Schwangerschaftsabbruch nur in besonderen Fällen erlaubt ist (etwa bei einer gesundheitlichen Gefahr für die Mutter oder nach einer Vergewaltigung).
1987 Der Rechtsschutz insbesondere für die Opfer von Sexualstraftaten im Strafprozess wird verbessert.
1995 Eine Neufassung des §218 StGB wird nach den Vorgaben des Bundesverfassungsgerichts verabschiedet: Nunmehr ist ein Schwangerschaftsabbruch bis zur zwölften Woche straffrei (*Fristenregelung*), wenn vorher ein Beratungsgespräch durchgeführt worden ist und wenn ein Arzt den Eingriff vornimmt.
1997 Die Vergewaltigung wird auch in der Ehe strafbar.
2001 Die Ausweisung gewalttätiger Partner aus der gemeinsamen Wohnung wird möglich.
2007 Die „Nachstellung" (sog. *Stalking*) wird als neuer Straftatbestand in das Strafrecht aufgenommen (§238 StGB).

Ehe- und Scheidungsrecht
1976 Das Namensrecht wird modernisiert, sodass Ehepaare auch den Namen der Frau annehmen dürfen.
1977 Im Scheidungsrecht wird das Schuldprinzip zugunsten des Zerrüttungsprinzips abgeschafft. Damit einhergehend kommt es auch zu einer Neuordnung des Unterhaltsrechts: Von nun an ist

die Unterhaltspflicht nicht mehr an die Schuld für die Trennung gekoppelt, sondern jener Ehepartner ist unterhaltsberechtigt, der nach der Scheidung nicht für sich selbst sorgen kann.

1991 Das Bundesverfassungsgericht stellt die vollständige Gleichberechtigung im Namensrecht her. Bis dahin musste bei einer Nichteinigung der Name des Mannes geführt werden. Die gesetzliche Neuregelung erfolgt 1994.

2009 Im Scheidungsfall wird als Stichtag zur Ermittlung des gemeinsam erworbenen und aufzuteilenden Vermögens der Tag der Einreichung des Scheidungsantrags festgelegt – bis dahin war der Tag maßgeblich, an dem die Scheidung rechtskräftig wurde. Dies eröffnete einem der beiden Ehepartner die Möglichkeit, einen Großteil des gemeinschaftlich erworbenen Vermögens beiseite zu schaffen oder aufzubrauchen. Außerdem gilt seither ein Auskunftsanspruch über das Vermögen des Partners zum Zeitpunkt der Trennung.[62]

Soziale Leistungen

1979 Der Mutterschaftsurlaub wird eingeführt. Erwerbstätige Frauen können sich bis zu einem halben Jahr von ihrer Arbeit freistellen lassen und erhalten in dieser Zeit das Mutterschaftsurlaubsgeld in Höhe von 750 DM. Nicht antragsberechtigt sind Väter und nichterwerbstätige Frauen.

1983 Die Berechnungsgrundlage für Rentenzahlungen an Frauen und Männer werden angeglichen. Zuvor waren die ersten fünf Berufsjahre von Männern höher bewertet worden als die von Frauen.

1985 Für Alleinerziehende werden Steuerentlastungen eingeführt und die Sozialhilfesätze erhöht.

1986 Die Anrechnung der Erziehungszeiten auf die Rentenansprüche wird eingeführt (zunächst ein Jahr, ab 1992 drei Jahre).
Der Erziehungsurlaub und das Erziehungsgeld lösen den Mutterschaftsurlaub und das Mutterschaftsurlaubsgeld ab. Der Höchstsatz des Erziehungsgeldes beträgt 600 DM, es wird zunächst ein Jahr lang gezahlt, später zwei Jahre, in einigen Bundesländern drei Jahre (Baden-Württemberg, Bayern, Sachsen und Thüringen). Der Erziehungsurlaub wird von anfangs zehn Monaten schrittweise auf drei Jahre ausgeweitet. Antragsberechtigt sind im Unterschied zum Mutterschaftsurlaub und zum Mutterschaftsurlaubsgeld nun auch Väter und nichterwerbstätige Frauen.

1995 Mit der Einführung der Pflegeversicherung verbessert sich die Situation nichterwerbsmäßiger Pflegepersonen, die sich um pfle-

---

[62] Vgl. Pressemitteilung des Bundesministerium der Justiz vom 14.05.2009 (www.bmj.de/140509 vermoegensausgleich, 02.12.2009).

gebedürftige Angehörige kümmern. Von nun an werden für die vorwiegend weiblichen Pflegenden aus der Pflegeversicherung Rentenversicherungsbeiträge gezahlt.

1996 Der Rechtsanspruch auf einen Kindergartenplatz für alle Kinder ab drei Jahren wird eingeführt.

2000 Die Anrechnung von Erziehungszeiten auf die Rentenansprüche wird erweitert. Nunmehr werden 100% eines Durchschnittseinkommens angesetzt, statt wie zuvor 75%.
Die Elternzeit löst den Erziehungsurlaub ab. Väter und Mütter können gleichzeitig Elternzeit nehmen und haben währenddessen einen Rechtsanspruch auf Teilzeitbeschäftigung (ab einer Betriebsgröße von 15 Beschäftigten).

2007 Das Erziehungsgeld wird vom Elterngeld abgelöst. Es beträgt 67% des Nettoeinkommens vor der Geburt des Kindes, mindestens jedoch 300€ und höchstens 1800€. Es wird nur dann über die volle Laufzeit von 14 Monaten hinweg gezahlt, wenn Mutter und Vater sich die Elternzeit teilen. Die Gewichte sind zwar ungleich verteilt, denn von den insgesamt 14 Monaten muss ein Elternteil, üblicherweise der Vater, nur mindestens zwei Monate übernehmen (die sogenannten „Vätermonate"). Dennoch zeigt sich eine deutliche Tendenz in Richtung einer ausgeglicheneren Verteilung der elterlichen Pflichten auf beide Partner.
Der Anteil der Väter, die die Elternzeit in Anspruch nehmen, ist seit der Einführung des Elterngeldes 2007 von 3,5% auf 20,7% im dritten Quartal 2009 gestiegen. Bayern belegt mit 26,2% den ersten Rangplatz, Berlin folgt mit 24,7%.[63]

2008 Das „Kinderförderungsgesetz" sieht vor, dass bis 2013 für 35% aller Kinder zwischen einem und drei Jahren Krippenplätze geschaffen werden. Ab dann soll ein Rechtsanspruch auf einen Krippenplatz bestehen.

Zu den hier aufgeführten Sozialleistungen kommen weitere Leistungen und Maßnahmen, die zwar unter die Familienförderung fallen (sog. „Familienlastenausgleich"), die aber auch gleichstellungsrelevant erscheinen, da sie vor allem die Lage Alleinerziehender beeinflussen. Dazu zählen im Einzelnen das 1955 eingeführte Kindergeld und verschiedene Steuerfreibeträge, die seit 1950 eingeführt wurden. Die Sätze für diese Instrumente wurden mitunter jährlich verändert, weshalb ihre Entwicklung hier nicht gesondert ausgewiesen wird. Für umfassende Darstellungen dieser Leistungsarten und ihrer Veränderungen über die Zeit hinweg vgl. Gerlach (2004: 213ff.) oder Bleses (2003: 208f.).

---

[63] Vgl. Pressemitteilung des Bundesministeriums für Familie, Senioren, Frauen und Jugend vom 04.12.2009, www.bmfsfj.de, 05.12.2009

Erwerbstätigkeit
1969 Es werden Maßnahmen zur Förderung der Frauenerwerbstätigkeit verabschiedet.
1977 Die Frau wird von der Pflicht zur Haushaltsführung entbunden, die Aufgabenverteilung in der Ehe ist nun nicht mehr gesetzlich vorgeschrieben (sog. „Partnerschaftsprinzip"). Gleichzeitig bekommt die Frau das uneingeschränkte Recht auf Erwerbstätigkeit zugesprochen.
1980 Die von der Europäischen Gemeinschaft vorgegebene Gleichbehandlung von Männern und Frauen am Arbeitsplatz wird gesetzlich festgeschrieben. Liegt ein begründeter Verdacht auf Diskriminierung vor, so liegt die Beweislast fortan beim Arbeitgeber.
1985 Die Förderung der Frauenerwerbstätigkeit wird ausgebaut, wobei der Schwerpunkt auf dem Wiedereinstieg nach einer Erziehungspause liegt.
Das Hochschulrahmengesetz wird geändert. Nunmehr haben Universitäten der Benachteiligung von Frauen in der Wissenschaft entgegenzuwirken.
1994 Das zweite Gleichberechtigungsgesetz tritt in Kraft, welches das Benachteiligungsverbot im Arbeitsleben verschärft und vor sexueller Belästigung am Arbeitsplatz schützen soll. Auch dient das Gesetz der Förderung der Vereinbarkeit von Familie und Beruf unter den Beschäftigten des Bundes und regelt die Entsendung von Frauen in Bundesgremien.
2006 Im „Allgemeinen Gleichbehandlungsgesetz" werden verschiedene europäische Antidiskriminierungsrichtlinien umgesetzt, mit denen die Gleichstellung in der Arbeitswelt, aber auch in zivilrechtlichen Angelegenheiten verbessert werden soll.

Frauen in der Bundeswehr
1975 Die Offizierslaufbahn im Sanitätswesen wird für Frauen geöffnet.
1991 Sämtliche Laufbahnen des Sanitäts- und Militärmusikdienstes werden für Frauen geöffnet.
2000 Der Europäische Gerichtshof erklärt den weitgehenden Ausschluss von Frauen aus der Bundeswehr für unvereinbar mit der europäischen Gleichbehandlungsrichtlinie.
2001 Frauen werden für alle militärischen Verwendungen zugelassen.
Im März 2009 waren 8,6% aller deutschen Soldaten weiblichen Geschlechts, der Frauenanteil unter den Soldaten im Auslandseinsatz betrug zum selben Zeitpunkt 4,8%. Langfristig strebt die Bundeswehr einen Frauenanteil unter allen Soldaten von 15%, im Sanitätsdienst von 50% an.[64]

---

[64] Quelle: www.bundeswehr.de, 24.06.2009.

Institutionelle Entwicklung des Politikfeldes „Gleichstellung" und begleitende Maßnahmen

1972 Das Referat „Politik für Frauen" wechselt vom Innen- ins Familienministerium.

1973 Die Enquetekommission „Frau und Gesellschaft" wird eingesetzt.

1979 Das Referat „Politik für Frauen" wird zum Arbeitsstab aufgewertet.

1980 Die Enquetekommission „Frau und Gesellschaft" legt ihren Abschlussbericht vor. Die Kommission spricht sich für eine weitere Öffnung des Arbeitsmarktes und der beruflichen Bildung für Frauen aus. Weiterhin formuliert die Kommission Empfehlungen, die eine reelle Wahlfreiheit beider Geschlechter bei der privaten, gesellschaftlichen und beruflichen Aufgabenverteilung gewährleisten sollen.

1986 Das „Ministerium für Jugend, Familie und Gesundheit" wird zum „Ministerium für Jugend, Familie, *Frauen* und Gesundheit" umgebildet, ihm kommt von nun an die Federführung in Gleichstellungsfragen und die entsprechende Gesetzgebungskompetenz zu.

1987 Frauenpolitik wird formell aus der Familienpolitik herausgelöst und gilt seither als eigenständiges Politikfeld. Im Ministerium für Jugend, Familie, Frauen und Gesundheit wird die Abteilung „Frauenpolitik" gegründet, zudem erhält das Ministerium das Initiativ-, das Rede- und das Vertagungsrecht.

1988 Die Gleichstellungsminister der Mitgliedsstaaten der Europäischen Gemeinschaft treffen sich zum ersten Mal, wenn auch nur auf informeller Basis. Die Tagung findet in Deutschland statt.

1989 Beim Ministerium für Jugend, Familie, Frauen und Gesundheit wird ein „Wissenschaftlicher Beirat für Frauenpolitik" eingesetzt.

1994 Im Rahmen der auf die deutsche Einheit folgenden Verfassungsreform wird der Gleichberechtigungsgrundsatz aus Art. 3 Abs. 2 GG um den folgenden Satz erweitert: „Der Staat fördert die tatsächliche Durchsetzung der Gleichberechtigung von Frauen und Männern und wirkt auf die Beseitigung bestehender Nachteile hin."

1999 Das *Gender Mainstreaming* wird im Amsterdamer Vertrag als Strategie zur Umsetzung einer aktiven Gleichstellungspolitik verrechtlicht. Nach diesem Handlungsprinzip muss der Genderaspekt bei allen politischen Entscheidungen berücksichtigt werden. Das zuständige Bundesministerium für Familie, Senioren, Frauen und Jugend (2000: 1) definiert diese Strategie in Anlehnung an die Formulierung des Europarats wie folgt:

„Gender Mainstreaming bezeichnet den Prozess und die Vorgehensweise, die Geschlechterperspektive in die Gesamtpolitik aufzunehmen. Dies bedeutet, die Entwicklung, Organisation und Evaluierung von politischen Entscheidungsprozessen und Maßnahmen so zu betreiben, dass in jedem Politikbereich und auf allen Ebenen die Ausgangsbedingungen und Auswirkungen auf die Geschlechter berücksichtigt werden, um auf das Ziel einer tatsächlichen Gleichstellung von Frauen und Männern hinwirken zu können. Dieser Prozess soll Bestandteil des normalen Handlungsmusters aller Ressorts und Organisationen werden, die an politischen Entscheidungsprozessen beteiligt sind."

2000	Die Bundesregierung legt für alle Ministerien eine geschlechtergerechte Verwaltungs- und Rechtssprache fest.
2006	Im Rahmen des „Allgemeinen Gleichbehandlungsgesetzes" (siehe Punkt Erwerbstätigkeit) wird beim Bundesministerium für Familie, Senioren, Frauen und Jugend eine Antidiskriminierungsstelle eingerichtet.

Anmerkung: eigene Zusammenstellung nach obenstehenden Quellen.

Ein Zusammenklang zwischen der Entwicklung der Frauenrepräsentation, den aufgeführten Maßnahmen und weiteren soziostrukturellen Veränderungen ist unübersehbar. Betrachtet man sich beispielsweise die Entwicklung der Frauenerwerbstätigkeit (vgl. Abbildung 4.3), so gingen über die gesamten 1970er Jahre hinweg und in der ersten Hälfte der 1980er Jahre bei nur geringfügigen Schwankungen deutlich unter 50% der weiblichen Bevölkerung im erwerbsfähigen Alter einer beruflichen Beschäftigung nach. Erst ab Mitte der 1980er Jahre ist eine Zunahme der Frauenerwerbstätigkeit klar ersichtlich. Damit fällt der Beginn der Aufwärtsbewegung in eine Zeit, in der sowohl die Europäische Union als auch der Bund verstärkt auf den Abbau von Erwerbshindernissen von Frauen hinzuwirken begannen (vgl. Tabelle 4.2). In der Folgezeit hat die Frauenerwerbstätigkeit nahezu kontinuierlich zugenommen und lag im Jahr 2008 bei nahezu 65%. Der unübersehbare „Knick" der Kurve nach 1990, also der zunächst starke Anstieg und die nachfolgende Seitwärtsbewegung ist auf die Wiedervereinigung und damit auf die Industrie- und Beschäftigungspolitik des DDR-Regimes zurückzuführen, denn letztere zielte auf eine starke Einbindung beider Geschlechter (vgl. Abschnitt 5.1.3). Nichtsdestoweniger hat die Frauenerwerbstätigkeit in den Jahren zwischen 1985 und 2008 mit einem Plus von nahezu 20 Prozentpunkten insgesamt eine bedeutende Entwicklung vollzogen, deren Beginn mit dem Beginn der Phase des deutlichsten Anstiegs der Frauenrepräsentation unmittelbar zusammenfällt.

Abbildung 4.3: Erwerbsbeteiligung von Frauen in Deutschland, 1970 bis 2008.

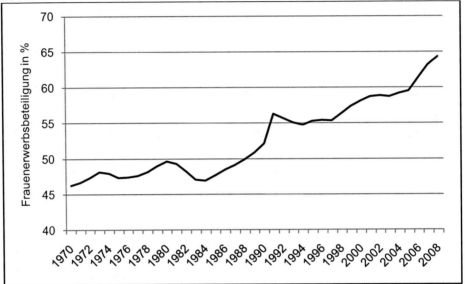

Anmerkungen: Dargestellt ist die Erwerbstätigenquote (Prozentualer Anteil der weiblichen Erwerbstätigen an der weiblichen Bevölkerung im erwerbsfähigen Alter von 15 bis 64 Jahren). Eigene Darstellung.
Quelle: Statstik der OECD (stats.oecd.org, 31.08.2010).

Ein weiterer Indikator für den Wandel gesellschaftlicher Geschlechterrollenbilder besteht in der Wahrnehmung höherer Bildungsangebote, die zu Beginn des 20. Jahrhunderts auch für Mädchen und Frauen geöffnet worden waren (vgl. Beginn dieses Abschnitts). Betrachtet man sich die Entwicklung der Geschlechterverteilung in der Sekundarstufe II (Oberstufe), so ist ab Mitte der 1960er Jahre eine steile Aufwärtsbewegung des Frauenanteils feststellbar (vgl. Abbildung 4.4). Mitte der 1970er Jahre waren Mädchen unter den Oberstufenschülern nur noch leicht unterrepräsentiert und im Laufe der 1980er Jahre kehrte sich das Geschlechterverhältnis sogar um. Seit Beginn der 1990er Jahre ist eine deutliche Überzahl an weiblichen Schülern zu beobachten, was auf die an dieser Stelle nicht weiter zu diskutierende Problematik des Leistungsrückstandes unter männlichen Schülern hinweist (vgl. etwa Preuss-Lausitz 2008).

Die starke Zunahme der Bildungsteilnahme von Frauen und Mädchen insbesondere in den 1960er und 1970er Jahren geht damit der Steigerung der Frauenrepräsentation seit Mitte/Ende der 1970er Jahre zeitlich um einige Jahre voraus. Berücksichtigt man die Prävalenz höherer Bildungsabschlüsse in den Volksvertretungen (vgl. Abschnitt 5.1.2.1), so ist die skizzierte Entwicklung im Bildungsbereich als eine Verbesserung der Voraussetzungen für eine verstärkte politische Partizipation der weiblichen Bevölkerung zu sehen.

Abbildung 4.4: Bildungsbeteiligung von Mädchen und Jungen im Vergleich, 1960 bis 2008.

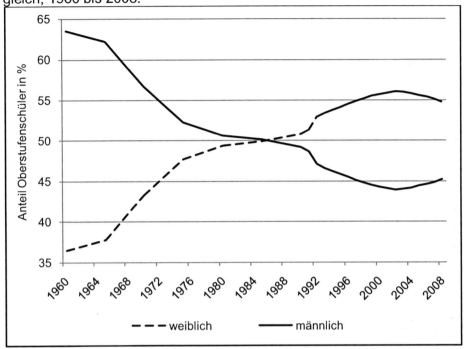

Anmerkungen: Eigene Darstellung.
Quelle: Bundesministerium für Bildung und Forschung, Portal für Grund- und Strukturdaten (gus.his.de, 31.08.2010), eigene Berechnungen.

Die skizzierten Entwicklungen im rechtlichen Bereich und die sie begleitenden soziostrukturellen Veränderungen spiegeln auch die Transformation gesellschaftsideologischer Vorstellungen hinsichtlich der Geschlechterrollenbilder wider. Was in der Veränderung theoretischer Diskurse bereits aufgezeigt wurde (vgl. Abschnitte 4.3.1.2 und 4.3.1.3), fand demnach auch eine Entsprechung in Politik und Gesellschaft: Vergleicht man etwa die rhetorischen Grabenkriege, wie sie im Rahmen des oben beschriebenen Berichts der Bundesregierung zur Situation der Frauen aus dem Jahr 1966 ausgefochten wurden, mit den Positionen in den 1980er, 1990er und 2000er Jahren, so sind vor allem zwischen den Parteien deutliche Annäherungsbewegungen zu beobachten. Dies zeigt der Blick auf die Entwicklung gleichstellungsrelevanter Regelungen und Gesetze (vgl. die *Zeittafel*, Tabelle 4.2, auf den vorhergehenden Seiten) sowie auf deren Urheber. Man betrachte beispielsweise die Maßnahmen, die unter der CDU-geführten Regierung Helmut Kohls (1982 bis 1998) vollzogen wurden, wie etwa die Ausdehnung des Erziehungsurlaubes und -geldes auf Väter, die institutionelle Aufwertung des Politikfeldes, der Ausbau des Gleichberechtigungsgrundsatzes im Grundgesetz oder die Einbeziehung von Kindererziehungszeiten in die Berechnung der Rente. Die Gleichstellung von Frauen und

Männern hinterfragt heute keine Partei mehr grundsätzlich, auch wenn keine gänzliche Nivellierung der Positionen stattgefunden haben mag (vgl. Bleses 2003; Leitner 2003).

Wie gering die Gegensätze zwischen den Parteien noch sind, wird deutlich, wenn man sich vor Augen führt, dass die Differenzen zwischen dem konservativen und dem progressiven Flügel der Union mitunter größer sind als die Unterschiede zwischen letzterem und etwa der Position der Grünen. Erinnert sei hier nur an die Auseinandersetzung um die Vätermonate *innerhalb* der Union, bei der der hartnäckigste Widerstand gegen die CDU-Ministerin Ursula von der Leyen aus der CSU kam. Peter Ramsauer, der damalige CSU-Landesgruppenchef im Bundestag, sprach in diesem Zusammenhang von einem „Wickelvolontariat".[65] Bemerkenswert erscheint diese Auseinandersetzung im Rückblick vor allem deswegen, weil die „bayerische Staatspartei" (Kiessling 2004: 71) die diesbezügliche Einstellung der bayerischen Bevölkerung offensichtlich völlig falsch einschätzte, denn Bayern ist heute das Bundesland, in welchem sich die Vätermonate bundesweit ihrer größten Beliebtheit erfreuen (vgl. Punkt *Soziale Leistungen* in der vorstehenden Zeittafel).

Die Ursachen dieser parteipolitischen Annäherungsbewegungen sind vielfältig. So bestehen in der heutigen Gesellschaft ökonomische und demographische Sachzwänge, wie etwa die stetig sinkende Geburtenrate, die eine traditionelle konservative Frauen- und Familienpolitik als fortschrittshemmend erscheinen lassen (Gerlach 2004: 132). Weiterhin spielt auch das Bundesverfassungsgericht eine Rolle, hat es doch in der Vergangenheit durch seine maßgeblichen Entscheidungen ein allzu weites Auseinanderklaffen der Positionen verhindert (Berghahn 1993: 87ff.).

Eine weitere Tendenz, die an der Zeittafel ablesbar ist, ist der zweite Bewusstseinswandel, der sich spätestens seit Mitte der 1990er Jahre vollzogen hat (der erste fand Ende der 1960er Jahre statt, vgl. Text). Dieser lässt sich an zwei Punkten festmachen: *Erstens* steht nicht mehr die Erreichung der formalen Rechtsgleichheit im Mittelpunkt der Gleichstellungsbestrebungen, sondern vielmehr aktive Schritte, mit denen die Chancengleichheit von Frauen und Männern herbeigeführt werden soll. Dazu zählen Maßnahmen der „positiven Diskriminierung" von Frauen in Bereichen, in denen Männer bis dato dominierten, wie beispielsweise in der Wissenschaft (Heintz et al. 2001: 418). Aber auch das *Gender Mainstreaming* ist hier hervorzuheben, welches der Entstehung zukünftiger Nachteile für eines der beiden Geschlechter vorbeugen soll (vgl. Punkt *Institutionelle Einbettung* in Tabelle 4.2). *Zweitens* fand eine Abwendung vom bis dato verwendeten Begriff der „Frauenpolitik" und eine Hinwendung zur „Gleichstellungspolitik" statt. Hinter diesem Wandel steht die Einsicht, dass die Gleichstellung nicht allein durch einen Fokus auf nur eines der beiden Geschlechter erreicht werden kann und dass der Fortschritt der

---

[65] Vgl. Frankfurter Allgemeine Zeitung vom 26.04.2006 und Süddeutsche Zeitung vom 27.04.2006.

Gleichstellung nicht nur danach bemessen werden sollte, wie weit Frauen gegenüber Männern aufgeholt haben. Vielmehr rückt auch die Rolle der Männer mehr und mehr in den Blickpunkt der Gleichstellungspolitik, denn Chancengleichheit ist „nur erreichbar, wenn die ungleiche Verteilung der Fürsorge- und Hausarbeit zwischen Männern und Frauen überwunden und tradierte Rollenmuster erweitert werden", so das zuständige CDU-geführte Ministerium.[66] Ganz offensichtlich tritt diese Tendenz beim neuen Elterngeld mit seinen „Vätermonaten" zutage.

Bestärkt wurde dieser Bewusstseinswandel einerseits durch das größere Gewicht der Gleichstellung im Grundgesetz. Durch die Erweiterung des Gleichberechtigungsartikels aus Art. 3 Abs. 2 GG im Jahr 1994 wurde die aktive Rolle des Staates als Verfassungsauftrag festgeschrieben. Andererseits gingen von der internationalen Ebene, namentlich von der vierten Weltfrauenkonferenz 1995 in Peking sowie von europäischer Ebene entscheidende Impulse aus. Auf diese Weise sind viele der Fortschritte in der arbeitsrechtlichen Gleichstellung und die Einführung der Strategie des *Gender Mainstreamings* zu erklären (vgl. Döge und Stiegler 2004; Frey 2004 sowie der Punkt *institutionelle Entwicklung* in Tabelle 4.2).

Trotz aller Bemühungen und einer Fülle von gesetzlichen Maßnahmen erscheint die Realisierung der Geschlechterparität in den meisten deutschen Parlamenten nicht in greifbarer Nähe. Dies lässt vermuten, dass das Potential für weitere gleichstellungsrelevante Gesetzgebungsprojekte noch längst nicht erschöpft ist – man denke nur an eine Ausweitung der „Vätermonate". Gleichzeitig stellt sich aber auch die Frage nach der Rolle der politischen Akteure seit dem Beginn der 1980er Jahre.

Während die Analyse der rechtlichen Maßnahmen zur Umsetzung der Gleichstellung aus den dargelegten Gründen nur noch eine geringe Varianz zwischen den Parteien offenbart, bestehen Unterschiede hinsichtlich der innerparteilichen Förderung von Frauen fort (vgl. auch Abschnitt 5.1.1). Pioniere waren hier die Grünen, deren Gründung im Jahr 1980 unter anderem auf die seit 1968 wieder etablierte Frauenbewegung zurückgeht (vgl. Schnieder 1998: 59ff.). Die Grünen führten bereits 1985 eine 50%-Quote für alle Parteiämter und Mandate ein. Es folgte zunächst die SPD, die 1988 nach einer mehr als zehnjährigen Debatte die stufenweise Einführung einer 40%-Quote bis 1998 beschloss. Die Vorgängerpartei der Linken, die PDS, führte 1991 eine Quotierung von 50% ein, die CDU folgte 1996 mit einem Quorum von einem Drittel, das jedoch weniger bindend formuliert ist, als die Regelungen der übrigen Parteien. In diesem Zusammenhang wird Helmut Kohl eine nicht unwesentliche Rolle zugesprochen. Kittilson (2006: 98) etwa sieht Kohl als „a surprising force for attention to women's underrepresentation in the CDU". Auch von Wahl (2006: 466) attestiert Kohl, er habe in entscheidender Weise zur Einführung des Quorums beige-

---

[66] Quelle: Bundesministerium für Familie, Senioren, Frauen und Jugend (www.bmfsfj.de/ bmfsfj/generator/BMFSFJ/Gleichstellung/politik-fuer-frauen-und-maenner. html, 05.12.2009)

tragen. Nach von Wahl lag der Haltung Kohls vor allem ein wahlstrategisches Kalkül zugrunde, denn vor der Einführung des Quorums hatte die CDU deutliche Stimmenverluste bei den jüngeren weiblichen Wählern hinnehmen müssen. CSU und FDP sehen hingegen keine solche Regelung vor.

Interessant an der Beschreibung der parteiinternen Gleichstellungsbestrebungen ist deren zeitliche Verortung. Betrachtet man sich die Entwicklung der Frauenrepräsentation auf der Landes- und der Bundesebene (vgl. Abbildung 3.1), so ist zu erkennen, dass der Anstieg von unter 10% bis auf über 30% im Wesentlichen innerhalb etwa eines Jahrzehnts stattgefunden hat, nämlich zwischen Mitte/Ende der 1980er und Mitte/Ende der 1990er Jahre. Genau in diesen Zeitraum fällt auch die Einführung der genannten Quoten und Quoren der Parteien. Nach 1998 wurde in keiner Partei mehr eine Änderung dieser Regelungen vorgenommen – und seit dieser Zeit liegt der Frauenanteil im Bundestag sowie im Durchschnitt der Landtage und der Räte der kreisfreien Städte konstant bei knapp unter einem Drittel. Die Haltungen der Parteien sowie die Quotierungen spielen zweifelsohne eine bedeutende Rolle für das Niveau der Frauenrepräsentation.

Die Entwicklung der parteiinternen Strukturen ist mir der Entwicklung der Frauenbewegung eng verknüpft: Nach der (erfolglosen) Bekämpfung des §218 StGB, die bis Mitte der 1970er Jahre dauerte, fehlte der Frauenbewegung eine einheitliche Ziel- und Stoßrichtung, auch wenn es ihr nicht an Zulauf mangelte. Kamenitsa und Geissel (2005: 113) charakterisieren den Zustand der Bewegung zwischen den späten 1970er Jahren und den späten 1980er Jahren als „in a stage of growth, but [...] fragmented". Der „autonome" Teil der Aktivisten bemühte sich in meist voneinander unabhängig organisierten Gruppen um konkrete Projekte vor Ort. Andere wiederum, die sogenannten „liberalen" oder „Mainstreamfeministen" traten den „Marsch durch die Institutionen" an, wobei der Begriff „Institutionen" hier für Parteien, Gewerkschaften, Verbände und die Bürokratie steht (vgl. Rosenberg 1996: 149f.). Ein zentrales Resultat dieses Marschs ist die Adoption der beschriebenen Quotenregelungen durch die Parteien, insbesondere bei den Grünen und der SPD (Kamenitsa und Geissel 2005: 114; Kolinsky 1993b: 238f.). Bemerkenswert scheint, dass die Beschlüsse der Parteien fast alle innerhalb eines relativ kurzen Zeitfensters getroffen wurden, nämlich zwischen 1985 und 1991. Einzig das Quorum der CDU folgte 1996 mit einigem zeitlichen Abstand, jedoch hatte sich die Diskussion innerhalb der CDU zu diesem Zeitpunkt schon länger als ein Jahrzehnt hingezogen (vgl. Kapitel 5.1.1).

Den Zustand der Frauenbewegung in den 1990er Jahren beschreiben Kamenitsa und Geissel (2005: 120) als „fragmented and in decline". Ähnlich analysiert auch Gerhard (1999: 180), der Feminismus befinde sich zum Ende des 20. Jahrhunderts mehr und mehr „in der Defensive", die nächste Frauengeneration kennzeichne sogar eine „skeptische Distanz" zum politischen Feminismus und zur Frauenbewegung (Gerhard 1999: 193). Hier ist zu betonen, dass

Gerhards Werk aus dem Jahr 1999 stammt, es wurde also etwa zu der Zeit veröffentlicht, als die Frauenrepräsentation wieder zu stagnieren begann. Ihr Resümee fällt eindeutig aus:

> „Offenbar befinden wir uns gegenwärtig in einer Übergangszeit, einem Schwebezustand gerade auch im Blick auf die Geschichte der Frauenbewegung. Denn die westdeutsche neue Frauenbewegung ist [...] aus verschiedenen Gründen an einem Ende angekommen, auch wenn viele ihrer Forderungen noch nicht eingelöst [...] sind. [...] Vielfältige Unterschiede gerade auch unter den Frauen sind so immer deutlicher geworden und lassen eine einheitliche frauenpolitische Strategie und Theorie undenkbar erscheinen." (Gerhard 1999: 103)

Es ist nicht zu übersehen, dass der Bedeutungsverlust der Frauenbewegung zum Ende der 1990er Jahre mit der Stagnation der politischen Repräsentation der Frauen korreliert.

Daneben dürften zwei weitere Faktoren von Bedeutung sein, wenn es um die Verbindung zwischen der Frauenbewegung und der Abnahme der Vehemenz geht, mit der eine Erhöhung der Frauenrepräsentation eingefordert wird: *Erstens* ist der Problemdruck seit Ende der 1990er Jahre weitaus geringer als noch Mitte der 1980er Jahre: Bei einem Anteil von weniger als 10% weiblicher Mandatsträger im Bundestag erscheinen Ansprüche auf eine Steigerung intuitiv plausibel, bei einem Frauenanteil von knapp einem Drittel stoßen entsprechende Forderungen auf nicht mehr ganz so offene Ohren. *Zweitens* dominieren, wenn man sich den derzeitigen öffentlichen Diskurs betrachtet, andere Themen die Agenda des Politikfeldes „Gleichstellung". Insbesondere die Chancengleichheit im Erwerbsleben ist hier zu nennen. Im Fokus stehen dabei der nach wie vor existierende Lohnabstand zwischen Frauen und Männern, die mangelnden Aufstiegschancen von Frauen sowie die Vereinbarkeit von Familie und Beruf.[67]

4.3.2.3. Zusammenfassende Bewertung der Rolle der Akteure und des gesellschaftlichen Kontexts

Nicht nur der Wandel der ideologischen Grundlagen, auch die Rolle der Akteure und die Entwicklung des gesellschaftlichen Kontexts liefern wichtige Erkenntnisse zur Erklärung der Entwicklung der Frauenrepräsentation in Deutschland. So kam eine zweite Frauenbewegung im Zuge der Ereignisse des Jahres 1968 auf, die einer ganzen Generation von Frauen Impulse lieferte, sich politisch zu engagieren. Diese Mobilisierungswelle wirkte sich zunächst auf der lokalen Ebene, dann zeitversetzt auf der Landes- und der Bundesebene aus, was

---

[67] Diese Prioritäten setzt nicht nur das zuständige Bundesministerium für Familie, Senioren, Frauen und Jugend (www.bmfsfj.de, 20.01.2010), sondern auch die EU-Kommission (vgl. der „Fahrplan für die Gleichstellung von Frauen und Männern (2006-2010)", www.eur-lex.europa.eu, 20.01.2010).

der allgemein üblichen Logik des Aufstiegs im Politikbetrieb entspricht. Der Frauenbewegung zuzurechnen ist auch die Einführung von freiwilligen Parteiquoten im Laufe der 1980er und 1990er Jahre, denen eine verstärkende Wirkung des Aufwärtstrends bei der Frauenrepräsentation zuzusprechen ist. Der Beginn der Stagnation des Frauenanteils fällt zeitlich zusammen mit einer Demobilisierung der Frauenbewegung sowie mit dem Ende des Ausbaus der Frauenquoten in den Parteien.

Auch im Hinblick auf die Entwicklung des gesellschaftlichen Kontexts ist ab Ende der 1960er / Anfang der 1970er Jahre ein deutlicher Trend erkennbar. So wurden in verschiedenen Rechtsgebieten zunächst die Nachrangigkeit und Abhängigkeit der Frauen beseitigt, um in einem nächsten Schritt die Gleichstellung der Geschlechter aktiv zu fördern und bestehende soziale Ungleichheiten durch gezielte staatliche Eingriffe abzubauen. Allerdings gilt es hier auch auf erst ansatzweise erschlossene Potenziale hinzuweisen, vor allem was die Rolle der Männer betrifft. Die Betrachtung einer Reihe von makrostrukturellen Aspekten förderte weiterhin die Annäherung der weiblichen an die männliche Bevölkerung in verschiedenen gesellschaftlichen Bereichen zutage. Bei der Bildungsbeteiligung haben Frauen die Männer mittlerweile sogar überholt. Ohne Zweifel ist zu konstatieren, dass die diskutierten rechtlichen Maßnahmen und sozialen Entwicklungstendenzen der vergangenen vier Jahrzehnte die Entfaltungsmöglichkeiten der weiblichen Bevölkerung auch im Hinblick auf die politische Partizipation entscheidend verbessert haben.

4.3.3. Abschließende Bewertung der Entwicklung der Frauenrepräsentation in Deutschland

Zur Erklärung der Entwicklung der Frauenrepräsentation wurde eingangs das Modell der Pfadabhängigkeit vorgeschlagen. Nach diesem Modell besitzen einmal etablierte gesellschaftliche oder politische Gleichgewichtszustände ein hohes Maß an Beharrlichkeit. Eine Veränderung solcher Zustände, so die Annahmen der Theorie, kann nur gelingen, wenn drei Faktoren zusammenwirken. Dazu zählen der Wandel der ideologischen Basis, das Engagement verschiedener Akteure sowie eine Veränderung der gesellschaftlichen Rahmenbedingungen.

Bei der Analyse wurde deutlich, dass alle drei Faktoren eine wichtige Rolle für den Verlauf der Entwicklung der Frauenrepräsentation gespielt haben. Wie gezeigt wurde, spielte der Wandel der ideologischen Basis vor allem für den Beginn des Anstiegs eine Rolle. Die Argumente feministischer Autoren trugen dazu bei, einen umfassenden Gleichheitsanspruch im politischen Denken der Gegenwart zu verankern.

Die Frauenbewegung sowie die politischen Parteien als maßgebliche kollektive Akteure waren sowohl zu Beginn als auch zum Ende des Anstiegs der Frauenrepräsentation von Bedeutung. So motivierte die Bewegung zahlreiche

Frauen zum Engagement und trug die Forderung nach mehr Mitsprache in die Parteien. Die meisten Parteien wiederum verpflichteten sich freiwillig, aber in unterschiedlichem Ausmaß zur stärkeren Berücksichtigung von Frauen bei der Besetzung von Mandaten. Die Demobilisierung der Frauenbewegung in den 1990er Jahren und damit einhergehend der (vorläufige) Abschluss des Ausbaus der Parteiquoten koinzidiert mit der beginnenden Stagnation der Frauenrepräsentation.

Als letzter Faktor wurde die Entwicklung des gesellschaftlichen Kontexts analysiert. Hier zeigte sich insbesondere in den Jahren unmittelbar vor dem Beginn des Anstiegs eine starke Tendenz zum Abbau rechtlicher Benachteiligungen, die bis dato für das weibliche Geschlecht bestanden hatten. Der Wandel der Rechtslage begleitete den Anstieg und erweiterte die Entfaltungsmöglichkeiten für Frauen, die diese, so ist zu vermuten, auch für den Einstieg in die Politik nutzten. Weitere gesellschaftliche Entwicklungsaspekte, nach welchen Frauen in vielerlei Hinsicht zu den Männern aufschlossen oder diese sogar überholten, unterstützten und förderten diese Prozesse.

Insgesamt bestätigen sich die Vermutungen einer historischen Pfadabhängigkeit der Frauenrepräsentation, die sich nur an den sogenannten „critical junctures" ändern lässt. Im vorliegenden Anwendungsfall der Theorie der Pfadabhängigkeit ist die „critical juncture" nicht ein exakt benennbarer Zeitpunkt, sondern vielmehr ein Zeitabschnitt von etwa 25 Jahren, von Mitte der 1970er bis Ende der 1990er Jahre. Vor und nach dieser Periode zeigte sich die Frauenrepräsentation bemerkenswert stabil und es bleibt abzuwarten, durch welche zukünftigen Entwicklungen das derzeitige Gleichgewicht abermals verändert werden kann.

Trotz dieser allgemeinen Trends (für die Landtage und die kreisfreien Städte wurden Durchschnittswerte betrachtet) ist zwischen den einzelnen Parlamenten ein hohes Maß an Varianz feststellbar, wie in den Abschnitten 3.2 und 3.3 ausgeführt wurde. Der Analyse dieser Unterschiede widmet sich das nun folgende Kapitel.

5. Eine Analyse von Niveauunterschieden bei der Frauenrepräsentation in einzelnen deutschen Parlamenten

In Deutschlands Parlamenten befinden sich weibliche Abgeordnete im Allgemeinen auch heute noch in einer Minderheitenposition, wie in den vorhergehenden Kapiteln diskutiert wurde. Gleichzeitig variiert aber das Ausmaß ihrer Unterrepräsentation in hohem Maß zwischen den einzelnen Volksvertretungen. Wie lässt es sich nun erklären, dass Frauen in manchen Parlamenten nahezu die Hälfte der Mandate halten, wie im Kreistag Güterslohs, im Stadtrat Fürths oder im Landtag Bremens, während sie in anderen Versammlungen nicht einmal jeden zwanzigsten Sitz innehaben, wie im Kreistag Rottweils? Zur Beantwortung dieser Frage wird in diesem Kapitel zunächst eine Reihe von Hypothesen aufgestellt, die sich aus der deutschen und internationalen Forschung zum Thema Frauenrepräsentation ableiten lassen (Abschnitt 5.1). In Abschnitt 5.2 folgt die empirische Überprüfung dieser Hypothesen mittels statistisch-quantitativer Verfahren.

5.1. Mögliche Erklärungsansätze für die unterschiedliche Präsenz von Frauen in einzelnen Parlamenten

Die meisten Autoren gehen davon aus, dass es sich um eine Vielzahl von Faktoren handelt, die für die Unterrepräsentation von Frauen verantwortlich ist. Dazu zählen beispielsweise das Wahlsystem, die jeweils dominierende Religion beziehungsweise Konfession, der durchschnittliche Lebensstandard, der Grad der Urbanisierung, eine mögliche sozialistische Vergangenheit und viele weitere. Da die Zahl der untersuchten Zusammenhänge schnell unübersichtlich groß wird, hat es sich in der Literatur durchgesetzt, die verschiedenen Einflussgrößen gebündelt zu betrachten. Dabei werden üblicherweise *politisch-institutionelle, soziostrukturelle* und *kulturelle Faktoren* unterschieden (Fleschenberg et al. 2008; Hoecker 1995; Hoecker und Fuchs 2004; Inglehart und Norris 2003; Kenworthy und Malami 1999; Kunovich und Paxton 2005; Matland 1998; Norris 1985; Paxton 1997; Paxton und Kunovich 2003; Reynolds 1999; Siaroff 2000; Tripp und Kang 2008).[68] Innerhalb des soziostrukturellen Ansatzes wird eine zusätzliche Differenzierung vorgenommen, indem einerseits Variablen des *Standardmodells politischer Partizipation* und andererseits *modernisierungsrelevante Faktoren* betrachtet werden. Die folgenden Abschnitte präsentieren die verschiedenen Ansätze und diskutieren die möglichen Wirkungsweisen der den Ansätzen zugeordneten Größen. Dabei werden jene Forschungshypothesen formuliert, die im weiteren Verlauf des Kapitels einer empirischen Überprüfung unterzogen werden.

---

[68] Statt von *soziostrukturellen Faktoren* wird mitunter auch von sozioökonomischen Faktoren gesprochen.

5.1.1. Politisch-institutioneller Ansatz

Der politisch-institutionelle Ansatz rückt verschiedene Aspekte der politischen Institutionenlandschaft in den Blickpunkt. Dabei geht es um „Organisationen, Regeln, Normen formeller und informeller Art" (Kaiser 2002b: 63f.), die mit dem politischen System unmittelbar in Verbindung stehen oder ein Teil desselben darstellen. Im Sinne einer neo-institutionalistischen Sichtweise stehen „the relationship between [political] institutions and behaviour" (Hall und Taylor 1996: 937) im Mittelpunkt, oder genauer gesagt, „the effect of rules and procedures for aggregating individual wishes into collective decisions" (Immergut 1998: 25). Die Strukturen, die unter dem Institutionenbegriff zusammengefasst sind, definieren dabei einen Rahmen oder Korridor für Entscheidungsmöglichkeiten. Der Neo-Institutionalismus geht also *nicht* von einem deterministischen Zusammenhang zwischen der Gestalt einer Institution und der Wahl einer bestimmten Handlungsalternative durch einen relevanten Akteur aus (Kaiser 2006: 329). Vielmehr werden der Beschaffenheit von Institutionen Wirkungs*potenziale* zugeschrieben, die einige Optionen praktikabler oder ratsamer als andere erscheinen lassen. Diese Potenziale entfalten Institutionen nicht nur, indem sie unmittelbar auf Entscheidungen und Handlungsweisen einwirken, sondern auch, indem sie Ideen, Wünsche und Motive prägen (Kaiser 2002b: 63f.).

Nun gibt es verschiedene Varianten des Neo-Institutionalismus, die zu diskutieren nicht Ziel dieser Arbeit sein kann (vgl. dazu Peters 2005 sowie Abschnitt 4.1). Die in der Folge vorzustellenden Erklärungen lassen sich jedoch am ehesten mit der *rational-choice*-Schule in Verbindung bringen. Kennzeichnend für diesen Ansatz ist das Menschenbild des *homo oeconomicus*, der eine feste Präferenzordnung besitzt und strategisch mit dem Ziel der Maximierung des eigenen Nutzens agiert. Institutionen setzen dabei Handlungsanreize und -beschränkungen, indem sie die Handlungsweisen anderer Akteure erwartbar werden lassen und dadurch Kooperationen ermöglichen (Hall und Taylor 1996: 942ff.). Zusammenfassend ist allen unter der Überschrift „politisch-institutionell" gebündelten Hypothesen gemein, dass sie die unterschiedlichen Frauenanteile in deutschen Parlamenten als Ergebnisse des Handelns und Interagierens politischer Akteure im Rahmen bestimmter institutioneller Strukturen interpretieren.

Wahlrecht

Seit Maurice Duverger (1955) berücksichtigen die meisten empirischen Arbeiten zur politischen Repräsentation von Frauen Aspekte des *Wahlrechts*. Je nach Beschaffenheit fördert oder behindert es die Beteiligung von Frauen, so der Befund einer Vielzahl vergleichender Analysen.[69] Insbesondere zwei Merkmalen des Wahlrechts wird in der Literatur ein maßgeblicher Einfluss auf den Frauenanteil von Parlamenten zugesprochen: Dem *Wahlsystemtypus* und der *Wahlkreisgröße* (Kaiser und Hennl 2008; Norris 2006).[70] In der Folge werden die zwei genannten Elemente und ihre Funktionsweisen dargestellt, mögliche Auswirkungen auf die Repräsentation von Frauen diskutiert und empirisch überprüfbare Forschungshypothesen formuliert.

Zunächst zum *Wahlsystemtypus*. Generell gibt es mit der Mehrheitswahl und der Verhältniswahl zwei Grundtypen von Wahlsystemen, die sich anhand der Kriterien des Repräsentationsziels und der Entscheidungsregel unterscheiden lassen (vgl. Nohlen 2009: 140ff.). Während die Mehrheitswahl die Mehrheitsbildung als Repräsentationsziel verfolgt, dient die Verhältniswahl der möglichst proportionalen Abbildung der Wählerschaft, wodurch Minderheiten und politisch unterprivilegierte Gruppen größere Chancen auf eine Inklusion haben. Nach der Entscheidungsregel der Mehrheitswahl gilt jene Partei oder jener Kandidat als gewählt, der die geforderte Stimmenmehrheit erringt. Die Entscheidungsregel der Verhältniswahl hingegen sieht eine Verteilung der Mandate auf die Parteien in möglichst unmittelbarer Proportion zu deren Stimmenanteilen vor.

In jüngerer Zeit wird eine über die beiden Haupttypen hinausgehende Differenzierung vorgenommen. Die neu gebildete Kategorie der Mischwahlsysteme stellt einen Mittlertypus zwischen Mehrheits- und Verhältniswahl dar (vgl. Blais und Massicotte 2002; Kaiser 2002a; Massicotte und Blais 1999; Norris 2004; Shugart und Wattenberg 2001). Zentrales Merkmal der Mischwahlsysteme ist die gleichzeitige Verwendung zweier verschiedener Wahlsystemtypen im selben Wahlverfahren. Wie Kaiser (2002a: 1551) argumentiert, bewirken die Vorschriften solcher Wahlsysteme die Mischung unterschiedlicher Repräsentationsprinzipien, mithin eine Ausbalancierung der oben genannten Zielvorstellungen. Als ein prototypischer Vertreter von Mischwahlsystemen ist das personalisierte Verhältniswahlrecht auf der Bundesebene zu nennen (vgl. Norris 2004: 56). Dieses sieht vor, dass die Abgeordneten je zur Hälfte nach reiner Mehrheitswahl und reiner Verhältniswahl bestimmt werden.[71]

Wie wirkt sich nun der Wahlsystemtypus auf die Repräsentation von Frauen aus? Bereits Duverger (1955: 88) bemerkt, dass Frauen unter den in

---

[69] Eine häufig zitierte Auswahl solcher Studien umfasst Darcy et al. (1987), Kenworthy und Malami (1999), Kunovich und Paxton (2005), Lakeman (1976), Matland (1998), Norris (1985), Reynolds (1999), Rule (1987) sowie Siaroff (2000).

[70] Das Wahlrecht umfasst eine Vielzahl weiterer technischer Elemente, auf die an dieser Stelle nicht im Einzelnen eingegangen werden kann (für umfassende Darstellungen vgl. jedoch Eder und Magin 2008; Magin 2010b; Nohlen 2009).

[71] Diese Klassifikation des Bundestagswahlsystems ist nicht unumstritten, gemäß der oben angeführten Definition jedoch korrekt, da ein zweigliedriger Verfahrensaufbau vorliegt und auf beiden Verfahrensstufen unterschiedliche Systeme angewandt werden. Vgl. jedoch Korte (2005: 44) und Nohlen (2009: 352).

Frankreich und Großbritannien verwendeten Mehrheitswahlsystemen als Wahlkreiskandidatinnen schlechtere Aussichten auf Erfolg haben als die Listenkandidatinnen in Deutschland. Auch Lijphart (1991: 77f.; 1994: 4ff.) zufolge führen Systeme mit Verhältniswahlcharakter zu höheren Frauenanteilen als Mehrheitswahlsysteme. Ebenso lauten die Ergebnisse zahlreicher weiterer Untersuchungen (Bogdanor 1983; Darcy et al. 1987; Lakeman 1976; Matland und Brown 1992; Matland und Studlar 1996; Norris 1985; Rule 1987; 1994a; b). Zwar stellen einige Studien jüngeren Datums diesen Einfluss als überzeichnet dar, zweifeln ihn aber nicht grundsätzlich an (Salmond 2006; Siaroff 2000). Mischwahlsystemen, welche die Verhältniswahl mit der Mehrheitswahl kombinieren, wird eine intermediäre Position zugesprochen, sie führen also tendenziell zu einem Frauenanteil, der zwischen dem der Mehrheitswahlsysteme und dem der Verhältniswahlsysteme liegt (Kostadinova 2007; Norris 2006; Vengroff et al. 2001).

Das zweite hier betrachtete Element ist die *Wahlkreisgröße*, die sich als Anzahl der pro Wahlkreis zu vergebenden Sitze definiert (Matland und Brown 1992: 470). Zu unterscheiden sind dabei Einerwahlkreise, in denen also nur ein einziges Mandat vergeben wird, und Mehrmandatswahlkreise, in welchen mindestens zwei Abgeordnete gewählt werden.

Für die Wahlkreisgröße hat es sich erwiesen, dass die Repräsentationschancen von Frauen mit der Zahl der pro Wahlkreis zu vergebenden Mandate ansteigen. Je größer also der Wahlkreis, desto höher der Anteil gewählter Frauen (Engstrom 1987; Kenworthy und Malami 1999; Matland und Brown 1992; Rule 1987; 1994a; Taagepera 1994).

Den Idealtypen der Wahlsysteme werden typische Wahlkreisgrößen zugeordnet: So werden bei der Mehrheitswahl nach britischem Muster alle Parlamentssitze über Einerwahlkreise vergeben. Reine Verhältniswahlsysteme, wie etwa die Wahlen zur israelischen Knesset, weisen hingegen nur einen einzigen landesweiten Wahlkreis auf, dessen Größe sich nach der Gesamtzahl der Parlamentssitze bemisst (vgl. Nohlen 2009). In Mischwahlsystemen wie etwa der personalisierten Verhältniswahl auf der Bundesebene in Deutschland stehen Einerwahlkreise für die nach Mehrheitswahl zu wählenden neben Mehrmandatswahlkreisen für die nach Verhältniswahl zu bestimmenden Abgeordneten.[72]

---

[72] Dieses parallele Auftreten großer Wahlkreise und der Verhältniswahl sowie kleiner Wahlkreise und der Mehrheitswahl bedeutet jedoch nicht, dass beide Elemente sich bedingen (vgl. Nohlen 2009: 132f.). Es gibt auch Gegenbeispiele: Bei den saarländischen Kreiswahlen, die als Verhältniswahlen ausgestaltet sind, werden (mit Ausnahme von Saarbrücken) durchschnittlich weniger als fünf Sitze pro Wahlkreis vergeben. In einem dieser Kreise, Sankt Wendel, ist mit einer durchschnittlichen Wahlkreisgröße von lediglich drei Sitzen der niedrigste Wert in ganz Deutschland zu beobachten (vgl. Tabelle B1 im Anhang B). Hingegen ist die relative Mehrheitswahl mit Mehrmandatswahlkreisen in den Kommunalwahlgesetzen einiger Bundesländer für den Fall vorgesehen, dass nur ein einziger Wahlvorschlag eingereicht wird (vgl. Magin 2010b). In der Regel kommt diese Vorschrift jedoch nur in kleinen Gemeinden zur Anwendung.

Wie kommt es zu den erwähnten Wirkungen des Wahlsystems und der Wahlkeisgröße? Norris (2006: 205ff.) fasst die reichhaltige Literatur zu drei verschiedenen Erklärungsansätzen zusammen:

- *Erstens* greifen Parteien, um Wahlen zu gewinnen, zu *stimmenmaximierenden Strategien*, die sich nach dem jeweils geltenden Wahlrecht richten. Sind, wie in den meisten Verhältniswahlsystemen, große Wahlkreise vorgesehen, so versuchen die Parteien durch möglichst ausbalancierte Parteilisten ihren „collective appeal" (Norris 2006: 205) zu steigern, indem sie Kandidaten möglichst aller stimmenbringenden gesellschaftlichen Gruppen präsentieren. Dazu zählen Menschen mit Migrationshintergrund, Arbeiter, Selbstständige, Akademiker, Angehörige verschiedener religiöser Gruppen, und eben auch Frauen und Männer. Dabei wird angenommen, dass sich die Möglichkeiten dieses sogenannten „ticket balancing" proportional zur Wahlkreisgröße erhöhen: Je mehr Sitze vergeben werden, desto länger die Liste und desto leichter ist es, dem Wähler eine möglichst ausgewogene Auswahl an Kandidaten zu präsentieren.

  Umgekehrt ist es bei kleineren Wahlkreisen, besonders im Extremfall der Einerwahlkreise, die meist in Mehrheitswahlsystemen oder in Mischwahlsystemen vorkommen. Hier ist es weitaus schwieriger bis unmöglich, eine ausgewogene Kandidatengruppe zu präsentieren: Denn wenn in einem Wahlbezirk nur ein einziger Sitz zu vergeben ist, dann wird jener Kandidat nominiert, dem die größten Chancen zugesprochen werden, diesen Sitz zu gewinnen. Die „default option" (Norris 2006: 206) sind dabei solche Kandidaten, die die traditionellen Charakteristika vorhergehender Parlamentariergenerationen tragen – also männlich sind. Zudem, so ist anzunehmen, haftet Frauen in einigen Teilen der Gesellschaft immer noch das Stigma des „schwachen Geschlechts" an. Frauen traut man daher explizit oder implizit nicht zu, im harten Schlagabtausch „Mann gegen Mann" in Einerwahlkreisen bestehen zu können (Kostadinova 2007: 425). Männer werden daher häufiger als Kandidaten in Einerwahlkreisen aufgestellt und folglich auch häufiger gewählt als Frauen.

- *Zweitens* spielt die *Wiederwahlwahrscheinlichkeit* eine nicht zu unterschätzende Rolle (Schwindt-Bayer 2005). Generell ist davon auszugehen, dass die Wiederwahlwahrscheinlichkeit von direkt gewählten Kandidaten in Mehrheitswahlsystemen höher ist als die von Listenkandidaten in Verhältniswahlsystemen (Matland und Studlar 2004). Dies begründet sich vor allem durch den innerparteilichen Nominierungsprozess: Direktkandidaten werden, wenn sie bereits einmal für ihre Partei erfolgreich waren, eher nochmals nominiert als Listenkandidaten, denn die Aufstellung von Listen gilt als das konfliktreichere Auswahlverfahren (Manow 2008: 160). Nun ist in Systemen, in denen für amtierende

Mandatsträger die Wahrscheinlichkeit einer weiteren Amtszeit hoch ist, der Einstieg für Neulinge schwieriger. Da die Politik traditionell eine Männerdomäne war, zählen Frauen oft zu den Neulingen. Im Sinne dieser Logik ist eine gleich starke Vertretung von Männern und Frauen in einem Parlament auch bei einer hohen Wiederwahlwahrscheinlichkeit nicht unmöglich, da alle Abgeordneten irgendwann einmal ihren Sitz räumen müssen, und sei es aufgrund ihres Ablebens. Die Steigerung des Frauenanteils im Parlament geht aber umso langsamer vonstatten, je höher die Wiederwahlwahrscheinlichkeiten sind.

- *Drittens* haben sich *Förderinstrumente*, die zur Steigerung des Frauenanteils im Parlament eingesetzt werden, in reinen Verhältniswahlsystemen mit großen Wahlkreisen als leichter implementierbar erwiesen. Dies betrifft vor allem Quoten, ganz gleich ob es sich um freiwillige oder gesetzlich definierte handelt. Will man in einem fiktiven Beispiel eine paritätische Besetzung des Parlaments erreichen, so legt man bei einem reinen Verhältniswahlsystem fest, dass jeder zweite Listenplatz von einer Frau besetzt werden muss. Auch in Mehrheitswahlsystemen kann man den Parteien vorschreiben, dass die Hälfte aller Direktkandidaten weiblichen Geschlechts sein muss. Damit bleibt jedoch offen, wo die Frauen antreten – handelt es sich um aussichtslose Wahlkreise, so ist wenig gewonnen.[73] Die einfachere Implementierbarkeit von Quoten in Verhältniswahlsystemen zeigt sich in Deutschland anhand der freiwilligen parteiinternen Quotenregelungen. Explizite Vorschriften machen die Parteien nur für die Besetzung von Listenplätzen, für Direktkandidaturen treffen sie hingegen nur sehr unscharfe Aussagen (vgl. dazu die gesonderte Diskussion von Quoten auf den folgenden Seiten dieser Untersuchung).

Die hier zusammengetragenen Überlegungen und Erkenntnisse zur Wirkung der Wahlsystemtypen und der Wahlkreisgröße legen die Überprüfung der folgenden Hypothesen nahe:

H1: *Parlamente, deren Vertreter mittels Verhältniswahl ermittelt werden, weisen hohe Frauenanteile auf, während Mischwahlsysteme zu mittelhohen und Mehrheitswahlsysteme zu niedrigen Frauenanteilen führen.*

H2: *Der Frauenanteil in einem Parlament steigt mit der Wahlkreisgröße an.*

Die drei nun folgenden Einflussfaktoren beziehen sich allesamt auf die *Parteienlandschaft*. Den Parteien kommt durch ihre zentrale Stellung bei der Auswahl von Kandidaten eine Schlüsselrolle zu (Lovenduski 1993; Norris und

---

[73] Ein in etablierten Demokratien selten angewandtes Instrument, welches auch bei Mehrheitswahlen mit Einerwahlkreisen verwendet werden kann, sind speziell für Frauen reservierte Sitze (Norris 2006: 207).

Lovenduski 1995). Je nach ideologischer Tradition, Struktur der Mitgliederschaft und wahlstrategischem Kalkül wirken die Parteien mit unterschiedlicher Intensität auf die Gleichstellung von Frauen und Männern im politischen Raum hin.

Quoten

In der deutschen Parteienlandschaft äußern sich ideologische Unterschiede hinsichtlich der politischen Repräsentation von Frauen vor allem in der Höhe parteiintern definierter *Quoten*. Eine beachtliche Aufmerksamkeit erfahren Quoten sowohl in der deutschen, als auch in der international vergleichenden Literatur, auf die sich auch die folgende Passage stützt (vgl. Davidson-Schmich 2006; 2007; Hoecker 1998c; Kolinsky 1993a; b; 1995; 1998; Krook 2009; Krook et al. 2006; McKay 2004; Meyer 2003; Zypries und Holste 2008).

Eine Vorreiterrolle kommt den Parteien des linken Spektrums zu: Bei den Grünen gilt bereits seit 1985 eine 50%-Quote. Ebenso führte die SED-Nachfolgepartei PDS 1991 eine 50%-Quote ein. Die Linke, die 2007 durch den Zusammenschluss der PDS und der westdeutschen WASG entstanden ist, hat diese Regelung beibehalten. Die SPD beschloss 1988 auf dem Münsteraner Parteitag eine Quotenregelung mit stufenweiser Erhöhung. Danach betrug die Quote für alle Mandate ab 1990 25%, ab 1994 ein Drittel und ab 1998 40%. In der Wahl der Mittel ähneln sich die drei Linksparteien: Sie definieren die Abfolge von Männern und Frauen auf Kandidatenlisten. Bei den Grünen steht die erste und jede weitere ungerade Position einer Frau zu (sogenanntes Reißverschlussverfahren). Dieselbe Regel gilt bei der Linken, allerdings kann hier den ersten Platz auch ein Mann belegen. Auch bei der SPD sind Männer und Frauen auf Parteilisten alternierend aufzuführen, jedoch kann jede fünfte Position entweder männlich oder weiblich besetzt werden. Klare Regelungen für die Nominierung von Direktkandidaten lassen die Statuen aller drei Parteien indessen vermissen.

Schwerer tun sich die bürgerlichen Parteien: Die CDU verabschiedete Mitte der 1980er Jahre Empfehlungen zur Erhöhung des Frauenanteils unter den Kandidaten. Wegen einer nur sehr schleppend vollzogenen Umsetzung wurden diese Beschlüsse 1996 durch die Festschreibung eines *Quorums* von einem Drittel an Parteiämtern und öffentlichen Mandaten ersetzt (vgl. auch Abschnitt 4.3.2.2). Grundsätzlich soll dazu bei der Listenaufstellung jeder dritte Platz mit einer Frau besetzt werden. Eine feste Regelung für Direktkandidaturen gibt es auch bei der CDU nicht, man will jedoch auf eine „ausreichende Beteiligung" von Frauen hinwirken (§15 Abs. 4 des CDU-Statuts). Den wesentlichen Unterschied zwischen dem Quorum der CDU und den Quotenregelungen der übrigen Parteien stellt die Möglichkeit dar, nach erneuter erfolgloser Kandidatinnensuche in einem zweiten Wahlgang die Drittelregelung zu umgehen (vgl. §15 Abs. 5 des CDU-Statuts). Auffällig wirkt im CDU-Statut auch die Verwendung des Wortes „sollen", wo bei der SPD, den Grünen und der Linken imperative Formulierungen gewählt werden.[74] Die bayerische CSU kennt keine Quotenregelung für die Aufstellung von Kandidaten zu Parlamentswahlen, sie notiert in §53 Abs. 4 ihrer Satzung lediglich: „Bei allen Wahlen sind Frauen zu berücksichtigen." Die FDP legte 1987 einen Förderplan vor, demzufolge der Frauenanteil unter den Ämterträgern dem Anteil der weiblichen Parteimitglieder entsprechen sollte. Aufgrund der Nichterfüllung dieser Selbstverpflichtung sowie eines prozentualen Rückgangs der Frauen unter den Mitgliedern beschloss der Bundesvorstand 2003 einen Maßnahmenkatalog, der unter anderem vorsieht, den Frauenanteil unter den FDP-Mitgliedern auf 30% zu erhöhen.[75]

Im Einklang mit den Ergebnissen international vergleichender Untersuchungen (Caul 1999; 2001) lässt sich also festhalten, dass sich die Parteien links der Mitte (Grüne, SPD, Linke) generell einer aktiveren innerparteilichen Gleichstellungspolitik verschreiben, während die bürgerlichen Parteien (Unionsparteien und FDP) eher als Nachzügler erscheinen. Dies erscheint wenig überraschend, orientieren sich doch linksgerichtete Parteien programmatisch eher an den Ideen sozialer Gleichheit und Gerechtigkeit (Krook 2009: 23).

Es sei noch erwähnt, dass die sechs hier diskutierten Parteien die Präsenz von Frauen innerhalb ihrer eigenen Strukturen in recht unterschiedlicher Weise dokumentieren. Bei den Grünen, der Linken und der FDP werden nach Auskunft der jeweiligen Bundesgeschäftsstellen grundsätzlich keine offiziellen Gleichstellungsberichte angefertigt. Die SPD und die beiden Unionsparteien legen hingegen in regelmäßigen Abständen zu den Parteitagen Berichte vor, die Auskunft darüber geben, wie präsent Frauen in der Partei sind.[76] Dargestellt wird nicht nur der Anteil weiblicher Parteimitglieder und dessen Entwicklung, sondern auch der Frauenanteil unter den Mandatsträgern aller politischen Ebenen, unter den Ausschussvorsitzenden, unter den Delegierten zu den Parteitagen, in den Leitungsgremien, wie etwa in den Orts-, Kreis- und Landesvorständen sowie in den Fraktionsvorständen aller politischen Ebenen.

Wie sind die übrigen, nicht im Bundestag vertretenen Parteien und Gruppierungen hinsichtlich der Förderung von Frauen in der Politik zu bewerten? Eine Einordnung der Freien Wähler, die sich lokal unabhängig voneinander organisieren und auf Bundes- und Landesebene nur lose Dachverbände bilden, ist allenfalls indirekt möglich.[77] Nach Wehling (2007) setzen die Freien Wähler

---

[74] Vgl. §11 des SPD-Statuts, §1 des Frauenstatuts der Grünen und §10 der Bundessatzung der LINKEN.
[75] Beschluss des Bundesvorstandes der FDP vom 07.04.2003 (www.liberale.de/files/653/ Offensive_fuer_mehr_Frauen_in_die_FDP_070403.pdf, 20.08.2009).
[76] Alle Berichte der SPD seit 1993 sind auf der Internetseite der Arbeitsgemeinschaft Sozialdemokratischer Frauen einsehbar (www.asf.spd.de, 05.09.2009), die Berichte der CDU seit 2003 finden sich auf der Seite der Frauenunion (www.frauenunion.de, 05.09.2009). Die Gleichstellungsberichte der CSU können von der CSU-Landesleitung bezogen werden.
[77] In der Kommunalpolitik spielen die Freien Wähler eine sehr bedeutende Rolle: Bei Kommunalwahlen kommen sie in Gemeinden ab 10.000 Einwohnern bundesweit im Schnitt auf knapp 10% der Mandate und bilden damit hinter den Unionsparteien und der SPD die

bei der Kandidatenauswahl häufig auf Honoratioren mit starkem lokalem Profil (angesehene Berufe, Vereinsengagement, lange Wohndauer in der Gemeinde, Ortskenntnis, etc.). Hinweise auf die Existenz von Geschlechterquoten in diesen Gruppen sind dem Autor nicht bekannt.[78] Eine Analyse der baden-württembergischen Kommunalwahlen ergab in Bezug auf die politische Gleichberechtigung von Mann und Frau nur unwesentliche Abweichungen zwischen den Freien Wählern und der CDU *vor* der Einführung des Quorums (Infratest Burke 1995: 42ff.). Weiterhin notiert Wehling (2007: 293f.), die Anhänger der Freien Wähler stünden bei staatlichen Wahlen der FDP und den Unionsparteien soziostrukturell, programmatisch und der parteipolitischen Präferenz nach näher als der SPD (vgl. auch Mielke und Eith 1994: 48ff.). Insgesamt kann man also davon ausgehen, dass die freien Wählergruppen im Rahmen ihres Kandidatenprofils Frauen zwar berücksichtigen und unterstützen, aber keine proaktive Rolle spielen.

Die Rolle der Frauen in den drei rechtsextremen Parteien (DVU, NPD, Republikaner) ist als marginal einzustufen. Zwar wird die Notwendigkeit der Vereinbarkeit von Familie und Beruf mittlerweile zumindest vordergründig anerkannt, das traditionelle Geschlechterverhältnis jedoch keineswegs angezweifelt. In teils unverhohlen an völkische Denk- und Sprachtraditionen anknüpfenden Thesen propagieren alle drei Gruppierungen die Rolle der Frau als Hausfrau und Mutter, die mit der Sorge um den Nachwuchs ihren Beitrag zur Bevölkerungsvermehrung und damit zum Wohle des Volkes im Rassenkampf leistet (Brück 2005: 34). Der NPD-nahe Ring Nationaler Frauen bringt das rechtsextreme Frauenbild unter der Überschrift „Gleiche Rechte, verschiedene Pflichten" folgendermaßen auf den Punkt:[79]

> „Wir brauchen einen Wertewechsel, der die Unterschiede zwischen Männern und Frauen nicht in einem androgynen Konsumenten auflösen will, wir brauchen starke Männer und selbstbewusste Frauen, für die der Kinderwunsch genauso selbstverständlich ist wie die Luft zum Atmen! Nur so wird es uns gelingen, der demographischen Katastrophe entgegenzuwirken. Unser Volk sollte nicht aussterben, weil verantwortungslose Gender-Strategen die Geschlechter abschaffen wollen."

Zur Überprüfung der Wirkung parteiinterner Quotierungen wird die folgende Hypothese aufgestellt:

---

drittstärkste politische Kraft. In Baden-Württemberg sind die Freien Wähler mit über 40% der kommunalen Mandate gar die stärkste Gruppierung (Wehling 2007: 292). Ob es ihnen nach ihrem Debut auf der Landesebene 2008 in Bayern auch andernorts gelingt, auf höherer Ebene Fuß zu fassen, bleibt abzuwarten.

[78] Zumindest wenn man von den nur äußerst selten antretenden reinen Frauenlisten absieht (vgl. Wehling 2007: 289 sowie Abschnitt 5.2.1.2 dieser Untersuchung).

[79] Vgl. die Internetseite der Gruppierung (www.ring-nationaler-frauen.de/netzseiten/pdf_datei/ gender-Flugblatt.pdf, 27.08.2009).

H3: *Je höher die Mandatsanteile der Parteien, die Quotenregelungen verwenden, und je höher die Werte dieser Quoten, desto höher ist der Frauenanteil im Parlament.*

Parteienwettbewerb

Neben der internen Organisation einzelner Parteien wird oftmals auch dem Wettbewerb *zwischen* den Parteien ein Einfluss auf die Beteiligung von Frauen attestiert (Norris und Lovenduski 1995: 190ff.). Eine Intensivierung des Parteienwettbewerbs, gemessen als Zunahme der Zahl der Parteien in einem Parlament, führe demnach zu einer Ausweitung weiblicher Partizipation, da Frauen mehr Zugangswege zum politischen Amt offen stünden (Norris 1993: 319). Nach Krook et al. (2006: 200) stellt die Inklusion von Frauen für politische Parteien auch ein Verkaufsargument gegenüber dem Wähler dar, denn die Präsenz weiblicher Politiker gilt gemeinhin als Ausweis einer progressiven Gesellschaftspolitik (vgl. auch Kittilson 2006: 91). Ein hoher Frauenanteil kann also in einem kompetitiven Umfeld einen Wettbewerbsvorteil gegenüber anderen Parteien bedeuten. Zusammengenommen sollten Frauen also von einer hohen Intensität des Parteienwettbewerbs profitieren.

Im Gegensatz dazu nimmt Reynolds (1999: 553) an, dass sich eine stark ausgeprägte Parteienkonkurrenz negativ auf den Anteil der Frauen im Parlament auswirkt. Nach Reynolds platzieren Parteien ihre Kandidaten nach den Erfolgsaussichten für die gesamte Partei. Nur wenn eine Partei tatsächlich etabliert sei und mit einem Mindestmaß an Wählerstimmen rechnen könne, so traue sie sich, sichere Listenplätze auch Frauen zur Verfügung zu stellen – nicht aber in einer Situation, die durch einen intensiven Wettbewerb gekennzeichnet ist. Mit anderen Worten stellt die Berücksichtigung von Frauen in einem kompetitiven Umfeld ein erhebliches Risiko für eine Partei dar. Ähnlich argumentieren auch Kaiser und Hennl (2008: 175). Sowohl Reynolds als auch Kaiser und Hennl bestätigen diese Hypothese auch empirisch.

Für die spätere Untersuchung ergeben sich damit aus der Literatur zwei rivalisierende Hypothesen zum Einfluss des Parteienwettbewerbs.

H4a: *Je ausgeprägter der Parteienwettbewerb, desto niedriger ist der Frauenanteil im Parlament.*

H4b: *Je ausgeprägter der Parteienwettbewerb, desto höher ist der Frauenanteil im Parlament.*

Weibliche Parteimitglieder

Untersucht man die Parteien als Bestimmungsgröße weiblicher Partizipation, so stellt sich nicht nur die Frage, wie die einzelnen Gruppierungen Frauenförderung betreiben, sondern auch, wie viele Frauen überhaupt als potenzielle

Kandidaten zur Verfügung stehen. Üblicherweise rekrutieren sich die Kandidaten einer Partei aus den Reihen ihrer Mitglieder. Finden sich nur wenige Frauen unter den Parteimitgliedern, so ist zu vermuten, dass auch nur wenige weibliche Kandidaten nominiert werden und dass auch das zu wählende Parlament daher einen niedrigen Frauenanteil aufweist (Norris und Lovenduski 1993; 1995). Ob der Frauenanteil unter den Parteimitgliedern tatsächlich mit dem Frauenanteil in den Parlamenten zusammenhängt, wird mittels der folgenden Hypothese überprüft:

H5: *Je höher der Frauenanteil unter den Parteimitgliedern, desto höher ist auch der Frauenanteil im Parlament.*

5.1.2. Soziostruktureller Ansatz

Soziostrukturelle Größen lassen sich, wie ausgeführt, zwei Gruppen zuweisen: Zum einen dem *Standardmodell politischer Partizipation*, welches den Fokus auf Merkmale der weiblichen Bevölkerung richtet, und zum anderen dem *Modernisierungsgrad*, der gesamtgesellschaftliche Entwicklungen und Strukturen umfasst.

5.1.2.1. Das Standardmodell politischer Partizipation

Eine erste Gruppe soziostruktureller Faktoren bezieht sich auf die Mikroebene des einzelnen Bürgers. Beim Standardmodell politischer Partizipation wird davon ausgegangen, dass das politische Engagement einer Person wesentlich von deren Ausstattung mit Ressourcen und damit verbunden von deren Einstellungen abhängt (Verba und Nie 1972; Verba et al. 1978). Hierfür werden zwei Gründe genannt (Gabriel 2004: 322): Erstens stellt die Ressourcenausstattung einen Kapitalstock dar, der gezielt zur Verwirklichung einer politischen Karriere eingesetzt werden kann. Zweitens steigert eine höhere Ressourcenausstattung das politische Interesse einer Person und führt zum Erwerb bestimmter politischer Einstellungen (letzterer Aspekt kommt insbesondere beim Faktor *Vereinsengagement* zum tragen).

In der politikwissenschaftlichen Geschlechterforschung wird nun untersucht, ob Frauen über eine geringere Ressourcenausstattung als Männer verfügen. Ist das der Fall, so sollte das Ausmaß dieses Missverhältnisses auf den Grad der Unterrepräsentation von Frauen schließen lassen (Schlozman et al. 1994; 1999; Verba et al. 1978; Westle 2001).

Bildungsstand

In vielen empirischen Studien zur Frauenrepräsentation sind Unterschiede im *Bildungsniveau* zwischen Männern und Frauen eine der wesentlichen Erklärungsgrößen (vgl. etwa Darcy et al. 1987; Kenworthy und Malami 1999; Kunovich und Paxton 2005; Matland 1998; Rule 1987). Sowohl das Interesse als auch das Engagement in der Politik erhöhen sich mit dem Bildungsstand – und das unabhängig vom Geschlecht.[80] Eine umfassende Ausbildung bedeutet, dass das für ein politisches Amt relevante Wissen gesammelt und notwendige Fähigkeiten eingeübt werden. Weitere Plausibilität erhält dieser Zusammenhang durch die allgemeine Dominanz von Akademikern im politischen Raum (Mielke und Eith 1994: 52f.; Wessels 1997: 83f.): Wenn also angenommen werden kann, dass eine universitäre Ausbildung den Zugang zur politischen Arena erheblich erleichtert, dann lassen mehr gut ausgebildete Frauen den Pool an potenziellen Kandidatinnen wachsen. Es lässt sich also vermuten, dass der Anteil von Frauen in politischen Ämtern mit dem Bildungsniveau der weiblichen Bevölkerung ansteigt.

H6: *Je höher der Bildungsstand der weiblichen Bevölkerung, desto höher ist der Anteil der Frauen im Parlament.*

Frauenerwerbstätigkeit

Ein weiterer häufig diskutierter Faktor, dem ein maßgeblicher Einfluss auf die Repräsentation von Frauen zugeschrieben wird, ist die *Teilnahme von Frauen am Erwerbsleben*,[81] denn eine berufliche Tätigkeit stellt notwendige Ressourcen zur politischen Beteiligung bereit (Schlozman et al. 1999). Darunter fallen nicht nur finanzielle Unabhängigkeit, sondern auch soziale Kontakte und eine fundierte (Berufsaus-)Bildung. Komplementär dazu sieht Infratest Burke (1995: 62ff.) im geringen Sozialprestige der klassischen Hausfrauentätigkeit ein Hindernis für die politische Beteiligung nichtberufstätiger Frauen. Weiterhin nehme bei Männern wie auch bei Frauen das Interesse an politischen Fragen durch die Aufnahme einer Erwerbsarbeit zu (Mossuz-Lavau 1991: 19). Weiterhin nimmt mit dem Anstieg der Frauenerwerbsquote auch die Notwendigkeit einer sozialen Gleichstellung und einer Neuverteilung traditioneller Aufgaben zwischen Frauen und Männern zu, wie etwa Arbeiten im Haushalt und Kindererziehung. Dies sollte sich auch in einem Mehr an politischer Gleichstellung niederschlagen (Togeby 1994: 217).

---

[80] Dieser Zusammenhang wird bereits seit Ende der 1970er Jahre erforscht (Powell et al. 1981; Verba et al. 1978: 237ff.; Welch 1977; Welch und Secret 1981).

[81] Für eine eingehende Diskussion der Ursachen der Niveauunterschiede bei der Frauenerwerbsquote vgl. Stadelmann-Steffen (2008).

Ein positiver Zusammenhang zwischen der Erwerbstätigkeit und der politischen Beteiligung von Frauen wurde empirisch bereits mehrfach nachgewiesen (Andersen 1975; Darcy et al. 1987; Hoecker 1998b; Matland 1998; Rule 1987; Welch 1977) und wird auch für die vorliegende Untersuchung vermutet.

H7: *Je höher die Frauenerwerbsquote, desto höher ist der Anteil der Frauen im Parlament.*

Einkommensungleichheit

Einen verwandten Einflussfaktor stellt die *Einkommensungleichheit* zwischen Frauen und Männern dar, deren Ausmaß in Deutschland als gravierend zu bezeichnen ist (Bundesministerium für Familie 2008: 11): 2006 verdienten Frauen hierzulande durchschnittlich 22% weniger als Männer. Mit diesem Wert lag Deutschland 7% über dem EU-Durchschnitt, teilte sich den drittletzten Platz mit der Slowakei und wurde nur noch von Zypern und Estland unterboten. Die Gründe für einen im Mittel geringeren Verdienst von Frauen gegenüber Männern sind zahlreich (Bundesministerium für Familie 2008; England und Folbre 2005; Grieswelle 2008). So finden sich Frauen eher in den typisch „weiblichen", oftmals gering entlohnten und mitunter wenig angesehenen Tätigkeiten in der Pflege, im Einzelhandel oder im pädagogisch-erzieherischen Bereich. Weiterhin fällt Frauen immer noch das Gros der Hausarbeit und der Kindererziehung zu. Daher arbeiten Frauen häufiger als Teilzeitkräfte, die schon alleine wegen des geringeren Beschäftigungsumfangs weniger Lohn erhalten als Vollzeitkräfte. Auch nehmen Frauen bei der Geburt von Kindern oft eine mehrjährige Auszeit, nach welcher der Wiedereinstieg schwer fällt und nicht selten mit Gehaltsabschlägen verbunden ist. Zudem existieren in Unternehmen vielerorts „gläserne Decken", d.h. Frauen steigen seltener in gut dotierte Führungspositionen auf als Männer.[82]

Ein niedrigeres Einkommen bedeutet zum einen eine geringere Ressourcenbasis, auf die für eine politische Betätigung zurückgegriffen werden kann (Welch 1977: 716). Zum anderen lässt ein geringer Verdienst wie beschrieben auch auf Tätigkeiten mit niedrigem Sozialprestige schließen, was der Erlangung eines politischen Mandats abträglich ist (vgl. Wehling 2000). Daher ist anzunehmen, dass eine weit geöffnete Einkommensschere zwischen Frauen und Männern sich ungünstig auf die politischen Repräsentationschancen von Frauen auswirkt.

H8: *Je größer die Lohnunterschiede zwischen Frauen und Männern, desto niedriger ist der Anteil der Frauen im Parlament.*

---

[82] Obwohl Frauen mit 45% nahezu die Hälfte aller Beschäftigten in der Privatindustrie stellen, sind sie in Führungspositionen nur zu 24% vertreten (Bundesregierung 2006: 8).

Kinderbetreuung

Auch wenn ein allgemeiner Trend in Richtung einer stärkeren Arbeitsteilung im Haushalt erkennbar ist, so obliegt die zeitintensive Versorgung und Betreuung von Kindern auch heute noch überwiegend der Mutter (Klammer und Klenner 2003: 184f.). Die Verfügbarkeit von außerhäuslichen Kinderbetreuungseinrichtungen sollte daher vor allem dem Zeitbudget von Frauen zugutekommen.[83] Zeit stellt neben Geld und Bildung eine wesentliche Ressource dar, die für politisches Engagement unabdinglich ist (Schlozman et al. 1994). Nur wer genügend Zeit hat, um Gremiensitzungen zu besuchen, Pressetermine wahrzunehmen, Akten zu studieren und sich vorzubereiten, kann sein Mandat angemessen ausfüllen. Doch auch bereits beim Eintritt in die Politik ist Zeit ein wichtiger Faktor, denn für gewöhnlich muss man sich in einer Partei erst in kleineren Ämtern beweisen, bevor man als Kandidat nominiert wird. Daher kann angenommen werden, dass sich die Dichte von Kinderbetreuungseinrichtungen positiv auf die politische Repräsentation von Frauen auswirkt.

H9: *Je dichter das Netz der Kinderbetreuung, desto höher ist der Frauenanteil im Parlament.*

Vereinsengagement

Ein Einfluss auf die Intensität und den Erfolg politischer Partizipation einer Person wird häufig auch dem Ausmaß an Engagement in zivilgesellschaftlichen Organisationen und Vereinen zugeschrieben. In Anlehnung an die Sozialkapitalforschung gelten Vereine generell als Förderer von prosozialen Wertorientierungen, Gemeinsinn und gegenseitigem Vertrauen in der Bevölkerung (Freitag 2004; Lippl 2007; Putnam 2000).

Wie wirkt das Engagement in einem Verein nun aber konkret auf das politische Partizipationsverhalten? Verba et al. (1995: 15) beantworten die Frage, warum Menschen nicht politisch aktiv sind, mit dem Dreiklang „because they can't; because they don't want to; or because nobody asked". Folgt man nun Kunz und Gabriel (2000: 62f.), so befördert das Engagement in Vereinen unter jedem dieser drei Aspekte die politische Partizipation:

> „Soziale Aktivität kann in politische Aktivität einmünden, weil sie dem Erwerb von Kompetenzen und Ressourcen dient, die sich im politischen Leben einsetzen lassen; weil sie das Lernen von Werten und Normen fördert, die zur Beteiligung motivieren; und weil sie einen gesellschaftlichen Kontext schafft, in dem man politisch aktive Personen kennen-

---

[83] In Deutschland ist die Kinderbetreuung in erster Linie eine kommunale Angelegenheit. Daneben beteiligen sich die Länder an der Finanzierung, wenn auch in unterschiedlichem Umfang (Kreyenfeld 2008: 109).

lernt und von diesen möglicherweise zur politischen Betätigung veranlasst wird."

Es verwundert daher nicht, dass in Vereinen engagierte Bürger politisch besser informiert sind, größeres politisches Interesse zeigen und meist auch in höherem Maße politisch aktiv sind als Nichtmitglieder (Freitag 2005: 675). Interessant ist dabei, dass „dieser Übertragungsmechanismus des Sozialen ins Politische nicht nur für ohnehin politisierte und politische Vereinigungen, sondern auch für politisch unverdächtige Gruppierungen zu gelten scheint" (Lippl 2007: 445). Gabriel (2004: 327) bezeichnet Freiwilligenorganisationen vor diesem Hintergrund sogar als „Mobilisierungsagenturen". Geht es, wie in der vorliegenden Untersuchung, um die Wahlchancen bestimmter Personengruppen, so nimmt das Vereinswesen also eine besondere Stellung ein: Nicht nur ist ein vermehrtes politisches Engagement bei Menschen mit einem höheren Grad an zivilgesellschaftlicher Betätigung wahrscheinlicher, auch erhöhen die in Vereinen erworbenen sozialen Kompetenzen und Beziehungen die Chancen einer erfolgreichen Kandidatur (Mielke und Eith 1994: 66).

H10: *Je ausgeprägter das Vereinsengagement der weiblichen im Vergleich zur männlichen Bevölkerung, desto höher ist der Anteil der Frauen im Parlament.*

5.1.2.2. Der Grad der gesellschaftlichen Modernisierung

Politik war, ganz gleich auf welcher Ebene, traditionellerweise eine rein männliche Angelegenheit. Gesellschaftliche Modernisierungsprozesse haben jedoch einen tiefgreifenden Wandel der Rollen(selbst)verständnisse von Mann und Frau bewirkt und dadurch auch die politische Sphäre für das weibliche Geschlecht geöffnet (Inglehart und Norris 2003). Der dreistufigen Entwicklung von der Agrar-, über die industrielle hin zur postindustriellen Gesellschaft entspricht dabei eine immer weiter fortschreitende Egalisierung der Geschlechterrollen und -bilder, insbesondere in der Politik. Die kategoriale Dreiteilung von Inglehart und Norris erweist sich bei der Analyse von gesellschaftlichen Kontexten innerhalb Deutschlands freilich als ein zu grobes Raster, denn jeder Kreis und jedes Bundesland wären aufgrund ihres im internationalen Vergleich hohen Entwicklungsstandes als postindustriell zu charakterisieren. Betrachtet man jedoch die Varianz der einzelnen Faktoren, aus denen sich der Modernisierungsgrad einer Gesellschaft hauptsächlich ergibt, so erscheinen die deutschen Länder und Kommunen als vielversprechende Untersuchungsobjekte.

Erwerbsstruktur

Gesellschaftliche Modernisierungstendenzen, die einen Geschlechterrollenwandel bewirken, werden oftmals mit der Veränderung der Erwerbsstruktur in Verbindung gebracht (Inglehart und Norris 2003: 11). So wird angenommen, dass die Schrumpfung des Agrarsektors, fortschreitende Industrialisierungsprozesse und ein immer weiterer Ausbau des tertiären Sektors die Rolle der Frauen entscheidend verändern: In traditionellen, agrarisch geprägten Gesellschaften fallen Frauen meist unbezahlte Tätigkeiten im Haushalt sowie die Erziehung der Kinder zu, während bezahlte Tätigkeiten zum Großteil den Männern vorbehalten bleiben. In postindustriellen Gesellschaften konvergieren diese Rollenzuschreibungen zunehmend, wodurch auch das traditionelle Stereotyp des männlichen Politikers an Bedeutung verliert (Inglehart und Norris 2003: 29). Weiterhin geht mit diesem Strukturwandel eine Ablösung der traditionellen Statusgesellschaft durch die moderne Leistungsgesellschaft einher (Schmidt 1995: 621). Die meritokratische Organisation moderner Gesellschaften dürfte auch einen positiven Einfluss auf die politische Beteiligung von Frauen haben, da die Auswahl nun weniger nach dem Geschlecht und mehr nach der Qualifikation und den Verdiensten des Bewerbers erfolgt (vgl. Siaroff 2000: 201). Entsprechend wird in Gebieten mit vergleichsweise vielen landwirtschaftlich Beschäftigten ein geringer Frauenanteil im Parlament erwartet, ein großer Servicesektor hingegen lässt auf mehr weibliche Mandatsträger schließen.

H11: *Je größer der Beschäftigtenanteil im ersten Sektor, desto kleiner ist der Anteil der Frauen im Parlament.*

H12: *Je größer der Beschäftigtenanteil im dritten Sektor, desto größer ist der Anteil der Frauen im Parlament.*

Urbanisierungsgrad

Als ein weiterer Gradmesser gesellschaftlicher Modernisierungstendenzen dient oftmals die Größe einer Gemeinde, beziehungsweise der *Urbanisierungsgrad* einer politischen Einheit. In großen Städten kann sich der Einzelne freier bewegen und entfalten, weil er unabhängiger von den lokalen Konventionen und Traditionen ist. Es ist daher davon auszugehen, dass sich in großen Städten und Ballungsräumen neue gesellschaftliche Entwicklungen schneller durchsetzen können als in kleinen Städten und in dünn besiedelten ländlichen Räumen. Auch politische Gleichberechtigungsbestrebungen sollten zuerst in großen Städten und dicht besiedelten Räumen zu beobachten sein (Kaiser und Hennl 2008: 177).

Weiterhin scheinen in kleinen Gemeinden andere Regeln für den Zugang zum politischen Amt zu gelten: Hier sind vor allem die lokale Vernetzung, der individuelle Status und die persönliche Reputation von Bedeutung (Wehling 2000: 208). Infratest Burke (1995: 35f.) mutmaßt, dass Frauen besonders in kleineren Gemeinden in den für die lokale Politik relevanten Zirkeln und Gruppen unterrepräsentiert sind. Horstkötter (1990: 207) belegt diese Einschätzung empirisch anhand von Interviews, die sie mit weiblichen Ratsmitgliedern führt. Weiterhin professionalisiert sich die politische Arbeit wie auch der Wahlkampf mit steigender Gemeindegröße (Reiser 2006). Dabei werden die Beziehungen anonymer und professioneller, sodass der Einfluss männlich dominierter, informeller Kreise geschmälert wird (Infratest Burke 1995: 35f.).

Auch empirisch wurde ein Zusammenhang zwischen der Urbanität eines Gebietes und der Frauenrepräsentation schon mehrfach nachgewiesen: In den Kommunalparlamenten steigt der Frauenanteil mit wachsender Gemeindegröße nahezu kontinuierlich an (vgl. Hin und Michel 2004: 15; Hoecker 1987: 59ff.). Auch Kaiser und Hennl (2008: 179) bestätigen einen Zusammenhang zwischen dem Urbanisierungsgrad eines Bundeslandes und dem Frauenanteil im Landtag. Es lässt sich also folgender Zusammenhang annehmen:

H13: *Je urbaner ein Kreis oder ein Bundesland geprägt ist, desto höher ist der Anteil der Frauen im Parlament.*

Gesellschaftliches Wohlstandsniveau

Auch ein hohes *gesellschaftliches Wohlstandsniveau* wird als förderlich für die Gleichstellung von Frauen und Männern angesehen (Darcy et al. 1987: 39f.). Ein Mehr an allgemeinem Wohlstand führt nach Inglehart und Norris (2003: 17) zu einer Prioritätenverschiebung in der Bevölkerung: Nicht mehr die Sicherung der Existenz steht im Vordergrund der Lebensführung, sondern die Selbstverwirklichung, individuelle Autonomie und Fragen der Lebensqualität. Damit einhergehend kommt es auch zu einer breiteren Akzeptanz der Gleichstellung der Geschlechter in allen Lebensbereichen. Des Weiteren steigt mit dem allgemeinen Wohlstandsniveau die finanzielle Unabhängigkeit der Frauen. Dies wiederum sollte sich positiv auf deren parlamentarische Präsenz auswirken, denn die finanzielle Eigenständigkeit bedeutet eine Verbreiterung der Ressourcenbasis, die eine aktive politische Beteiligung zu befördern vermag (Matland 1998: 120). Insgesamt sollte sich ein höheres Wohlstandsniveau in einer gesteigerten politischen Beteiligung von Frauen widerspiegeln.

H14: *Je höher der gesellschaftliche Wohlstand, desto höher ist der Anteil der Frauen im Parlament.*

5.1.3. Kultureller Ansatz

Geht es um die politische Repräsentation von Frauen, so ist anzunehmen, dass neben den diskutierten politisch-institutionellen und soziostrukturellen auch kulturelle Faktoren eine Rolle spielen (Matland und Montgomery 2003;

Norris 1993). Der Begriff der *Kultur* ist aus wissenschaftlicher Sicht zunächst nicht unproblematisch, wird er doch oft ohne nähere Erläuterung und in recht unterschiedlicher Weise benutzt (vgl. Kaase 1983). Um dennoch von und über Kultur sprechen zu können, empfiehlt es sich, eine Arbeitsdefinition zu formulieren, die die hier relevanten Aspekte des Kulturbegriffs erfasst.[84]

Die Annahme, dass Aspekte der Kultur einen Einfluss auf menschliches Handeln haben, ist ein Herzstück der Soziologie. Dieser Gedanke ist bereits bei Emile Durkheim zu finden und auch laut Max Weber durchzieht die Kultur alles menschliche Handeln und alle sozialen Prozesse (Esser 2001: 2ff.). Folgerichtig stellt Parsons die Kultur in den Mittelpunkt seiner „wegweisenden" allgemeinen Handlungstheorie (Brock et al. 2007: 215). Ein kulturelles System gliedert sich demnach in drei Subsysteme (Parsons et al. 1951: 6ff.): *Erstens* Ideen- und Glaubenssysteme, die der Lösung kognitiver Probleme dienen, *zweitens* Systeme von Ausdruckssymbolen, die die Angemessenheit von Gefühlsäußerungen definieren und *drittens* Systeme von Wertorientierungen, die zur Bewertung sozialer Interaktionen genutzt werden. Dem dritten Subsystem wird dabei die größte Bedeutung beigemessen und auch im Kontext der hier vorliegenden Forschungsfrage erscheint es relevant (Parsons et al. 1951: 21):

> „Value-orientation patterns are of particularly decisive significance in the organization of systems of action since [they define] the patterns of reciprocal *rights* and *obligations* which become constitutive of *role-expectations* and *sanctions*" (eigene Hervorhebung).

Übertragen auf den hier betrachteten Forschungsgegenstand bedeutet das, dass die Träger traditioneller Werte zum einen die Wahrnehmung eines politischen Amtes respektive die politische Partizipation als ein männliches *Recht* definieren; dass sie weiterhin die Aufgaben im Privat- und Berufsleben als geschlechtsspezifische *Pflichten* verteilen; und dass sie zum dritten vor dem Hintergrund dieser Rechte und Pflichten spezifische *Geschlechterrollen* definieren, deren Nichterfüllung oder Übertretung mit *Sanktionen* begegnet wird. Verkürzt gesagt sollten bestimmte Wertorientierungen in der Bevölkerung dazu führen, dass Frauen in geringerem Umfang politisch aktiv werden (können) als Männer.

Wie nun lassen sich aber Werte beziehungsweise Wertorientierungen definieren? Die klassische Definition des Wertebegriffs stammt von Kluckhohn, dessen Beitrag im selben Sammelband wie der von Parsons und Kollegen zu finden ist. Diese Definition ist auch heute noch weit verbreitet, was für ihre Gültigkeit spricht (vgl. Gerhards und Hölscher 2005: 19f.; van Deth und Scarbrough 1995: 28). Kluckhohn (1951: 395) definiert den Begriff „Wert" folgendermaßen:

---

[84] Eine allgemeine Definition des Kulturbegriffs kann nicht Ziel dieser Untersuchung sein. Die Arbeitsdefinition hat lediglich den Anspruch, im Rahmen der vorliegenden Forschungsfrage zu gelten.

„A value is a conception, explicit or implicit, distinctive of an individual or characteristic of a group, of the desirable which influences the selection from available modes, means, and ends of action."

Werte sind also nicht einfach nur affektive Präferenzen oder Wünsche. Die Kombination der Begriffe „conception" und „desirable" zeigt vielmehr an, dass es sich um gerechtfertigte, bewertete Präferenzen handelt, wie Kluckhohn selbst betont (vgl. auch van Deth und Scarbrough 1995: 26). Daher sind Werte als eine „union of reason and feeling" zu begreifen (Kluckhohn 1951: 400). Ein weiterer wichtiger Aspekt des Wertebegriffs ist nach Kluckhohn (1951: 400) seine Dauerhaftigkeit. Dieser Aspekt ist entscheidend, denn Wertorientierungen, so Kluckhohn, ändern sich nicht unmittelbar durch die logische Demonstration ihres Nicht-(Mehr-)Zutreffens.

Auf den Kontext dieser Untersuchung angewandt hat diese Wertekonzeption die folgende Bedeutung: Selbst wenn man Bürger, die traditionelle Werte pflegen, davon überzeugen kann, dass es vor dem Hintergrund der derzeitigen rechtlichen Lage korrekt ist, Frauen und Männern die gleichen Rechte, Pflichten und Chancen zu gewähren, so mögen sie dennoch über eine längere Zeit hinweg ein Unbehagen oder eine Neigung verspüren, die sie davon abhält, eine Erhöhung des Frauenanteils im Parlament für erstrebenswert zu erachten oder gar aktiv zu unterstützen.

Partnerschaftskonzeptionen

Es ist zu vermuten, dass die Einstellung gegenüber der Gleichstellung von Frauen und Männern sich am Zustand derjenigen Institution ablesen lässt, in der Geschlechterrollen im Privaten seit alters her verteilt wurden: an der *Ehe* (vgl. Abschnitt 4.3). In traditionell geprägten Gesellschaften, in denen die Frau eine dem Mann untergeordnete Rolle spielt, herrscht in der Ehe ein Partnerschaftsmodell vor, welches dem Mann die Rolle des Oberhauptes und Ernährers, der Frau hingegen die Rolle der Hausfrau und Mutter zuweist (Inglehart und Norris 2003: 14ff.). Klassischerweise wird die Geschlechterhierarchie und -rollenverteilung zwischen zwei Menschen sogar gesetzlich geregelt. Heute mögen beide Partner formell gleichgestellt sein. Wie jedoch in Abschnitt 4.3.2.2 gezeigt wurde, liegen wichtige Schritte auf diesem Weg nur wenige Jahre zurück.

Nun ist anzunehmen, dass die traditionelle Partnerschaftskonzeption der Ehe im Sinne der obenstehenden Wertekonzeption eine Langzeitwirkung besitzt, die sich nicht durch Gesetzesbeschlüsse vollständig und mit sofortiger Wirkung beseitigen lässt. Es ist daher zu erwarten, dass in Gegenden, in denen die Ehe eine vergleichsweise populäre Partnerschaftskonzeption darstellt, bezüglich des Verhältnisses der Geschlechter eher traditionelle Werte und Einstellungen vorherrschen. Diese Werte dürften dazu führen, dass die politische Gleichstellung von Frauen und Männern weniger ausgeprägt ist als in Gegenden, in denen losere Bindungen vorherrschen, beziehungsweise in denen es häufiger zu Ehelösungen kommt (vgl. Banaszak und Plutzer 1993; Kaiser und Hennl 2008).

Neben ihrer offensichtlichen kulturellen Komponente besitzt die Ehe auch eine soziostrukturelle bzw. sozioökonomische Dimension. So ist davon auszugehen, dass Frauen in loseren Bindungen, besonders wenn diese auf eine Scheidung folgen, vermehrt finanziellen Risiken ausgesetzt sind, die die Ressourcenbasis eher schmälern als verbreitern: Wenn sie *erstens* im Falle einer Scheidung und nach jahrelanger Hausfrauentätigkeit zur eigenen Versorgung eine bezahlte Tätigkeit aufnehmen wollen, so fehlt ihnen oft die berufliche Praxis, um sich auf dem Arbeitsmarkt zu behaupten, oder um in eine ausreichend dotierte Stellung zu gelangen. *Zweitens* verdienen sie, wie oben ausgeführt, ohnehin häufig weniger als Männer. *Drittens* sind Frauen im Falle einer Scheidung oftmals materiell stärker benachteiligt als Männer. Um diesem Umstand entgegenzuwirken, wurden erst im Jahr 2009 entsprechende Gesetzesvorschriften erlassen (vgl. Abschnitt 4.3.2.2). *Viertens* sind Alleinerziehende meist Frauen. Selbst wenn die Unterhaltszahlungen des Vaters die materiellen Beeinträchtigungen alleinerziehender Mütter auffangen, so bedeutet das alleinige Aufziehen eines oder mehrerer Kinder eine hohe zeitliche Belastung, die ein politisches Engagement enorm erschwert.

Die hier vorgestellten Überlegungen weisen also auf zwei miteinander konkurrierende Hypothesen hin:

H15b: *Je loser die Familienstrukturen, desto höher ist der Anteil weiblicher Mandatsträger im Parlament.*

H15b: *Je loser die Familienstrukturen, desto niedriger ist der Anteil weiblicher Mandatsträger im Parlament.*

Katholizismus

Ein weiterer potenzieller Einflussfaktor ist religiöser Natur.[85] Inglehart und Norris (2003: 49ff., 153ff.) sprechen der *Religion* eine wichtige Rolle zu, wenn es um die Entwicklung einer Gesellschaft geht, in der Männer und Frauen gleichberechtigt sind: Vor allem traditionelle religiöse Gruppierungen wie die katholische Kirche verstärkten bestehende soziale Ungleichheiten und blockierten politische Modernisierungstendenzen.[86] Mehrfach wurde empirisch nachgewiesen, dass die Verbreitung des Katholizismus in der Bevölkerung mit niedrigen Frauenanteilen im jeweiligen Parlament zusammenhängt (vgl. Kaiser

---

[85] Zur Religion als Ursprung von Wertesystemen vgl. Jagodzinski und Dobbelaere (1995).
[86] Neben dem Katholizismus wird gemeinhin auch dem Islam eine hemmende Wirkung für den Ausbau der Gleichberechtigung von Frauen und Männern zugesprochen. Bayes und Tohidi (2001) sprechen dabei nicht nur von Parallelitäten, sondern analysieren die Kooperationen beider Gruppierungen auf internationaler Ebene, welche auf die Ausbremsung von Gleichstellungsbestrebungen abzielen.

und Hennl 2008; Kunovich und Paxton 2005; Norris 1997; Rule 1987). Eine plausible Erklärung dieses postulierten Einflusses des Katholizismus wird indessen in keiner dem Autor bekannten Untersuchung über Frauen in der Politik geliefert. Daher soll an dieser Stelle versucht werden, die möglichen Ursachen katholischer Ressentiments gegenüber der Gleichstellung der Geschlechter zu ergründen.

Eine allgemeine Einschätzung des Katholizismus stammt aus der Feder Kardinal Lehmanns (2004: 170), der die römisch-katholische Kirche als ein „tendenziell ‚geschlossenes' System religiöser, kultureller, sozialer und politischer Denk-, Lebens- und Verhaltensformen" bezeichnet – und zwar explizit im Gegensatz zum Protestantismus. Der Religionssoziologe Troeltsch charakterisiert den Katholizismus in ähnlicher, jedoch ungleich pointierterer Weise. Laut Troeltsch ([1912] 1994: 981f.) hat die römisch-katholische Kirche im Spannungsverhältnis zwischen christlichen Inhalten und Weltanpassung letzterer den Vorzug gegeben, indem sie „die Innerlichkeit, Persönlichkeit und Beweglichkeit der Religion der festen Objektivierung im Dogma, Sakrament, Hierarchie, Papsttum und Infallibilität geopfert" hat. Weiter urteilt Häring (2005: 345, 347), dass sich in der katholischen Kirche trotz des Rückgangs an weltlicher Macht die „Theologien und Denkstrukturen einer Machtkirche" sowie ein hoher Organisationsgrad und ein komplexes Rechtssystem erhalten haben. In solch ein Gebäude aus festgefügten Traditionen, Dogmen und strikt hierarchischen Abhängigkeitsverhältnissen bringen Reformen nur Unruhe hinein (Häring 2005: 359). Die katholische Kirche kann daher durchaus als ein schwerfälliges Gebilde bezeichnet werden, in welchem Modernisierungsprozesse potenziell argwöhnisch betrachtet werden, da jede Reaktion auf diese Prozesse eine Veränderung der Machtstrukturen und damit einen Machtverlust einzelner Personen und Lager innerhalb der Kirche mit sich bringen kann.

Die Emanzipation der Frau, und damit einhergehend der Wandel von Rollenverständnissen und Familienmodellen ist ein solcher Modernisierungsprozess, der innerhalb der katholischen Kirche auf Widerstand stieß und stößt. Die Abwehrhaltung lässt sich ganz konkret an den Äußerungen der Kirchenoberen des 20. Jahrhunderts ablesen:

- Während der Weltwirtschaftskrise verlangte Papst Pius XI. 1931 im Kapitel 71 seiner Enzyklika *Quadragesimo anno* ausdrücklich, Frauen hätten sich auf den häuslichen Wirkungskreis und ihre Mutterrolle zu konzentrieren (vgl. Hervé 1995a: 108; Wiggershaus 1978: 13).[87]
- Das Zustandekommen des umstrittenes Gleichberechtigungsgesetzes von 1958, durch welches die Geschlechterhierarchie soweit wie möglich festgeschrieben werden sollte und das nur ein Jahr später in Teilen vor den Bundesverfassungsrichtern scheiterte (vgl. Abschnitt 4.3.2.2), ist zu einem nicht unwesentlichen Teil dem Wirken der katholischen

---

[87] Offizielle deutsche Version der Enzyklika unter www.vatican.va (05.09.2009).

Bischofskonferenz zuzuschreiben. Zwar sprach sich die evangelische Kirche bei diesem Anlass auch nicht für eine völlige Gleichberechtigung aus, agierte jedoch inhaltlich moderater und im Ton zurückhaltender als der Amtskatholizismus (Raming 1989: 25f.).[88]

- Papst Paul VI. deklarierte 1968 im Kapitel 16 seiner Enzyklika *Humanae vitae* „den Gebrauch direkt empfängnisverhütender Mittel als immer unerlaubt [...], auch wenn für diese andere Praxis immer wieder ehrbare und schwerwiegende Gründe angeführt werden".[89] Die Möglichkeit der Geburtenkontrolle war und ist jedoch eine der Kernforderungen moderner Frauenrechtsbewegungen, da Frauen nur auf diese Weise volle Selbstbestimmung über ihren Körper und damit auch über ihre Lebensplanung erlangen können (vgl. Abschnitt 4.3.2.2).

- Wiederum unter Paul VI. wurde 1976 die Erklärung *Inter Insigniores* herausgegeben, die Frauen den Zugang zum Priesteramt verwehrt (Kongregation für die Glaubenslehre 1976 [1996]). Die Kernargumente lauten dabei *erstens,* „Jesus Christus hat keine Frau unter die Zahl der Zwölf berufen", obwohl es ihm völlig freistand, dies zu tun (Kongregation für die Glaubenslehre 1976 [1996]: 14). Nach dieser Erklärung ist der Priester *zweitens*

    „ein Zeichen [für die Person Christi], das wahrnehmbar sein muss und von den Gläubigen auch leicht verstanden werden soll" (Kongregation für die Glaubenslehre 1976 [1996]: 19).

    Wenn nun aber

    „die Stellung und Funktion Christi in der Eucharistie sakramental dargestellt werden soll, so liegt diese „natürliche Ähnlichkeit", die zwischen Christus und seinem Diener bestehen muss, nicht vor, wenn die Stelle Christi dabei nicht von einem Mann vertreten wird: andernfalls würde man in ihm schwerlich das Abbild Christi erblicken. Christus selbst war und bleibt nämlich ein Mann" (Kongregation für die Glaubenslehre 1976 [1996]: 20).

- Nachdem durch diese Erklärung die Diskussion um die Öffnung des Priesteramtes für Frauen nicht verstummen wollte, sah sich Papst Johannes Paul II. gleich zwei Mal gezwungen, mittels apostolischer Schreiben Position zu beziehen. In *Mulieris Dignitatem* von 1988[90]

---

[88] Zum generell starken katholisch-konservativen Einfluss auf die Familienpolitik in der Nachkriegszeit vgl. Morgan (2009: 80f.).

[89] Offizielle deutsche Version der Enzyklika unter www.stjosef.at/dokumente/ humanae_vitae.htm (05.09.2009).

[90] Offizielle deutsche Version des Schreibens unter www.vatican.va (05.09.2009).

bestätigt er die Auffassung Pauls VI. und in Kapitel 3 der *Ordination Sacerdotalis* aus dem Jahr 1994[91] erklärt er den Ausschluss von Frauen aus dem Priesteramt gar für „endgültig".[92]

Die katholische Kirche gibt sich in den genannten Quellen keineswegs dezidiert frauenfeindlich, sondern betont ihre besondere Wertschätzung des weiblichen Geschlechts, wie bereits am Titel des Schreibens *Mulieris Dignitatem* (dt. *Die Würde der Frau*) erkennbar ist. Außerhalb der Kirche, so die katholische Position, müssten den Frauen die gleichen Rechte zukommen wie den Männern.

Zumindest im Ansatz sind aber auch innerhalb der katholischen Kirche Gleichstellungsbemühungen erkennbar. So wurde auf dem zweiten Vatikanischen Konzil (1962-1965) die Gleichberechtigung von Frauen und Männern im Laienstand verwirklicht (Gössmann und Pelke 1968: 20). Zudem betont Papst Johannes XXIII., der Initiator des zweiten Konzils, im Abschnitt 41 seiner Enzyklika *Pacem in terris* von 1963, dass die moderne Frau „sowohl im häuslichen Leben wie im Staat jene Rechte und Pflichten in Anspruch [nehmen können muss], die der Würde der menschlichen Person entsprechen".[93] Auch im Rahmen der Reform des Kirchenrechts (*Codex Iuris Canonici*) von 1983 wurde die Frau in einigen Punkten besser gestellt (vgl. Riedel-Spangenberger 1989). Die genannten Fortschritte sind jedoch im Vergleich zur allgemeinen gesellschaftlichen Entwicklung als nicht nennenswert zu beurteilen (Raming 1989: 27). Berücksichtigt man weiterhin die oben skizzierte strikt konservative Grundhaltung der katholischen Kirche vor allem *in puncto* Frauenordination, so muss insgesamt von einer antimodernen Grundhaltung des Katholizismus in Geschlechterfragen gesprochen werden. Die katholische Theologin Ida Raming (1989: 91) argumentiert in diesem Zusammenhang: „Ohne Zweifel stellen die Kirchen, die die Frauenordination eingeführt haben, ein fortgeschritteneres Stadium auf dem Weg der Befreiung des Menschen, vor allem der Frau, dar" (vgl. auch Casanova 2009: 20).

Zwar galt auch im Protestantismus anfangs eine patriarchalische Ordnung, in der der Mann ganz selbstverständlich das Sagen hatte (Weber 1907: 283). Diese Konfession baut jedoch auf einigen Grundsätzen auf, die den Boden für eine spätere aufgeschlossenere Haltung in der Frauenfrage bereiteten. So schließt der Protestantismus, im Gegensatz zum Katholizismus, die Mittlerfunktion der Kirche zwischen Gott und den Menschen von vorne herein aus und propagiert stattdessen das „Priestertum aller Gläubigen". Der Leitspruch *sola scriptura* („nur durch die Schrift") beschreibt den Vorrang des biblischen Wor-

---

[91] Offizielle deutsche Version des Schreibens unter www.vatican.va (05.09.2009).
[92] Hünermann (1996) und Raming (1973) zufolge stehen die von der katholischen Amtskirche zum Ausschluss der Frauen vom Priesteramt angeführten Argumente selbst aus theologischer Sicht auf tönernen Füßen.
[93] Offizielle deutsche Version der Enzyklika unter www.uibk.ac.at/theol/leseraum/texte/333.html (05.09.2009).

tes vor kirchlicher Tradition. Zudem gilt die *libertas christiana*, die Verantwortlichkeit des Einzelnen allein vor Gott (Graf 2004: 247). Die genannten Grundsätze bewirken, dass sich der Einzelne freier entfalten kann und ermöglichten dadurch eine eigenwillige Verbindung von Religiosität und Anpassungsfähigkeit an die Moderne (vgl. Baumann 1992: 24). Auf der Individualebene ist ein Einfluss des Protestantismus auf die Rolle der Frau bereits recht früh zu beobachten. So bemerkte de Tocqueville bereits in der ersten Hälfte des 19. Jahrhunderts (1835/1840 [1976]: 689): „Die jungen Mädchen sind in allen protestantischen Völkern in ihrem Tun weit selbstständiger als in den katholischen Völkern." Auf gesellschaftlicher Ebene wirkte sich der Protestantismus hingegen noch über lange Zeit als ein Hindernis aus. So wurden Gleichstellungsbestrebungen in der Zeit des Kaiserreichs von der evangelischen Kirche überwiegend abgelehnt (Baumann 1992: 273; Planert 1998: 161ff.; Starkey 2006: 192). Noch in den 1950er Jahren trat die evangelische Kirche im Rahmen des Gleichberechtigungsgesetzes, wie bereits dargelegt, für die Vorherrschaft des Mannes ein, wenn auch nicht so vehement wie die katholische Seite. Eine spürbare Öffnung gegenüber emanzipatorischem Denken zeigt sich im Protestantismus seit den 1960er Jahren (Baumann 1992: 276). Analog zu diesen Befunden kommt Praetorius (1993: 191) bei ihrer Analyse protestantischer theologischer Lehrbücher seit 1949 zu dem Schluss, dass in der Nachkriegszeit „festgefügte Geschlechterontologien" vorherrschten, die nach und nach von Gleichheitspostulaten abgelöst wurden.

Wie bereits bei der Analyse des Katholizismus, so lässt die Zulassung von Frauen zum Priesteramt Rückschlüsse über die Haltung des Protestantismus gegenüber der Stellung der Frau im Allgemeinen zu. Die Öffnung des Priesteramts für Frauen vollzog sich im deutschen Protestantismus zwischen den 1920er und 1990er Jahren in einem stufenweisen Prozess: Nachdem sich Frauen seit Anfang des 20. Jahrhunderts an den Universitäten einschreiben konnten (vgl. Abschnitt 4.3.2.2), dauerte es nicht mehr lange, bis es die ersten examinierten evangelischen Theologinnen gab (Sammet 1998: 15). Diese wurden in der Zeit zwischen den beiden Weltkriegen zunächst als Unterstützung von männlichen Pfarrern eingesetzt, während des Zweiten Weltkriegs verwalteten sie aufgrund des Männermangels Pfarreien oft eigenständig und vollzogen alle priesterlichen Amtshandlungen. Nachdem Frauen aus dem Pfarramt in der Nachkriegszeit zunächst wieder herausgedrängt worden waren, erfolgte die schrittweise Gleichstellung mit den männlichen Kollegen. Die meisten der in der *Evangelischen Kirche in Deutschland* (EKD) organisierten Landeskirchen verabschiedeten entsprechende Vorschriften in den 1960/70er Jahren, einzig Schaumburg-Lippe folgte erst 1990 (Sammet 1998: 21). Heute sind Frauen im deutschen Protestantismus nicht nur berechtigt, das Priesteramt zu begleiten, sie sind auch in den höchsten Kirchenämtern präsent.[94]

---

[94] Unter den Vorständen der 22 Landeskirchen der EKD fanden sich zum 01.11.2009 mit Ilse Junkermann (Mitteldeutschland), Margot Käßmann (Hannover) und Maria Jepsen (Nord-

Insgesamt erweist sich keine der beiden großen christlichen Konfessionen als Triebfeder für die Gleichstellung der Frau. Trotzdem kann der Protestantismus in dieser Hinsicht als die progressivere beziehungsweise weniger konservative Konfession eingestuft werden, hat er doch in der Nachkriegszeit im Gegensatz zum Katholizismus eine deutlich sichtbare Entwicklung durchlaufen.

Es existiert jedoch eine Gegenposition zu dieser Darstellung, die hier ebenfalls skizziert werden soll. Greeley (2000: 106ff.) konstatiert ein besonders starkes Eintreten von Katholiken für die Gleichstellung der Frau, das er theologisch begründet: Basierend auf dem Marienkult sei katholischen Gläubigen eine besondere Wertschätzung des weiblichen Geschlechtes zu eigen, was Angehörige dieser Konfession zu einer aufgeschlossenen Einstellung gegenüber der Gleichstellung von Frauen und Männern bewege. Reynolds (1999: 561) stellt in katholisch geprägten Gesellschaften sogar eine überdurchschnittlich hohe Frauenrepräsentation fest, noch höher als in protestantisch geprägten Gesellschaften. Zwar kann diese Position als eine Mindermeinung eingestuft werden, nichtsdestoweniger soll ihr Gehalt auch empirisch überprüft werden.

Entsprechend der widersprüchlichen Evidenz werden zwei Hypothesen geprüft:

H16a: *Je höher der Anteil der katholischen Bevölkerung, desto niedriger ist der Anteil der Frauen im Parlament.*

H16b: *Je höher der Anteil der katholischen Bevölkerung, desto höher ist der Anteil der Frauen im Parlament.*

Sozialistisches Erbe

Der letzte hier zu behandelnde Faktor ist regional-kultureller Natur: die sozialistische Vergangenheit Ostdeutschlands. Marxistisch-leninistische Regime, zu denen auch das DDR-Regime zu zählen ist, gründen ihren Legitimitätsanspruch auf dem Postulat radikaler gesellschaftlicher Gleichheit. Diese umfasst auch die Einbindung von Frauen in die Politik (Paxton et al. 2006: 904f.). Entsprechend wurde in der DDR vordergründig ein Frauenbild propagiert, zu welchem neben der ökonomischen Einbindung auch die gesellschaftliche und politische Gleichstellung gehörte (Nickel 1998: 23f.). Dieser offiziellen Linie stand freilich eine Wirklichkeit gegenüber, in der „die höheren Leistungsebenen ganz selbstverständlich Männerdomänen blieben" (Dölling 1993: 29, vgl. auch Steiner 2000: 152). So überrascht es nicht, dass in der faktisch machtlosen DDR-Volkskammer Frauen vergleichsweise stark präsent waren (vgl.

---

elbien) insgesamt drei Frauen. Margot Käßmann wurde am 28.10.2009 zur ersten weiblichen Ratsvorsitzenden der EKD gewählt und begleitete damit das höchste Amt innerhalb der EKD. Wenige Monate später, am 24.02.2010 trat Käßmann aufgrund einer Alkoholfahrt von all ihren kirchlichen Ämtern zurück (www.ekd.info, 15.03.2010).

Abschnitt 3.4), während im mächtigsten Organ der DDR, dem Politbüro, zu keiner Zeit auch nur eine Frau stimmberechtigtes Vollmitglied war (Hampele 1993: 289f.). Schenk und Schindler (1995: 184) sprechen von einer „patriarchalischen Verfasstheit der DDR-Gesellschaft" und Bühler (1997: 39) zufolge wurden Frauen gar „systematisch aus dem politischen Gestaltungsprozess ausgeschlossen" (vgl. auch Geißler 2006: 301).

Wie wirkt sich dieser vordergründige, aber nicht realisierte programmatische Anspruch auf die Repräsentationsmuster von Frauen seit der deutschen Einheit aus? Es gibt Anhaltspunkte für eine bessere politische Einbindung der Frauen in Ostdeutschland im Vergleich zu Westdeutschland: So berichtet Hoecker (1996: 30f.), der Frauenanteil unter den Mandatsträgern in den ostdeutschen Landes- und Kommunalparlamenten sei 1994 höher gewesen als im Westen. Nach Westle (2001: 139ff.) unterscheidet sich in Ostdeutschland das Ausmaß des parteipolitischen Engagements von Frauen und Männern in geringerem Maße als in Westdeutschland. Zurückgeführt werden kann dies darauf, dass die männliche Dominanz in der DDR vertuscht wurde und nicht Teil des öffentlichen Diskurses war (Geißler 2006: 301; Schenk und Schindler 1995: 184). Eva Kolinsky (1995: 97) fasst zusammen:

> „Da es wenig Informationen gab, die die schlechtere Entlohnung, die schlechteren Aufstiegschancen, die schlechteren Einstiegschancen bloßgestellt hätten, war es Frauen in der DDR in der Regel gar nicht bewusst, dass der Staat sie auf den zweiten Platz im Sozialismus abgeschoben hatte."

Den zitierten Quellen nach zu urteilen dürften ostdeutsche Frauen nach der Wende durchaus im gleichen Maß wie ostdeutsche Männer motiviert gewesen sein, sich politisch einzubringen, denn über vier Jahrzehnte hinweg hatte man ihnen versichert, sie seien dem Mann in jeder Hinsicht gleichgestellt. Diese Haltung könnte sich bis heute, zwei Jahrzehnte nach der Wiedervereinigung, in vergleichsweise hohen Repräsentationsraten von Frauen in ostdeutschen Parlamenten niederschlagen.

Die deutschlandbezogene Forschung legt damit, trotz gleicher Grundannahmen, andere Schlussfolgerungen nahe als die international vergleichende Literatur: Montgomery (2003: 1) zufolge erfüllten Frauen in politischen Ämtern während des Sozialismus die Funktion von Feigenblättern und waren Teil einer „directive emancipation" des jeweiligen Regimes – diese Einschätzung stimmt mit den oben ausgeführten Bewertungen überein. Untersuchungen in post-sozialistischen osteuropäischen Parlamenten haben jedoch weiterhin ergeben, dass der Frauenanteil unter den Abgeordneten nach dem Systemwechsel von 1989/90 stark einbrach und sich erst mit der Zeit wieder langsam erholen konnte (Kunovich und Paxton 2005; Rueschemeyer 1998). Die Marginalisierung der Frauen in den ersten demokratisch gewählten Parlamenten des Ostblocks offenbart also, dass es *in realiter* um die Gleichstellung zwischen Frauen und Männern im Sozialismus schlecht bestellt war. Die DDR, so lässt sich vermuten, bildet dabei keine Ausnahme: Dies bestätigt ein Blick auf die Entwicklung des Frauenanteils in der DDR-Volkskammer, der bei der ersten und einzigen freien Wahl 1990 massiv zurückging (vgl. Abschnitt 3.4).

Vor dem Hintergrund dieser widersprüchlichen Sichtweisen werden zwei konkurrierende Hypothesen formuliert:

H17a: Der Frauenanteil unter den ostdeutschen Mandatsträgern ist höher als unter den westdeutschen.

H17b: Der Frauenanteil unter den ostdeutschen Mandatsträgern ist niedriger als unter den westdeutschen.

5.2. Die unterschiedliche Präsenz von Frauen in den deutschen Kreisparlamenten und Landtagen – eine statistische Ursachenanalyse

Nach der Vorstellung der Forschungshypothesen wird der Fokus nun auf die Datenanalyse gerichtet, um zu klären, welche Faktoren tatsächlich für die enormen Unterschiede bei der Frauenrepräsentation verantwortlich sind. Dabei werden sämtliche deutschen Landkreise und kreisfreien Städte sowie die Landtage untersucht. Unterhalb der Kreisebene gibt es eine Zahl an Gemeinden, die ausreichend für eine statistisch-quantitative Analyse wäre. Allerdings liegen nicht nur die Daten zur Frauenrepräsentation auf dieser Ebene sehr lückenhaft vor (vgl. Kapitel 3 und Anhang A). Dem Autor sind auch für mehrere der in Abschnitt 5.1 vorgestellten unabhängigen Variablen (*Wahlkreisgröße, Parteimitglieder, Frauenerwerbstätigkeit, Kinderbetreuung, Vereinsengagement, Partnerschaftsmodelle, Katholizismus*) keinerlei Datenbestände für die Gemeindeebene bekannt. Eine quantitative Analyse der Frauenrepräsentation im Bundestag ist aufgrund der geringen Fallzahl (N=1) nicht zu realisieren.[95]

---

[95] Die 16 Bundesländer bilden bei der Bundestagswahl Wahlbereiche, in denen jeweils über unterschiedliche Landeslisten abgestimmt wird, und auch die Wahlkreisgrenzen für die Direktmandate durchschneiden die Ländergrenzen nicht. Vor diesem Hintergrund wäre eine Analyse der Bundestagswahlergebnisse auf der Ebene der Länder grundsätzlich denkbar. Die Landeslisten sind allerdings untereinander verbunden, und der Verhältnisausgleich zwischen den Parteien wird zunächst auf Bundesebene durchgeführt, dann erst werden die Sitze auf die einzelnen Landeslisten verteilt. Eine Partei erhält also in einem Bundesland nicht so viele Sitze, wie ihr nach ihrem Zweitstimmenanteil unter allen Parteien dieses Bundeslands zustehen, sondern gemäß dem Beitrag, den die Zweitstimmen zum Bundesergebnis dieser Partei beitragen. Berücksichtigt man weitere, mitunter erhebliche Verzerrungen, die durch Überhangmandate zustande kommen, so kann die Bundestagswahl keinesfalls im Sinne von 16 separat stattfindenden Landeswahlen interpretiert werden (vgl. Nohlen 2009: 326ff.). Da dem Autor kein Verfahren bekannt ist, durch welches für die genannten Aspekte kontrolliert werden kann, wird von der Analyse der Bundestagswahl Abstand genommen.

Die Kreis- und die Landesebene werden zunächst separat untersucht (Abschnitte 5.2.1 und 5.2.2). Dabei kommen quantitative Methoden zum Einsatz, deren Auswahl sich jeweils nach den Beschränkungen in der Datenlage richtet. Für beide Ebenen werden die Variablen mit wenigen Ausnahmen einheitlich operationalisiert, um eine größtmögliche Vergleichbarkeit der Ergebnisse zu gewährleisten. Abschließend werden die Resultate der Kreis- und der Landesebene einander gegenübergestellt (Abschnitt 5.2.3).

5.2.1. Frauen in den Kreisparlamenten

5.2.1.1. Untersuchungseinheiten, Zeitraum und Methodik

Auf der Kreisebene wurden die Vertretungen aller im Untersuchungszeitraum bestehenden 436 Kreise (Landkreise und kreisfreie Städte) betrachtet. Es sei angemerkt, dass die Städte Berlin und Hamburg als Stadtstaaten, also als Bundesländer zählen, innerhalb derer es keine eigenständigen Kommunen im staatsrechtlichen Sinne gibt (vgl. Bull 2007; Hurnik 2007). Das Berliner Abgeordnetenhaus und die Hamburger Bürgerschaft wurden daher im Rahmen der Landesparlamente analysiert, auf die Einbeziehung der Stadtbezirksvertretungen im Rahmen der Untersuchung der Kreisebene wurde aus Gründen mangelnder Vergleichbarkeit verzichtet. Der Fall Bremen gestaltet sich weniger eindeutig, hier spricht die Literatur von einem „Zwei-Städte-Staat" (Göbel 2007: 772). Die aus der Stadt Bremen in die Bremer Bürgerschaft Gewählten (die Landtagsabgeordneten) bilden gleichzeitig die Bremer Stadtbürgerschaft (das Kommunalparlament der Stadt Bremen) – sie tragen also grundsätzlich ein Doppelmandat.[96] Die Stadt Bremerhaven ist hingegen eine eigenständige kommunale Gebietskörperschaft, einer kreisfreien Stadt vergleichbar. Sie verfügt über einen Stadtrat, die 48-köpfige *Stadtverordnetenversammlung*, entsendet aber auch 15 separat zu wählende Mitglieder in den Landtag. Vor diesem Hintergrund wurde die Bremer Bürgerschaft (einschließlich der Abgeordneten aus Bremerhaven) allein im Rahmen der Landesebene analysiert, während die Stadtverordnetenversammlung Bremerhavens ausschließlich bei der Untersuchung der Kreisebene berücksichtigt wurde.

Der zeitliche Rahmen der vorliegenden Untersuchung richtet sich nach der Datenlage, aber auch nach forschungspraktischen Gesichtspunkten. Zunächst zum Ende des Untersuchungszeitraumes: Da die nun folgende Analyse im Laufe des Jahres 2009 erstellt wurde, konnten grundsätzlich keine Wahlen nach Ablauf des Jahres 2008 berücksichtigt werden.

---

[96] Aufgrund des europaweit geltenden Kommunalwahlrechts für EU-Bürger kann es hier mitunter zu leichten Abweichungen kommen, denn EU-Bürger sind nur zur Wahl der Stadtbürgerschaft zugelassen (Göbel 2007: 778). Von den 69 im Jahr 2007 gewählten stadtbremischen Bürgerschaftsabgeordneten hatten 67 ein Doppelmandat, ein Abgeordneter hatte nur ein Landtagsmandat und ein weiterer war lediglich Mitglied der Stadtbürgerschaft (vgl. www.bremische-buergerschaft.de, 05.11.2009).

Der frühestmögliche Beginn der Untersuchung ergibt sich aus der Verfügbarkeit der Daten auf der Kreisebene: Diese haben erst in den letzten Jahren eine Qualität, Abdeckung und Differenziertheit erreicht, die eine quantitative Analyse der in Abschnitt 5.1 vorgestellten Forschungshypothesen überhaupt zulassen. Insbesondere gilt dies für die abhängige Variable, also den Frauenanteil im Kreistag: Von einigen statistischen Landesämtern, wie etwa dem saarländischen oder dem Mecklenburg-Vorpommerns, sind diese Daten nur für die letzte Wahl vor dem Jahresende 2008 erhältlich (vgl. Anhang A). Da in dieser Arbeit *alle* deutschen Kreise miteinander verglichen werden sollen, wurde generell nur die jeweils letzte Wahl vor Ablauf des Jahres 2008 berücksichtigt. Insgesamt fallen damit alle in der Folge zu analysierenden Kommunalwahlen in den Zeitraum zwischen 2004 und 2008 (vgl. Tabelle 5.1 sowie Kapitel 3).[97]

Tabelle 5.1: Berücksichtigte Kommunalwahlen nach Bundesländern.

Bundesland	Wahldatum
Baden-Württemberg	13.06.2004
Bayern	02.03.2008
Brandenburg	28.09.2008
Bremen	13.05.2007
Hessen	26.03.2006
Mecklenburg-Vorpommern	13.06.2004
Niedersachsen	10.09.2006
Nordrhein-Westfalen	26.09.2004
Rheinland-Pfalz	13.06.2004
Saarland	13.06.2004
Sachsen	13.06.2004
Sachsen-Anhalt	13.06.2004
Schleswig-Holstein	25.05.2008
Thüringen	27.06.2004

Quellen: Statistische Landesämter.

Die Wirkung der in Abschnitt 5.1 vorgestellten Faktoren auf den Frauenanteil in den Kommunalparlamenten wurde mittels eines zweistufigen Analyserasters untersucht, welches Schritt für Schritt an Komplexität gewinnt, dabei

---

[97] In einigen Kreisen Sachsen-Anhalts fanden 2007 nach einer Gebietsreform samt Kreisumbildungen Neuwahlen statt. Aufgrund der ungenügenden Datenlage hinsichtlich der unabhängigen Variablen für diese neu gebildeten Kreise werden in Sachsen-Anhalt nur die Wahlen des Jahres 2004 berücksichtigt.

jedoch gleichzeitig die wesentlichen Zusammenhänge immer stärker fokussiert. Das Vorgehen dient der Erhöhung der Robustheit der Ergebnisse und ähnelt einem System mehrerer hintereinander geschalteter Filter: Die erste Stufe und gleichsam den ersten Filter bildete die isolierte Analyse der Beziehungen zwischen jeder einzelnen Erklärungsgröße und der abhängigen Variablen durch bivariate Regressionsmodelle. Um die Robustheit der bivariaten Zusammenhänge zu überprüfen, wurde auf der zweiten Stufe der simultane Einfluss jeweils mehrerer Variablen mittels multipler Regressionsverfahren analysiert, wobei nur die auf der ersten Stufe als signifikant identifizierten Größen berücksichtigt wurden.[98] Diese zweite Analysestufe bestand aus drei Schritten: *Erstens* wurden Modelle gebildet, die unabhängige Variablen jeweils nur eines Ansatzes aus Abschnitt 5.1 beinhalten. *Zweitens* wurden alle signifikanten Variablen aus der ersten Stufe in einem einzigen Modell betrachtet. *Drittens* flossen die signifikanten Variablen des vorhergehenden Modells in ein abschließendes Modell ein. Das skizzierte Forschungsdesign ist für die Analyse nationaler und subnationaler Einheiten ein etabliertes Verfahren, welches in dieser oder ähnlicher Weise bereits häufig angewendet wurde (Freitag 1996a; 2000; 2005; Lijphart 1999; Vatter 1998; 2005).

Alle Modelle wurden einer Reihe statistischer Tests unterzogen, um die Stabilität der Ergebnisse zu erhöhen. Zunächst wurde festgestellt, dass die abhängige Variable nicht normalverteilt ist (p = 0,1, vgl. Tabachnick und Fidell 2001: 80f.). Abhilfe schafft die Box-Cox-Transformation des Frauenanteils in den Kreisparlamenten (Kohler und Kreuter 2008: 238f.). Zur Überprüfung der Homoskedastizitätsannahme wurden Wooldridge (2009: 273ff.) folgend der White-Test sowie der Breusch-Pagan- beziehungsweise der Cook-Weisberg-Test angewandt. Bei festgestellter Heteroskedastizität, wenn also mindestens einer der genannten Tests eine signifikante Teststatistik aufwies, wurden robuste Standardfehler geschätzt. Die Überprüfung der Annahme der wechselseitigen Unabhängigkeit der Erklärungsfaktoren in den Modellen wurde durch die Berechnung unzentrierter Varianz-Inflationsfaktoren (VIF) sowie mittels Korrelationsmatrizen durchgeführt (Wagschal 1999: 236f.). VIF-Werte oberhalb der kritischen Schwelle von 10 (Schnell 1994: 247) waren dabei nicht zu beobachten. Zudem wurde für alle Modelle eine Ausreißeranalyse mithilfe der Maßzahl *DFFITS* durchgeführt (Jann 2009: 108). In einem separaten Analyseschritt wurden all jene Fälle, die den kritischen Wert überschritten,[99] aus der

---

[98] Der Autor ist sich bewusst, dass Signifikanztests streng genommen nur bei der Analyse von Zufallsstichproben, nicht aber von Vollerhebungen eingesetzt werden dürfen. Die Betrachtung von Signifikanztests bei Vollerhebungen ist aber in der vergleichenden Politikwissenschaft nicht nur gängige Praxis, sondern es gibt auch gute inhaltliche Gründe für dieses Vorgehen: So ist bei Vollerhebungen die Stochastizität des Datengenerierungsprozesses zu berücksichtigen und in die Analyse einzubeziehen, was durch Signifikanztests erreicht werden kann (vgl. Broscheid und Gschwend 2003; 2005; Diekmann 2002: 600).

[99] Der kritische Wert berechnet sich nach Jann (2009: 112) als

$$|DFFITS_i| = 2\sqrt{k/n}$$

wobei *k* für die Zahl der Variablen und *n* für die Zahl der Beobachtungen steht.

Schätzung des jeweiligen Modells ausgeschlossen. Wenn sich dabei das Signifikanzniveau eines oder mehrerer Koeffizienten änderte, wurde das entsprechende Modell gesondert ausgewiesen, ansonsten wurde auf die Darstellung verzichtet.

Die skizzierte Vorgehensweise wurde auf insgesamt drei Gruppen von Untersuchungseinheiten angewandt: *Erstens* auf alle 436 deutschen Kreise, *zweitens* auf die 324 Kreise Westdeutschlands und *drittens* auf die 112 ostdeutschen Kreise. Diese Vorgehensweise begründet sich in der vielfach belegten Annahme, dass der Ausgang von Wahlen in Ostdeutschland von grundsätzlich anderen Faktoren als in Westdeutschland bestimmt wird (ein Überblick über den diesbezüglichen Forschungsstand findet sich bei Magin et al. 2009). Die genannten Fallzahlen bewegen sich in allen drei Gruppen in einer Größenordnung, die in der vergleichenden Politikwissenschaft nur selten erreicht wird: Bei der sonst üblichen Untersuchung von Nationalstaaten betragen die Fallzahlen oft nur 25 (OECD) oder 27 (EU) Länder.

5.2.1.2. Operationalisierung und Datenlage

Zur Überprüfung der in Abschnitt 5.1 beschriebenen Zusammenhänge erfolgt nun die Operationalisierung der einzelnen unabhängigen Variablen. Um die verschiedenen Einflussgrößen messbar zu machen, wurden die folgenden Indikatoren gewählt:

politisch-institutionelle Variablen

- Der jeweils verwendete *Wahlsystemtypus* wird Kaiser und Hennl (2008) folgend als Anteil der Direktmandate an allen Mandaten operationalisiert. Gegenüber einer alternativ denkbaren Operationalisierung in Form einer einfachen Kategorisierung der Wahlsystemtypen in Mehrheits-, Misch- und Verhältniswahlsysteme hat dieser Indikator einen wesentlichen Vorteil: Er ist in der Lage, die Varianz hinsichtlich der Anteile vergebener Direktmandate (vgl. Magin 2010b) präzise zu erfassen.
Bei der Analyse nur der ostdeutschen Kreise wird der Wahlsystemtypus nicht berücksichtigt, da es sich in diesem Fall nicht um eine Variable, sondern um eine Konstante handelt: In allen ostdeutschen Kreisen wird das Verhältniswahlrecht angewandt, Direktmandate werden nicht vergeben.
- Die *Wahlkreisgröße* ergibt sich als die durchschnittlich zu vergebende Sitzzahl pro Listenwahlkreis. Die Nichtberücksichtigung der Direktmandate zur Berechnung der durchschnittlichen Wahlkreisgröße dient der Vermeidung von Multikollinearität zwischen den Variablen *Wahl-*

Jann (2009: 109) argumentiert auch, dass *DFFITS* der Statistik *Cooks D* bei Diagnose von Ausreißern vorzuziehen ist, da letztere standardisierte Residuen verwendet, erstere aber auf studentisierten Residuen beruht.

kreisgröße und *Wahlsystemtypus*. Diese Operationalisierung entspricht der Vorgehensweise von Kaiser und Hennl (2008: 174f.).
- Die Operationalisierung der Variablen *Frauenquoten* bedarf besonderer Aufmerksamkeit. Um den Einfluss der Quotenregelungen auf den Frauenanteil in den Kreisparlamenten erfassen zu können, wird der von Kaiser und Hennl (2008: 174) vorgeschlagene Quotenindex (QI) angewandt. Dieser Index gibt Auskunft über die rechnerische Quote einer gewählten Versammlung unter Berücksichtigung der Sitzverteilung und der Quotenregelungen der verschiedenen Parteien. Der Quotenindex berechnet sich wie folgt:

$$QI = \sum_{i=1}^{n}(s_i * q_i)$$

wobei s_i für den Sitzanteil und q_i für die Quote der *i*-ten Partei steht.

Da die CDU keine feste Quote, sondern nur ein weniger restriktives Quorum in ihrem Statut vorsieht (vgl. Abschnitt 5.1.1), stellt sich die Frage, ob die CDU bei der Berechnung des Quotenindex berücksichtigt werden sollte. Sowohl Holtkamp und Schnittke (2010: 57ff., 158) als auch Kaiser und Hennl (2008: 173f.) schließen die Christdemokraten mit dem Hinweis auf die geringere Verbindlichkeit des CDU-Quorums von der Berechnung des Quotenindex aus. Ob dieses Vorgehen gerechtfertigt ist, ob also die Regelung der CDU nicht nur weniger bindend, sondern auch tatsächlich weniger wirksam ist als die der übrigen Quotenparteien, ist damit jedoch nicht geklärt. Orientierung bietet eine Analyse des Umsetzungserfolgs der Selbstverpflichtungen in den verschiedenen Parteien (vgl. Tabelle 5.2).

Die in Tabelle 5.2 aufgeführten Daten machen deutlich, dass *keine* der Parteien, die eine Quotenregelung oder ein Quorum vorsehen, in den Kreisparlamenten auch nur in die Nähe ihrer eigenen Zielsetzung kommt, sieht man einmal von den äußerst seltenen reinen Frauenlisten ab. Am augenfälligsten ist die Diskrepanz zwischen Anspruch und Wirklichkeit bei der Linken, hier beträgt die Differenz zwischen Quote und tatsächlichem Mandatsanteil 19,6%. Die CDU hingegen verfehlt ihre eigene Vorgabe um 13,3% – und liegt damit exakt im Durchschnitt aller Parteien, die eine freiwillige Selbstverpflichtung eingegangen sind. Vor diesem Hintergrund sieht der Autor im Gegensatz zu Holtkamp und Schnittke (2010) sowie Kaiser und Hennl (2008) keinen Anlass, die CDU bei der Berechnung des Quotenindex nicht zu berücksichtigen.

Tabelle 5.2: Sitzanteile, Quoten und Umsetzungserfolg der Parteien in deutschen Kreisparlamenten.

Partei	Sitzanteil (Schnitt)	Quote / Quorum	Frauenanteil (Schnitt)	Umsetzungserfolg (Quote minus Frauenanteil)
Grüne	4,5%	50%	40,0%	-10,0%
Linke	6,7%	50%	30,4%	-19,6%
SPD	25,1%	40%	29,7%	-10,3%
CDU	40,5%	33,3%	20,0%	-13,3%
CSU	42,1%	---	22,5%	---
FDP	5,7%	---	17,4%	---
FW / Sonstige	13,8%	---	15,0%	---
Rechtsparteien	0,8%	---	8,8%	---
Frauenlisten	0,03%	100%	100%	0,0%
Schnitt				13,3%

Anmerkung: FW = Freie Wählergruppen. Frauenlisten wurden bei der Berechnung des durchschnittlichen Umsetzungserfolgs wegen ihrer geringen Bedeutung nicht berücksichtigt. Alle Daten beziehen sich auf die letzte Wahl vor dem Jahresende 2008. Zu den Rechtsparteien zählen die DVU, die NPD und die Republikaner. Aufgrund der ideologischen Nähe wurden zu den Rechtsparteien nationale und rechte Listen gerechnet, zu den Grünen freie grüne Listen, und zur Linken die WASG sowie freie linke Listen, soweit identifizierbar. Ohne diese zusätzlichen Mandate kommen die Rechtsparteien auf einen Frauenanteil von 9,0%, die Grünen auf 39,9% und die Linke auf 31,3%.
Quelle: Statistische Landesämter, eigene Berechnungen.

- Für die Variable *Parteienwettbewerb* wird die *Effektive Parteienzahl* (EPZ) nach Laakso und Taagepera (1979) gewählt. Diese errechnet sich wie folgt:

$$EPZ = \frac{1}{\sum_{i=1}^{n} s_i^2}$$

wobei s_i für den Sitzanteil der i-ten Partei steht. Diese Messgröße gibt nicht einfach die Zahl der im Parlament vertretenen Parteien wieder, sondern berücksichtigt auch deren Größe in Form der Sitzanteile.

- Der Indikator für den *Frauenanteil an den Parteimitgliedern* ergibt sich als Prozentsatz weiblicher Mitglieder an allen Parteimitgliedern in einem Kreis.

Soziostrukturelle Variablen I: Standardmodell politischer Partizipation
- Der *Bildungsabstand* zwischen Frauen und Männern wird operationalisiert als Frauenanteil an allen Erwerbstätigen, die einen Hochschulabschluss besitzen.
- Die *Frauenerwerbsquote* ergibt sich als Prozentsatz der erwerbstätigen Frauen an allen Frauen im Alter zwischen 15 und 65 Jahren.
- Als Indikator für die *Einkommensunterschiede* zwischen Frauen und Männern wird der Verdienst kinderloser alleinlebender Frauen als Prozentsatz des Verdienstes kinderloser alleinlebender Männer berechnet. Die starke Fokussierung des genannten Personenkreises ergibt sich aus der Datenlage (vgl. Anhang B).
- Die Variable *Kinderbetreuungsangebot* wird als Relation zwischen der Anzahl der zur Verfügung stehenden Krippenplätze und der Anzahl der unter dreijährigen Kinder operationalisiert (sogenannte *Platz-Kind-Relation*).
- Zur Messung möglicher Auswirkungen des *Vereinsengagements* wird der Frauenanteil an allen Sportvereinsmitgliedern eines Kreises betrachtet. Die Wahl der Sportvereine bietet sich aus zwei Gründen an: Erstens stellen Sportvereine mit großem Abstand die mitgliederstärksten Freiwilligenorganisationen dar. Zweitens existieren nach Kenntnis des Autors keine alternativen Datenbestände, mit denen sich die Verteilung des Vereinsengagements auf Kreisebene abbilden ließe.

Soziostrukturelle Variablen II: Modernisierung
- Die Operationalisierung der *Erwerbsstruktur* erfolgt über die Betrachtung der Beschäftigtenanteile des ersten und des dritten Sektors.
- Als Indikator für die *Urbanisierung* eines Kreises wird die Bevölkerungsdichte in 1.000 Einwohnern pro Quadratkilometer betrachtet. Diese Größe erlaubt die simultane Betrachtung beider Kreistypen (Landkreise und kreisfreie Städte). Ein alternativer Indikator, die Einwohnerzahl pro Kreis, wäre demgegenüber nicht in der Lage, die urbane Qualität eines Kreises differenziert abzubilden, da er keinen Bezug zur Siedlungsstruktur respektive zur Siedlungsdichte enthält.
- Das *Wohlstandsniveau* ergibt sich als das Bruttoinlandsprodukt eines Kreises pro Einwohner in 1.000 €.

Kulturelle Variablen
- Zur Operationalisierung der Variablen *Partnerschaftsmodelle* wird die Zahl der Ehescheidungen pro Jahr ins Verhältnis zur Zahl der Eheschließungen gesetzt.
- Zur Erfassung des Einflusses der Stärke des *Katholizismus* wird – in Ermangelung alternativer Datenbestände – der Anteil an Personen, die

Steuern an die katholische Kirche entrichten, an allen Einkommensteuerzahlern betrachtet.
- Dem *Sozialistischen Erbe* eines Kreises wird mittels einer Dummy-Variablen Rechnung getragen. Diese nimmt für alle westdeutschen Kreise den Wert „0" an, für alle ostdeutschen Kreise den Wert „1".

Tabelle B.1 im Anhang B gibt einen Überblick über die Operationalisierungen der einzelnen Variablen, die maximalen und minimalen Ausprägungen der Indikatoren, die theoretisch erwarteten Zusammenhänge sowie die Datenquellen. Für vier der 17 unabhängigen Variablen (*Frauenanteil an den Parteimitgliedern, Einkommensunterschiede, Kinderbetreuungsangebot, Vereinsengagement*) bestehen gewisse Einschränkungen hinsichtlich der Zugänglichkeit des Datenmaterials. Worin diese Einschränkungen bestehen und wie in diesen Fällen vorgegangen wurde, ist im Anhang B ausführlich dokumentiert.

Die Daten für die politisch-institutionellen Variablen (außer den *Parteimitgliedschaften*) stammen aus dem jeweiligen Wahljahr (t-0), da hier von einer unmittelbaren Beziehung auszugehen ist. So wirken sich die Wahlvorschriften am Tag der Wahl aus und ebenso auch die Stärke der einzelnen Parteien. Die Daten für alle anderen Variablen stammen, soweit möglich, jeweils aus dem Jahr vor der Wahl (t-1), um der zeitverzögerten Wirkung dieser Faktoren Rechnung zu tragen (vgl. etwa Jahn 2009: 106): Es ist anzunehmen, dass Größen wie das *Wohlstandsniveau* oder die *Partnerschaftsmodelle* in einer Region ihre Wirkung nicht augenblicklich, sondern über längere Zeit hinweg entfalten.[100]

5.2.1.3. Resultate

Zunächst richtet sich der Blick auf die bivariaten Zusammenhänge (Tabelle 5.3). Dabei fällt auf, dass in den verschiedenen Landesteilen unterschiedlich viele Faktoren auf den Frauenanteil im Kreisparlament einzuwirken scheinen. Während in Ostdeutschland neun von 15 Variablen einen signifikanten Zusammenhang aufweisen, ist dies in Westdeuschland bei allen 16 untersuchten Größen der Fall, in Gesamtdeutschland bei 14 von 17 Faktoren.

Über alle Landesteile hinweg stabil erweist sich der Einfluss der politisch-institutionellen Variablen, abgesehen vom *Frauenanteil an den Parteimitgliedern*. Für diesen kann lediglich in Westdeutschland ein signifikanter Koeffizient beobachtet werden. Bemerkenswert ist bei dieser Gruppe von Variablen der Einfluss des *Wahlsystemtypus*, der in die umgekehrte Richtung weist als theoretisch erwartet. Tendenziell finden sich also in jenen Kreisparlamenten mehr Frauen, in denen weniger Mandate über ein Listenwahlsystem vergeben werden. Diese Beobachtung widerspricht eindeutig der etablierten Lehrmeinung,

---

[100] Für einige Variablen beziehungsweise einzelne Bundesländer waren die gewünschten Jahrgänge nicht erhältlich. Die stattdessen verwendeten Jahrgänge sind der Tabelle B.1 im Anhang B zu entnehmen.

die, wie in Abschnitt 5.1.1 ausgeführt, den umgekehrten Zusammenhang vermuten lässt. Diesem Phänomen wird im weiteren Verlauf der Ergebnisdiskussion verstärkte Aufmerksamkeit zukommen, jedoch erst nach einer Überprüfung der Robustheit der Zusammenhänge mittels multivariater Schätzverfahren.

Hinsichtlich der Variablen des Standardmodells politischer Partizipation sticht besonders der stets signifikant *negative* Koeffizient der *Frauenerwerbsquote* ins Auge – die vermehrte Teilnahme am Erwerbsleben scheint also nicht wie erwartet zu einer höheren Repräsentation von Frauen im Parlament zu führen, sondern das Gegenteil zu bewirken. Auch diesen Zusammenhang gilt es in der weiteren Analyse zu klären. Die einzige weitere Variable mit einem durchgängigen Beziehungsmuster ist die des *Vereinsengagements*. In diesem Fall bestätigt sich die theoretische Vermutung, nach der eine stärkere Einbindung von Frauen in zivilgesellschaftlichen Vereinigungen die politische Repräsentation von Frauen fördert. Insgesamt sind bei diesem Variablenblock große Ost-West-Differenzen zu beobachten: Während in Ostdeutschland lediglich die *Frauenerwerbsquote* und das *Vereinsengagement* signifikante Zusammenhänge aufweisen, deutet sich für Westdeutschland ein Einfluss aller fünf Variablen an.

Die Modernisierungsvariablen zeigen sich ausnahmslos in der jeweils theoretisch erwarteten Richtung signifikant, ganz gleich, ob alle deutschen Kreise oder nur die west- oder ostdeutschen betrachtet werden. Vergleichsweise zahlreich sind Frauen demnach in den Vertretungen solcher Kreise anzutreffen, die eine moderne *Erwerbsstruktur* aufweisen (also einen geringen Beschäftigtenanteil in der Landwirtschaft sowie eine stark ausgebaute Dienstleistungsbranche) und die durch einen hohen *Urbanisierungsgrad* und ein hohes *Wohlstandsniveau* gekennzeichnet sind.

Die kulturellen Größen offenbaren ein weniger eindeutiges Bild: So sind in Westdeutschland Frauen dort stark vertreten, wo der *Katholizismus* schwach ausgeprägt und die Zahl der Scheidungen im Verhältnis zu den Eheschließungen hoch ist. In Ostdeutschland ist hingegen nicht von einem Einfluss kultureller Größen auszugehen. Gemäß den Resultaten für Gesamtdeutschland kann vorläufig weiterhin ein negativer Einfluss des *sozialistischen Erbes* auf die kommunale Frauenrepräsentation angenommen werden.

Die Aussagekraft der Zusammenhänge wird auf der nächsten Analysestufe nun in multiplen Regressionsmodellen geprüft. Erweisen sich die hier als signifikant getesteten Beziehungen dabei als stabil, so kann von einem systematischen Einfluss der entsprechenden Variablen auf die Frauenrepräsentation ausgegangen werden. Zunächst erfolgt die Betrachtung der Modelle für alle deutschen Kreise.

Tabelle 5.3: Determinanten der Frauenrepräsentation in deutschen Kreisen, bivariate Regressionen (OLS).

unabhängige Variablen	Gesamtdeutschland (N=436)		Westdeutschland (N=324)		Ostdeutschland (N=112)	
	unstandardisierte Regressionskoeffizienten	absolute t-Werte	unstandardisierte Regressionskoeffizienten	absolute t-Werte	unstandardisierte Regressionskoeffizienten	absolute t-Werte
politisch-institutionelle Variablen						
Wahlsystemtyp	4,96***	6,18[a]	4,07***	4,77[a]		
Wahlkreisgröße	0,06***	8,09	0,05***	5,99[a]	0,04**	2,54[a]
Frauenquoten	0,34***	7,71	0,47***	9,96	0,28***	2,70
Parteienwettbewerb	0,45*	1,69	0,74*	1,94[a]	1,56***	4,00
Frauenanteil an Parteimitgliedern	1,80	0,72	8,35**	2,37	2,14	0,64
soziostrukturelle Variablen I: Standardmodell pol. Partizipation						
Bildungsabstand	-0,02	-0,94	0,30***	7,16	-0,11	-1,50[a]
Frauenerwerbsquote	-0,36***	-6,84	-0,30***	-3,85[a]	-0,52***	-3,26
Einkommensunterschiede	0,04*	1,83[a]	0,13***	4,05[a]	0,01	0,16
Kinderbetreuungsangebot	-0,03***	-3,21	0,78***	9,10	0,00	0,17
Vereinsengagement	0,26***	6,03	0,19***	3,14	0,24***	3,01
soziostrukturelle Variablen II: Modernisierung						
Erwerbsstruktur (1. Sektor)	-0,72***	-10,45	-0,71***	-8,60[a]	-0,60***	-5,17
Erwerbsstruktur (3. Sektor)	0,18***	10,12[a]	0,19***	8,83[a]	0,18***	6,41
Urbanisierungsgrad	2,86***	11,59	2,62***	9,69	3,62***	5,18[a]
Wohlstandsniveau	0,15***	9,91	0,13***	7,18	0,42***	7,49
kulturelle Variablen						
Partnerschaftsmodelle	3,55***	2,90	6,94***	4,78[a]	2,50	1,56
Katholizismus	0,00	0,20[a]	-0,03***	-3,76[a]	-0,02	-0,49
Sozialistisches Erbe	-1,88***	-5,15[a]				

Anmerkungen: abhängige Variable = Repräsentation von Frauen. *Koeffizient mit p < 0,10; ** Koeffizient mit p < 0,05; *** Koeffizient mit p < 0,01. **Fettgedruckt** sind jene Zusammenhänge, die sich mindestens auf dem 10%-Niveau statistischer Signifikanz bewegen. a - Schätzung robuster Standardfehler nach signifikantem Breusch-Pagan/Cook-Weisberg-Test und/oder White-Test.

Gesamtdeutschland

Ein erster Blick auf die in Tabelle 5.4 zusammengestellten Ergebnisse macht deutlich, dass nur einige der zuvor als signifikant identifizierten Größen ihre Aussagekraft behalten, wenn sie simultan mit anderen Faktoren analysiert werden. Hier sind zunächst die vier verbliebenen politisch-institutionellen Variablen zu nennen, die sowohl unter Kontrolle der übrigen Größen dieses Ansatzes (Modell 1), als auch unter Berücksichtigung aller anderen als signifikant getesteten Faktoren ihr Erklärungspotenzial nicht verlieren (Modelle 5 und 6). Demnach begünstigen große *Listenwahlkreise*, ein hoher Sitzanteil von Parteien mit einer hohen *Frauenquote* und ein ausgeprägter *Parteienwettbewerb* die Repräsentation von Frauen.

In letzterem Fall legen die Resultate also nahe, dass die Nominierung von Frauen in umkämpften Wahlgängen gezielt als Verkaufsargument gegenüber dem Wähler eingesetzt wird, wie Krook et al. (2006) und Norris (1993) vermuten. Damit ist die Gegenhypothese abzulehnen, nach der es sich Parteien insbesondere in stark umkämpften Umfeldern nicht leisten können, Frauen aufzustellen, wenn sie nicht das Risiko eingehen wollen, Stimmen zu verlieren (vgl. Reynolds 1999: 553).

Auch eine stark ausgebaute Direktwahlkomponente im *Wahlsystem* erweist sich – entgegen zahlreicher anders lautender Befunde – als ein die Frauenrepräsentation begünstigender Faktor. Als Illustration sei angemerkt, dass im Kreis mit dem höchsten Frauenanteil unter allen 436 Kreisen Deutschlands, Gütersloh, 50% der Mandate als Direktmandate vergeben werden. Auch liegt der durchschnittliche Frauenanteil in den insgesamt 69 Kreisen, in denen neben Listen- auch Direktmandate vergeben werden, um mehr als 5% höher als in den übrigen 367 Kreisen, in denen ausschließlich nach Listenwahl verfahren wird.

Die folgende Erklärung bietet sich für diese unerwartete Beobachtung an: Von den 367 Kreisen, in denen nach Verhältniswahl gewählt wird, wird in 360 Fällen ein System offener Listen angewandt, wohingegen alle 69 Kreise mit Mischwahlsystem geschlossene Listen vorsehen. Bei offenen Listen können die Stimmen auf Kandidaten verschiedener Listen verteilt werden (panaschieren). Weiterhin kann der Wähler die Reihenfolge der Kandidaten auf einer Parteiliste verändern, indem er mehrere Stimmen an einen Kandidaten vergibt (kumulieren, vgl. Magin 2010b). Somit gibt es einerseits keine sicheren Listenplätze mehr, andererseits haben Kandidaten auf den hinteren Listenplätzen die Möglichkeit, nach vorne gehäufelt zu werden. Norris (2006: 211) vermutet zwar, offene Listen hätten „little, if any, systematic effect upon women's election". Indessen kommen Holli und Wass (2009: 25) bei ihrer Untersuchung der finnischen Parlamentswahlen, für welche auch ein Verhältniswahlrecht mit offenen Listen verwendet wird, zu einem anderen Ergebnis: „Men are more prone than women to choose a candidate of their own gender", fassen die Autorinnen ihre Ergebnisse zusammen. Geht man von einer ähnlich hohen Wahlbeteiligung von

Männern und Frauen aus, so führt dieses Wahlverhalten zwangsläufig zu einem geringeren Frauenanteil im Parlament.

Tabelle 5.4: Determinanten der Frauenrepräsentation in deutschen Kreisen, multiple Regressionen (OLS).

unabhängige Variablen	Modell 1	Modell 2	Modell 3	Modell 4	Modell 5	Modell 6
Konstante	-6,84	21,82	3,64	11,48	-10,17	-13,59
politisch-institutionelle Variablen						
Wahlsystemtypus	4,01***				1,52*	2,30***
	(5,00)				(1,91)	(3,21)
Wahlkreisgröße	0,07***				0,05***	0,06***
	(11,56)				(8,17)	(9,90)
Frauenquoten	0,42***				0,37***	0,34***
	(10,78)				(7,47)	(8,72)
Parteienwettbewerb	1,37***				1,07***	0,91***
	(6,23)				(3,83)	(4,19)
soziostrukturelle Variablen I: Standardmodell politischer Partizipation						
Frauenerwerbsquote		-0,34***			-0,05	
		(-5,36)			(-0,88)	
Einkommensunterschiede		0,07***			0,00	
		(3,04)			(0,10)	
Kinderbetreuungsangebot		0,01			0,01	
		(0,99)			(0,79)	
Vereinsengagement		0,20***			0,14***	0,16***
		(4,13)			(3,58)	(4,84)
soziostrukturelle Variablen II: Modernisierung						
Erwerbsstruktur			-0,19**		-0,16**	-0,19***
(1. Sektor)			(-2,38)		(-2,15)	(-2,79)
Erwerbsstruktur			0,12***		0,05***	0,06***
(3. Sektor)			(6,14)		(2,71)	(3,65)
Urbanisierungsgrad			0,84***		0,30	
			(2,70)		(0,94)	
Wohlstandsniveau			0,08***		0,05***	0,07***
			(5,00)		(2,99)	(4,40)
kulturelle Variablen						
Partnerschaftsmodelle				4,99***	0,26	
				(4,13)	(0,26)	
Sozialistisches Erbe				-2,23***	-1,11	
				(-5,57)	(-1,45)	
F-Test	66,32***	19,37***	82,73***	20,00***	37,35***	64,51***
adj. R^2	0,38	0,14	0,35	0,08	0,54	0,54
Zahl der Beobachtungen	436	436	436	436	436	436
Cook-Weisberg-Test (Prob > χ^2)	0,21	(robust)	(robust)	0,13	0,96	0,95
White-Test (P-Wert)	0,12	(robust)	(robust)	0,78	0,71	0,84

Anmerkungen: abhängige Variable = Repräsentation von Frauen. Die dargestellten Werte sind nichtstandardisierte Regressionskoeffizienten (t-Werte in Klammern). *Koeffizient mit p < 0,10; ** Koeffizient mit p < 0,05; *** Koeffizient mit p < 0,01. **Fettgedruckt** sind jene Zusammenhänge, die sich mindestens auf dem 10%-Niveau statistischer Signifikanz bewegen. Zu Datenquellen und Beschreibungen vgl. Text und Anhang B. Modelle 2, 3 – heteroskedastisch nach signifikantem Breusch-Pagan/Cook-Weisberg-Test und/oder White-Test, Schätzung robuster Standardfehler.

Auch für die deutschen Kommunalwahlen liegen Befunde vor, die offenen Listen einen negativen Effekt auf die Wahl weiblicher Kandidaten zusprechen. So konstatiert Wehling (1994), dass vielerorts männliche Kandidaten auf Kosten ihrer weiblichen Konkurrenz Listenplätze gutmachen. Wehling begründet dies mit dem immer noch vorherrschenden Stereotyp des männlichen Politikers, der Männern bei offener Liste zugutekommt und Frauen eher zum Nachteil gereicht. Danzer und Weidenfeller (2008) stellen bei ihrer Auswertung der rheinland-pfälzischen Kommunalwahlen fest, dass Frauen zu einem geringeren Prozentsatz als Männer von nachrangigen Listenplätzen[101] in die Räte gewählt werden. Zudem verschlechtern weibliche Kandidaten ihre Listenposition im Durchschnitt häufiger als männliche. Bei angenommener gleichbleibender Parteipräferenz der Wähler wären also mehr Frauen in die Räte eingezogen, wenn nach einem System mit starren Listen gewählt worden wäre.

Um den Effekt offener gegenüber geschlossenen Listen in der vorliegenden Untersuchung zu überprüfen, käme eine erneute Schätzung der Regression mit einem Dummy für offene Listen in Frage. Dieses Vorgehen führt jedoch nicht weiter, da der Wahlsystemtypus und die Ausgestaltung der Listen hochsignifikant miteinander korrelieren ($r = -0{,}94$, $p < 0{,}01$). Die Effekte des Wahlsystems und der Listenform wären also aufgrund der nahezu perfekten Beziehung der beiden Variablen selbst dann nicht voneinander zu trennen, wenn statt des Wahlsystemtypus die Listenform als unabhängige Variable berücksichtigt würde.

Um trotzdem eine Aussage über die Folgen der Listenform machen zu können, wurde ein anderer Weg gewählt: Der Autor bat alle 85 kreisfreien Städte, in denen mit offenen Listen gewählt wird, um die Originalstimmzettel der Kommunalwahlen.[102] 37 Städte, also mehr als 40%, übersandten die entsprechenden Unterlagen. Aus der Rangfolge der Kandidaten auf den Stimmzetteln lässt sich nun der hypothetische Frauenanteil des Stadtrates ermitteln, den man erhielte, wenn die Listen nicht veränderbar wären.[103] Tatsächlich zeigt sich auf diese Weise ein sichtbarer Effekt der Listenform: Der hypothetische Frauenanteil betrug im Durchschnitt der 37 Städte 33,8%; der tatsächliche durchschnittliche Frauenanteil lag bei 32,4% und damit um 1,4% unter dem hypothetischen Wert. Ein T-Test ($p < 0{,}05$) bestätigte, dass dieses Resultat höchstwahrscheinlich auf einen systematischen Effekt zurückzuführen ist. Der Unterschied mag marginal erscheinen, er ist aber dennoch beachtlich für ein vermeintlich rein technisches Detail wie die Listenform.

---

[101] Ein nachrangiger Listenplatz bedeutet, dass die Nummer des Listenplatzes höher ist als die Gesamtsitzzahl, die ein Wahlvorschlag erhält.

[102] Die Umfrage wurde zu Beginn des Forschungsprojektes durchgeführt und bezieht sich daher auf Kommunalwahlen der Jahre 2001 bis 2004. Eine Ausdehnung dieser Umfrage auf die Landkreise konnte aus Kapazitätsgründen nicht realisiert werden.

[103] Dabei wird angenommen, dass die Parteipräferenzen der Wähler konstant bleiben.

Richtet man den Blick nun auf die Variablen des Standardmodells politischer Partizipation, so ist eine erheblich geringere Erklärungskraft als für die politisch-institutionellen Größen feststellbar: Der Anteil erklärter Varianz liegt in Modell 2 bei lediglich 14%, demgegenüber bei 38% in Modell 1. Lediglich ein Zusammenhang kristallisiert sich als bedeutend heraus. In Modell 2 verliert zunächst der Koeffizient für das *Kinderbetreuungsangebot* die Signifikanz. Kontrolliert man auch für die Variablen aus den übrigen drei Ansätzen, so erweist sich nur das *Vereinsengagement* als eine robuste Erklärungsgröße. Während also vermehrte Freizeitaktivitäten in Sportvereinen positive Effekte für die politische Betätigung von Frauen nach sich ziehen, ist ein solcher Zusammenhang bei jenen Faktoren, die eine erfolgreiche Erwerbsbeteiligung von Frauen nahelegen, nicht zu beobachten: Weder die *Frauenerwerbsquote* noch das Ausmaß der *Einkommensunterschiede* korrelieren signifikant mit der politischen Beteiligung von Frauen, der *Bildungsabstand* war bereits im Zuge der bivariaten Analyse ausgeschlossen worden.[104] Überträgt man diese Befunde auf die Lebensumstände einzelner Frauen, so ergibt sich eine mögliche Erklärung für das Ausbleiben von Zusammenhängen bei den drei genannten Variablen: Demnach wären Frauen mit einer besseren Bildung, einer stärkeren Einbindung ins Erwerbsleben und einem höheren Einkommen zwar besser gerüstet für den Kampf um ein politisches Mandat. Gerade diese Gruppe von Frauen dürfte aber besonders unter der Doppelbelastung von Beruf und Familie leiden. Kurz gesagt, wer als Frau beruflich erfolgreich ist und Karriere macht, dem bleibt wenig Zeit für Politik. Um diese Vermutung bestätigen zu können, bedürfte es einer zusätzlichen, hier jedoch nicht realisierbaren Betrachtung der Zusammenhänge auf der Individualebene, will man keinen ökologischen Fehlschluss riskieren (vgl. Robinson 1950).

Unter den Variablen, die für die Modernisierung einer Gesellschaft stehen, scheint vor allem die *Erwerbsstruktur* eine Rolle zu spielen: Die Ergebnisse aus den Modellen 3 sowie 5 und 6 legen nahe, dass in agrarisch geprägten Kreisen weniger Frauen unter den Mandatsträgern zu finden sind, während ein stark ausgebauter Dienstleistungssektor mit einer ausgeprägten Repräsentation von Frauen einhergeht. Diese theoretisch erwarteten und komplementären Befunde bestätigen einmal mehr die Rolle, die der Wandel der *Erwerbsstruktur* bei Modernisierungsprozessen spielt: Besonders in agrarisch geprägten Milieus werden tradierte Rollenmuster weiter gepflegt, während eine verstärkte Beschäftigung im Servicebereich mit einem tiefgreifenden gesellschaftlichen Wandel einhergeht – gerade auch im Bezug auf die Rolle der Frauen in der Politik. Weiterhin verliert der *Urbanisierungsgrad* seine Aussagekraft, sobald für weitere Variablen außerhalb des Modernisierungsansatzes kontrolliert wird (Modell 5). Das gesellschaftliche *Wohlstandsniveau* erweist sich indessen in

---

[104] Ähnlich findet auch Stadelmann-Steffen (2007) bei einer subnationalen Analyse in der Schweiz keinen Zusammenhang zwischen der Frauenerwerbsquote und der politischen Repräsentation von Frauen in den Schweizer Kantonsparlamenten.

allen Modellen als verlässlicher Indikator, finden sich doch bei höherem Volkseinkommen auch mehr Frauen unter den Kommunalpolitikern. Insgesamt weisen die Variablen des Modernisierungsansatzes mit einer erklärten Varianz von 35% ein hohes Prognosepotenzial auf, welches nur geringfügig unter dem Wert der politisch-institutionellen Faktoren bleibt.

Die verbliebenen kulturellen Einflussgrößen (*Partnerschaftsmodelle* und *sozialistisches Erbe*) weisen zunächst beide signifikante Zusammenhänge auf, sie erklären aber lediglich 8% der Varianz der Frauenrepräsentation in den Kreisparlamenten (Modell 4). In der Folge verlieren die beiden genannten Beziehungen jedoch an Bedeutung, wenn für die Variablen aus den übrigen theoretischen Ansätzen kontrolliert wird (Modell 5). Insbesondere das Ausbleiben eines Effektes des sozialistischen Erbes überrascht. Indessen erscheint es nicht unplausibel, dass nach zwei Jahrzehnten – trotz immer noch erkennbarer Unterschiede zwischen den beiden Landesteilen – eine Annäherung in bestimmten Fragen der politischen Kultur stattgefunden hat, wozu auch die Gleichstellung von Mann und Frau zählt.

Zusammenfassend bestimmen also vor allem Faktoren, die dem politisch-institutionellen und dem Modernisierungsansatz zuzurechnen sind, die politische Präsenz von Frauen auf der Kreisebene, wenn auch mitunter auf unerwartete Weise, wie im Falle des Wahlsystems. Die kulturelle Prägung eines Kreises und die Ressourcenausstattung der weiblichen Bevölkerung gemäß dem Standardmodell politischer Partizipation scheinen demgegenüber eine untergeordnete Rolle für die Repräsentation von Frauen zu spielen. Allein das Engagement in Vereinen lässt sich in diesem Kontext wirkungsvoll kapitalisieren. Modell 5, welches auf allen aus der ersten Analysestufe übernommenen Variablen beruht, ist in der Lage, mehr als die Hälfte der beobachteten Varianz zu erklären. Eliminiert man die nicht signifikanten Größen und schätzt das Modell erneut (Modell 6), so bleibt die Erklärungskraft konstant bei 54% der beobachteten Varianz, und belegt damit die relative Bedeutungslosigkeit der nicht berücksichtigten Faktoren.

Westdeutschland

Nach der bivariaten Analyse wiesen in den westdeutschen Kreisen alle 16 unabhängigen Variablen signifikante Zusammenhänge auf (Tabelle 5.3). Aus der nun folgenden mulitvariaten Analyse (Tabelle 5.5) werden daher keine Variablen ausgeschlossen. Zu den aufgeführten Modellen ist Folgendes anzumerken: Bei der Ausreißeranalyse für Modell 5a war eine deutliche Veränderung des Koeffizienten für die *Erwerbsstruktur (dritter Sektor)* feststellbar, wenn die einflussreichen Fälle aus dem Modell eliminiert wurden. Das um die Ausreißer bereinigte Modell ist gesondert aufgeführt (Modell 5b).

Tabelle 5.5: Determinanten der Frauenrepräsentation in westdeutschen Kreisen, multiple Regressionen (OLS).

unabhängige Variablen	Modell 1	Modell 2	Modell 3	Modell 4	Modell 5a	Modell 5b	Modell 6
Konstante	-14,71	2,53	4,11	11,95	-15,68	-12,37	-15,65
politisch-institutionelle Variablen							
Wahlsystemtypus	1,20 (1,44)				1,70** (2,01)	1,44* (1,76)	2,00** (2,57)
Wahlkreisgröße	0,05*** (7,16)				0,06*** (7,65)	0,06*** (8,92)	0,06*** (8,25)
Frauenquoten	0,63*** (13,06)				0,36*** (5,45)	0,37*** (5,68)	0,37*** (6,38)
Parteienwettbewerb	2,19*** (7,10)				0,84** (2,18)	0,76** (2,00)	0,86** (2,51)
Frauenanteil an Parteimitgliedern	1,80 (0,68)				-2,54 (-1,00)	-0,93 (-0,38)	
soziostrukturelle Variablen I:Standardmodell politischer Partizipation							
Bildungsabstand		0,14*** (2,73)			-0,00 (-0,04)	-0,04 (-1,02)	
Frauenerwerbsquote		-0,09 (-1,24)			0,00 (0,08)	-0,05 (-0,95)	
Einkommensunterschiede		0,06* (1,89)			0,02 (0,59)	0,02 (0,96)	
Kinderbetreuungsangebot		0,55*** (5,74)			0,24** (2,54)	0,24*** (2,64)	0,26*** (2,87)
Vereinsengagement		0,18*** (3,36)			0,20*** (3,92)	0,18*** (3,75)	0,17*** (3,65)
soziostrukturelle Variablen II:Modernisierung							
Erwerbsstruktur (1. Sektor)			-0,21** (-2,25)		-0,13 (-1,40)	-0,11 (-1,25)	
Erwerbsstruktur (3. Sektor)			0,13*** (5,40)		0,04 (1,58)	0,05** (2,05)	0,04** (2,22)
Urbanisierungsgrad			0,89** (2,51)		0,23 (0,68)	0,02 (0,05)	
Wohlstandsniveau			0,05*** (2,97)		0,04* (1,82)	0,04** (2,07)	0,06*** (3,47)
kulturelle Variablen							
Partnerschaftsmodelle				5,98*** (4,12)	2,71* (1,93)	2,69** (2,04)	3,53*** (2,89)
Katholizismus				-0,02*** (-2,94)	0,00 (0,58)	0,01 (0,73)	
F-Test	57,55***	27,27***	55,48***	16,43***	25,94***	29,95***	46,01***
adj. R²	0,47	0,26	0,33	0,07	0,55	0,60	0,56
Zahl der Beobachtungen	324	324	324	324	324	312	324
Cook-Weisberg-Test (Prob > χ²)	0,12	(robust)	(robust)	(robust)	0,79	0,98	0,79
White-Test (P-Wert)	0,36	(robust)	(robust)	(robust)	0,89	0,54	0,67

Anmerkungen: abhängige Variable = Repräsentation von Frauen. Die dargestellten Werte sind nichtstandardisierte Regressionskoeffizienten (t-Werte in Klammern). *Koeffizient mit p < 0,10; ** Koeffizient mit p < 0,05; *** Koeffizient mit p < 0,01. **Fettgedruckt** sind jene Zusammenhänge, die sich mindestens auf dem 10%-Niveau statistischer Signifikanz bewegen. Für Datenquellen und Beschreibungen, vgl. Text und Anhang B. Modelle 2, 3, 4 – heteroskedastisch nach signifikantem Breusch-Pagan/Cook-Weisberg-Test und/oder White-Test, Schätzung robuster Standardfehler.

Ausgeschlossene Ausreißer in Modell 5b: Neun kreisfreie Städte (Delmenhorst, Flensburg, Fürth, Kaufbeuren, Landshut, Osnabrück, Oldenburg, Solingen und Wolfsburg) sowie drei Landkreise (Eifelkreis Bitburg-Prüm, Gütersloh und Hohenlohekreis).

Auch bei der Betrachtung der westdeutschen Kreise erweisen sich die politisch-institutionellen Variablen als verlässliche Größen, erklären sie doch nahezu die Hälfte (47%) der beobachteten Niveauunterschiede bei der Frauenrepräsentation. Dabei lässt sich für den *Wahlsystemtypus* zunächst keine Beziehung feststellen (Modell 1). Allerdings ändert sich dieses Bild, wenn man auch die Variablen der übrigen Ansätze berücksichtigt: In den Modellen 5a, 5b und 6 findet sich wiederum der positive Effekt des Mischwahlsystems, wo eigentlich ein negativer Effekt erwartet wurde. Eine Erklärung für dieses Phänomen wurde bereits gegeben, sie sollte für die westlichen Kreise ebenso Gültigkeit besitzen. So ist auch hier anzunehmen, dass sich die offenen Listen in den Verhältniswahlsystemen nachteilig auf die Frauenrepräsentation auswirken. Auch die Koeffizienten der drei folgenden Faktoren, die *Wahlkreisgröße*, die *Frauenquoten* und der *Parteienwettbewerb* weisen dieselben positiv signifikanten Beziehungsmuster auf, wie sie bereits für Gesamtdeutschland festgestellt werden konnten.

Nicht untersucht worden war in den multiplen Analysen für den gesamtdeutschen Kontext der *Frauenanteil an den Parteimitgliedern*. Diese Variable wies bei der bivariaten Analyse einzig für die westdeutschen Kreise einen signifikanten Koeffizienten auf, der auf einen positiven Zusammenhang hindeutete. Wie die in Tabelle 5.5 dargestellte Analyse zeigt, ist jedoch auch für Westdeutschland ein systematischer Einfluss dieser Größe auszuschließen. An diesem Punkt stellt sich die Frage, ob das Angebot an potenziellen Kandidaten keinerlei Einfluss auf die Besetzung politischer Ämter durch Frauen hat. Zwar stellen Frauen bundesweit mit im Schnitt 32,6% eine Minderheit unter den Parteimitgliedern dar,[105] weswegen es durchaus plausibel erschiene, wenn sich die männliche Dominanz unter den Mitgliedern auch auf die Repräsentationschancen der Geschlechter auswirkte. Am Beispiel Frankreich lässt sich jedoch zeigen, dass die Unterrepräsentation von Frauen nicht an der mangelnden Verfügbarkeit weiblicher Kandidaten liegen muss, sondern an der mangelnden Bereitschaft der Parteien, Frauen zu nominieren:

Die französischen Parteien standen bei den Kommunalwahlen 2001 erstmals vor der Herausforderung, die gesetzlich vorgeschriebene Parität der Geschlechter auf den Listen zu verwirklichen – und das, obwohl Frauen bis dato nur 22% der Mandate gehalten hatten (Teissier 2002: 122, vgl. auch Abschnitt 3.5). Krook (2009: 196) zufolge war es jedoch für die Parteien mit keinerlei Schwierigkeiten verbunden, genügend geeignete und interessierte Frauen für eine Kandidatur zu finden. Für die deutschen Kreise kann daher angenommen werden, dass es nicht so sehr darauf ankommt, wie stark Frauen unter den

---

[105] Eigene Berechnungen. Quelle: siehe Tabelle B.1 im Anhang B.

Parteimitgliedern vertreten sind. Vielmehr scheint ausschlaggebend, wie sehr sich die Parteien darum bemühen, weiblichen Mitgliedern auch eine reelle Chance zu geben beziehungsweise Frauen zur politischen Partizipation zu bewegen. Gestützt wird diese Sichtweise durch die bereits diskutierten Befunde zu den Frauenquoten, die nahelegen, dass sich die Selbstverpflichtungen der Parteien positiv auf die Präsenz von Frauen auswirken.

Der erste Block der soziostrukturellen Größen, die Variablen des Standardmodells politischer Partizipation, ähnelt den für Gesamtdeutschland gültigen Mustern: Am Ende der beiden Analyseschritte erweisen sich der *Bildungsabstand* und die *Einkommensunterschiede* zwischen Männern und Frauen sowie die *Frauenerwerbsquote* als nicht mehr signifikant. Ein positiv signifikanter Zusammenhang ist allerdings für das *Vereinsengagement* feststellbar. Im Unterschied zu Gesamtdeutschland fördert aber in Westdeutschland auch die Dichte des *Kinderbetreuungsangebots* das politische Engagement von Frauen, worauf im weiteren Verlauf der Untersuchung noch eingegangen wird. Mit einem R^2 von 0,26 (Modell 2) erscheinen die Variablen dieses Ansatzes zweifelsohne wichtig, weisen aber eine deutlich niedrigere Erklärungskraft als die politisch-institutionellen Größen auf.

Alle Variablen des Modernisierungsansatzes zeigen zunächst die theoretisch erwarteten Zusammenhänge, und auch hinsichtlich des Anteils erklärter Varianz von 33% kann von einem substantiellen Beitrag dieser Einflussgrößen ausgegangen werden (Modell 3). Die weitere Analyse, bei der die Faktoren der übrigen Ansätze berücksichtigt werden, legen indessen nahe, dass allein das *Wohlstandsniveau* und die *Erwerbsstruktur (dritter Sektor)* eine signifikante Rolle spielen. Die Bedeutung letzterer Größe wurde mittels einer Ausreißeranalyse aufgedeckt. Schließt man die insgesamt zwölf als Ausreißer diagnostizierten Kreise aus der Analyse aus, so erweist sich der Koeffizient für die *Erwerbsstruktur (dritter Sektor)* als signifikant positiv – eine Einschätzung, die auch in Modell 6 nochmals Bestätigung findet.[106] Agrarische Milieus erweisen sich hingegen nach den Modellen 5a und 5b im Gegensatz zur Lage in Gesamtdeutschland nicht als Bestimmungsfaktor des Frauenanteils im Kreisparlament, das Vorzeichen des Koeffizienten weist aber zumindest die antizipierte negative Richtung auf.

Von den beiden kulturellen Faktoren hat allein die Variable *Partnerschaftsmodelle* Bestand. Ihre Koeffizienten zeigen an, dass bei einer vergleichsweise niedrigen Zahl an Eheschließungen und einer hohen Scheidungsrate ein signifikant höherer Frauenanteil im Kreisparlament zu beobachten ist. Entsprechend bestätigt sich die in Abschnitt 5.1.3 formulierte kulturelle Hypothese, nach welcher ein Rückgang traditioneller Partnerschaftsmodelle als Indikator für den Unabhängigkeitsgewinn des weiblichen Geschlechts zu werten ist. Der Umstand, dass gerade *kein* negatives Vorzeichen zu beobachten ist, kann als

---

[106] Die ausgeschlossenen Kreise sind in den Anmerkungen unter der Tabelle 5.5 namentlich aufgelistet.

Indiz dafür gewertet werden, dass die materiellen Nachteile einer Scheidung sich nicht auf die politische Betätigung von Frauen auswirken. Zusammen mit dem nicht signifikanten Koeffizienten der Einkommensunterschiedsvariable deutet dies darauf hin, dass eine geringere materielle Ausstattung für das Ausmaß der Unterrepräsentation von Frauen tatsächlich keine bedeutende Rolle spielt. Auch diese Gedanken sind aber lediglich Vermutungen, die einer weiteren Überprüfung mittels Individualdaten bedürfen.

Ostdeutschland

Die nun folgende Analyse der ostdeutschen Kreise (vgl. Tabelle 5.6) geht von einer insgesamt viel geringeren Zahl von Variablen aus: Wie bereits dargelegt entfällt der *Wahlsystemtypus* aus Gründen mangelnder Varianz. Von den übrigen 15 Faktoren haben sich in der bivariaten Analyse lediglich neun als signifikant erwiesen, darunter keine der beiden kulturellen Größen (vgl. Tabelle 5.3).

Die drei betrachteten politisch-institutionellen Größen vermitteln wiederum das aus den vorhergehenden Betrachtungen bekannte Bild: Große *Listenwahlkreise*, ein hoher Sitzanteil von Parteien mit hohen *Frauenquoten* sowie ein ausgeprägter *Parteienwettbewerb* sind kennzeichnend für Kreise, in denen Frauen politisch vergleichsweise stark vertreten sind. Modell 1 zufolge leisten die politisch-institutionellen Größen mit einem Anteil erklärter Varianz von 31% einen wesentlichen Beitrag zum Verständnis der Frauenrepräsentation in den ostdeutschen Kreisen. Die Zusammenhänge erweisen sich auch als robust gegenüber verschiedenen Konstellationen unabhängiger Variablen (Modelle 4 und 5).

Von den beiden verbliebenen Variablen des Standardmodells der politischen Partizipation erweist sich in Modell 4, also unter Hinzunahme der Variablen aus den übrigen Ansätzen, keine als stabil. Für die *Frauenerwerbsquote* war diese Entwicklung bereits für Gesamt- und auch für Westdeutschland feststellbar, die Variable *Vereinsengagement* hielt bei den vorhergehenden Untersuchungen jedoch allen Tests stand – ein Umstand, der in der Folge noch zu diskutieren sein wird.

Im Hinblick auf die Modernisierungsfaktoren zeigt sich in Ostdeutschland eine Situation, die der westdeutschen stark ähnelt: Unter Kontrolle der übrigen signifikanten Variablen aus der bivariaten Analyse erweisen sich die *Erwerbsstruktur (dritter Sektor)* sowie das *Wohlstandsniveau* als zuverlässige Determinanten der Frauenrepräsentation. Dem *Urbanisierungsgrad* kann bei der Eliminierung von vier Ausreißern in Modell 3b zunächst ein signifikant negativer Einfluss attestiert werden, was der theoretisch vermuteten Beziehungsrichtung widerspricht. Im folgenden Modell verliert sich dieser Zusammenhang jedoch wieder, sodass nicht von einer robusten Beziehung auszugehen ist. Insgesamt weist der Modernisierungsansatz in Ostdeutschland mit 37% erklärter Varianz die größte Erklärungskraft auf – in den bisherigen Analysen war diese Position stets von den politisch-institutionellen Variablen besetzt.

Tabelle 5.6: Determinanten der Frauenrepräsentation in ostdeutschen Kreisen, multiple Regressionen (OLS).

Unabhängige Variablen	Modell 1	Modell 2	Modell 3a	Modell 3b	Modell 4	Modell 5
Konstante	-11,22	38,11	1,16	1,25	8,27	-9,54
politisch-institutionelle Variablen						
Wahlkreisgröße	0,05***				0,04***	0,05***
	(2,80)				(2,75)	(3,26)
Frauenquoten	0,40***				0,21**	0,22**
	(4,19)				(2,07)	(2,28)
Parteienwettbewerb	2,40***				0,93**	1,12***
	(6,42)				(2,10)	(2,64)
soziostrukturelle Variablen I: Standardmodell politischer Partizipation						
Frauenerwerbsquote		-0,49***			-0,22	
		(-3,11)			(-1,31)	
Vereinsengagement		0,22***			-0,00	
		(2,85)			(-0,00)	
soziostrukturelle Variablen II: Modernisierung						
Erwerbsstruktur (1. Sektor)			-0,13	-0,17	-0,09	
			(-0,83)	(-1,19)	(-0,60)	
Erwerbsstruktur (3. Sektor)			0,09***	0,08**	0,07**	0,08**
			(2,69)	(2,45)	(2,08)	(2,51)
Urbanisierungsgrad			-0,64	-2,48**	-0,58	
			(-0,63)	(-2,15)	(-0,56)	
Wohlstandsniveau			0,29***	0,36***	0,23***	0,20***
			(3,66)	(4,82)	(3,39)	(3,25)
F-Test	17,73***	9,72***	17,01***	16,94***	11,16***	18,57***
adj. R^2	0,31	0,14	0,37	0,37	0,44	0,45
Zahl der Beobachtungen	112	112	112	108	112	112
Cook-Weisberg-Test (Prob > χ^2)	0,32	0,37	0,62	0,28	(robust)	(robust)
White-Test (P-Wert)	0,49	0,51	0,67	0,96	(robust)	(robust)

Anmerkungen: abhängige Variable = Repräsentation von Frauen. Die dargestellten Werte sind nichtstandardisierte Regressionskoeffizienten (t-Werte in Klammern). *Koeffizient mit p < 0,10; ** Koeffizient mit p < 0,05; *** Koeffizient mit p < 0,01. **Fettgedruckt** sind jene Zusammenhänge, die sich mindestens auf dem 10%-Niveau statistischer Signifikanz bewegen. Für Datenquellen und Beschreibungen, vgl. Text und Anhang B. Modelle 5, 6 – heteroskedastisch signifikantem Breusch-Pagan/Cook-Weisberg-Test und/oder White-Test, Schätzung robuster Standardfehler.
Ausgeschlossene Ausreißer in Modell 3b: drei kreisfreie Städte (Halle, Leipzig und Rostock) sowie ein Landkreis (Barnim).

Gesamt-, West- und Ostdeutschland im Vergleich

Welche Unterschiede und Gemeinsamkeiten sind nun hinsichtlich der Determinanten der Frauenrepräsentation auf der Kreisebene in Deutschland festzustellen? Tabelle 5.7 gibt einen Überblick über die bisher diskutierten Befunde. (Es werden die Ergebnisse des jeweils letzten Modells dargestellt.)[107]

Ganz offensichtlich kommt den politisch-institutionellen Variablen eine Schlüsselfunktion bei der Erklärung der Unterrepräsentation von Frauen zu: Übereinstimmend wurde in allen drei Untersuchungsbereichen ein einheitlicher Einfluss der *Wahlkreisgröße*, der *Frauenquoten* und des *Parteienwettbewerbs* festgestellt. Für den *Wahlsystemtypus* gilt dies für Gesamt- und Westdeutschland – in Ostdeutschland war eine Untersuchung wegen mangelnder Varianz nicht realisierbar. Als ebenso konstant erweisen sich zwei modernisierungsrelevante Faktoren, die *Erwerbsstruktur (dritter Sektor)* und das *Wohlstandsniveau* eines Kreises. Die agrarische Prägung scheint nur bedingt eine Rolle zu spielen, ihre Wirkung konnte nur für Gesamtdeutschland, aber für keine der beiden Landeshälften nachgewiesen werden. Ein Blick in die Tabellen 5.5 und 5.6 offenbart indessen immerhin ein stets negatives Vorzeichen.

Für drei Variablen lässt sich kein Einfluss auf die Frauenrepräsentation in Ostdeutschland, dafür aber in Westdeutschland nachweisen: Für das *Kinderbetreuungsangebot*, das *Vereinsengagement* und die *Partnerschaftsmodelle*. Wie lassen sich diese Unterschiede erklären?

Zunächst zur Dichte des Netzes an *Kinderbetreuungsangeboten*: In Abschnitt 5.1.2.1 wurde argumentiert, dass Müttern mehr Zeit bleibt, wenn solche Einrichtungen zur Verfügung stehen. Diese Zeit können sie beispielsweise für ihr politisches Engagement nutzen. Nun ist in Ostdeutschland eine gut ausgebaute Betreuungsinfrastruktur selbstverständlich, die durchschnittliche Platz-Kind-Relation für die unter Dreijährigen lag hier 2002 bei 37,5%, in 24 Kreisen sogar bei über 50%. Zur gleichen Zeit stand in Westdeutschland nur für durchschnittlich jedes 50. Kind ein Krippenplatz zur Verfügung. Im EU-Vergleich ist Westdeutschland damit „ein Schlusslicht" (Klammer und Klenner 2003: 190). Vor diesem Hintergrund kann von zwei unterschiedlichen Betreuungs„kulturen" in den beiden Landesteilen ausgegangen werden. Der deutliche Vorsprung Ostdeutschlands stellt dabei ein Erbe der DDR-Familienpolitik dar: Diese wollte durch die Schaffung eines dichten staatlichen Betreuungsnetzwerkes Anreize schaffen, um die rückläufige Geburtenrate zu stabilisieren. Gleichzeitig zielten diese Maßnahmen aber auch auf die Steigerung der Vereinbarkeit von Familie und Beruf und dienten damit der „Erschließung weiblicher Arbeitskräftereser-

---

[107] An dieser Stelle sei angemerkt, dass die hier präsentierten Resultate minimal von jenen abweichen, die der Autor an anderer Stelle veröffentlicht hat (Magin 2010a; c). Diese Untersuchungen basieren zwar auf den gleichen Daten, jedoch ist die Auswertungsstrategie eine andere: Anstatt eines stufenweisen Vorgehens wurde für jeden Landesteil nur ein Modell geschätzt, in welchem alle unabhängigen Variablen simultan berücksichtigt wurden. Im Unterschied zu den hier diskutierten Resultaten zeigte sich in den beiden genannten Beiträgen bei der Analyse der ostdeutschen Kreise der Koeffizient für den Beschäftigtenanteil im tertiären Sektor zwar auch positiv, aber knapp oberhalb der Signifikanzschwelle ($p = 0{,}16$). Die Übereinstimmung aller übrigen Resultate untermauert indessen die Robustheit der hier vorgestellten Ergebnisse.

ven" (Steiner 2000: 148, vgl. auch Hildebrandt 1994). Weiterhin diente die staatlich organisierte Kindererziehung der langfristigen Systemstabilisierung: Zimmermann (2002: 429) zufolge stellte die Kinderkrippe die unterste Stufe des DDR-Bildungssystems dar, auf welcher der Grundstein zur Erziehung „sozialistischer Persönlichkeiten" gelegt werden sollte. Um auf diese Weise das sozialistische Weltbild nachhaltig in der jeweils nächsten Generation verankern zu können, mussten möglichst viele Kinder die staatlichen Erziehungsinstitutionen durchlaufen.

Tabelle 5.7: Determinanten der Frauenrepräsentation in deutschen Kreisen im Vergleich.

Variable	Gesamt	West	Ost
politisch-institutionelle Variablen			
Wahlsystemtyp	+	+	(n.a.)
Wahlkreisgröße	+	+	+
Frauenquoten	+	+	+
Parteienwettbewerb	+	+	+
Frauenanteil an Parteimitgliedern			
soziostrukturelle Variablen I: Standardmodell politischer Partizipation			
Bildungsabstand			
Frauenerwerbsquote			
Einkommensunterschiede			
Kinderbetreuungsangebot		+	
Vereinsengagement	+	+	
soziostrukturelle Variablen II: Modernisierung			
Erwerbsstruktur (1. Sektor)	−		
Erwerbsstruktur (3. Sektor)	+	+	+
Urbanisierungsgrad			
Wohlstandsniveau	+	+	+
kulturelle Variablen			
Partnerschaftsmodelle		+	
Katholizismus			
Sozialistisches Erbe		(n.a.)	(n.a.)
adj. R^2 des jeweils letzten Modells	0,54	0,56	0,45

Anmerkungen: „+": signifikant positiver Zusammenhang; „−": signifikant negativer Zusammenhang; „n.a.": nicht anwendbar, diese Variable wurde nicht geprüft. Leere Zellen stehen für nicht signifikante Zusammenhänge.

Die oben aufgeführten Zahlen verdeutlichen, dass es in Ostdeutschland auch heute noch vergleichsweise einfach ist, einen Krippenplatz zu bekommen. In den neuen Bundesländern mögen die Unterschiede in der Dichte des Betreuungsnetzes daher als Entlastungsfaktor für politisch engagierte Mütter nur von geringer oder gar keiner Bedeutung sein. Wo aber ein solcher Mangel herrscht wie in Westdeutschland, sollte es durchaus einen Unterschied machen, ob es gar keine Plätze gibt, wie etwa im Landkreis Erding, oder ob immerhin jedes achte Kind in einer Krippe unterkommen kann, wie in der kreisfreien Stadt Heidelberg:[108] In Heidelberg sollte es zwar auch nicht unproblematisch sein, einen Betreuungsplatz zu finden, aber immerhin möglich. In Westdeutschland fällt die Dichte des Betreuungsnetzes also viel eher ins Gewicht. Die graphische Überprüfung mittels getrennter Streudiagramme für die west- und die ostdeutschen Kreise bestätigt diese Überlegungen (vgl. Abbildung 5.1).

Abbildung 5.1: Kinderbetreuung und Frauenrepräsentation in den Kreisen West- und Ostdeutschlands.

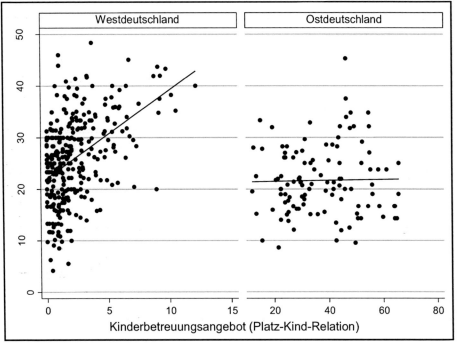

Anmerkungen: eigene Darstellung.

Die unterschiedlichen Wirkungsweisen derselben Variablen in Ost- und Westdeutschland können als ein Anwendungsfall des Konzepts des *abnehmenden Grenznutzens* aus der Ökonomie aufgefasst werden (vgl. Wildmann 2007:

---

[108] Alle Angaben für 2002. Quellen: Statistisches Bundesamt, eigene Berechnungen (vgl. Tabelle B.1 im Anhang B).

67ff.). Nach diesem Konzept verschafft der Verbrauch eines Gutes (z.B. einer Kugel Eis) einem Konsumenten einen Nutzen. Der erneute Verbrauch desselben Gutes erhöht zwar den Nutzen, jedoch nicht im selben Maß wie der erstmalige Verbrauch. Mit jedem weiteren Verbrauch dieses Gutes nimmt der zusätzliche Nutzen (der *Grenznutzen*) ab, bis er auf null schrumpft (irgendwann mag man kein Eis mehr).

Übertragen auf den vorliegenden Kontext lässt sich der Effekt des abnehmenden Grenznutzens wie folgt beschreiben: Die Differenz zwischen einem gänzlich fehlenden und einem schwach ausgebauten Kinderbetreuungsangebot wirkt sich stark, die Differenz zwischen einem schwach und einem mäßig ausgebauten Angebot wirkt sich mittelstark, und die Differenz zwischen einem mäßig und einem weit ausgebauten Angebot wirkt sich nur geringfügig oder gar nicht auf die Frauenrepräsentation aus. Idealtypisch lässt sich dieser Zusammenhang wie in Abbildung 5.2 darstellen.

Abbildung 5.2: Abnehmender Grenznutzen des Kinderbetreuungsangebots.

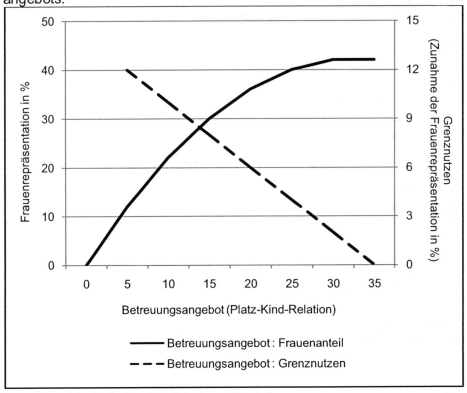

Anmerkung: idealtypisches Beispiel, eigene Darstellung.

Wollte man die Landesteile in der Abbildung 5.2 lokalisieren, so wären die westdeutschen Kreise auf der linken Seite zu finden, hier sind die Unterschiede im Betreuungsangebot also mit einem vergleichsweise hohen Grenznutzen verbunden. Die ostdeutschen Kreise befänden sich hingegen auf der rechten Seite, die Dichte des Betreuungsangebots zeigt hier keine (große) Wirkung mehr.

Den nur in Westdeutschland zu beobachtenden Effekt des Vereinsengagements vermag ebenso ein Blick in die Geschichtsbücher zu klären: In der Wendezeit lösten sich mit den staatlichen Strukturen der DDR auch die von zentraler Stelle dirigierten Vereine und Verbände größtenteils auf und hinterließen eine zivilgesellschaftliche „tabula rasa" (Kunz und Gabriel 2000: 72). Das entstandene Vakuum war in Ostdeutschland noch größer als in anderen postkommunistischen Ländern wie etwa in Ungarn oder Polen, da das DDR-Regime bei der Zerstörung zivilgesellschaftlicher Strukturen in den 1950er und 1960er Jahren besonders gründlich vorgegangen war. Die Folgen sind bis heute spürbar: In Ostdeutschland erreichen Freiwilligenorganisationen bei weitem noch nicht die Mitgliederdichte wie in Westdeutschland, sie durchdringen und vernetzen also die verschiedenen Gruppen und Teile der Gesellschaft nur unzureichend miteinander (vgl. Kunz und Gabriel 2000: 51).[109] In den neuen Ländern können die Vereine daher ihre politische Aktivierungs- und Rekrutierungsfunktion nicht im gleichen Maß wie in den alten Ländern erfüllen, weshalb sich in Ostdeutschland höhere oder niedrigere Frauenanteile an den Mitgliedern von Freiwilligenorganisationen auch nicht signifikant auf die politische Repräsentation von Frauen auswirken.

Für die Variable *Partnerschaftsmodelle* ist zunächst festzuhalten, dass die Scheidungszahlen in der ehemaligen DDR die der BRD bei weitem übertrafen, die DDR nahm sogar europaweit einen Spitzenplatz ein (Böttcher 2006: 10, Bundesministerium für Familie, Senioren, Frauen und Jugend 2004: 75). Geschiedene Ehen waren somit in Ostdeutschland gewissermaßen ein akzeptiertes Alltagsphänomen, während Geschiedenen in Westdeutschland noch lange ein Stigma anhaftete (Kunze 2005: 302). Vor diesem Hintergrund erscheint die folgende Annahme plausibel: Wenn in einem westdeutschen Kreis zahlreiche Ehen zustande kommen, gleichzeitig aber nur wenige Ehen geschieden werden, so kann dieses Verhältnis als Indikator für die Traditionalität der regionalen Gesellschaftsordnung angesehen werden. Mit anderen Worten ist die Scheidung beziehungsweise die Nichtheirat in Westdeutschland möglicherweise ein Zeichen von struktureller Emanzipation, während in Ostdeutschland der Entscheidung für oder gegen die Ehe keine oder eine ungleich geringer ausgeprägte gesellschaftsideologische Komponente innewohnt.

---

[109] Während 2008 in den westdeutschen Ländern im Schnitt 32,7% der Bevölkerung Mitglied in einem Sportverein war, kamen die ostdeutschen Länder ohne Berlin nur auf einen Organisationsgrad von 13,8% und mit Berlin auf 14,3% (Quelle: Statistik des Deutschen Olympischen Sportbundes, www.dosb.de/de/service/statistiken, 12.10.2009).

Vergleich zu anderen Studien

Wie bereits in Kapitel 1 ausgeführt, ist dem Autor mit Holtkamp und Schnittke (2010) lediglich eine weitere Studie bekannt, die den Frauenanteil auf der kommunalen Ebene über Bundesländergrenzen hinweg untersucht. Trotzdem gilt es an dieser Stelle zu fragen, inwieweit sich die hier vorgestellten Ergebnisse mit jenen von Holtkamp und Schnittke decken. Vorab sei bemerkt, dass Holtkamp und Schnittke lediglich Großstädte untersuchen, kleinere Städte und ländliche Gebiete im Gegensatz zu dieser Untersuchung jedoch nicht betrachten.

Holtkamp und Schnittke untersuchen lediglich fünf Faktoren, davon vier aus dem politisch-institutionellen Bereich (*Organisationsgrad/Mitgliederstärke der Parteien, Ratsanteil der Grünen, offenes Listenwahlrecht, Frauenquoten*) und eine soziostrukturelle Größe (*Gemeindegröße*). Die Resultate widersprechen den hier vorgestellten auf ganzer Linie: Holkamp und Schnittke (2010: 160ff.) stellen signifikant positive Zusammenhänge für die *Gemeindegröße*, den *Organisationsgrad der Parteien*, den *Ratsanteil der Grünen* und das *offene Listenwahlrecht* fest, finden jedoch keine signifikante Beziehung für die *Frauenquoten*. Die hier diskutierten Ergebnisse legen indessen nahe, dass weder die *Urbanisierung* noch der potenzielle Pool an weiblichen Kandidaten eine Rolle spielt. Weiterhin zeigen die Resultate für Gesamt-, West- und Ostdeutschland einen deutlich positiven Einfluss der *Frauenquoten* an und diagnostizieren einen negativen Effekt des *offenen Listenwahlrechts*. Neben der eingeschränkten Vergleichbarkeit aufgrund der unterschiedlichen Untersuchungseinheiten sind die stark divergierenden Ergebnisse möglicherweise auf methodische Mängel der Studie von Holtkamp und Schnittke sowie auf die mitunter fragwürdige Auswahl der Indikatoren in der genannten Untersuchung zurückzuführen:

- In der Studie von Holtkamp und Schnittke werden, soweit ersichtlich, keinerlei Tests auf Heteroskedastizität, mögliche Ausreißer oder Multikollinearität durchgeführt. Vor allem hinsichtlich des letztgenannten Aspekts liegt die Vermutung nahe, dass die gleichzeitige Betrachtung des *Sitzanteils der Grünen* und der *Frauenquoten* stark miteinander korrelieren – eine Gefahr, die durch den Ausschluss der CDU aus der Gruppe der Quotenparteien bei Holtkamp und Schnittke (vgl. Abschnitt 5.1.1) sogar noch ansteigen dürfte.[110]

- Weiterhin wählen die Autoren in einigen Punkten andere Operationalisierungen als in der vorliegenden Untersuchung. Als Indikator für den *Urbanisierungsgrad* wird bei Holtkamp und Schnittke (2010: 155ff.) die Gemeindegröße gewählt, hier ist es die Siedlungsdichte. In Anbetracht der unterschiedlichen Untersuchungseinheiten (hier alle

---

[110] Aus diesem Grund wurden in der vorliegenden Arbeit nur die Frauenquoten als Quotenindex aggregiert betrachtet und nicht zusätzlich die Sitzanteile der einzelnen Parteien.

Kreise, dort nur Großstädte) erscheinen beide Vorgehensweisen durchaus gerechtfertigt.

- Als Indikator für die Größe des Pools an potenziellen Kandidatinnen nutzen Holtkamp und Schnittke (2010: 158) nicht den Frauenanteil an den Parteimitgliedern im jeweiligen Kreis respektive in der jeweiligen Stadt, sondern den Anteil der Parteimitglieder an der Bevölkerung im Bundesland (sogenannter *Organisationsgrad*), in welchem die Stadt liegt. Diese Größe verschleiert *erstens* die Varianz hinsichtlich des Organisationsgrades innerhalb der Bundesländer (also zwischen den Städten eines Landes) und sie ist *zweitens* nicht in der Lage, die Varianz des Frauenanteils an den Parteimitgliedern abzubilden. Wie aus Tabelle B.1 im Anhang B ersichtlich, kann dieser Anteil jedoch sehr stark variieren.

- Weiterhin verwenden Holtkamp und Schnittke (2010: 158) zur Operationalisierung der *Frauenquoten* ebenfalls den Quotenindex von Kaiser und Hennl (2008). Dabei schließen sie jedoch die CDU aus, berücksichtigen aber die Linke, was nach den aus Tabelle 5.2 abzulesenden Umsetzungserfolgen der Parteien als ein zumindest fragwürdiges Vorgehen erscheint.

5.2.2. Frauen in den Landtagen

5.2.2.1. Untersuchungseinheiten, Zeitraum und Methodik

Auf der Landesebene richtet sich das Augenmerk auf die Landtage der 16 deutschen Bundesländer, wozu auch die Vertretungen der drei Stadtstaaten Berlin, Bremen und Hamburg zählen (vgl. Abschnitt 5.2.1.1).

Die Analysestrategie folgt, soweit realisierbar, dem Vorgehen auf der Kreisebene, um eine größtmögliche Vergleichbarkeit der Ergebnisse zu gewährleisten. Wie auch bei der Analyse der Kreisebene werden auf der ersten Analysestufe zunächst bivariate OLS-Querschnittsregressionen zwischen der abhängigen und den einzelnen unabhängigen Variablen geschätzt, um eine Vorauswahl möglicher Einflussgrößen zu treffen. Die als signifikant identifizierten Größen fließen wiederum in eine zweite Analysestufe ein, auf der nun aber aufgrund der geringen Fallzahl keine multiplen Querschnittsmodelle geschätzt werden können.[111] Stattdessen wird auf ein gepooltes Zeitreihen-Querschnittsdesign (Panel) zurückgegriffen, in welchem die zu untersuchenden Fälle (Län-

---

[111] Bei einer Querschnittsanalyse mit 16 Fällen können Wagschal (1999: 225) zufolge maximal fünf unabhängige Variablen gleichzeitig analysiert werden: Von den insgesamt 16 Freiheitsgraden kommt einer der Funktionsgleichung zu, je einer den einzelnen Regressoren und mindestens zehn sollten für die Residuen verbleiben. Da hier der simultane Einfluss von mehr als fünf unabhängigen Variablen untersucht wird, scheidet eine Querschnittsanalyse an dieser Stelle aus.

der) nicht nur durch den Vergleich miteinander, sondern auch über die Zeit hinweg untersucht werden. Dadurch multipliziert sich die Zahl der *Fälle* (N = 16 Bundesländer) mit der Zahl der *Messzeitpunkte* (T = Zahl der zu berücksichtigenden Wahlen) zu N x T *Beobachtungen* (vgl. Kittel 2006). Die Erhöhung der Beobachtungszahl ermöglicht nun die Beibehaltung der grundsätzlichen Strategie: Demnach werden die signifikanten Variablen aus der bivariaten Analyse einem multivariaten Test unterzogen, zunächst im Rahmen des jeweiligen theoretischen Ansatzes aus Abschnitt 5.1 und schließlich in einem Modell mit allen signifikanten unabhängigen Variablen.

Wie viele Beobachtungen für die zweite Analysestufe letztendlich realisiert werden können, hängt von der Dauer des Untersuchungszeitraums ab, den es nun einzugrenzen gilt. Wie auch für die Kreisebene ergibt sich das Jahresende 2008 aus forschungspraktischen Gründen als das Ende des Untersuchungszeitraums (vgl. Abschnitt 5.2.1.1). Für den Beginn des Untersuchungszeitraums sind zwei Punkte ausschlaggebend:

- *Erstens* gilt es, politische Begleitumstände zu beachten. Den wohl tiefsten Einschnitt seit dem Ende des Zweiten Weltkrieges stellen der Fall der Mauer, der Übergang der ostdeutschen Bundesländer vom Sozialismus zur Demokratie und die Wiedervereinigung dar. Kostadinova (2003: 743) zufolge sind solche Transitionsperioden „moments of great drama", werden sie doch von großen Spannungen, aber auch von einer enormen Unsicherheit begleitet (vgl. auch Freitag 2005: 669). Es ist davon auszugehen, dass der Einigungsprozess einen nicht zu unterschätzenden Einfluss auf die Parteienlandschaft und auch auf die Rekrutierung (weiblichen) politischen Personals in Ostdeutschland hatte, der mit den in Abschnitt 5.1 vorgestellten Hypothesen nicht erklärt werden kann. Die Ergebnisse der ersten Landtagswahlen in Ostdeutschland, die in den fünf Flächenländern am 14.10.1990 und in Berlin am 02.12.1990 stattfanden, bestätigen diese Vermutung, führten sie doch zu recht geringen Frauenanteilen an den Mandatsträgern: Im Schnitt aller ostdeutschen Länder wurde ein Frauenanteil von 16,1% erreicht (18,4% einschließlich Berlin). Die westdeutschen Länder kamen bei der ersten Landtagswahl seit 1990 dagegen auf einen Anteil von 23,5%. Von der ersten Landtagswahl 1990 zur darauffolgenden Wahl nahm der Frauenanteil in den ostdeutschen Landtagen dann aber um durchschnittlich 13% zu (12,5% einschließlich Berlin), in Westdeutschland betrug dieser Anstieg im Vergleich dazu nur 6,2% (vgl. Abschnitt 3.3). Kolinsky (1993a: 138) kommentiert die Situation in der Wendezeit wie folgt: „The parties in the East were too new, too focused on unification and too rushed into electoral arrangements and into building a party organization to attend to women's participation".

- *Zweitens* liegt zwar die abhängige Variable seit der Gründung der Bundesrepublik lückenlos vor (vgl. Abschnitt 3.3), die Daten für eine

Reihe unabhängiger Variablen stehen jedoch erst seit Beginn der 1990er Jahre zur Verfügung (vgl. Abschnitt 5.2.2.2 sowie Anhang B). Eine Ausdehnung des Untersuchungszeitraums auf die Zeit vor 1990 ist deshalb nicht möglich.

Um der besonderen Situation in Ostdeutschland gerecht zu werden, aber gleichzeitig die Zahl der Beobachtungen nicht zu stark zu limitieren und damit die Robustheit der Ergebnisse von vornherein einzuschränken, erscheint es gerechtfertigt, zwei unterschiedliche Anfangszeitpunkte des Untersuchungszeitraums zu wählen. Für die ostdeutschen Länder einschließlich Berlin werden alle Wahlen seit 1994 berücksichtigt, denn bei einem zeitlichen Abstand von vier beziehungsweise fünf Jahren zur deutschen Einheit ist von einer hinreichenden Konsolidierung des politischen Systems in Ostdeutschland auszugehen. Die Wahlen in den westdeutschen Ländern werden ab einschließlich 1990 betrachtet, da hier nicht oder nur in geringfügigem Umfang von einer Verzerrung der Ergebnisse durch historische Begleitumstände auszugehen ist.

Insgesamt fließen im Zeitraum 1990/94 bis 2008 damit zwischen drei und sechs Landtagswahlen pro Bundesland in die Untersuchung ein (vgl. Tabelle 5.8). Für die zweite Analysestufe entspricht das einer Beobachtungszahl von N=67 Landtagswahlen.[112]

Getrennte Analysen für die west- und ostdeutschen Länder erscheinen auch hier wünschenswert. Die Reduktion der Fallzahl durch die Aufteilung des Samples würde jedoch zu Fallzahlen führen, die für Panelanalysen als kritisch zu bezeichnen sind und die eine sachgerechte Interpretation der Befunde nicht zulassen würden (vgl. Kittel 1999). Die Analyse der Landesebene beschränkt sich daher auf die Betrachtung Gesamtdeutschlands.

Die übliche Vorgehensweise bei der Schätzung von Panelmodellen in der Politikwissenschaft beschreiben Beck und Katz (1995) in einem vielzitierten und häufig befolgten Papier.[113] Im Mittelpunkt steht die Schätzung eines *unit-fixed-effects-Modells* (FE-Modell). Dabei wird angenommen, dass die einzelnen Fälle, die in einem Panel untersucht werden (hier also die Länder) bestimmte Eigenschaften aufweisen, die sie von den anderen Fällen systematisch unterscheiden (sogenannte *unit effects*). Diese Annahme erscheint auch im Rahmen dieser Untersuchung äußerst plausibel, denn die einzelnen Bundesländer sind gekennzeichnet durch eine Vielzahl an spezifischen, unbeobachteten Besonderheiten (vgl. Freitag und Vatter 2008b; Hildebrandt und Wolf 2008).[114]

---

[112] Ein einheitlicher Beginn des Untersuchungszeitraums für alle Bundesländer zum Jahr 1994 hätte einen Verzicht auf elf Beobachtungen bedeutet.

[113] Laut dem *Social Science Citation Index* wurde das Papier von Beck und Katz bis zum 12.01.2010 insgesamt 825 Mal zitiert, bei *Google Scholar* werden 1.792 Zitationen ausgewiesen.

[114] Ein gepooltes *Ordinary-Least-Squares-Modell* (OLS) scheidet als Analyseinstrument daher von vornherein aus, denn OLS basiert auf der Annahme, dass die Fehlerterme einzelner Beobachtungen des selben Falles nicht miteinander korrelieren (vgl. Beck und Katz 1995: 636; Kittel 1999: 228). Auch ein *Random-Effects-Modell* (RE-Modell) erscheint ungeeignet, denn

Tabelle 5.8: Berücksichtigte Landtagswahlen.

Bundesland	1. Wahl	2. Wahl	3. Wahl	4. Wahl	5. Wahl	6. Wahl
Baden-Württemberg	05.04. 1992	24.03. 1996	25.03. 2001	26.03. 2006		
Bayern	14.10. 1990	25.09. 1994	13.09. 1998	21.09. 2003	28.09. 2008	
Berlin	22.10. 1995	10.10. 1999	21.10. 2001	17.09. 2006		
Brandenburg	11.09. 1994	05.09. 1999	19.09. 2004			
Bremen	29.09. 1991	14.05. 1995	06.06. 1999	25.05. 2003	13.05. 2007	
Hamburg	02.06. 1991	19.09. 1993	21.09. 1997	23.09. 2001	29.02. 2004	24.02. 2008
Hessen	20.01. 1991	19.02. 1995	07.02. 1999	02.02. 2003	27.01. 2008	
Mecklenburg-Vorpommern	16.10. 1994	27.09. 1998	22.09. 2002	17.09. 2006		
Niedersachsen	13.05. 1990	13.03. 1994	01.03. 1998	02.02. 2003	27.01. 2008	
Nordrhein-Westfalen	13.05. 1990	14.05. 1995	14.05. 2000	22.05. 2005		
Rheinland-Pfalz	21.04. 1991	24.03. 1996	25.03. 2001	26.03. 2006		
Saarland	28.01. 1990	16.10. 1994	05.09. 1999	05.09. 2004		
Sachsen	11.09. 1994	19.09. 1999	19.09. 2004			
Sachsen-Anhalt	26.06. 1994	26.04. 1998	21.04. 2002	26.03. 2006		
Schleswig-Holstein	05.04. 1992	24.03. 1996	27.02. 2000	20.02. 2005		
Thüringen	16.10. 1994	12.09. 1999	13.06. 2004			

Quellen: Statistische Landesämter.

Nun mag ein FE-Modell höchst wirksam sein, um für eine große Zahl unbeobachteter Hintergrundgrößen zu kontrollieren, es hat jedoch zwei entscheidende Nachteile (Plümper und Troeger 2007: 124f.): *Erstens* ist die Schätzung

---

es geht davon aus, dass es sich bei den betrachteten Fällen um eine Zufallsauswahl handelt. Entsprechend setzen RE-Modelle voraus, dass die unbeobachteten Effekte nicht mit den unabhängigen Variablen korrelieren (vgl. Wooldridge 2009: 496). Keine dieser Annahmen ist für die 16 Bundesländer erfüllt.

zeitinvarianter Variablen in einem FE-Modell nicht möglich (Kohler und Kreuter 2008: 253). *Zweitens* erweist sich die Schätzung nahezu zeitinvarianter Variablen mittels eines FE-Modells als hochgradig ineffizient (Beck 2001: 285). Gerade solchen sich selten oder gar nicht ändernden Größen kommt jedoch in der vergleichenden Politikwissenschaft – und auch in der vorliegenden Untersuchung – aus theoretischer Sicht ein enormes Interesse zu. Man denke nur an die geringe Variabilität von Wahlsystemen, an nur langsam ansteigende Wohlstandskurven, an die religiöse Prägung einer Gesellschaft oder an Ost-West-Unterschiede.

Als Alternative schlagen Plümper und Troeger (2007; 2009) ein Schätzverfahren vor, welches sie *fixed-effects-vector-decomposition* nennen. Hinter dieser Bezeichnung verbirgt sich ein dreistufiges Verfahren: Auf der *ersten Stufe* wird ein FE-Modell geschätzt, um die unit effects zu erhalten. Die zeitinvarianten Variablen werden dabei nicht berücksichtigt. Auf der *zweiten Stufe* werden die zuvor ermittelten unit effects aufgeteilt in einen Anteil, der durch invariante und nahezu invariante Faktoren erklärt wird, und in einen Anteil, der den Fehlerterm enthält. Dies geschieht durch eine Regression der unit effects auf die zeitinvarianten und nahezu invarianten Variablen. Die *dritte Stufe* bildet eine erneute Schätzung der ersten Stufe durch ein gepooltes OLS-Verfahren unter Berücksichtigung aller Variablen und des Fehlerterms aus Stufe zwei.[115]

Es stellt sich die Frage, welche Variablen zeitlich invariant oder nahezu invariant sind. Im Falle der Zugehörigkeit eines Bundeslandes zum Osten oder Westen Deutschlands erscheint dies unstrittig. Für alle anderen Variablen schlagen Plümper und Troeger (2007: 136) vor, den Quotienten aus der *between*-Varianz (also der Varianz *zwischen* den Bundesländern) und der *within*-Varianz (also der Varianz *innerhalb* der Bundesländer zwischen den einzelnen Messzeitpunkten) zu betrachten. Übersteigen die Unterschiede zwischen den Ländern die Unterschiede innerhalb der Bundesländer deutlich, so sollte die Variable als invariant oder nahezu invariant behandelt werden. Als Richtwert geben die Autoren ein between/within-Verhältnis von 2,8 an.

Vier typische Probleme aller Panelschätzverfahren beziehungsweise generell linearer Schätzverfahren gilt es noch anzusprechen:
- *Erstens* sollte die abhängige Variable normalverteilt sein. Diese Voraussetzung wurde mit einem Normalitätstest geprüft. Für die interessierende abhängige Variable, den Frauenanteil in den Landtagen, deutete die signifikante Teststatistik χ^2 auf eine Nichterfüllung der Normalitätsannahme hin. Um dieses Problem zu beheben, wurde die Variable einer *Box-Cox-Transformation* unterzogen (Kohler und Kreuter 2008: 238f.).

---

[115] Die Überlegenheit ihrer Vorgehensweise gegenüber einer konventionellen FE-Schätzung demonstrieren Plümper und Troeger (2007) anhand von Monte Carlo-Simulationen.

- *Zweitens* können die Fehler je nach Fall unterschiedlich hohe Varianzen aufweisen, es liegt also Heteroskedastizität vor. Kittel (2006: 245) zufolge schafft die Schätzung von *panel-korrigierten Standardfehlern* (PCSEs) Abhilfe, welche hier in allen Modellen zur Anwendung kommen.
- *Drittens* besteht die Gefahr, dass die Fehler nicht unabhängig voneinander, sondern autokorreliert sind. Um Autokorrelation in Panel-Daten zu diagnostizieren, wurde der *Wooldridge-Test* herangezogen (vgl. Drukker 2003; Wooldridge 2002: 282f.). Gemäß den Ergebnissen dieses Tests bestand für keines der Modelle ein Verdacht auf Autokorrelation, sodass Korrekturverfahren, wie die *Prais-Winston-Transformation* zur Schätzung korrekter Standardfehler (Baltagi 2008: 92) nicht zur Anwendung kamen.
- *Viertens* ist es möglich, dass die Ergebnisse von einzelnen Ausreißern oder einflussreichen Fällen abhängen. Zur Ausreißerdiagnostik wurde *Mahalanobis Distanzmaß* verwendet, wobei alle Werte als einflussreiche Fälle betrachtet wurden, die oberhalb der kritischen Bonferroni-Werte lagen (vgl. DeCarlo 1997; Penny 1996). Ergänzend wurden auch Scatterplots zwischen der abhängigen und den einzelnen unabhängigen Variablen verwendet (vgl. Schnell 1994: 227; Wilcox 2005: 221).[116] Die so identifizierten Ausreißer wurden wiederum in einem separaten Analyseschritt aus der Schätzung des jeweiligen Modells ausgeschlossen. Bei einer Veränderung des Signifikanzniveaus eines oder mehrerer Koeffizienten wurde dieses Modell in der Ergebnistabelle gesondert ausgewiesen, ansonsten wurde auf die Darstellung verzichtet.

5.2.2.2. Operationalisierung und Datenlage

Die Operationalisierung der unabhängigen Variablen für die Landesebene orientiert sich an den Operationalisierungen, die bei der Untersuchung der Kreisebene Verwendung fanden (vgl. Abschnitt 5.2.1.2). Die Operationalisierung von vier Variablen erfordert indessen eine gesonderte Darstellung: Für die *Frauenquoten* gilt es wiederum zu prüfen, inwieweit die CDU berücksichtigt werden sollte. Für drei weitere Variablen war eine Operationalisierung analog zur Kreisebene aufgrund der Datenlage nicht realisierbar.

- Zur Operationalisierung der Variablen *Frauenquoten* wird erneut der Quotenindex nach Kaiser und Hennl (2008) herangezogen. Wie auch auf der Kreisebene stellt sich dabei die Frage, ob das weniger restriktive Quorum der CDU einen geringeren Umsetzungserfolg als die Quotenregelungen der übrigen Parteien zur Folge hat – und wenn dem so ist,

---

[116] Auf die Verwendung des Maßes *DFFITS*, das bei der Analyse der Kreisebene zur Ausreißerdiagnostik herangezogen wurde, wurde verzichtet, da diese Statistik für das *fixed-effects-vector-decomposition*-Paket bei Stata nicht implementiert ist.

ob die CDU von der Berechnung des Quotenindex ausgeschlossen werden sollte (vgl. Holtkamp und Schnittke 2010: 158; Kaiser und Hennl 2008: 173f.). Tabelle 5.9 fasst exemplarisch die relevanten Daten für die Zeit von 1998 bis 2008 zusammen (in diesem Zeitraum wurden die Quotenregelungen der Parteien nicht mehr verändert, vgl. die Abschnitte 4.3.2.2 sowie 5.1.1 dieser Arbeit).

Anders als auf der Kreisebene erscheinen die Christdemokraten auf der Landesebene weit abgeschlagen: Die drei Linksparteien erreichen ihre Zielgröße knapp (SPD), nahezu punktgenau (Linke) oder überbieten sie sogar (Grüne), die CDU hingegen verfehlt sie um mehr als 10%. Zwar hat die CDU in den Kreisparlamenten ihre selbst gesteckte Vorgabe noch deutlicher als auf der Landesebene verfehlt, jedoch unterscheidet sie sich auf der Kreisebene in dieser Hinsicht nicht von den drei Linksparteien.

Tabelle 5.9: Sitzanteile, Quoten und Umsetzungserfolg der Parteien in deutschen Landesparlamenten, 1998-2008.

Partei	Sitzanteil (Schnitt)	Quote / Quorum	Frauenanteil (Schnitt)	Umsetzungserfolg (Quote minus Frauenanteil)
Grüne	6,2%	50%	53,4%	+3,4%
Linke	9,6%	50%	50,1%	+0,1%
SPD	35,1%	40%	37,8%	-2,2%
CDU	40,8%	33,3%	23,0%	-10,3%
FDP	4,8%	---	17,8%	---
CSU	59,5%	---	16,6%	---
FW / Sonstige	0,5%	---	14,3%	---
Rechtsparteien	1,7%	---	12,5%	---
Schnitt				-2,25%

Anmerkung: FW = Freie Wählergruppen. Zu den Rechtsparteien zählen die DVU, die NPD und die Schill-Partei.
Quelle: Statistische Landesämter, eigene Berechnungen.

Als Konsequenz für die deutliche Unterperformanz wird der Quotenindex und damit die Variable *Frauenquoten* in zwei verschiedenen Ausführungen betrachtet: Einmal inklusive und einmal exklusive der CDU. Die entsprechenden Modelle werden also auch zweimal geschätzt, wobei Veränderungen der Koeffizienten zusätzliche Rückschlüsse über die CDU-Regelung geben sollten.

- Als Indikator für die *Einkommensunterschiede* zwischen Frauen und Männern wurde der Durchschnittsverdienst einer weiblichen Angestellten im Verhältnis zum Durchschnittsverdienst eines männlichen Angestellten betrachtet.

- Zur Operationalisierung der Variablen *Katholizismus* wurde der Katholikenanteil in der Bevölkerung des jeweiligen Bundeslandes herangezogen.
- Die Kategorien für das *Sozialistische Erbe* wurden erweitert: Um der Vergangenheit Berlins als geteilte Stadt Rechnung zu tragen, wurde Berlin der Wert „0,5" zugewiesen.

Einen detaillierten Überblick über die Operationalisierungen aller anderen Variablen, die maximalen und minimalen Ausprägungen der Indikatoren, die theoretisch erwarteten Zusammenhänge sowie die Datenquellen gibt Tabelle B.2 im Anhang B. Auch auf der Landesebene bestehen gewisse Einschränkungen hinsichtlich der Zugänglichkeit des Datenmaterials, was fünf der 17 unabhängigen Variablen betrifft (*Frauenanteil an den Parteimitgliedern, Bildungsabstand, Einkommensunterschiede, Kinderbetreuungsangebot, Partnerschaftsmodelle*). Wie in diesen Fällen vorgegangen wurde, ist im Anhang B ausführlich dokumentiert. Die Daten für die politisch-institutionellen Variablen (außer dem *Frauenanteil an den Parteimitgliedern*) stammen wiederum aus dem jeweiligen Wahljahr (t-0), die übrigen Daten stammen, soweit möglich, jeweils aus dem Jahr vor der Wahl (t-1).

5.2.2.3. Resultate

Den ersten Schritt der Untersuchung stellen bivariate Zusammenhänge für die 16 Bundesländer dar (vgl. Tabelle 5.10). Als Datengrundlage dienen dabei die Mittelwerte des Zeitraums 1990 bis 2008 (Westdeutschland) beziehungsweise 1994 bis 2008 (Ostdeutschland und Berlin).

Zunächst fällt auf, dass keine einzige Variable des Standardmodells der politischen Partizipation signifikant mit dem Frauenanteil im Landtag assoziiert ist. Offensichtlich scheinen die Ressourcen, die Frauen zur Verfügung stehen, für die Präsenz weiblicher Politiker in den Landtagen keine Rolle zu spielen. Unter den politisch-institutionellen Variablen finden sich vier signifikante Zusammenhänge, und zwar alle in der theoretisch vermuteten Richtung. So wirken der *Wahlsystemtypus*, also der Anteil der Direktmandate negativ, die *Frauenquoten* (mit und ohne CDU) sowie der *Frauenanteil an den Parteimitgliedern* positiv auf die Frauenrepräsentation ein. Von den Modernisierungsvariablen erweisen sich die *Erwerbsstruktur (dritter Sektor)* und der *Urbanisierungsgrad* als positiv signifikant, was ebenfalls den Erwartungen entspricht. Von den kulturellen Variablen behaupten sich der *Katholikenanteil* in der Bevölkerung, der ein negatives Vorzeichen trägt, und die Variable *Partnerschaftsmodelle*, die positiv mit der Frauenrepräsentation zusammenhängt.

Tabelle 5.10: Determinanten der Frauenrepräsentation in deutschen Landtagen 1990/94-2008 (Bivariate Zusammenhänge, OLS, N=16, Durchschnittswerte).

Unabhängige Variablen	unstandardisierte Regressionskoeffizienten	absolute t-Werte
politisch-institutionelle Variablen		
Wahlsystemtypus	-0,10*	-1,75
Wahlkreisgröße	0,04	0,67
Frauenquoten (inkl. CDU)	**0,59****	**2,75**
Frauenquoten (exkl. CDU)	**0,73****	**2,82**
Parteienwettbewerb	4,82	1,45
Frauenanteil an Parteimitgliedern	**97,78****	**3,07**
soziostrukturelle Variablen I: Standardmodell politischer Partizipation		
Bildungsabstand[a]	0,17	0,97
Frauenerwerbsquote	0,08	0,38
Einkommensunterschiede[a]	31,82	1,00
Kinderbetreuungsangebot	0,09	1,24
Vereinsengagement	-0,01	-0,03
soziostrukturelle Variablen II: Modernisierung		
Erwerbsstruktur (1. Sektor)	-1,04	-1,33
Erwerbsstruktur (3. Sektor)	**0,65****	**4,75**
Urbanisierungsgrad	**2,51****	**2,15**
Wohlstandsniveau[a]	0,05	0,27
kulturelle Variablen		
Katholizismus	**-0,13****	**-2,44**
Partnerschaftsmodelle	**45,62****	**3,29**
Sozialistisches Erbe[a]	1,99	0,90

Anmerkungen: abhängige Variable = Repräsentation von Frauen. *Koeffizient mit p < 0,10; ** Koeffizient mit p < 0,05; *** Koeffizient mit p < 0,01. **Fettgedruckt** sind jene Zusammenhänge, die sich mindestens auf dem 10%-Niveau statistischer Signifikanz bewegen. a - Schätzung robuster Standardfehler nach signifikantem Breusch-Pagan/Cook-Weisberg-Test und/oder White-Test.

Zur Validierung dieser Befunde werden die signifikanten bivariaten Zusammenhänge mittels einer Panelanalyse überprüft (vgl. Tabelle 5.11). Hier ist anzumerken, dass lediglich in Modell 5a mittels der oben beschriebenen Verfahren ein multivariater Ausreißer entdeckt wurde (vgl. Abschnitt 5.2.2.1). Das Modell wurde nochmals ohne diesen Ausreißer geschätzt (Modell 5b). Die Merkmale dieses Ausreißers werden weiter unten diskutiert.

Unter den politisch-institutionellen Variablen weisen der Wahlsystemtypus und die Frauenquoten die theoretisch erwarteten Zusammenhänge auf: Je geringer der Anteil der Direktmandate an allen Mandaten und je höher der Anteil der Parteien mit Quotenregelung im Landtag, desto mehr Frauen finden sich unter den Abgeordneten. Zunächst ist den Quotierungsregelungen auch dann ein positiver Einfluss nicht abzusprechen, wenn man die CDU und ihren vergleichsweise geringen Umsetzungserfolg bei der Erfüllung ihres Quorums einrechnet (vgl. die Modelle 1 und 2).

Eine genauere Betrachtung der Koeffizienten und der t-Werte der beiden *Frauenquoten*-Variablen sowie des Anteils erklärter Varianz in den Modellen 1 und 2 deuten indessen darauf hin, dass die Erklärungskraft der *Frauenquoten* höher ist, wenn man die CDU nicht berücksichtigt, denn alle drei genannten Kennzahlen weisen in Modell 2 einen höheren Wert als in Modell 1 auf. Dieser Eindruck bestätigt sich in den Modellen 5 bis 7: Fügt man die Variablen der übrigen Ansätze hinzu, so erweisen sich die *Frauenquoten* nur noch dann als signifikant, wenn die CDU nicht berücksichtigt wird. Auf der Landesebene hinkt die CDU also ihrem selbstgesteckten Ziel einer stärkeren Berücksichtigung von Frauen deutlich hinterher, während die übrigen drei Quotenparteien ihre eigenen Maßstäbe recht zuverlässig erfüllen. Die dritte Variable dieses Blocks, der *Frauenanteil an den Parteimitgliedern*, hängt in keinem der Modelle signifikant mit der politischen Repräsentation von Frauen in den deutschen Landtagen zusammen.

Von der nächsten Variablengruppe, die den Grad der gesellschaftlichen Modernisierung anzeigt, erweist sich zunächst die *Erwerbsstruktur (dritter Sektor)* als positiv signifikant mit der Frauenrepräsentation assoziiert, der Koeffizient für den *Urbanisierungsgrad* lässt indessen nicht auf einen systematischen Zusammenhang schließen (Modell 3). Nimmt man die Variablen aus den anderen Erklärungsansätzen hinzu und schließt das Quorum der CDU bei den *Frauenquoten* ein, so ergibt sich zunächst das umgekehrte Bild. Es zeigt sich also ein signifikant positiver Zusammenhang für den *Urbanisierungsgrad*, aber keine überzufällige Beziehung zwischen der *Erwerbsstruktur (dritter Sektor)* und der Frauenrepräsentation (Modell 5a). Die Bürgerschaftswahl des Jahres 2003 in Bremen wurde in Modell 5a jedoch als ein Ausreißer identifiziert.[117] Schätzt man die Gleichung ohne diese Beobachtung, so verliert sich der Effekt des *Urbanisierungsgrades* (Modell 5b). Auch in Modell 6, in welchem wiederum alle aus der bivariaten Analyse verbliebenen Variablen enthalten sind, für die *Frauenquoten* aber das CDU-Quorum nicht berücksichtigt wird, zeigen sich keine signifikanten Beziehungen für die beiden Modernisierungsvariablen. Insgesamt ist also weder für die *Erwerbsstruktur (dritter Sektor)* noch für den *Urbanisierungsgrad* von einem robusten Einfluss auszugehen.

---

[117] Die Bremische Bürgerschaftswahl des Jahres 2003 führte zum höchsten Frauenanteil eines Landtages im gesamten Untersuchungszeitraum: Von den 83 Abgeordneten, die bei dieser Wahl in die Bürgerschaft einzogen, waren 37 weiblichen Geschlechts. Der vorhergehende und der darauffolgende Landtag wiesen jeweils einen um etwa 5% niedrigeren Frauenanteil auf (vgl. Abschnitt 3.3 sowie Anhang A).

Tabelle 5.11: Determinanten der Frauenrepräsentation in deutschen Landtagen, 1990/94-2008 (gepoolte Zeitreihe, fixed-effects-vector-decomposition).

Unabhängige Variablen	Modell 1	Modell 2	Modell 3	Modell 4	Modell 5a	Modell 5b	Modell 6	Modell 7
Konstante	471,04	344,18	-440,43	358,77	511,17	444,79	353,38	322,17
politisch-institutionelle Variablen								
Wahlsystemtyp $_i$	-3,06*** (-11,60)	-3,23*** (-12,27)			-2,41*** (-4,14)	-1,95*** (-3,08)	-2,60*** (-4,47)	-2,92*** (-10,91)
Frauenquoten (inklusive CDU)	6,01*** (3,48)				1,40 (0,44)	0,68 (0,20)		
Frauenquoten (exklusive CDU)		19,26*** (5,29)						13,18*** (3,40)
Frauenanteil an Parteimitgliedern	-254,56 (-0,89)	-503,03 (-1,31)			16,06 (0,05)	133,89 (0,39)	-87,77 (-0,29)	
soziostrukturelle Variablen II: Modernisierung								
Erwerbsstruktur (3. Sektor)			13,18*** (5,26)		-1,48 (-0,35)	-1,44 (-0,33)	-0,86 (-0,25)	
Urbanisierungsgrad $_i$			4,85 (0,42)		26,43* (1,69)	25,25 (1,64)	18,37 (1,13)	
kulturelle Variablen								
Partnerschaftsmodelle				287,16*** (4,07)	228,65 (1,30)	262,48 (1,41)	123,68 (0,90)	
Katholizismus $_i$				-2,89*** (-3,86)	-2,70*** (-5,72)	-2,55*** (-5,13)	-1,89*** (-4,74)	-1,98*** (-4,26)
Zahl der Beobachtungen	67	67	67	67	67	66	67	67
F-Test	56,73***	51,95***	134,23***	82,09***	209,61***	169,97***	89,93***	115,76***
adj. R^2	0,66	0,68	0,68	0,74	0,73	0,72	0,77	0,79

Anmerkungen: abhängige Variable = Frauenanteil in den Landtagen. i: Invariante und nahezu invariante Variablen. Ausgeschlossener Ausreißer in Modell 5b: Landtagswahl 2003 in Bremen. Die Tabelle zeigt nichtstandardisierte Regressionskoeffizienten (t-Werte in Klammern). *Koeffizient mit p < 0,10; ** Koeffizient mit p < 0,05; *** Koeffizient mit p < 0,01. **Fettgedruckt** sind Zusammenhänge, die sich mindestens auf dem 10%-Niveau statistischer Signifikanz bewegen. Für Quellen und Beschreibungen, vgl. Text und Anhang B.

Die Koeffizienten der kulturellen Variablen weisen beide zunächst auf signifikante Zusammenhänge hin, für die Variable *Partnerschaftsmodelle* verlieren sich diese Beziehungen jedoch in den folgenden Modellen. Als kulturelle Barriere gegen eine gesteigerte politische Repräsentation von Frauen in den Landtagen erscheint nun nur noch ein starkes katholisches Umfeld. Für den *Katholizismus* bestätigt sich damit zumindest auf der Landesebene die Vermutung, dass die strukturelle Konservativität der katholischen Amtskirche auch auf das gesellschaftliche Umfeld abstrahlt (vgl. Casanova 2009; Raming 1989). Die Gegenhypothese, nach der der Marienkult nicht nur eine dem Katholizismus inhärente besondere Wertschätzung für die Frau im Allgemeinen, sondern auch ein hohes Maß an Aufgeschlossenheit ihrer politischen Betätigung gegenüber symbolisiert (Greeley 2000), ist damit zu verwerfen.

Vergleich zu anderen Studien

Abschließend sollen die diskutierten Befunde mit denen der einzigen anderen Studie zum Thema Frauenrepräsentation in den Landtagen (Kaiser und Hennl 2008) verglichen werden. Kaiser und Hennls Untersuchung ist wie die vorliegende als Panel angelegt, basiert methodisch jedoch auf der von Beck und Katz (1995) vorgeschlagenen Spezifikation (vgl. Punkt 7.2.1). Umso interessanter ist, dass die Ergebnisse von Kaiser und Hennl in wesentlichen Punkten mit den hier präsentierten übereinstimmen. So finden Kaiser und Hennl gleichermaßen einen negativ signifikanten Zusammenhang für den *Wahlsystemtypus*, der ebenfalls als Anteil der Direktmandate an allen Mandaten operationalisiert wurde. Auch die *Frauenquoten* korrelieren bei Kaiser und Hennl positiv signifikant mit dem Frauenanteil im Landtag,[118] der *Katholizismus* hingegen wirkt sich negativ aus. Die in der obigen Analyse als nicht signifikant identifizierten Faktoren sind bei Kaiser und Hennl, sofern sie dort untersucht werden, ebenso nicht signifikant (das gilt für die Variablen *Wahlkreisgröße*, *Einkommensunterschiede* und *Wohlstandsniveau*[119]), oder aber sie weisen zumindest das gleiche Vorzeichen auf (*Frauenerwerbsquote*, *Partnerschaftsmodelle*, *Urbanisierungsgrad*). Der einzige deutliche Unterschied ist der *Parteienwettbewerb*, der laut Kaiser und Hennl *negativ* auf den Frauenanteil im Parlament wirkt. Dieses Ergebnis lässt sich durch den längeren Untersuchungszeitraum bei Kaiser und Hennl erklären, der bereits im Jahr 1957 beginnt. Bis zum Ende der 1980er Jahre war der Frauenanteil in den Landtagen relativ gering (vgl. Kapitel 3), gleichzeitig herrschte zwischen 1961 und 1989 ein stabiles Zweieinhalbparteiensystem vor (vgl. Schniewind 2008: 76). Seitdem hat sowohl die Frauenrepräsentation als auch die Zahl der Parteien deutlich zugenommen. Es ist anzu-

---

[118] Die Autoren berechnen den Quotenindex grundsätzlich ohne die Sitzanteile der CDU, was in Anbetracht der großen Abweichungen nur dieser Partei beim Umsetzungserfolg auf der Landesebene gerechtfertigt erscheint.

[119] Bei Kaiser und Hennl (2008: 178f.) erweist sich das Wohlstandsniveau zunächst als negativ signifikant, diese Beziehung verliert sich jedoch bei der Kontrolle für Ost-West-Unterschiede.

nehmen, dass der Zusammenhang zwischen Parteienwettbewerb und Frauenrepräsentation auch bei Kaiser und Hennl verschwinden oder sich zumindest abschwächen würde, wenn man die Landtagswahlen erst seit der deutschen Einheit betrachten würde, seit also die Zahl der Parteien deutlich zugenommen hat.

5.2.3. Abschließende Bewertung der Ergebnisse und Vergleich der Kreis- und der Landesebene

Die vorangegangenen Seiten haben gezeigt, dass die politische Repräsentation von Frauen in den deutschen Kreis- und Landesparlamenten von unterschiedlichen politisch-institutionellen, soziostrukturellen und kulturellen Faktoren bedingt wird. Tabelle 5.12 stellt die Ergebnisse in einem Ebenenvergleich einander gegenüber.

Die Resultate erscheinen erklärungsbedürftig, stimmen sie doch zwischen den Ebenen nur punktuell überein:

Die erste Variable des politisch-institutionellen Ansatzes, der *Wahlsystemtypus*, führt zu entgegengesetzten Resultaten in den Kreis- und Landesparlamenten. Während vom Anteil der Direktmandate auf der Landesebene die theoretisch erwartete Wirkung ausgeht, verhält es sich auf der Kreisebene genau umgekehrt. In den Kreisen profitieren also Frauen von einer stark ausgebauten Direktwahlkomponente, auf der Landesebene kommt diese den Männern zugute. Erklären lässt sich dieses Phänomen wie bereits ausgeführt durch die auf der Kommunalebene weit verbreitete Verwendung offener Listen in Verhältniswahlsystemen, die es dem Wähler erlauben, die Reihenfolge der Kandidaten auf der Liste zu verändern. Dadurch wird es möglich, weibliche Bewerber systematisch nach unten beziehungsweise männliche Kandidaten nach oben zu wählen.[120]

---

[120] Den häufig verwendeten und gänzlich offenen Listen auf der Kreisebene stehen auf der Landesebene Wahlsysteme gegenüber, in denen offene Listen nur vereinzelt und in stark eingeschränkter Form vorkommen: In der Variante des personalisierten Verhältniswahlrechts, die bei den bayerischen Landtagswahlen verwendet wird, kann der Wähler neben einer Wahlkreiskandidatenstimme eine Listenstimme vergeben. Mit letzterer kann entweder die gesamte Liste, oder aber ein einzelner Kandidat auf der Liste gewählt werden (Trefs 2008: 338f.). Wegen des nur eingeschränkten Wählereinflusses auf die Listenreihenfolge der Kandidaten spricht man von *lose gebundenen Listen* (vgl. Magin 2010b: 106f.). Für die hamburgischen Bürgerschaftswahlen standen 2008 pro Partei zwei Listen zur Wahl, eine Landesliste und eine Wahlkreisliste, wobei nur letztere vom Wähler verändert werden konnte (vgl. Trefs 2008: 339f.). Aufgrund der Seltenheit offener Listen auf der Landesebene und der beschriebenen eingeschränkten Wahlmöglichkeiten, die diese bieten, wird nicht davon ausgegangen, dass sie die Ergebnisse der Analyse aus Abschnitt 5.2.2.3 substanziell verändern (vgl. Magin 2010b: 109).

Tabelle 5.12: Die Determinanten der Frauenrepräsentation im Ebenenvergleich.

Unabhängige Variablen	KREISEBENE (Gesamtdeutschland)	LANDESEBENE
politisch-institutionelle Variablen		
Wahlsystemtypus	+	–
Wahlkreisgröße	+	
Frauenquoten	+	(+)
Parteienwettbewerb	+	
Frauenanteil an Parteimitgliedern		
soziostrukturelle Variablen I: Standardmodell politischer Partizipation		
Frauenerwerbsquote		
Einkommensunterschiede		
Kinderbetreuungsangebot		
Vereinsengagement	+	
soziostrukturelle Variablen II: Modernisierung		
Erwerbsstruktur (1. Sektor)	–	
Erwerbsstruktur (3. Sektor)	+	
Urbanisierungsgrad		
Wohlstandsniveau	+	
kulturelle Variablen		
Partnerschaftsmodelle		
Katholizismus		–
Sozialistisches Erbe		
adj. R^2 des jeweils letzten Modells	0,54	0,79

Anmerkungen: „+": signifikant positiver Zusammenhang; „(+)":signifikant positiver Zusammenhang nur bei Ausschluss der CDU; „–": signifikant negativer Zusammenhang. Leere Zellen stehen für nicht signifikante Zusammenhänge.

Die *Wahlkreisgröße* hängt lediglich auf der Kreisebene signifikant positiv mit der Frauenrepräsentation zusammen, während für die Landesebene keine Beziehung festgestellt werden kann. Nun sind die Listenwahlkreise auf der Landesebene deutlich größer als auf der Kreisebene: Während in den Kreisen im Schnitt 32,7 Sitze pro Wahlkreis vergeben werden, sind dies auf der Landesebene 45,4. Auch die Minima und Maxima der Variablen *Wahlkreisgröße* liegen auf der Landesebene deutlich höher (vgl. Tabellen B.1 und B.2 im Anhang). Wie bereits für die Wirkungsweise des Kinderbetreuungsangebots im

Ost-West-Vergleich (vgl. Abschnitt 5.2.1.3) könnte auch für die Wahlkreisgröße das Phänomen des abnehmenden Grenznutzens eine Rolle spielen. Demnach würde die Vergrößerung *kleiner* Wahlkreise eine recht große Wirkung zeigen, eine Vergrößerung *großer* Wahlkreise aber nur noch eine kleine oder aber gar keine Wirkung mehr. Die graphische Kontrolle bestätigt diese Vermutung (vgl. Abbildung 5.3).

Abbildung 5.3: Wahlkreisgröße und Frauenrepräsentation in den Kreisen und Ländern.

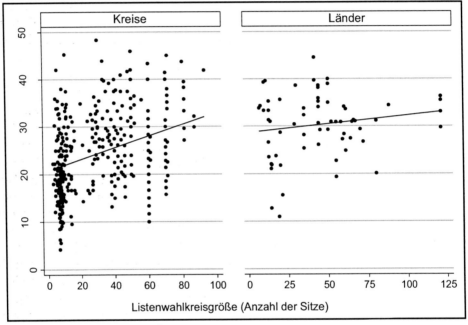

Anmerkungen: eigene Darstellung.

Es zeigt sich, dass die Wahlkreisgröße und der Frauenanteil im Parlament auf der Kreisebene sehr viel stärker zusammenhängen als auf der Landesebene. Plausibel erscheint diese Argumentation auch im Hinblick auf die theoretische Rechtfertigung der Wirkung der Wahlkreisgröße: In Abschnitt 5.1.1 wurde angenommen, dass die Parteien umso besser in der Lage sind, gesellschaftlich ausgeglichene Kandidatenlisten zu präsentieren, je mehr Sitze pro Wahlkreis vergeben werden (Norris 2006). Geht man nun davon aus, dass die Zahl der zu berücksichtigenden Gruppen (Männer/Frauen, Arbeiter/Angestellte, Stadt/Land, etc.) begrenzt ist und ab einer gewissen Wahlkreisgröße alle Gruppen vertreten sind, so führt eine zusätzliche Vergrößerung des Wahlkreises nicht mehr zu einer Verbesserung der Möglichkeiten der Gruppenrepräsentation.

Die freiwilligen *Frauenquoten* der Parteien offenbaren eine weitgehend homogene Wirkungsweise über die Ebenen hinweg: Auch wenn die selbstgesteckten Ziele nicht immer erreicht werden, so bewirken die Selbstverpflichtungen der Parteien sowohl auf der Kreis- als auch auf der Landesebene eine verstärkte Präsenz weiblicher Abgeordneter.

Für den *Parteienwettbewerb* kann angenommen werden, dass die äußerst dynamische lokalpolitische Landschaft in Deutschland mit ihrer Vielzahl an Wählergruppen unterschiedlicher Couleur eine andere Wirkung erzielt als die eher übersichtliche Landesebene mit ihren relativ stark konsolidierten Parteien (vgl. Schniewind 2008; 2010). Ein Blick auf die Varianzen des Parteienwettbewerbs, operationalisiert als effektive Parteienzahl, bestätigt diese Vermutung: Die Varianz auf der Kreisebene übersteigt die Varianz auf der Landesebene um mehr als den Faktor 1,6. Wenn sich die Ausprägungen der Einflussgrößen in geringerem Ausmaß unterscheiden, so ist davon auszugehen, dass auch ihre Wirkung auf die zu erklärende Variable abnimmt (vgl. Lijphart 1975: 163f.).

Die fehlende Assoziation zwischen dem *Vereinsengagement* und dem Frauenanteil auf der Landesebene hängt möglicherweise mit der Wahl des Indikators zusammen: Für beide Ebenen wurde der Frauenanteil in Sportvereinen als Proxy für das zivilgesellschaftliche Engagement der weiblichen Bevölkerung herangezogen. In kleinräumigen lokalen Umfeldern mag diese Operationalisierung angemessen sein. Zur Untersuchung der Landespolitik ist eine Berücksichtigung auch anderer Aspekte des Vereinsengagements denkbar: Statt der bloßen *Mitgliedschaft* im Verein könnte die aktive *Mitarbeit* und ehrenamtliche Tätigkeit betrachtet werden. Auch eine Ausdehnung über den Bereich der Sportvereine hinaus wäre in Betracht zu ziehen. So könnten andere Freizeitvereine, Gewerkschaften oder auch kulturelle Vereinigungen berücksichtigt werden (vgl. Seippel 2008). Die ausschließliche Betrachtung von Sportvereinsmitgliedschaften ergibt sich indessen aus der Motivation dieser Untersuchung, die nicht nur den Einfluss verschiedener Faktoren auf die Frauenrepräsentation analysieren will, sondern auch den systematischen Vergleich zweier Ebenen anstrebt. Letzterer Punkt setzt eine identische oder zumindest stark analoge Vorgehensweise bei der Operationalisierung voraus. Auf der Kreisebene sind jedoch nach bestem Wissen des Autors keine alternativen Indikatoren außer der Mitgliedschaft in Sportvereinen verfügbar.

Auf der Kreisebene erweisen sich mit der *Erwerbsstruktur (erster* und *dritter Sektor)* sowie dem *Wohlstandsniveau* weiterhin drei Modernisierungsvariablen als signifikant. Die Koeffizienten dieser Variablen weisen dabei alle auf eine stärkere politische Repräsentation von Frauen in soziostrukturell moderneren Einheiten hin. Für die Landesebene bestätigen sich diese Zusammenhänge jedoch nicht. Auch dieses Phänomen gewinnt an Plausibilität, wenn die weitaus geringeren Varianzen auf der Landesebene im Vergleich zur Kommunalebene in Betracht gezogen werden: Die Werte der Varianzen aller drei genannten Variablen liegen auf der Kreisebene um mehr als das 1,5-fache über den Werten der Landesebene. Bezüglich des Wirkungspotenzials der Modernisierungsvariablen übertrifft die Kreisebene die Landesebene also deutlich.

Der *Katholizismus* wirkt sich lediglich auf der Landesebene negativ aus, während ihm auf der Kreisebene kein vergleichbarer Effekt nachgewiesen werden kann. Bei näherem Hinsehen wirkt auch dieses empirische Ungleichgewicht durchaus plausibel, zeigen sich doch deutliche Parallelen zum innerkirchlichen Engagement von Frauen. Dieses war in der (Kirchen-)Gemeinde vor Ort seit jeher nicht nur gestattet, sondern auch erwünscht. Traditionell beschränkte sich die Mitarbeit der Frauen jedoch hauptsächlich auf „Hausfrauentätigkeiten" (Ebertz 2006: 4) wie das Kuchenbacken für das Gemeindefest oder das Schmücken der Kirche an Feiertagen. In den vergangenen Jahrzehnten hat die Zahl der Frauen, die sich auch in die Verwaltung und in die Entscheidungsprozesse innerhalb der Gemeinden einbringen, indessen enorm gesteigert: So verdoppelte sich der Frauenanteil in den Pfarrgemeinderäten des Bistums Mainz von 29% in den Jahren 1967/70 auf 58,1% im Jahr 1999 (Ebertz 2006: 4). Was die Einbindung von Frauen in höhere Ämter der Kirche (außerhalb priesterlicher Ämter) betrifft, so sieht die Kirche selbst hingegen noch Nachholbedarf: „Wir brauchen Frauen mit Führungswillen und Leitungskompetenz" forderte etwa Joachim Wanke, Bischof von Erfurt, auf einer Fachtagung der Bischofskonferenz zur Geschlechtergerechtigkeit im November 2009.[121] Und auch Papst Benedikt XVI. betonte im März 2006, es sei wünschenswert, wenn Frauen in der Kirchenführung „sichtbarer" würden und sie „mehr Raum" bekämen.[122] Zusammenfassend ist also davon auszugehen, dass in katholischen Kreisen sowohl das kirchliche als auch das politische Engagement von Frauen vor Ort keinen wesentlichen Einschränkungen (mehr) unterliegen. Höherrangige, überörtliche Kirchenämter wie auch das politische Engagement oberhalb der Kommunalebene scheinen jedoch aus katholischer Perspektive nach wie vor noch eher eine Männerdomäne zu sein.

Bereits in der Einleitung wurden die mitunter gegensätzlichen Ergebnisse international vergleichender Studien diskutiert, nun ergeben sich auch für die Frauenrepräsentation auf der Kreis- und der Landesebene sehr unterschiedliche Bestimmungsfaktoren. Diese Befunde lassen die Vermutung aufkommen, dass es ein Spektrum plausibler Determinanten der Frauenrepräsentation zwar geben mag, dass aber deren Gültigkeit für jede Gruppe von Fällen gesondert zu überprüfen ist. Als über beide der hier untersuchten Ebenen verlässlichste Größe erweist sich einzig die Variable *Frauenquoten*. Dieser wurde auch schon in Kapitel 4 eine zentrale Rolle bei der Erklärung der Entwicklung der Frauenrepräsentation zugesprochen.

---

[121] Pressemitteilung der Deutschen Bischofskonferenz vom 30.11.2009, einsehbar unter www.dbk.de/aktuell/, 18.12.2009.
[122] Meldung von Radio Vatikan vom 04.03.2006, einsehbar unter www.katholisch.de/7052.html, 18.12.2009.

6. Fazit und Ausblick

Frauen sind in Deutschland in der Politik angekommen. Nicht nur der Bundesregierung sitzt seit 2005 mit Angela Merkel eine Frau vor, auch halten weibliche Abgeordnete zahlreiche Mandate in den Parlamenten aller politischen Ebenen. Gleichzeitig ist die politische Repräsentation von Frauen keineswegs eine Selbstverständlichkeit: So stellen Frauen insgesamt weniger als ein Drittel aller Mandatsträger und mancherorts ist ihr Anteil verschwindend gering. Dennoch gibt es heute auch Parlamente, in denen Frauen nahezu die Hälfte aller Sitze innehaben.

Diese Untersuchung hatte sich zum Ziel gesetzt, die Muster der Frauenrepräsentation in deutschen Parlamenten zu erklären. Dazu wurden zwei verschiedene Perspektiven gewählt: *Erstens* ging es darum, allgemeine Entwicklungstrends aufzuzeigen und zu klären, warum die Frauenrepräsentation über Jahrzehnte hinweg bei einem marginalen Wert von maximal etwa 10% stagnierte, sich seit Mitte der 1970er Jahre mehr als verdreifachte, um seit dem Ende der 1990er Jahre erneut zu stagnieren. *Zweitens* sollte untersucht werden, warum trotz dieser allgemeinen und über verschiedene politische Ebenen hinweg beobachtbaren Trends enorme Unterschiede zwischen einzelnen Parlamenten bestehen. Im letzten Kapitel werden nun die bisher gesammelten Befunde zusammengefasst (Abschnitt 6.1) und verschiedene Maßnahmen vorgestellt, die zur Erreichung paritätischer Geschlechterverhältnisse in der Politik beitragen könnten (Abschnitt 6.2).

6.1. Zusammenfassung der Ergebnisse

Zu Beginn der Arbeit (*Kapitel 2*) wurde der Frage nachgespürt, welche Gründe überhaupt für eine Erhöhung der Präsenz von Frauen in Parlamenten beziehungsweise für ihre paritätische politische Beteiligung sprechen. Die Argumente wurden der Literatur folgend in zwei Stränge gegliedert. Der *erste* dieser Stränge fußt auf dem Grundsatz, dass es bei der Verteilung politischer Macht zwischen den Geschlechtern möglichst gerecht zugehen soll. Diesem Ansatz folgend erscheint die Gewährung gleicher Rechte für Männer und Frauen immer dann als ein unvollständiger Akt, wenn gleichzeitig die Möglichkeit der Nutzung dieser Rechte weiterhin überwiegend einseitig verteilt ist. Theoretisch wie auch vor dem Hintergrund des Gleichheitsgrundsatzes aus dem deutschen Grundgesetz („Der Staat fördert die tatsächliche Durchsetzung der Gleichberechtigung von Frauen und Männern und wirkt auf die Beseitigung bestehender Nachteile hin." – Art. 3 Abs. 2 S. 2 GG) wurde diesem Argument Berechtigung zugesprochen.

Im *zweiten* Strang wurden insgesamt vier Einzelargumente diskutiert, die der Erhöhung des Frauenanteils im Parlament einen gesamtgesellschaftlichen Nutzen attestieren. Die Berechtigung dieser Argumente wurde anhand der Befunde empirischer Studien, oder wo diese Lücken aufwiesen, mittels kurzen, auf Umfragedaten basierenden Analysen diskutiert. Dabei zeigte sich, dass nur für eines dieser Argumente Indizien vorliegen, die auf seine Gültigkeit schließen lassen: So gibt es Anzeichen dafür, dass eine Erhöhung des Frauenanteils im Parlament mit einer Steigerung der staatsbürgerlichen Kompetenzen und des politischen Interesses der weiblichen Bevölkerung einhergeht. Für die übrigen drei Argumente, nach denen eine erhöhte Frauenrepräsentation *erstens* die Legitimität der Volksvertretung fördert und die Demokratiezufriedenheit unter den vertretenen Frauen steigert, *zweitens* zu einer besseren Berücksichtigung der Belange von Frauen führt und *drittens* die Qualität politischer Prozesse und Ergebnisse insgesamt verbessert, fanden sich indessen keine eindeutigen empirischen Belege. Es zeigte sich vielmehr, dass die bisherige Forschung zu diesen Themen oftmals von recht einseitigen Annahmen ausgeht und die verwendeten Modelle häufig unterkomplex spezifiziert sind. Die drei genannten Argumente und die bisher zu ihnen vorliegenden Ergebnisse wurden daher als Anstoß und Ausgangspunkt für zukünftige Untersuchungen gewertet, nicht jedoch als empirische Untermauerung der Forderung nach einer Erhöhung der Frauenrepräsentation.

Dieser Analyse der gesellschaftlichen Relevanz der Thematik folgte eine Darstellung der Frauenrepräsentation in deutschen Parlamenten (*Kapitel 3*). Dabei wurden Parlamente von der Kommunal- bis zur Bundesebene seit der Gründung der Bundesrepublik betrachtet und auch die Lage zur Zeit der Weimarer Republik diskutiert. Es zeigte sich auf allen Ebenen ein annähernd identisches Entwicklungsmuster: Bis Mitte der 1970er Jahre waren Frauen kaum vertreten, ab dann nimmt ihre Präsenz zu und bis zur Jahrtausendwende haben sich die Frauenanteile auf allen politischen Ebenen mindestens verdreifacht. Während der Frauenanteil im Bundestag sowie im Durchschnitt der Landtage und der Räte der kreisfreien Städte 2008 knapp über 30% betrug, lag dieser Wert in den Landkreisparlamenten sowie in den Räten der kreisangehörigen Gemeinden über 10.000 Einwohner bei weniger als 25%.

Neben diesen Niveauunterschieden zwischen den Ebenen waren immense Differenzen zwischen den Einheiten der jeweils selben Ebene zu beobachten. Den geringsten Frauenanteil unter den Kreisparlamenten wies zum Jahresende 2008 Rottweil mit 4,2% auf, in Gütersloh war dieser Wert mit 48,3% mehr als zehn Mal so hoch. Auch zwischen den Landtagen zeigten sich große Unterschiede: Während im Jahr 2006 in den baden-württembergischen Landtag 23% weibliche Abgeordnete gewählt wurden, erreichte die Bremer Bürgerschaft 2003 einen Frauenanteil von 44,6%.

Ein Rückblick auf die parlamentarische Frauenrepräsentation in der DDR-Volkskammer ergab auf den ersten Blick eine deutliche Überlegenheit gegenüber der Bundesrepublik. Tatsächlich aber ist die Frauenrepräsentation in autoritären Systemen, in denen es keine freien Wahlen gibt, nicht mit der Lage in Demokratien vergleichbar, unterlag sie doch dem Diktat der Staatsführung.

Zur Einordnung der Situation in Deutschland wurde die Frauenrepräsentation in den übrigen EU-Ländern als Vergleichsmaßstab herangezogen. Unter den nationalen Parlamenten lag Deutschland im oberen Mittelfeld, jedoch mit gehörigem Abstand zum Spitzenreiter Schweden. Unter den Regionalparlamenten waren die deutschen Landtage als durchschnittlich einzuordnen, wiederum mit erheblichem Abstand zum Erstplatzierten Frankreich.

Der erste Teil der Analyse der Frauenrepräsentation erfolgte in *Kapitel 4*. Hier wurde der Frage nachgegangen, wodurch sich der nahezu stufenförmige und fast zeitgleiche Anstieg des Anteils weiblicher Abgeordneter auf allen politischen Ebenen erklären lässt. Den theoretischen Rahmen für diese Untersuchung bildete das Konzept der Pfadabhängigkeit. Dieses Konzept geht davon aus, dass politische oder gesellschaftliche Zustände, wenn sie einmal etabliert sind, sich nur schwer verändern lassen. Veränderungen aber bedürfen einer ideologischen Wende, dem Engagement politischer Akteure sowie einem Wandel des gesellschaftlichen Umfeldes.

Die Analyse förderte zutage, dass der Anstieg, aber auch die wieder einsetzende Stagnation der Frauenrepräsentation auf das Zusammenwirken aller drei genannten Aspekte zurückgeführt werden kann. So war es über Jahrhunderte hinweg im politischen Denken üblich, Frauen aus der Politik auszuschließen, ihre Fähigkeiten herabzuwürdigen und sie nicht nur im öffentlichen Leben, sondern auch im Privatbereich dem Mann unterzuordnen. Beispiele hierfür finden sich bei nahezu allen Klassikern der Demokratietheorie, von Aristoteles bis hin zu Alexis de Tocqueville. Zu Zeiten von Mill und Marx, also gegen Ende des 19. Jahrhunderts, setzte eine erste Wende ein, der Konsens vom Ausschluss der Frauen aus der Politik begann zu bröckeln. Frauen hatte man in der ersten Hälfte des 20. Jahrhunderts vielerorts das Wahlrecht eingeräumt, womit die Frage der Gleichstellung für den Mainstream des politischen Denkens zunächst einmal beantwortet war. In der Konsequenz tauchte über weite Strecken des 20. Jahrhunderts die Kategorie *Geschlecht* in den entsprechenden Diskursen überhaupt nicht auf. Erst seit den 1980er und 1990er Jahren, also in jener Phase, in welcher die höchsten Zuwachsraten bei der Frauenrepräsentation zu verzeichnen sind, weiteten sich die Perspektiven im Mainstream der Disziplin. Von nun an gestand man beiden Geschlechtern nicht nur das gleiche Recht auf Teilhabe zu, sondern erachtete auch eine gleiche Verteilung der Möglichkeiten zur Wahrnehmung dieser Rechte als erstrebenswert. Dazu gehörte auch die Anerkennung des Umstandes, dass Geschlechterhierarchien außerhalb der Politik in den politischen Raum hineinwirken. Diese Entwicklung ist in erster Linie dem Engagement feministischer Autoren zuzuschreiben, die seit den 1970er Jahren nicht nur die offensichtlich diskriminierenden Aussagen im politischen Denken identifizierten, sondern auch die Wirkung des Impliziten berücksichtigten. Der Leitspruch „Das Private ist politisch" beinhaltet die Essenz feministischer Analysen, lenkt er doch den Blick auf die Verhältnisse in der Privatsphäre, in der Geschlechterhierarchien über lange Zeit hinweg Bestand hatten.

Bei der Untersuchung der Akteure (Frauenbewegung und politische Parteien) sowie des gesellschaftlichen Kontextes zeigten sich ebenfalls deutliche Zusammenhänge. Zunächst wurden in einem kurzen Exkurs die Umstände analysiert, die zur Einführung des Frauenwahlrechts 1918/19 führten. In den folgenden fünf Jahrzehnten, bis 1968, kam der Frauenbewegung nur eine geringe Bedeutung zu, und auch wenn sich die rechtliche Situation der Frauen an etlichen Punkten verbesserte, so befanden sie sich immer noch in der Lage einer materiellen Abhängigkeit vom Mann. Erst in den späten 1960er Jahren, vor allem aber seit den 1970er Jahren wurden diese Benachteiligungen systematisch abgebaut. Ab dieser Zeit schloss die weibliche Bevölkerung auch in vielerlei Hinsicht zur männlichen Bevölkerung auf, so etwa bei der Wahl- und Erwerbsbeteiligung; bei der Bildungsbeteiligung wurden die Männer gar überholt. Motiviert durch die seit 1968 wieder erwachte Frauenbewegung traten zudem immer mehr Frauen politischen Parteien bei und forderten ihr Recht auf Mitsprache ein. Diese Entwicklungen resultierten seit Mitte der 1980er Jahre in der Einführung freiwilliger Quoten durch alle Parteien außer der FDP und der CSU. Eben in dieser Zeit ist auch der größte Anstieg der Frauenrepräsentation in den Parlamenten zu verzeichnen. Das Ende des Anstieges um die Jahrtausendwende kann einerseits der Demobilisierung der Frauenbewegung zugeschrieben werden, andererseits auch den Parteien, von denen seit 1998 keine mehr ihre Quotierungsregeln verändert hat. Auch haben andere Probleme aus dem Bereich der Gleichstellung, wie die Vereinbarkeit von Familie und Beruf sowie die Entgeltungleichheit, an Bedeutung gewonnen, wodurch die immer noch bestehende Unterrepräsentation von Frauen zumindest teilweise aus dem Blickfeld geraten sein mag.

Der zweite Teil der Analyse (*Kapitel 5*) beschäftigte sich mit der Frage, wie die unterschiedlich hohen Niveaus der Frauenrepräsentation in einzelnen deutschen Parlamenten erklärt werden können. Dazu wurden zunächst mögliche Einflussfaktoren diskutiert, die gruppiert vorgestellt wurden: Zu den *politisch-institutionellen Faktoren* zählen die Beschaffenheit des Wahlsystems, die Wahlkreisgröße, freiwillige parteiinterne Frauenquoten, der Wettbewerb zwischen den Parteien sowie der Anteil weiblicher Parteimitglieder. Die zweite Gruppe von Faktoren, die *soziostrukturellen Faktoren*, wurden nochmals untergliedert: Zu den Variablen des *Standardmodells politischer Partizipation* zählen der Bildungsabstand von Frauen zu Männern, die Frauenerwerbsquote, die Einkommensungleichheit zwischen Frauen und Männern, der Ausbau der Kinderbetreuung sowie eine unterschiedliche Intensität des Vereinsengagements von Frauen und Männern. Das Variablenbündel des *gesellschaftlichen Modernisierungsgrades* umfasst dagegen die Erwerbsstruktur (Beschäftigte im ersten und dritten Sektor), den Urbanisierungsgrad und das gesellschaftliche Wohlstandsniveau. In der letzten Gruppe von Faktoren wurden *kulturelle Einflüsse* zusammengefasst, wie die Popularität verschiedener Partnerschaftsmodelle, der Katholizismus und das sozialistische Erbe Ostdeutschlands.

Die Überprüfung dieser Hypothesen wurde für die Kreisebene und die Landesebene mittels mehrstufiger statistisch-quantitativer Analyseverfahren durchgeführt. Dabei ergab sich für die Kreisebene ein starker Einfluss der politisch-institutionellen Variablen. Mehr Frauen fanden sich demnach in jenen Kreisparlamenten, für deren Wahl große Wahlkreise verwendet wurden, in denen Quotenparteien stark vertreten waren und wo der Wettbewerb zwischen den Parteien besonders ausgeprägt war. Weiterhin zeigte sich, dass Frauen von Mischwahlsystemen profitieren, während sie in Verhältniswahlsystemen schlechter abschneiden. Der letztgenannte Effekt lief entgegen der theoretischen Erwartung und wurde durch die Wirkung offener Listen erklärt, die auf der Kreisebene ausschließlich in Verhältniswahlsystemen genutzt werden. Demnach werden offene Listen von der Wählerschaft dazu genutzt, weibliche Kandidaten systematisch nach unten, beziehungsweise männliche Bewerber systematisch nach oben zu wählen.

Unter den Variablen des Standardmodells politischer Partizipation zeigten sich nur vereinzelte Einflüsse. Der zuverlässigste Faktor waren hier die Unterschiede im Vereinsengagement von Frauen im Vergleich zu Männern. Eine stärkere zivilgesellschaftliche Einbindung fördert zumindest in Westdeutschland die politische Repräsentation von Frauen. Ebenfalls nur in Westdeutschland war ein positiver Einfluss der Dichte des Kinderbetreuungsangebots zu beobachten. Von den Modernisierungsvariablen zeigten zwei die theoretisch erwarteten Resultate: Demnach führen ein höheres Wohlstandsniveau und ein stark ausgebauter Servicesektor zu einem hohen Frauenanteil im Kreisparlament. Ein eingeschränkter, aber dennoch beobachtbarer Einfluss war der Beschäftigung im Agrarsektor zuzusprechen, dessen Stärke negativ auf die Frauenrepräsentation einwirkte. Kulturelle Größen spielten bei der Erklärung der politischen Präsenz von Frauen nur eine Nebenrolle. Lediglich in Westdeutschland war in jenen Kreisen ein hoher Frauenanteil zu beobachten, in denen sich die Ehe als Partnerschaftsmodell keiner großen Beliebtheit mehr erfreut.

Auf der Landesebene war die Anzahl der einflussreichen Faktoren weitaus geringer. Hier spielte vor allem das Wahlsystem eine Rolle, wobei Frauen in Mischwahlsystemen schlechter als in Verhältniswahlsystemen abschnitten, was den theoretischen Überlegungen entspricht. Die einzige weitere Variable aus dem politisch-institutionellen Ansatz, die zur Erklärung der unterschiedlich hohen Frauenrepräsentation beitrug, waren die freiwilligen Parteiquoten. Ihr Einfluss war jedoch nur dann feststellbar, wenn die CDU, die weniger strikte Quotierungsregeln als die anderen Parteien vorsieht, bei der Untersuchung des Zusammenhangs außen vor gelassen wurde. Als dritte und letzte Erklärungsgröße auf der Landesebene ergab sich der Katholizismus, wobei mit einem steigenden Katholikenanteil in der Bevölkerung ein niedriger Frauenanteil im Landtag einherging.

Insgesamt weisen die deutlichen Unterschiede zwischen der Kreis- und der Landesebene darauf hin, dass es zwar eine Palette möglicher Determinanten geben mag, deren Einfluss aber für jede Gruppe von Parlamenten separat bestimmt werden sollte. Einzig den freiwilligen Frauenquoten der Parteien ist ein vergleichsweise stabiler Einfluss zuzusprechen.

6.2. Ausblick – mögliche Maßnahmen zur Steigerung der Frauenrepräsentation

Die Frage nach den Konsequenzen dieser Analyse der politischen Unterrepräsentation von Frauen in Deutschland hängt nun von der Perspektive des Betrachters ab: Gibt man sich damit zufrieden, dass allen Bürgern, ganz gleich welchen Geschlechts, in Deutschland die gleichen Rechte zur politischen Mitsprache zustehen, so erscheint die derzeitige Lage nicht weiter beunruhigend. Definiert man jedoch über die gleiche formale Zugangs*berechtigung* hinaus auch reell gleiche Zugangs*chancen* als ein legitimes Ziel, dann besteht Handlungsbedarf (vgl. Abschnitt 2.1). Wie in Kapitel 3 dieser Arbeit ausführlich dargestellt wurde, ist die Unterrepräsentation von Frauen in Deutschland der Normalfall. Jenen Fällen, die sich durch einen stark überdurchschnittlichen (aber zumeist immer noch nicht paritätischen) Frauenanteil auszeichnen, steht andernorts die Marginalisierung weiblicher Abgeordneter gegenüber. Insgesamt besteht derzeit nur wenig Aussicht auf eine Verbesserung der Situation: Während vor allem in den 1980er und 1990er Jahren ein merklicher Anstieg des Frauenanteils in den Parlamenten aller politischen Ebenen zu verzeichnen war, scheint dieser Aufwärtstrend an die vielzitierte „gläserne Decke" gestoßen zu sein. Rekapituliert man den Verfassungsauftrag aus Art. 3 Abs. 2 S. 1 GG, so ist zu fragen, wodurch die anvisierte „Beseitigung bestehender Nachteile" realisiert werden kann.

Dazu ist zunächst anzumerken, dass die Möglichkeiten eines Eingriffs nicht unbeschränkt sind: Selbst wenn man eine paritätische Vertretung von Männern und Frauen für ein erstrebenswertes Ziel hält, so wird man kaum ernsthaft für eine Abschaffung der Landwirtschaft plädieren, auch wenn dieser Größe in Kapitel 5 ein negativer Einfluss attestiert wurde. Zudem gilt es zu beachten, dass nahezu jeder Eingriff zugunsten der Frauenrepräsentation Auswirkungen auf weitere Aspekte des politischen Systems nach sich zieht oder gar voraussetzt. Veränderungen sollten daher nicht blind gefordert werden, sondern sind sorgfältig gegen andere legitime Ansprüche abzuwägen (Mansbridge 1999: 652ff.). Nichtsdestoweniger existiert eine Reihe möglicher Mittel und Wege. Die verschiedenen Maßnahmen lassen sich nach ihrer Wirkung unterscheiden. So gibt es Instrumente, die zeitlich unmittelbar einen Effekt nach sich ziehen sollten und solche, denen keine sofortige Wirkung zuzusprechen ist.

6.2.1. Unmittelbar wirksame Maßnahmen

Eine erste unmittelbar wirksame Maßnahme stellt die Erhöhung und die Ausweitung der freiwilligen Frauenquoten der Parteien dar, jener Größe also, der in allen Schritten dieser Untersuchung ein positiver Einfluss auf die Frauenrepräsentation zugesprochen wurde. Spielraum für eine Erhöhung hätten die SPD (derzeit 40%) und die CDU (derzeit ein Drittel), die Quoten der Grünen und der Linken liegen hingegen bereits bei 50%. Auch könnten insbesondere die Linke (auf der Kreisebene) sowie die CDU (auf der Landesebene) ihre Regelungen verschärfen, um so die Einhaltung der eigenen Zielvorgaben konsequenter zu verfolgen. Die Ausweitung der Quotierung beträfe in erster Linie die CSU und die FDP, die bis dato keine Quotierung bei Parlamentswahlen vorsehen. Bei allen anderen Parteien ist eine Übertragung der Quoten, die bisher explizit nur für Listenkandidaturen gelten, auf die Kandidaturen für Direktmandate denkbar.

Die wohl wirkungsvollste Maßnahme aber bestünde in der Einführung einer verpflichtenden Quotierung bei der Kandidatenaufstellung, die mittels des Wahlgesetzes zu regeln wäre. Interessant an diesem Punkt ist, dass der deutsche Nachbar Frankreich hier eine Vorreiterrolle spielt, wie in Abschnitt 3.5 erläutert. In Frankreich wurde die Parität der Geschlechter zum Maßstab für die Aufstellung von Kandidaten erhoben, Frauen und Männer müssen also (mit einem geringen Maß an Toleranz in beide Richtungen) zu gleichen Anteilen nominiert werden. Dem Erfolg auf der Regionalebene, der annähernden Verwirklichung der Parität, steht eine deutliche Unterrepräsentation auf der nationalen Ebene gegenüber. Dieser Umstand zeigt, was sich aus dem französischen Beispiel lernen lässt: Die Verständigung auf das Ziel hat hier nicht genügt, vielmehr hängt der Erfolg von der Härte der verhängten Sanktionen ab, die im Fall der Nichtbefolgung der paritätischen Nominierung auf die Parteien zukommen. Während auf der Regionalebene der Ausschluss von der Wahl droht, ist auf der nationalen Ebene lediglich die Zahlung einer Geldstrafe vorgesehen.

Die Übertragung der französischen Regelung auf Deutschland müsste Lehren aus diesem Beispiel ziehen: Eine finanzielle Anreizsteuerung hat offensichtlich nicht annähernd dieselbe Wirkung wie die Androhung des Ausschlusses von der Wahl. Würde man also hierzulande eine *effektive* Quote einführen wollen, so dürften keinerlei Ausnahmeregelungen vorgesehen werden, sieht man einmal von einer minimalen Toleranzschwelle nach französischem Vorbild ab.

Der Kernpunkt ist an dieser Stelle aber nicht die Frage nach der konkreten technischen Ausgestaltung, sondern vielmehr, ob eine solche Quote in Deutschland überhaupt umsetzbar wäre. Zunächst ist es aus juristischer Sicht nicht geklärt, ob eine Quotenregelung im Wahlgesetz verfassungsrechtlich überhaupt statthaft ist. Die ehemalige Bundesjustizministerin Zypries (SPD) merkt dazu an, eine gesetzliche Quote stelle einen unverhältnismäßigen Eingriff in die Freiheit und Gleichheit innerparteilicher Wahlprozesse dar und beschränke daher die demokratische Wahlentscheidung in erheblichem Umfang (Zypries und Holste 2008: 3402, vgl. auch von Nieding 1994 sowie Sachs 2003: 249ff.). Die theoretische Einseitigkeit dieser Argumentation wurde bereits in

Abschnitt 2.1 unter Hinweis auf das Spannungsverhältnis zwischen dem *Bestand der Freiheit* und dem *Wert der Freiheit* bei John Rawls (1971) diskutiert.

Doch auch unter Juristen werden durchaus Meinungen vertreten, die von einer verfassungsrechtlichen Zulässigkeit einer gesetzlichen Quote für politische Wahlen ausgehen. Dies zeigte sich, als 2007 im Landtag Schleswig-Holsteins die Fraktion der Grünen einen Vorschlag zur Änderung des Landeswahlgesetzes einbrachte, der darauf abzielte, eine Frauenquote von 50% für alle Parteilisten festzuschreiben (Direktmandate waren also explizit ausgeschlossen).[123] Die vorgeladenen Experten folgten teils dem ablehnenden Tenor von Zypries und Holte (2008),[124] teils gingen sie aber auch von der Vereinbarkeit einer wahlgesetzlichen Quotierung mit dem Grundgesetz aus.[125] Letztere Gutachter, zu denen neben dem Deutschen Juristinnenbund auch der wissenschaftliche Dienst des Landtages gehörte, argumentieren dabei, dass die ablehnende Position sich auf eine veraltete Interpretation des Grundgesetzes beziehe, die die Erweiterung des Gleichberechtigungsartikels aus dem Jahr 1994 noch nicht berücksichtigt habe. Demnach verschöben sich durch den neu eingeführten Satz 2 des Art. 3 Abs. 2 GG[126] die Gewichte bei der Beurteilung der Verhältnismäßigkeit eines Eingriffs zugunsten der Gleichberechtigung der Geschlechter und zulasten der Freiheit und Gleichheit der Wahl. Insgesamt erschiene dadurch die Aufnahme einer Quotenregelung ins Wahlgesetz als verfassungskonform.

Am 30.01.2008 wurde die Vorlage im Landtag dennoch mehrheitlich abgelehnt. Immerhin zeigt der Vorgang aber, dass es eine einhellig ablehnende Lehrmeinung in dieser Frage nicht gibt. Selbst wenn es aber gelänge, rechtliche Zweifel an der Statthaftigkeit einer gesetzlichen Frauenquote auszuräumen – was nicht Ziel dieser Untersuchung sein kann – so wäre mit erheblichem politischem Widerstand gegen ein solches Vorhaben zu rechnen, wie ein Blick in die Plenarprotokolle des schleswig-holsteinischen Landtages deutlich macht.[127]

Unter den unmittelbar wirksamen Maßnahmen ist weiterhin eine Reform des *Wahlrechts* zu nennen. Den empirischen Ergebnissen aus Kapitel 5 nach zu urteilen müsste ein Wahlsystem, welches der Frauenrepräsentation am dienlichsten wäre, wie folgt aussehen: Als Wahlsystemtypus bietet sich ein reines Verhältniswahlsystem mit starren Listen an. Auf diese Weise könnten Frauen nicht systematisch auf der Liste nach unten und damit aus dem jeweiligen Parlament herausgewählt werden. Weiterhin erscheint eine Vergrößerung zumindest kleiner Wahlkreise auf der Kreisebene empfehlenswert (vgl. Abschnitt

---

[123] Vgl. Drucksache des schleswig-holsteinischen Landtags Nr. 16/1541 vom 11.09.2007.

[124] Vgl. Drucksachen des schleswig-holsteinischen Landtags Nr. 16/2519 vom 29.10.2007 sowie 16/2648 vom 26.11.2007.

[125] Vgl. Drucksachen des schleswig-holsteinischen Landtags Nr. 16/2712 vom 05.12.2007 sowie Nr. 16/2273 vom 21.06.2007.

[126] „Der Staat fördert die tatsächliche Durchsetzung der Gleichberechtigung von Frauen und Männern und wirkt auf die Beseitigung bestehender Nachteile hin."

[127] Vgl. Plenarprotokoll des schleswig-holsteinischen Landtags Nr. 16/77 vom 30.01.2008.

5.2.1.3). Eine gangbare Vorgehensweise wäre die Einführung eines kreisweiten Wahlkreises, in dem alle Listenmandate vergeben werden. Solche Wahlkreise existieren bereits in Bayern, Bremen, Hessen, Nordrhein-Westfalen, Rheinland-Pfalz, Schleswig-Holstein und Thüringen. In anderen Ländern sind jeweils mehrere kleinere Wahlkreise pro kreisfreier Stadt oder Landkreis vorgesehen, wie in Niedersachsen, im Saarland und in den ostdeutschen Flächenländern außer in Thüringen. In Baden-Württemberg hingegen existiert in den kreisfreien Städten nur ein Wahlkreis, während es in den Landkreisen jeweils mehrere Wahlkreise gibt.

Am grünen Tisch mögen diese Vorschläge zur Reform des Wahlrechts plausibel wirken, jedoch sind solche institutionellen Reformen erfahrungsgemäß schwer durchsetzbar. Hinzu kommt, dass Ende der 1970er Jahre eine Reformwelle einsetzte, im Zuge derer mittlerweile in fast allen Bundesländern das Kumulieren und Panaschieren (also offene Listen) auf der Kommunalebene eingeführt wurden (Magin 2010b: 104ff.). Von der Personalisierung des Wahlrechts verspricht man sich eine Verbesserung der Beziehungen zwischen Bürgern und Politikern. Vor diesem Hintergrund erscheint die Forderung einer Wiedereinführung starrer Listen wenig aussichtsreich. Auch gegen die Vergrößerung der Wahlkreise gibt es gute Argumente: So wird durch kleine Wahlkreise eine geographisch ausgewogene Repräsentation (z.B. verschiedener Stadtteile) garantiert.

6.2.2. Mittelbar wirksame Maßnahmen

Eine Reihe weiterer Maßnahmen wirkt zwar nur mittelbar und oft in einer schwer messbaren Art und Weise, dafür ist bei deren Umsetzung aber mit tendenziell geringeren Widerständen zu rechnen.

Als eine mittelbare Maßnahme regt Mansbridge (1999: 653) „high-quality public day care for elected officials" an. Wie in Kapitel 5 gezeigt wurde, wirkt sich der Ausbau der Kinderbetreuung zumindest auf der Kreisebene in Westdeutschland positiv auf die politische Repräsentation von Frauen aus. Noch effektiver als der flächendeckende Ausbau der Kinder*tages*betreuung (vgl. Tabelle 4.2) wäre allerdings eine systematische Anpassung der Betreuungsleistungen an die spezifischen Bedürfnisse politisch engagierter Eltern. Vor allem auf der kommunalen Ebene liegen politische Sitzungen und Termine oft in den Abendstunden, in denen konventionelle Betreuungseinrichtungen nicht mehr geöffnet haben. Denkbar wären daher Entschädigungsleistungen für die Mehrkosten, die eine Betreuung zu eigentlich unüblichen Zeiten verursacht.

Eine weitere Möglichkeit besteht im Ausbau der *Gleichstellungsberichte* der Parteien, welche die Einbindung von Frauen in die Parteistrukturen und in politische Ämter dokumentieren. Solche Berichte können nicht nur innerhalb der Parteien, sondern auch in der Öffentlichkeit als Diskussionsbasis über die politische Rolle der Frauen dienen. Die beiden Unionsparteien sowie die SPD kennen bereits eine solche Berichtspflicht, wie in Abschnitt 5.1.1 ausgeführt. Verbessert werden könnte zum einen die Zugänglichkeit: Für die CDU und die SPD sind diese Berichte frei im Internet erhältlich, nicht aber für die CSU. Zum anderen ist die Einführung entsprechender Berichte auch in den anderen Parteien denkbar. Hier wäre neben einer freiwilligen auch eine gesetzlich verpflichtende Berichtspflicht zu erwägen, wie es sie auch für Parteispenden gibt (vgl. Naßmacher 2002: 163 ff.).

Der Realisierbarkeit parteiinterner Maßnahmen steht jedoch generell neben möglichen ideologischen Argumenten auch strategisches Kalkül entgegen. Würde etwa die Linke einen Gleichstellungsbericht einführen, so könnten sich die Unionsparteien und die SPD als Vorreiter präsentieren, deren Strategien andere nun kopieren. Die übernehmende Partei würde dadurch gleichzeitig ihren Nachholbedarf eingestehen. Die gleichen Überlegungen gelten auch für den Ausbau der freiwilligen Parteiquoten.

Eine letzte Möglichkeit zur mittelbaren Steigerung der Frauenrepräsentation sind öffentliche *Kampagnen*. Als Beispiel kann hier „FRAUEN MACHT KOMMUNE" genannt werden. Diese Kampagne lief in den Jahren 2008/09 unter der Federführung des Bundesministeriums für Familie, Senioren, Frauen und Jugend und sollte „Frauen ermutigen, sich stärker in die Politik einzumischen". Der Fokus lag dabei auf der Kommunalpolitik, entsprechend lautete der Slogan „Verpass deiner Kommune einen neuen Anstrich!".[128] Im Rahmen der Kampagne wurde Frauen in ausgewählten Kommunen ein symbolischer roter Teppich ausgerollt, für Interessierte wurden Workshops angeboten und auf Politikmessen konnten Kontakte zu Parteien geknüpft werden. Eine abschließende Bewertung der Kampagne lag bis zum Abschluss dieser Arbeit noch nicht vor.

Die immer noch andauernde politische Unterrepräsentation von Frauen erscheint als ein wesentliches demokratisches Defizit, dessen Behebung auch fast 100 Jahre nach Einführung des Frauenwahlrechts in Deutschland nicht in greifbarer Nähe liegt. Um eine paritätische Verteilung der politischen Macht zu erreichen, sind neben guten Ideen vor allem der Wille und die Bereitschaft der maßgeblichen Akteure unabdingbar. Die Gleichstellung der Geschlechter, auch die politische, mag heute in allen Parteien ein Thema sein – jedoch ist es eines unter vielen, mit denen es um politische Aufmerksamkeit konkurrieren muss. Das bedeutet aber nicht, dass Veränderungen grundsätzlich nicht möglich sind: Wie die Einführung des Frauenwahlrechts sowie die bisherige Entwicklung der Frauenrepräsentation deutlich gemacht haben, bedarf es zur Durchsetzung von Veränderungen eines großen Maßes an Ausdauer, Energie und Beharrlichkeit.

---

[128] Vgl. Internetauftritt der Kampagne (www.frauen-macht-kommune.de, 20.01.2010).

Anhang A – Datenlage

Die Datenlage zur Frauenrepräsentation in deutschen Parlamenten seit 1949 ist in Tabelle A.1 zusammengefasst. Wie aus Tabelle A.1 ersichtlich wird, unterliegt die Datenlage für den Bundestag, den Bundesrat und die Landtage keinerlei Einschränkungen. Die Daten für die Kommunalebene erweisen sich indessen als lückenhaft.

Für die *kreisfreien Städte* sind vor 1973 nur Daten für Städte mit über 100.000 Einwohnern erhältlich, und das auch nur für drei Jahrgänge (1951, 1954, 1965). Ab 1973 ist der Datenzugang über den Städtetag gewährleistet, jedoch werden auch hier die Daten nur zu Stichtagen und nicht als Wahlergebnisse erfasst. Zwischen Ersteren und Letzteren kann es durch das Ausscheiden von Mitgliedern jedoch zu Abweichungen kommen, wenn nämlich die Nachrücker ein anderes Geschlecht aufweisen als die Ausgeschiedenen. Diese Abweichungen zwischen der Stich- und der Wahltagserhebung mögen marginal sein – um aber die Effekte von Wahlsystemen, die eine zentrale Erklärungsgröße dieser Untersuchung darstellen, möglichst genau nachvollziehen zu können, werden ab 2004, seit der flächendeckenden Verfügbarkeit also, nur Daten benutzt, die sich auf den unmittelbaren Wahlausgang beziehen.

Flächendeckende Daten für die Vertretungen der *Landkreise* sind nach dem Kenntnisstand des Autors erst seit 2004 erhältlich: In diesem Jahr führte Mecklenburg-Vorpommern als letztes Bundesland eine entsprechende Statistik ein.[129]

Für die *kreisangehörigen Gemeinden* bestehen noch größere Lücken: Flächendeckende Daten sind auch zum Jahresende 2009 noch nicht verfügbar. Zwar werden diese Daten von einigen statistischen Landesämtern im Zuge der Aufbereitung der Kommunalwahlergebnisse gesammelt und bereitgestellt, wie etwa in Nordrhein-Westfalen oder in Baden-Württemberg. In anderen Bundesländern, so beispielsweise wiederum in Mecklenburg-Vorpommern, stehen solche Daten aber nicht zur Verfügung. Die Statistik des Deutschen Städtetags stellt jedoch seit 1973 jährlich die entsprechenden Informationen für alle Gemeinden über 20.000, seit 1976 auch über 10.000 Einwohner zu einem Stichtag zusammen.

---

[129] Quelle: eigene Erkundigungen bei den Statistischen Landesämtern.

Tabelle A.1: Datenquellen zur Frauenrepräsentation.

Ebene Parlament/Kammer	Datenquellen	Einschränkungen
Bundesebene		
Bundestag	- Handschell (2002) - Internetseite des Bundestags (www.bundestag.de/mdb, 07.06.2009) - Parlamentsarchiv des Deutschen Bundestags	- keine
Bundesrat	- Sekretariat des Bundesrats - Reuter (1991: 497ff.)	- keine
Landesebene		
Landtage	- Handschell (2002) - Abgeordnetenhandbücher u. Informationsdienste der Landtage - Statistische Landesämter	- keine
Kommunalebene		
Stadträte (kreisfreie Städte)	- Bundesregierung (1966) - Deutscher Städtetag (Zeitschrift *Der Städtetag* sowie *Statistisches Jahrbuch Deutscher Gemeinden*, jeweils diverse Jahrgänge) - Statistische Landesämter	- Erhebungsjahre 1951, 1954, 1965 (Einzelwerte nur für Städte > 100.000 EW, Durchschnittswerte für alle Städte) – *Stichtagserhebung* - Vollständige Erfassung 1973, ab 1975 jährlich – *Stichtagserhebung* - erst seit 2004 flächendeckend erfasst – *Wahlergebnisse*
Kreistage (Landkreise)	- Statistische Landesämter	- erst seit 2004 flächendeckend erfasst – *Wahlergebnisse*
Gemeinderäte (kreisangehörige Gemeinden)	- Deutscher Städtetag (Zeitschrift *Der Städtetag* sowie *Statistisches Jahrbuch Deutscher Gemeinden*) - Statistische Landesämter	- Erfassung 1973, ab 1975 jährlich (bis 1975 nur Gemeinden ab 20.000 EW, ab 1976 ab 10.000 EW) – *Stichtagserhebung* - keine flächendeckende Erfassung – *Wahlergebnisse*

Tabelle A.2: Frauen im Bundestag (1949 bis 2009).

Legislaturperiode	Dauer	Abgeordnete insgesamt	davon Frauen	Frauenanteil in %
1	1949-53	410	28	6,8
2	1953-57	509	45	8,8
3	1957-61	519	48	9,2
4	1961-65	521	43	8,3
5	1965-69	518	36	6,9
6	1969-72	518	34	6,6
7	1972-76	518	30	5,8
8	1976-80	518	38	7,3
9	1980-83	519	44	8,5
10	1983-87	520	51	9,8
11	1987-90	519	80	15,4
12	1990-94	662	136	20,5
13	1994-98	672	176	26,2
14	1998-02	669	207	30,9
15	2002-05	603	194	32,2
16	2005-09	614	195	31,8

Quellen: siehe Tabelle A.1.

Tabelle A.3: Frauen im Bundesrat (1950 bis 2008).

Jahr	Mitglieder gesamt			ordentliche Mitglieder			stellvertretende Mitglieder		
	Anzahl gesamt	davon Frauen	Frauen-anteil in %	Anzahl gesamt	davon Frauen	Frauen-anteil in %	Anzahl gesamt	davon Frauen	Frauen-anteil in %
1950	90	2	2,2	47	0	0,0	43	2	4,7
1955	100	3	3,0	42	0	0,0	58	3	5,2
1960	105	5	4,8	45	0	0,0	60	5	8,3
1965	107	4	3,7	45	1	2,2	62	3	4,8
1970	109	2	1,8	45	2	4,4	64	0	0,0
1975	118	5	4,2	45	1	2,2	73	4	5,5
1980	123	10	8,1	45	3	6,7	78	7	9,0
1985	125	14	11,2	45	0	0,0	80	14	17,5
1990	202	37	18,3	68	9	13,2	134	28	20,9
1995	187	47	25,1	69	13	18,8	118	34	28,8
2000	169	42	24,9	69	9	13,0	100	33	33,0
2005	167	34	20,4	69	13	18,8	98	21	21,4
2008	163	46	28,2	69	15	21,7	94	31	33,0

Anmerkungen: Stichtagserhebung jeweils zum 31.12. der aufgeführten Jahre.
Quellen: siehe Tabelle A.1.

Tabelle A.4: Frauen in den deutschen Landtagen (1946 bis 2008, Anteile in Prozent nach Wahljahren).

Land	1946-1949	1950-1959			1960-1969			1970-1979			1980-1989			1990-1999			2000-2008		
BW		5,0 (1952)	4,2 (1956)		3,3 (1960)	4,2 (1964)	0,8 (1968)	3,3 (1972)	5,0 (1976)		5,6 (1980)	6,3 (1984)	9,6 (1988)	11,6 (1992)	18,7 (1996)		22,7 (2001)	23,0 (2006)	
BY	2,2 (1946)	3,4 (1950)	2,9 (1954)	3,4 (1958)	4,9 (1962)	3,4 (1966)		6,9 (1970)	6,4 (1974)	7,8 (1978)	7,4 (1982)	12,3 (1986)		12,7 (1994)	21,1 (1994)	22,1 (1998)	26,7 (2003)	31,0 (2008)	
BE		17,3 (1950)	13,4 (1954)	10,5 (1958)	15,0 (1963)	8,8 (1967)		5,1 (1971)	6,1 (1975)	8,9 (1979)	10,6 (1981)	16,0 (1985)	26,1 (1989)	29,9 (1990)	39,9 (1995)	34,3 (1999)	33,3 (2001)	39,6 (2006)	
BB														20,5 (1990)	34,1 (1994)	29,2 (1999)	38,6 (2004)		
HB	12,0 (1947)	14,0 (1951)	13,0 (1955)	14,0 (1959)	11,0 (1963)	14,0 (1967)		16,0 (1971)	15,0 (1975)	16,0 (1979)	18,0 (1983)	28,0 (1987)		35,0 (1991)	39,0 (1995)	40,0 (1999)	44,6 (2003)	39,8 (2007)	
HH	15,5 (1946)	12,5 (1949)	11,7 (1953)	15,0 (1957)	16,7 (1961)	15,0 (1966)		10,0 (1970)	12,5 (1974)	10,8 (1978)	16,7 (1982)	15,8 (1982)	32,5 (1986)	33,1 (1991)	35,5 (1993)	36,4 (1997)	29,8 (2001)	33,1 (2004)	33,1 (2008)
HE	6,7 (1946)	8,8 (1950)	8,3 (1954)	8,3 (1958)	6,3 (1962)	8,3 (1966)	8,2 (1970)	8,2 (1974)	9,1 (1978)		11,8 (1982)	12,7 (1983)	16,4 (1987)	22,7 (1991)	30,9 (1995)	30,9 (1999)	30,9 (2003)	33,6 (2008)	
MV														16,7 (1990)	28,2 (1994)	32,4 (1998)	32,4 (2002)	25,4 (2006)	
NI	6,7 (1947)	4,4 (1951)	4,4 (1955)	4,5 (1959)	4,0 (1963)	5,4 (1967)		4,0 (1970)	3,9 (1974)	5,8 (1978)	6,4 (1982)	12,9 (1986)		19,4 (1990)	24,8 (1994)	26,8 (1998)	34,4 (2003)	30,9 (2008)	
NW	6,0 (1947)	7,4 (1950)	6,5 (1954)	6,5 (1958)	6,0 (1962)	5,5 (1966)		3,5 (1970)	5,5 (1975)		7,5 (1980)	11,5 (1985)		20,5 (1990)	29,4 (1995)		31,2 (2000)	27,3 (2005)	
RP	5,9 (1947)	6,0 (1951)	6,0 (1955)	7,0 (1959)	4,0 (1963)	5,0 (1967)		6,0 (1971)	8,0 (1975)	10,0 (1979)	11,0 (1983)	13,0 (1987)		21,8 (1991)	28,7 (1996)		28,7 (2001)	35,6 (2006)	
SL	6,0 (1947)	6,0 (1952)	2,0 (1956)		2,0 (1960)	2,0 (1965)		6,0 (1970)	6,0 (1975)		5,9 (1980)	11,8 (1985)		23,5 (1990)	31,4 (1994)	35,3 (1999)	33,3 (2004)		
SN														15,0 (1990)	28,3 (1994)	34,2 (1999)	27,4 (2004)		
ST														15,1 (1990)	29,3 (1994)	31,0 (1998)	31,3 (2002)	30,9 (2006)	
SH	8,6 (1947)	5,8 (1950)	7,2 (1954)	4,3 (1958)	8,7 (1962)	6,8 (1967)		6,8 (1971)	5,5 (1975)	5,5 (1979)	12,2 (1983)	21,6 (1987)	24,3 (1988)	36,0 (1992)	38,7 (1996)		38,2 (2000)	30,4 (2005)	
TH														13,5 (1990)	26,1 (1994)	30,7 (1999)	35,2 (2004)		

Quellen: siehe Tabelle A.1.

Tabelle A.5: Frauen in den Parlamenten der Landkreise und kreisfreien Städte (letzte Wahl vor dem 31.12.2008).

Kreis-schlüssel	Name	Art der Gebiets-körperschaft	Wahljahr	Mandate Insg.	davon Frauen	Frauen-anteil in %
Schleswig-Holstein						
01001	Flensburg	kreisfreie Stadt	2008	43	15	34,9
01002	Kiel	kreisfreie Stadt	2008	58	17	29,3
01003	Lübeck	kreisfreie Stadt	2008	58	22	37,9
01004	Neumünster	kreisfreie Stadt	2008	43	15	34,9
01051	Dithmarschen	Landkreis	2008	55	14	25,5
01053	Herzogtum Lauenburg	Landkreis	2008	58	15	25,9
01054	Nordfriesland	Landkreis	2008	58	15	25,9
01055	Ostholstein	Landkreis	2008	64	19	29,7
01056	Pinneberg	Landkreis	2008	58	14	24,1
01057	Plön	Landkreis	2008	55	20	36,4
01058	Rendsburg-Eckernförde	Landkreis	2008	56	10	17,9
01059	Schleswig-Flensburg	Landkreis	2008	57	17	29,8
01060	Segeberg	Landkreis	2008	64	19	29,7
01061	Steinburg	Landkreis	2008	52	13	25,0
01062	Stormarn	Landkreis	2008	64	24	37,5
Niedersachsen						
03101	Braunschweig	kreisfreie Stadt	2006	52	17	32,7
03102	Salzgitter	kreisfreie Stadt	2006	46	8	17,4
03103	Wolfsburg	kreisfreie Stadt	2006	46	16	34,8
03151	Gifhorn	Landkreis	2006	54	12	22,2
03152	Göttingen	Landkreis	2006	64	18	28,1
03153	Goslar	Landkreis	2006	48	10	20,8
03154	Helmstedt	Landkreis	2006	42	8	19,0
03155	Northeim	Landkreis	2006	50	9	18,0
03156	Osterode am Harz	Landkreis	2006	42	10	23,8
03157	Peine	Landkreis	2006	50	8	16,0
03158	Wolfenbüttel	Landkreis	2006	50	10	20,0
03241	Hannover	Landkreis	2006	84	27	32,1
03251	Diepholz	Landkreis	2006	62	15	24,2
03252	Hameln-Pyrmont	Landkreis	2006	54	12	22,2
03254	Hildesheim	Landkreis	2006	62	21	33,9
03255	Holzminden	Landkreis	2006	42	8	19,0
03256	Nienburg (Weser)	Landkreis	2006	50	8	16,0
03257	Schaumburg	Landkreis	2006	54	15	27,8
03351	Celle	Landkreis	2006	58	14	24,1
03352	Cuxhaven	Landkreis	2006	62	12	19,4

Kreis-schlüssel	Name	Art der Gebiets-körperschaft	Wahljahr	Mandate Insg.	davon Frauen	Frauen-anteil in %
03353	Harburg	Landkreis	2006	62	22	35,5
03354	Lüchow-Dannenberg	Landkreis	2006	38	6	15,8
03355	Lüneburg	Landkreis	2006	52	15	28,8
03356	Osterholz	Landkreis	2006	46	16	34,8
03357	Rotenburg (Wümme)	Landkreis	2006	54	6	11,1
03358	Soltau-Fallingbostel	Landkreis	2006	44	7	15,9
03359	Stade	Landkreis	2006	52	12	23,1
03360	Uelzen	Landkreis	2006	42	8	19,0
03361	Verden	Landkreis	2006	50	15	30,0
03401	Delmenhorst	kreisfreie Stadt	2006	44	15	34,1
03402	Emden	kreisfreie Stadt	2006	42	14	33,3
03403	Oldenburg	kreisfreie Stadt	2006	50	19	38,0
03404	Osnabrück	kreisfreie Stadt	2006	50	21	42,0
03405	Wilhelmshaven	kreisfreie Stadt	2006	44	14	31,8
03451	Ammerland	Landkreis	2006	46	8	17,4
03452	Aurich	Landkreis	2006	58	15	25,9
03453	Cloppenburg	Landkreis	2006	48	8	16,7
03454	Emsland	Landkreis	2006	66	11	16,7
03455	Friesland	Landkreis	2006	46	11	23,9
03456	Grafschaft Bentheim	Landkreis	2006	50	15	30,0
03457	Leer	Landkreis	2006	54	14	25,9
03458	Oldenburg	Landkreis	2006	46	12	26,1
03459	Osnabrück	Landkreis	2006	68	9	13,2
03460	Vechta	Landkreis	2006	44	7	15,9
03461	Wesermarsch	Landkreis	2006	42	11	26,2
03462	Wittmund	Landkreis	2006	42	5	11,9

Bremen

04012	Bremerhaven	kreisfreie Stadt	2007	48	15	31,3

Nordrhein-Westfalen

05111	Düsseldorf	kreisfreie Stadt	2004	82	31	37,8
05112	Duisburg	kreisfreie Stadt	2004	74	20	27,0
05113	Essen	kreisfreie Stadt	2004	82	24	29,3
05114	Krefeld	kreisfreie Stadt	2004	62	17	27,4
05116	Mönchengladbach	kreisfreie Stadt	2004	76	15	19,7
05117	Mülheim an der Ruhr	kreisfreie Stadt	2004	52	17	32,7
05119	Oberhausen	kreisfreie Stadt	2004	58	18	31,0
05120	Remscheid	kreisfreie Stadt	2004	58	19	32,8
05122	Solingen	kreisfreie Stadt	2004	68	27	39,7
05124	Wuppertal	kreisfreie Stadt	2004	74	21	28,4

Kreis-schlüssel	Name	Art der Gebiets-körperschaft	Wahljahr	Mandate Insg.	davon Frauen	Frauen-anteil in %
05154	Kleve	Landkreis	2004	54	17	31,5
05158	Mettmann	Landkreis	2004	72	17	23,6
05162	Rhein-Kreis Neuss	Landkreis	2004	66	17	25,8
05166	Viersen	Landkreis	2004	60	14	23,3
05170	Wesel	Landkreis	2004	66	16	24,2
05313	Aachen	kreisfreie Stadt	2004	58	20	34,5
05314	Bonn	kreisfreie Stadt	2004	66	21	31,8
05315	Köln	kreisfreie Stadt	2004	90	31	34,4
05316	Leverkusen	kreisfreie Stadt	2004	66	16	24,2
05354	Aachen	Landkreis	2004	56	13	23,2
05358	Düren	Landkreis	2004	54	10	18,5
05362	Rhein-Erft-Kreis	Landkreis	2004	66	16	24,2
05366	Euskirchen	Landkreis	2004	48	8	16,7
05370	Heinsberg	Landkreis	2004	54	9	16,7
05374	Oberbergischer Kreis	Landkreis	2004	56	13	23,2
05378	Rheinisch-Bergischer Kreis	Landkreis	2004	62	16	25,8
05382	Rhein-Sieg-Kreis	Landkreis	2004	72	21	29,2
05512	Bottrop	kreisfreie Stadt	2004	58	18	31,0
05513	Gelsenkirchen	kreisfreie Stadt	2004	66	18	27,3
05515	Münster	kreisfreie Stadt	2004	74	29	39,2
05554	Borken	Landkreis	2004	60	18	30,0
05558	Coesfeld	Landkreis	2004	54	12	22,2
05562	Recklinghausen	Landkreis	2004	72	24	33,3
05566	Steinfurt	Landkreis	2004	62	22	35,5
05570	Warendorf	Landkreis	2004	54	16	29,6
05711	Bielefeld	kreisfreie Stadt	2004	60	20	33,3
05754	Gütersloh	Landkreis	2004	60	29	48,3
05758	Herford	Landkreis	2004	50	8	16,0
05762	Höxter	Landkreis	2004	42	11	26,2
05766	Lippe	Landkreis	2004	60	14	23,3
05770	Minden-Lübbecke	Landkreis	2004	60	14	23,3
05774	Paderborn	Landkreis	2004	54	15	27,8
05911	Bochum	kreisfreie Stadt	2004	76	24	31,6
05913	Dortmund	kreisfreie Stadt	2004	88	34	38,6
05914	Hagen	kreisfreie Stadt	2004	58	19	32,8
05915	Hamm	kreisfreie Stadt	2004	58	19	32,8
05916	Herne	kreisfreie Stadt	2004	66	13	19,7
05954	Ennepe-Ruhr-Kreis	Landkreis	2004	60	20	33,3
05958	Hochsauerlandkreis	Landkreis	2004	54	12	22,2

Kreis-schlüssel	Name	Art der Gebietskörperschaft	Wahljahr	Mandate Insg.	davon Frauen	Frauenanteil in %
05962	Märkischer Kreis	Landkreis	2004	72	21	29,2
05966	Olpe	Landkreis	2004	48	15	31,3
05970	Siegen-Wittgenstein	Landkreis	2004	54	16	29,6
05974	Soest	Landkreis	2004	60	20	33,3
05978	Unna	Landkreis	2004	66	29	43,9
Hessen						
06411	Darmstadt	kreisfreie Stadt	2006	71	25	35,2
06412	Frankfurt am Main	kreisfreie Stadt	2006	93	39	41,9
06413	Offenbach am Main	kreisfreie Stadt	2006	71	24	33,8
06414	Wiesbaden	kreisfreie Stadt	2006	81	31	38,3
06431	Bergstraße	Landkreis	2006	81	22	27,2
06432	Darmstadt-Dieburg	Landkreis	2006	71	26	36,6
06433	Groß-Gerau	Landkreis	2006	71	24	33,8
06434	Hochtaunuskreis	Landkreis	2006	71	32	45,1
06435	Main-Kinzig-Kreis	Landkreis	2006	87	28	32,2
06436	Main-Taunus-Kreis	Landkreis	2006	81	31	38,3
06437	Odenwaldkreis	Landkreis	2006	51	10	19,6
06438	Offenbach	Landkreis	2006	87	26	29,9
06439	Rheingau-Taunus-Kreis	Landkreis	2006	61	15	24,6
06440	Wetteraukreis	Landkreis	2006	81	32	39,5
06531	Gießen	Landkreis	2006	81	29	35,8
06532	Lahn-Dill-Kreis	Landkreis	2006	81	24	29,6
06533	Limburg-Weilburg	Landkreis	2006	71	14	19,7
06534	Marburg-Biedenkopf	Landkreis	2006	81	27	33,3
06535	Vogelsbergkreis	Landkreis	2006	61	15	24,6
06611	Kassel	kreisfreie Stadt	2006	71	27	38,0
06631	Fulda	Landkreis	2006	81	27	33,3
06632	Hersfeld-Rotenburg	Landkreis	2006	61	14	23,0
06633	Kassel	Landkreis	2006	81	30	37,0
06634	Schwalm-Eder-Kreis	Landkreis	2006	71	19	26,8
06635	Waldeck-Frankenberg	Landkreis	2006	71	16	22,5
06636	Werra-Meißner-Kreis	Landkreis	2006	61	17	27,9
Rheinland-Pfalz						
07111	Koblenz	kreisfreie Stadt	2004	56	20	35,7
07131	Ahrweiler	Landkreis	2004	46	11	23,9
07132	Altenkirchen	Landkreis	2004	46	10	21,7
07133	Bad Kreuznach	Landkreis	2004	50	10	20,0
07134	Birkenfeld	Landkreis	2004	42	12	28,6
07135	Cochem-Zell	Landkreis	2004	38	5	13,2

Kreis-schlüssel	Name	Art der Gebietskörperschaft	Wahljahr	Mandate Insg.	davon Frauen	Frauenanteil in %
07137	Mayen-Koblenz	Landkreis	2004	50	11	22,0
07138	Neuwied	Landkreis	2004	50	12	24,0
07140	Rhein-Hunsrück-Kreis	Landkreis	2004	42	12	28,6
07141	Rhein-Lahn-Kreis	Landkreis	2004	46	11	23,9
07143	Westerwaldkreis	Landkreis	2004	50	15	30,0
07211	Trier	kreisfreie Stadt	2004	52	19	36,5
07231	Bernkastel-Wittlich	Landkreis	2004	42	14	33,3
07232	Eifelkreis Bitburg-Prüm	Landkreis	2004	42	11	26,2
07233	Vulkaneifel	Landkreis	2004	38	10	26,3
07235	Trier-Saarburg	Landkreis	2004	46	9	19,6
07311	Frankenthal (Pfalz)	kreisfreie Stadt	2004	44	12	27,3
07312	Kaiserslautern	kreisfreie Stadt	2004	52	16	30,8
07313	Landau in der Pfalz	kreisfreie Stadt	2004	44	12	27,3
07314	Ludwigshafen am Rhein	kreisfreie Stadt	2004	60	24	40,0
07315	Mainz	kreisfreie Stadt	2004	60	17	28,3
07316	Neustadt an der Weinstraße	kreisfreie Stadt	2004	44	14	31,8
07317	Pirmasens	kreisfreie Stadt	2004	44	13	29,5
07318	Speyer	kreisfreie Stadt	2004	44	12	27,3
07319	Worms	kreisfreie Stadt	2004	52	18	34,6
07320	Zweibrücken	kreisfreie Stadt	2004	40	11	27,5
07331	Alzey-Worms	Landkreis	2004	46	12	26,1
07332	Bad Dürkheim	Landkreis	2004	46	11	23,9
07333	Donnersbergkreis	Landkreis	2004	38	7	18,4
07334	Germersheim	Landkreis	2004	42	11	26,2
07335	Kaiserslautern	Landkreis	2004	42	10	23,8
07336	Kusel	Landkreis	2004	38	6	15,8
07337	Südliche Weinstraße	Landkreis	2004	42	8	19,0
07338	Rhein-Pfalz-Kreis	Landkreis	2004	46	11	23,9
07339	Mainz-Bingen	Landkreis	2004	50	20	40,0
07340	Südwestpfalz	Landkreis	2004	42	11	26,2
Baden-Württemberg						
08111	Stuttgart	kreisfreie Stadt	2004	60	26	43,3
08115	Böblingen	Landkreis	2004	83	22	26,5
08116	Esslingen	Landkreis	2004	100	17	17,0
08117	Göppingen	Landkreis	2004	65	12	18,5
08118	Ludwigsburg	Landkreis	2004	100	20	20,0
08119	Rems-Murr-Kreis	Landkreis	2004	88	16	18,2
08121	Heilbronn	kreisfreie Stadt	2004	40	8	20,0
08125	Heilbronn	Landkreis	2004	79	10	12,7

Kreis-schlüssel	Name	Art der Gebiets-körperschaft	Wahljahr	Mandate Insg.	davon Frauen	Frauen-anteil in %
08126	Hohenlohekreis	Landkreis	2004	40	10	25,0
08127	Schwäbisch Hall	Landkreis	2004	60	8	13,3
08128	Main-Tauber-Kreis	Landkreis	2004	47	4	8,5
08135	Heidenheim	Landkreis	2004	43	5	11,6
08136	Ostalbkreis	Landkreis	2004	73	15	20,5
08211	Baden-Baden	kreisfreie Stadt	2004	46	10	21,7
08212	Karlsruhe	kreisfreie Stadt	2004	48	20	41,7
08215	Karlsruhe	Landkreis	2004	91	10	11,0
08216	Rastatt	Landkreis	2004	67	8	11,9
08221	Heidelberg	kreisfreie Stadt	2004	40	16	40,0
08222	Mannheim	kreisfreie Stadt	2004	48	15	31,3
08225	Neckar-Odenwald-Kreis	Landkreis	2004	47	3	6,4
08226	Rhein-Neckar-Kreis	Landkreis	2004	103	19	18,4
08231	Pforzheim	kreisfreie Stadt	2004	40	10	25,0
08235	Calw	Landkreis	2004	55	5	9,1
08236	Enzkreis	Landkreis	2004	59	6	10,2
08237	Freudenstadt	Landkreis	2004	41	4	9,8
08311	Freiburg im Breisgau	kreisfreie Stadt	2004	48	18	37,5
08315	Breisgau-Hochschwarzwald	Landkreis	2004	69	10	14,5
08316	Emmendingen	Landkreis	2004	52	8	15,4
08317	Ortenaukreis	Landkreis	2004	86	12	14,0
08325	Rottweil	Landkreis	2004	48	2	4,2
08326	Schwarzwald-Baar-Kreis	Landkreis	2004	61	6	9,8
08327	Tuttlingen	Landkreis	2004	48	3	6,3
08335	Konstanz	Landkreis	2004	67	13	19,4
08336	Lörrach	Landkreis	2004	67	14	20,9
08337	Waldshut	Landkreis	2004	53	10	18,9
08415	Reutlingen	Landkreis	2004	70	13	18,6
08416	Tübingen	Landkreis	2004	58	16	27,6
08417	Zollernalbkreis	Landkreis	2004	62	9	14,5
08421	Ulm	kreisfreie Stadt	2004	40	15	37,5
08425	Alb-Donau-Kreis	Landkreis	2004	60	7	11,7
08426	Biberach	Landkreis	2004	60	7	11,7
08435	Bodenseekreis	Landkreis	2004	63	14	22,2
08436	Ravensburg	Landkreis	2004	72	4	5,6
08437	Sigmaringen	Landkreis	2004	46	5	10,9
Bayern						
09161	Ingolstadt	kreisfreie Stadt	2008	50	16	32,0
09162	München	kreisfreie Stadt	2008	80	35	43,8

Kreis-schlüssel	Name	Art der Gebietskörperschaft	Wahljahr	Mandate Insg.	davon Frauen	Frauenanteil in %
09163	Rosenheim	kreisfreie Stadt	2008	44	14	31,8
09171	Altötting	Landkreis	2008	60	14	23,3
09172	Berchtesgadener Land	Landkreis	2008	60	11	18,3
09173	Bad Tölz-Wolfratshausen	Landkreis	2008	60	14	23,3
09174	Dachau	Landkreis	2008	60	15	25,0
09175	Ebersberg	Landkreis	2008	60	13	21,7
09176	Eichstätt	Landkreis	2008	60	16	26,7
09177	Erding	Landkreis	2008	60	15	25,0
09178	Freising	Landkreis	2008	70	21	30,0
09179	Fürstenfeldbruck	Landkreis	2008	70	21	30,0
09180	Garmisch-Partenkirchen	Landkreis	2008	60	9	15,0
09181	Landsberg am Lech	Landkreis	2008	60	16	26,7
09182	Miesbach	Landkreis	2008	60	13	21,7
09183	Mühldorf am Inn	Landkreis	2008	60	14	23,3
09184	München	Landkreis	2008	70	28	40,0
09185	Neuburg-Schrobenhausen	Landkreis	2008	60	10	16,7
09186	Pfaffenhofen an der Ilm	Landkreis	2008	60	12	20,0
09187	Rosenheim	Landkreis	2008	70	17	24,3
09188	Starnberg	Landkreis	2008	60	19	31,7
09189	Traunstein	Landkreis	2008	70	12	17,1
09190	Weilheim-Schongau	Landkreis	2008	60	18	30,0
09261	Landshut	kreisfreie Stadt	2008	44	18	40,9
09262	Passau	kreisfreie Stadt	2008	44	9	20,5
09263	Straubing	kreisfreie Stadt	2008	40	7	17,5
09271	Deggendorf	Landkreis	2008	60	12	20,0
09272	Freyung-Grafenau	Landkreis	2008	60	6	10,0
09273	Kelheim	Landkreis	2008	60	8	13,3
09274	Landshut	Landkreis	2008	60	14	23,3
09275	Passau	Landkreis	2008	70	11	15,7
09276	Regen	Landkreis	2008	60	12	20,0
09277	Rottal-Inn	Landkreis	2008	60	11	18,3
09278	Straubing-Bogen	Landkreis	2008	60	8	13,3
09279	Dingolfing-Landau	Landkreis	2008	60	10	16,7
09361	Amberg	kreisfreie Stadt	2008	40	12	30,0
09362	Regensburg	kreisfreie Stadt	2008	50	17	34,0
09363	Weiden in der Oberpfalz	kreisfreie Stadt	2008	40	11	27,5
09371	Amberg-Sulzbach	Landkreis	2008	60	7	11,7
09372	Cham	Landkreis	2008	60	7	11,7

Kreis-schlüssel	Name	Art der Gebiets-körperschaft	Wahljahr	Mandate Insg.	davon Frauen	Frauen-anteil in %
09373	Neumarkt in der Oberpfalz	Landkreis	2008	60	14	23,3
09374	Neustadt an der Waldnaab	Landkreis	2008	60	13	21,7
09375	Regensburg	Landkreis	2008	70	16	22,9
09376	Schwandorf	Landkreis	2008	60	18	30,0
09377	Tirschenreuth	Landkreis	2008	60	12	20,0
09461	Bamberg	kreisfreie Stadt	2008	44	14	31,8
09462	Bayreuth	kreisfreie Stadt	2008	44	13	29,5
09463	Coburg	kreisfreie Stadt	2008	40	8	20,0
09464	Hof	kreisfreie Stadt	2008	44	13	29,5
09471	Bamberg	Landkreis	2008	60	10	16,7
09472	Bayreuth	Landkreis	2008	60	13	21,7
09473	Coburg	Landkreis	2008	60	14	23,3
09474	Forchheim	Landkreis	2008	60	12	20,0
09475	Hof	Landkreis	2008	60	8	13,3
09476	Kronach	Landkreis	2008	60	16	26,7
09477	Kulmbach	Landkreis	2008	60	9	15,0
09478	Lichtenfels	Landkreis	2008	50	10	20,0
09479	Wunsiedel im Fichtelgebirge	Landkreis	2008	60	16	26,7
09561	Ansbach	kreisfreie Stadt	2008	40	10	25,0
09562	Erlangen	kreisfreie Stadt	2008	50	21	42,0
09563	Fürth	kreisfreie Stadt	2008	50	23	46,0
09564	Nürnberg	kreisfreie Stadt	2008	70	29	41,4
09565	Schwabach	kreisfreie Stadt	2008	40	14	35,0
09571	Ansbach	Landkreis	2008	70	15	21,4
09572	Erlangen-Höchstadt	Landkreis	2008	60	19	31,7
09573	Fürth	Landkreis	2008	60	18	30,0
09574	Nürnberger Land	Landkreis	2008	70	18	25,7
09575	Neustadt an der Aisch-Bad Windsheim	Landkreis	2008	60	17	28,3
09576	Roth	Landkreis	2008	60	15	25,0
09577	Weißenburg-Gunzenhausen	Landkreis	2008	60	14	23,3
09661	Aschaffenburg	kreisfreie Stadt	2008	44	13	29,5
09662	Schweinfurt	kreisfreie Stadt	2008	44	12	27,3
09663	Würzburg	kreisfreie Stadt	2008	50	18	36,0
09671	Aschaffenburg	Landkreis	2008	70	22	31,4
09672	Bad Kissingen	Landkreis	2008	60	14	23,3
09673	Rhön-Grabfeld	Landkreis	2008	60	18	30,0
09674	Haßberge	Landkreis	2008	60	15	25,0
09675	Kitzingen	Landkreis	2008	60	15	25,0

Kreis-schlüssel	Name	Art der Gebiets-körperschaft	Wahljahr	Mandate Insg.	davon Frauen	Frauen-anteil in %
09676	Miltenberg	Landkreis	2008	60	15	25,0
09677	Main-Spessart	Landkreis	2008	60	17	28,3
09678	Schweinfurt	Landkreis	2008	60	17	28,3
09679	Würzburg	Landkreis	2008	70	22	31,4
09761	Augsburg	kreisfreie Stadt	2008	60	20	33,3
09762	Kaufbeuren	kreisfreie Stadt	2008	40	12	30,0
09763	Kempten (Allgäu)	kreisfreie Stadt	2008	44	10	22,7
09764	Memmingen	kreisfreie Stadt	2008	40	10	25,0
09771	Aichach-Friedberg	Landkreis	2008	60	17	28,3
09772	Augsburg	Landkreis	2008	70	19	27,1
09773	Dillingen an der Donau	Landkreis	2008	60	10	16,7
09774	Günzburg	Landkreis	2008	60	15	25,0
09775	Neu-Ulm	Landkreis	2008	70	21	30,0
09776	Lindau (Bodensee)	Landkreis	2008	60	16	26,7
09777	Ostallgäu	Landkreis	2008	60	14	23,3
09778	Unterallgäu	Landkreis	2008	60	15	25,0
09779	Donau-Ries	Landkreis	2008	60	15	25,0
09780	Oberallgäu	Landkreis	2008	70	13	18,6
Saarland						
10041	Saarbrücken	Landkreis	2004	45	14	31,1
10042	Merzig-Wadern	Landkreis	2004	33	8	24,2
10043	Neunkirchen	Landkreis	2004	33	10	30,3
10044	Saarlouis	Landkreis	2004	39	6	15,4
10045	Saarpfalz-Kreis	Landkreis	2004	33	7	21,2
10046	St. Wendel	Landkreis	2004	27	6	22,2
Brandenburg						
12051	Brandenburg an der Havel	kreisfreie Stadt	2008	46	16	34,8
12052	Cottbus	kreisfreie Stadt	2008	50	15	30,0
12053	Frankfurt (Oder)	kreisfreie Stadt	2008	46	16	34,8
12054	Potsdam	kreisfreie Stadt	2008	56	21	37,5
12060	Barnim	Landkreis	2008	56	19	33,9
12061	Dahme-Spreewald	Landkreis	2008	56	18	32,1
12062	Elbe-Elster	Landkreis	2008	50	10	20,0
12063	Havelland	Landkreis	2008	56	14	25,0
12064	Märkisch-Oderland	Landkreis	2008	56	14	25,0
12065	Oberhavel	Landkreis	2008	56	11	19,6
12066	Oberspreewald-Lausitz	Landkreis	2008	50	11	22,0
12067	Oder-Spree	Landkreis	2008	56	18	32,1
12068	Ostprignitz-Ruppin	Landkreis	2008	50	10	20,0

Kreis-schlüssel	Name	Art der Gebietskörperschaft	Wahljahr	Mandate Insg.	davon Frauen	Frauenanteil in %
12069	Potsdam-Mittelmark	Landkreis	2008	56	16	28,6
12070	Prignitz	Landkreis	2008	46	7	15,2
12071	Spree-Neiße	Landkreis	2008	50	6	12,0
12072	Teltow-Fläming	Landkreis	2008	56	14	25,0
12073	Uckermark	Landkreis	2008	50	9	18,0

Mecklenburg-Vorpommern

13001	Greifswald	kreisfreie Stadt	2004	42	12	28,6
13002	Neubrandenburg	kreisfreie Stadt	2004	43	11	25,6
13003	Rostock	kreisfreie Stadt	2004	53	24	45,3
13004	Schwerin	kreisfreie Stadt	2004	44	14	31,8
13005	Stralsund	kreisfreie Stadt	2004	42	10	23,8
13006	Wismar	kreisfreie Stadt	2004	37	10	27,0
13051	Bad Doberan	Landkreis	2004	53	12	22,6
13052	Demmin	Landkreis	2004	47	10	21,3
13053	Güstrow	Landkreis	2004	52	7	13,5
13054	Ludwigslust	Landkreis	2004	53	10	18,9
13055	Mecklenburg-Strelitz	Landkreis	2004	47	10	21,3
13056	Müritz	Landkreis	2004	47	10	21,3
13057	Nordvorpommern	Landkreis	2004	53	8	15,1
13058	Nordwestmecklenburg	Landkreis	2004	53	11	20,8
13059	Ostvorpommern	Landkreis	2004	53	8	15,1
13060	Parchim	Landkreis	2004	53	10	18,9
13061	Rügen	Landkreis	2004	47	12	25,5
13062	Uecker-Randow	Landkreis	2004	47	8	17,0

Sachsen

14161	Chemnitz	kreisfreie Stadt	2004	54	16	29,6
14166	Plauen	kreisfreie Stadt	2004	48	10	20,8
14167	Zwickau	kreisfreie Stadt	2004	48	12	25,0
14171	Annaberg	Landkreis	2004	50	5	10,0
14173	Chemnitzer Land	Landkreis	2004	58	11	19,0
14177	Freiberg	Landkreis	2004	58	9	15,5
14178	Vogtlandkreis	Landkreis	2004	70	15	21,4
14181	Mittlerer Erzgebirgskreis	Landkreis	2004	50	7	14,0
14182	Mittweida	Landkreis	2004	58	11	19,0
14188	Stollberg	Landkreis	2004	50	8	16,0
14191	Aue-Schwarzenberg	Landkreis	2004	58	5	8,6
14193	Zwickauer Land	Landkreis	2004	58	8	13,8
14262	Dresden	kreisfreie Stadt	2004	70	19	27,1
14263	Görlitz	kreisfreie Stadt	2004	38	7	18,4

Kreis-schlüssel	Name	Art der Gebiets-körperschaft	Wahljahr	Mandate Insg.	davon Frauen	Frauen-anteil in %
14264	Hoyerswerda	kreisfreie Stadt	2004	30	6	20,0
14272	Bautzen	Landkreis	2004	62	11	17,7
14280	Meißen	Landkreis	2004	62	10	16,1
14284	Niederschlesischer Oberlausitzkreis	Landkreis	2004	54	10	18,5
14285	Riesa-Großenhain	Landkreis	2004	54	12	22,2
14286	Löbau-Zittau	Landkreis	2004	62	10	16,1
14287	Sächsische Schweiz	Landkreis	2004	58	7	12,1
14290	Weißeritzkreis	Landkreis	2004	54	9	16,7
14292	Kamenz	Landkreis	2004	62	17	27,4
14365	Leipzig	kreisfreie Stadt	2004	70	23	32,9
14374	Delitzsch	Landkreis	2004	58	9	15,5
14375	Döbeln	Landkreis	2004	50	9	18,0
14379	Leipziger Land	Landkreis	2004	62	13	21,0
14383	Muldentalkreis	Landkreis	2004	58	12	20,7
14389	Torgau-Oschatz	Landkreis	2004	50	5	10,0

Sachsen-Anhalt

Kreis-schlüssel	Name	Art der Gebiets-körperschaft	Wahljahr	Mandate Insg.	davon Frauen	Frauen-anteil in %
15101	Dessau	kreisfreie Stadt	2004	50	11	22,0
15151	Anhalt-Zerbst	Landkreis	2004	42	10	23,8
15153	Bernburg	Landkreis	2004	42	8	19,0
15154	Bitterfeld	Landkreis	2004	48	14	29,2
15159	Köthen	Landkreis	2004	42	10	23,8
15171	Wittenberg	Landkreis	2004	48	7	14,6
15202	Halle (Saale)	kreisfreie Stadt	2004	56	18	32,1
15256	Burgenlandkreis	Landkreis	2004	48	8	16,7
15260	Mansfelder Land	Landkreis	2004	48	6	12,5
15261	Merseburg-Querfurt	Landkreis	2004	48	13	27,1
15265	Saalkreis	Landkreis	2004	42	4	9,5
15266	Sangerhausen	Landkreis	2004	42	7	16,7
15268	Weißenfels	Landkreis	2004	42	6	14,3
15303	Magdeburg	kreisfreie Stadt	2004	56	8	14,3
15352	Aschersleben-Staßfurt	Landkreis	2004	48	12	25,0
15355	Bördekreis	Landkreis	2004	42	8	19,0
15357	Halberstadt	Landkreis	2004	42	6	14,3
15358	Jerichower Land	Landkreis	2004	42	7	16,7
15362	Ohrekreis	Landkreis	2004	48	10	20,8
15363	Stendal	Landkreis	2004	48	8	16,7
15364	Quedlinburg	Landkreis	2004	42	7	16,7
15367	Schönebeck	Landkreis	2004	42	6	14,3
15369	Wernigerode	Landkreis	2004	42	10	23,8

Kreis-schlüssel	Name	Art der Gebietskörperschaft	Wahljahr	Mandate Insg.	davon Frauen	Frauenanteil in %
15370	Altmarkkreis Salzwedel	Landkreis	2004	42	7	16,7
Thüringen						
16051	Erfurt	kreisfreie Stadt	2004	50	16	32,0
16052	Gera	kreisfreie Stadt	2004	46	13	28,3
16053	Jena	kreisfreie Stadt	2004	46	12	26,1
16054	Suhl	kreisfreie Stadt	2004	36	10	27,8
16055	Weimar	kreisfreie Stadt	2004	42	9	21,4
16056	Eisenach	kreisfreie Stadt	2004	36	12	33,3
16061	Eichsfeld	Landkreis	2004	46	7	15,2
16062	Nordhausen	Landkreis	2004	46	12	26,1
16063	Wartburgkreis	Landkreis	2004	50	10	20,0
16064	Unstrut-Hainich-Kreis	Landkreis	2004	46	13	28,3
16065	Kyffhäuserkreis	Landkreis	2004	46	13	28,3
16066	Schmalkalden-Meiningen	Landkreis	2004	50	11	22,0
16067	Gotha	Landkreis	2004	50	14	28,0
16068	Sömmerda	Landkreis	2004	40	6	15,0
16069	Hildburghausen	Landkreis	2004	40	9	22,5
16070	Ilm-Kreis	Landkreis	2004	46	12	26,1
16071	Weimarer-Land	Landkreis	2004	45	9	20,0
16072	Sonneberg	Landkreis	2004	40	9	22,5
16073	Saalfeld-Rudolstadt	Landkreis	2004	50	10	20,0
16074	Saale-Holzland-Kreis	Landkreis	2004	46	8	17,4
16075	Saale-Orla-Kreis	Landkreis	2004	46	9	19,6
16076	Greiz	Landkreis	2004	50	11	22,0
16077	Altenburger Land	Landkreis	2004	46	10	21,7

Quellen: siehe Tabelle A.1.

Tabelle A.6: Frauen in den Räten kreisangehöriger Gemeinden über 10.000 Einwohner (1976 bis 2007).

Wahljahr	Mitglieder insgesamt	davon Frauen	Frauenanteil in %
1976	32.978	2.448	7,4
1980	35.851	3.518	9,8
1985	36.467	4.380	12,0
1990	36.733	6.440	17,5
1995	44.665	9.348	20,9
2000	45.837	10.486	22,9
2005	39.235	9.300	23,7
2008	42.852	10.688	24,9

Anmerkungen: Ostdeutsche Gemeinden sind ab 1995 berücksichtigt.
Quellen: Deutscher Städtetag (Zeitschrift *Der Städtetag* sowie *Statistisches Jahrbuch Deutscher Gemeinden, jeweils diverse Jahrgänge*), eigene Berechnung.

Tabelle A.7: Frauen in der DDR-Volkskammer.

Wahljahr	Mitglieder insgesamt	davon Frauen	Frauenanteil in %
1949	330	53	16,1
1950	400	92	23
1954	400	108	27
1958	400	95	23,8
1963	434	115	26,5
1967	434	129	29,7
1971	500	159	31,8
1976	500	168	33,6
1981	500	162	32,4
1986	500	161	32,2
1990	400	82	20,5

Quellen: statistische Jahrbücher der DDR, diverse Jahrgänge, sowie Gast (1973: 165).

Anhang B – Anmerkungen zu Kapitel 5: Operationalisierung und Datenlage

Kreisebene

Tabelle B.2 gibt einen Überblick über die Operationalisierungen der einzelnen Variablen, die maximalen und minimalen Ausprägungen der Indikatoren, die theoretisch erwarteten Zusammenhänge sowie die Datenquellen.

Tabelle B.1: Variablen, Operationalisierungen und Datenbeschreibung für die Kreisebene.

Variable	Operationalisierung	Datenbeschreibung – Minimum (Kreisname) – Maximum (Kreisname)	erwarteter Zusammenhang	Datenquelle (berücksichtigte/s Jahr/e)
abhängige Variable				
Repräsentation von Frauen	Anteil weiblicher Mandatsträger an allen Mandatsträgern in % (Box-Cox-transformiert)	– 4,2% (Rottweil) – 48,3% (Gütersloh)	*abhängige Variable*	Statistische Landesämter (t-0)
politisch-institutionelle Variablen				
Wahlsystemtyp	Anteil Direktmandate an allen Mandaten in %	– 0% (insg. 367 Kreise) – 53,5% (Flensburg, Neumünster)	–	Kommunalwahlgesetze der Länder, Statistische Landesämter (t-0)
Wahlkreisgröße	durchschnittliche zu vergebende Sitzzahl pro Listenwahlkreis	– 3 (Sankt Wendel) – 93 (Frankfurt am Main)	+	Statistische Landesämter, Internetseiten der Kreise und Ratsfraktionen (t-0)
Frauenquoten	Quotenindex nach Kaiser und Hennl (2008, vgl. Abschnitt 5.2.1.2)	– 18,3% (Cham) – 41,6% (Erfurt)	+	Parteistatuten, Statistische Landesämter und statistische Stellen der Städte (t-0)
Parteienwettbewerb	Effektive Parteienzahl nach Laakso und Taagepera (1979, vgl. Abschnitt 5.2.1.2)	– 1,7 (Eichsfeld) – 5,6 (Flensburg)	+ / –	Statistische Landesämter sowie statistische Stellen der Städte (t-0)
Frauenanteil an Parteimitgliedern	Frauenanteil an allen Parteimitgliedern in %	– 10,5% (Ansbach) – 57,1% (Sangerhausen, Wittenberg)	+	Forsa-Bus (Jahrgänge 2001-2008, gepoolt)
soziostrukturelle Variablen I: Standardmodell politischer Partizipation				
Bildungsabstand	Frauenanteil an den Erwerbstätigen mit Hochschulabschluss in %	– 19,0% (Bodenseekreis) – 57,7% (Hoyerswerda)	+	Statistische Ämter des Bundes und der Länder, eigene Berechnungen (t-1)
Frauenerwerbsquote	Anteil der erwerbstätigen Frauen an allen Frauen in %	– 53,7% (Heidelberg) – 73,5% (Neubrandenburg)	+	Bundesinstitut für Bau-, Stadt- und Raumforschung (2004)
Einkommensunterschiede	Verdienst alleinlebender Frauen in % des Verdienstes alleinlebender Männer	– 62,4% (Eichstätt) – 111,6% (Ilm-Kreis)	+	Forsa-Bus (Jahrgänge 2003-2008, gepoolt)
Kinderbetreuungsangebot	Platz-Kind-Relation für unter Dreijährige	– 0% (insg. 29 Kreise) – 65,7% (Aschersleben-Staßfurt)	+	Statistisches Bundesamt, eigene Berechnungen (2002)

Variable	Operationalisierung	Datenbeschreibung – Minimum (Kreisname) – Maximum (Kreisname)	erwarteter Zusammenhang	Datenquelle (berücksichtigte/s Jahr/e)
Vereinsengagement	Frauenanteil an den Sportvereinsmitgliedern in %	– 26,0 (Bitterfeld) – 48,3 (Landkreis Oldenburg)	+	Landessportbünde, eigene Berechnungen (t-1; Ausnahmen: MV 2006, NW 2008, ST 2005, TH 2008)
soziostrukturelle Variablen II: Modernisierung				
Erwerbsstruktur (erster Sektor)	Anteil Beschäftigte im 1. Sektor an allen Beschäftigten in %	– 0,15% (Stadt Regensburg) – 11,5% (Straubing-Bogen)	–	Statistische Ämter des Bundes und der Länder und Bundesinstitut für Bau-, Stadt- und Raumforschung, eigene Berechnungen (t-1, ST t-0)
Erwerbsstruktur (dritter Sektor)	Anteil Beschäftigte im 3. Sektor an allen Beschäftigten in %	– 38,6% (Dingolfing-Landau) – 92,3% (Potsdam)	+	Statistische Ämter des Bundes und der Länder, eigene Berechnungen (t-1)
Urbanisierungsgrad	Bevölkerungsdichte (Einwohner pro km²) in 1000)	– 0,04 (Müritz) – 4,20 (Stadt München)	+	Statistische Ämter des Bundes und der Länder, eigene Berechnungen (t-1)
Wohlstandsniveau	Bruttoinlandsprodukt pro Einwohner (in 1000€)	– 11,78€ (Südwestpfalz) – 90,61€ (Landkreis München)	+	Statistische Ämter des Bundes und der Länder, eigene Berechnungen (t-1, 2007 n.a., hier Werte von 2006)
kulturelle Variablen				
Partnerschaftsmodelle	Anzahl der Scheidungen pro Eheschließung	– 0,1 (Rügen) – 1,4 (Gera)	+/–	Statistisches Bundesamt, eigene Berechnungen (t-1)
Katholizismus	Anteil katholischer Kirchensteuerzahler an allen Steuerzahlern in %	– 1,4% (Annaberg) – 76,1% (Freyung-Grafenau)	+/–	FDZ, eigene Berechnungen (2001)
Sozialistisches Erbe	Dummyvariable: West (0); Ost (1)	– Westen: 324 Kreise – Osten: 112 Kreise	+/–	Statistisches Bundesamt

Anmerkungen: „+": ein positiver Zusammenhang wird erwartet; „–": ein negativer Zusammenhang wird erwartet; „+ / –": ein positiver oder negativer Zusammenhang wird erwartet. „MV": gilt für alle Kreise und kreisfreien Städte in Mecklenburg-Vorpommern, „NW": gilt für alle Kreise und kreisfreien Städte in Nordrhein-Westfalen, „ST": gilt für alle Kreise und kreisfreien Städte in Sachsen-Anhalt, „TH": gilt für alle Kreise und kreisfreien Städte in Thüringen.
Quellen:
„Statistische Ämter des Bundes und der Länder": Daten-CD Statistik regional, Ausgabe 2008, und die Internetseite www.regionalstatistik.de (01.10.2009).

„Statistisches Bundesamt": persönlicher Kontakt mit der entsprechenden Abteilung des statistischen Bundesamts.
„Statistische Landesämter": persönlicher Kontakt mit den entsprechenden Abteilungen der Statistischen Landesämter und Internetseiten der Statistischen Landesämter.
„Bundesinstitut für Bau-, Stadt- und Raumforschung": Daten-CD INKAR - Indikatoren und Karten zur Raum- und Stadtentwicklung, Ausgabe 2006.
„Forsa-Bus": GESIS-Datenarchiv, Datensätze ZA 3675, ZA 3909, ZA 4070, ZA 4192, ZA 4343, ZA 4514, ZA 4552, ZA 4876.
„Landessportbünde": persönlicher Kontakt mit den entsprechenden Abteilungen der Geschäftsstellen der Landessportbünde und Internetseiten der Landessportbünde.
„FDZ": Forschungsdatenzentrum des Statistischen Bundesamtes, Einkommensteuerdatenbank.

Für vier der 17 aufgelisteten unabhängigen Variablen gelten gewisse Einschränkungen:
- *Frauenanteil an den Parteimitgliedern*: Hierzu waren keine flächendeckenden Statistiken der Parteien erhältlich, weswegen der Parameter aus Umfragedaten geschätzt wurde. Die nach Kenntnis des Autors einzige für diesen Zweck taugliche Umfrage stellt der Forsa-Bus dar, welcher pro Jahr Daten von etwa 125.000 in Deutschland lebenden Personen erfasst (vgl. Dülmer 2005). Trotz dieser großen Zahl an Befragten werden in einigen kleineren Kreisen nur wenige Dutzend Interviews realisiert, zudem stellt die Zugehörigkeit zu einer Partei ein seltenes Populationsmerkmal dar.[130] Um die Verlässlichkeit der Daten zu erhöhen, wurden die Jahrgänge 2001 bis 2008 der Befragung gepoolt.[131] Auf diese Weise konnten die Daten von insgesamt 996.351 Befragten berücksichtigt werden, wodurch die Zahl der Interviews pro Kreis bei wenigstens 369 (Pirmasens), in der Regel aber bei mehreren Tausend liegt.
- *Einkommensunterschiede*: Auch für diese Variable wurde auf den Forsa-Bus zurückgegriffen. Der Forsa-Bus erfasst jedoch nicht das individuelle Einkommen des Befragten, sondern das monatliche Nettohaushaltseinkommen. Um die Unterschiede in der Einkommenssituation von Frauen und Männern dennoch möglichst akkurat abbilden zu können, wurden nur alleinlebende Personen ohne Kinder berücksichtigt. Da die jährlich erhobenen Fallzahlen pro Kreis wiederum nicht ausreichend erschienen um die tatsächlichen Bevölkerungsparameter zumindest näherungsweise zu bestimmen, wurden wiederum mehrere Jahrgänge der Umfrage gepoolt. Die Zusammenführung der Jahrgänge 2003 bis 2008 ergab eine Gesamtzahl von 149.671 Befragten, wobei die Zahl der interviewten Alleinlebenden pro Kreis mindestens 59 (Zweibrücken), in der Regel aber deutlich mehr als 100 beträgt.[132] Die im Vergleich zu den Parteimitgliedern geringeren Befragtenzahlen erscheinen vertretbar, da es hier nicht um die Eruierung vergleichsweise seltener Populationsparameter geht, sondern die Mittelwerte der männlichen und der weiblichen Bevölkerung zueinander in Beziehung gesetzt werden.
Als alternative Operationalisierung wäre die Verwendung der Daten zum Einkommensabstand zwischen Männern und Frauen denkbar, wie sie vom Bundesinstitut für Bau-, Stadt- und Raumforschung (BBSR) und der Hans-Böckler-Stiftung im Rahmen der Erstellung des *Gender-Index* berechnet wurde.[133] Als Berechnungsgrundlage verwendet das

---

[130] Detterbeck (2005: 63) gibt die Zahl der Parteimitglieder unter den Wahlberechtigten für das Jahr 1999 mit 2,9% an.
[131] Der Einschluss von Jahrgängen vor 2001 ist aufgrund der umfassenden Gebietsreformen in Ostdeutschland nicht möglich (vgl. Magin und Eder 2008: 199).
[132] Bedingt durch die Euro-Umstellung und eine Veränderung der Einkommensklassifikation im Forsa-Bus konnten keine früheren Daten berücksichtigt werden.
[133] Vgl. www.gender-index.de (12.12.2009).

BBSR und die Böckler-Stiftung das Soziökonomische Panel (SOEP), welches lediglich bis auf die Ebene der Raumordnungsregionen regionalisierbar ist (jede der 97 Raumordnungsregionen umfasst im Schnitt mehr als vier Landkreise und/oder kreisfreie Städte). So wird also jedem Kreis der Wert der jeweils übergeordneten Raumordnungsregion zugewiesen, wodurch ein erheblicher Teil der Varianz auf der Kreisebene verloren geht. Weiterhin beinhaltet das SOEP insgesamt lediglich Informationen zu etwa 11.000 Haushalten, in einzelnen Raumordnungsregionen beträgt die Zahl der erhobenen Haushalte nur 27 (Zahlen für 2005, vgl. Knies und Spiess 2007: 6). Berücksichtigt man die durchschnittliche Haushaltsgröße im SOEP (ca. 1,8 Personen pro Haushalt), so liegt die Zahl der Befragten pro Raumordnungsregion im SOEP mit unter 50 niedriger als die durch den Forsa-Bus auf der kleinräumigeren Kreisebene realisierten Befragtenzahlen. Von der Verwendung der vom BBSR und der Böckler-Stiftung berechneten Daten wird daher abgesehen.

- *Kinderbetreuungsangebot*: Die Daten für das Kinderbetreuungsangebot stammen aus dem Jahr 2002. Zwar liegen auch neuere Daten für die Jahre 2006 und 2007 vor, diese sind jedoch nach einer anderen Systematik aufbereitet und mit den älteren Daten nicht vergleichbar. Den älteren Daten wurde der Vorzug gegeben, um der zeitlichen Dimension der Kausalbeziehung zwischen abhängiger und unabhängiger Variablen gerecht zu werden. Weiterhin ist die Verwendung der nach alter Systematik zusammengestellten Daten auch der Vergleichbarkeit zwischen der Kommunal- und der Landesebene zuträglich, da auch bei der Analyse der Landtage Daten herangezogen werden, die auf dieselbe Weise strukturiert sind.
- *Vereinsengagement*: Daten über die Frauenanteile an allen Sportvereinsmitgliedern liegen in aggregierter Form für die Sportkreise bei den Landessportbünden vor. Die Grenzen der Sportkreise decken sich nahezu überall mit den Grenzen der kreisfreien Städte und Landkreise. Einzig in Bayern, Baden-Württemberg, Hessen und dem Saarland gibt es keine durchgängige Übereinstimmung. So finden sich in einigen Fällen auf dem Gebiet eines Landkreises mehrere Sportkreise, deren Daten zusammengefasst wurden:

Dies betrifft die folgenden Landkreise in *BADEN-WÜRTTEMBERG*: den Main-Tauber-Kreis und den Neckar-Odenwald-Kreis. In *HESSEN* sind es die Landkreise Fulda, Marburg-Biedenkopf und Waldeck-Frankenberg, der Lahn-Dill-Kreis, Main-Kinzig-Kreis, Rhein-Taunus-Kreis, Schwalm-Eder-Kreis, Vogelsbergkreis, Werra-Meißner-Kreis und der Wetteraukreis.

In anderen Fällen gibt es auf dem Gebiet eines Sportkreises zwei oder mehr Landkreise und kreisfreie Städte. In diesen Fällen wurde allen Kreisen der gleiche Wert zugeordnet:

In Bayern bilden die folgenden kreisfreien Städte und gleichnamigen Umlandkreise je einen Sportkreis: Amberg, Ansbach, Aschaffenburg, Bamberg, Bayreuth, Coburg, Erlangen, Fürth, Hof, Landshut, Passau, Regensburg, Rosenheim, Schweinfurt und Straubing. Weiterhin sind folgende bayerischen kreisfreien Städte und Landkreise zu je einem Sportkreis zusammengefasst: Roth und Schwabach, Weiden und Neustadt an der Waldnaab, Kaufbeuren und Ostallgäu, Memmingen und Unterallgäu, Kempten und Oberallgäu. In Baden-Württemberg betrifft dies die kreisfreie Stadt und den Landkreis Heilbronn, die kreisfreie Stadt und den Landkreis Karlsruhe, den Enzkreis und die kreisfreie Stadt Pforzheim, sowie den Landkreis Alb-Donau und kreisfreie Stadt Ulm. Weiterhin sind die folgenden kreisfreien Städte und Landkreise im „Badischen Sportbund Freiburg" organisiert und nicht weiter untergliedert: Baden-Baden, Rastatt, Freiburg, Breisgau-Hochschwarzwald, Emmendingen, Ortenaukreis, Schwarzwald-Baar-Kreis, Konstanz, Lörrach, Waldshut. Im Saarland gibt es generell keine Untergliederung unterhalb der Landesebene.

In einigen Fällen überschneiden sich die Grenzen. Hier wurden die Sportkreise den Landkreisen respektive den kreisfreien Städten mittels Landkarten zugeordnet:

Auf dem Gebiet des Rhein-Neckar-Kreises in Baden-Württemberg finden sich vier Sportkreise, der Wert des Rhein-Neckar-Kreises ergibt sich daher als Durchschnittswert dieser vier Sportkreise. Die Werte von zweien dieser vier Sportkreise, Mannheim und Heidelberg, wurden auch den gleichnamigen kreisfreien Städten zugeordnet. Auf dem Gebiet des Landkreises Kassel in Hessen liegen die Sportkreise Kassel (der auch die kreisfreie Stadt Kassel umfasst), Hofgeismar und Wolfhagen, sodass für den Landkreis Kassel wiederum ein Durchschnittswert aus den drei genannten Sportkreisen gebildet wird. Der Wert des Sportkreises Kassel ist gleichzeitig der kreisfreien Stadt Kassel zugeordnet.

Landesebene

Tabelle B.2 gibt einen Überblick über die Operationalisierungen der einzelnen Variablen, die maximalen und minimalen Ausprägungen der Indikatoren, die theoretisch erwarteten Zusammenhänge sowie die Datenquellen.

Für fünf der 17 in Tabelle B.2 aufgelisteten unabhängigen Variablen gelten gewisse Einschränkungen:

- Für die Variable *Frauenanteil an den Parteimitgliedern* waren, wie auch für die Kreisebene, keine flächendeckenden Statistiken der Parteien erhältlich, weswegen der Parameter erneut aus dem Forsa-Bus geschätzt wurde. Um die Verlässlichkeit der Daten vor allem in kleinen Bundesländern wie Bremen zu erhöhen, wurden je drei Jahrgänge gepoolt (t-0, t-1, t-2).
- Für einige Variablen liegen die Daten nicht für den kompletten Untersuchungszeitraum vor. Zur Vervollständigung der Daten wurde ein lineares Extrapolationsverfahren angewandt (sog. *gleitender Durchschnitt* bzw. *moving average*, vgl. Hüttner 1986: 13f. oder Yaffee und McGee 2000: 18). Dies betrifft die Variablen (in den Jahren): *Frauenanteil an den Parteimitgliedern* (1989 bis 1992), *Bildungsabstand* (1989 bis 1994), *Partnerschaftsmodelle* (1989), *Kinderbetreuungsangebot* (2003 bis 2007) und *Einkommensunterschiede* (2007).

Tabelle B.2: Variablen, Operationalisierungen und Datenbeschreibung für die Landesebene.

Variable	Operationalisierung	Datenbeschreibung – Minimum (Land, Jahr) – Maximum (Land, Jahr)	erwarteter Zusammenhang	Datenquelle (berücksichtigte/s Jahr/e)
abhängige Variable				
Repräsentation von Frauen	Anteil weiblicher Abgeordneter an allen Landtagsabgeordneten in % (Box-Cox-transformiert)	– 11,0% (BW 1992) – 44,6% (HB 2003)	abhängige Variable	Informationsdienste der Landtage, Statistische Landesämter, Abgeordneten-handbücher der Landtage (t-0)
politisch-institutionelle Variablen				
Wahlsystemtypus	Anteil Direktmandaten an allen Mandaten in %	– 0% (HB, HH, SL - je alle Wahlen) – 68,4% (NW 2005)	–	Landeswahlgesetze, statistische Landesämter (t-0), eigene Berechnungen
Wahlkreisgröße	durchschnittliche zu vergebende Sitzzahl pro Listenwahlkreis	– 6,7 (HH 2008) – 121 (HH 1997-2004)	+	Statistische Landesämter (t-0)
Frauenquoten (inkl. CDU)	Quotenindex nach Kaiser und Henn! (2008, vgl. Abschnitt 5.2.1.2)	– 10,0% (BY 1990) – 40,5% (MV 1998)	+	Parteistatuten, statistische Landesämter, eigene Berechnungen (t-0)
Frauenquoten (exkl. CDU)	Quotenindex nach Kaiser und Henn! (2008, vgl. Abschnitt 5.2.1.2)	– 10,0% (BY 1990) – 31,5% (BB 2004)	+	Parteistatuten, statistische Landesämter, eigene Berechnungen (t-0)
Parteienwettbewerb	Effektive Parteienzahl nach Laakso und Taagepera (1979, vgl. Abschnitt 5.2.1.2)	– 1,9 (BY 2003) – 4,3 (BE 2001)	+ / –	Statistische Landesämter, eigene Berechnungen (t-0)
Frauenanteil an Parteimitgliedem	Frauenanteil an allen Parteimitgliedem in %	– 28,3% (RP 2006) – 47,0% (ST 1998)	+	Forsa-Bus (Jahrgänge 1993-2008, je drei Jahrgänge gepoolt: t-0, t-1, t-2), eigene Berechnungen
soziostrukturelle Variablen I: Standardmodell politischer Partizipation				
Bildungsabstand	Frauenanteil an den Erwerbstätigen mit Hochschulabschluss in %	– 20,8% (HB 1995) – 47,6% (BB 2004)	+	Statistisches Bundesamt, eigene Berechnungen (t-1)
Frauenerwerbsquote	Anteil der erwerbstätigen Frauen an allen Frauen in %	– 47,8% (SL 1994) – 74,8% (BB 2004)	+	Statistisches Bundesamt, eigene Berechnungen (t-1)

Variable	Operationalisierung	Datenbeschreibung – Minimum (Land, Jahr) – Maximum (Land, Jahr)	erwarteter Zusammenhang	Datenquelle (berücksichtigte/s Jahr/e)
Einkommensunterschiede	Verdienst alleinlebender Frauen in % des Verdienstes alleinlebender Männer	– 63,5% (SL 1994) – 81,0% (MV 2006)	+	Statistisches Bundesamt, eigene Berechnungen (t-1)
Kinderbetreuungsangebot	Platz-Kind-Relation für unter Dreijährige	– 1,0% (BY 1994) – 62,1% (ST 2006)	+	Statistisches Bundesamt, eigene Berechnungen (t-1)
Vereinsengagement	Frauenanteil an den Sportvereinsmitgliedern in %	– 22,9 (BB 1994) – 43,7 (SH 2005)	+	Deutscher Olympischer Sportbund (t-1)
soziostrukturelle Variablen II: Modernisierung				
Erwerbsstruktur (erster Sektor)	Anteil Beschäftigte im 1. Sektor an allen Beschäftigten in %	– 0,3% (HB 1995) – 7,6% (MV 1994)	-	Statistisches Bundesamt, eigene Berechnungen (t-1)
Erwerbsstruktur (dritter Sektor)	Anteil Beschäftigte im 3. Sektor an allen Beschäftigten in %	– 54,0% (BY 1994) – 83,1% (BE 2006)	+	Statistisches Bundesamt, eigene Berechnungen (t-1)
Urbanisierungsgrad	Bevölkerungsdichte (Einwohner pro km² in 1000)	– 0,07 (MV 2006) – 3,9 (BE 1995)	+	Statistisches Bundesamt, eigene Berechnungen (t-1)
Wohlstandsniveau	Bruttoinlandsprodukt pro Einwohner (in 1000€)	– 11,24€ (TH 1994) – 48,61€ (HH 2008)	+	Statistisches Bundesamt, eigene Berechnungen (t-1)
kulturelle Variablen				
Partnerschaftsmodelle	Anzahl der Scheidungen pro Eheschließung	– 0,3 (NI 1994) – 0,8 (BE 2006)	+ / -	Statistisches Bundesamt, eigene Berechnungen (t-1)
Katholizismus	Anteil katholischer Kirchensteuerzahler von allen Steuerzahlern in %	– 3,1% (BB 2004) – 71,7% (SL 1994)	+ / -	Deutsche Bischofskonferenz
Sozialistisches Erbe	West (0) ; Berlin (0,5); Ost (1)	– Westen: 10 Länder – Osten: 5 Länder	+ / -	Statistisches Bundesamt

Anmerkungen: „+": ein positiver Zusammenhang wird erwartet; „–": ein negativer Zusammenhang wird erwartet; „+ / –": ein positiver oder negativer Zusammenhang wird erwartet.
Abkürzungen: BW = Baden-Württemberg, BY = Bayern, BE = Berlin, BB = Brandenburg, HB = Bremen, HH = Hamburg, MV = Mecklenburg-Vorpommern, NI = Niedersachsen, NW = Nordrhein-Westfalen, RP = Rheinland-Pfalz, SL = Saarland, SN = Sachsen, ST = Sachsen-Anhalt, SH = Schleswig-Holstein, TH = Thüringen.

Quellen:
„Statistisches Bundesamt": Fachveröffentlichungen oder persönlicher Kontakt mit der entsprechenden Abteilung des Statistischen Bundesamts.
„Statistische Landesämter": persönlicher Kontakt mit den entsprechenden Abteilungen der Statistischen Landesämter und Internetseiten der Statistischen Landesämter.
„Forsa-Bus": GESIS-Datenarchiv, Datensätze ZA 2982, ZA 3063, ZA 2983, ZA 2984, ZA 2985, ZA 3162, ZA 3289, ZA 3486, ZA 3675, ZA 3909, ZA 4070, ZA 4192, ZA 4343, ZA 4514, ZA 4552, ZA 4876.
„Deutscher Olympischer Sportbund": persönlicher Kontakt mit der entsprechenden Abteilung der Geschäftsstelle des Deutschen Olympischen Sportbundes sowie Internetseiten.

Literaturverzeichnis

Ackelsberg, Martha A./Shanley, Mary L., 1996: *Privacy, Publicity, and Power. A Feminist Rethinking of the Public-Private Distinction*, in: Hirschmann, Nancy J./di Stefano, Christine (Hrsg.), Revisioning the Political. Feminist Reconstructions of Traditional Concepts in Western Political Theory. Boulder: Westview Press, 213-233.

Albrecht, Willy/Boll, Friedhelm/Bouvier, Beatrix W./Leuschen-Seppel, Rosemarie/Schneider, Michael, 1979: *Frauenfrage und deutsche Sozialdemokratie vom Ende des 19. Jahrhunderts bis zum Beginn der zwanziger Jahre*, in: Archiv für Sozialgeschichte 19, 459-510.

Andersen, Kristi, 1975: *Working Women and Political Participation, 1952-1972*, in: American Journal of Political Science 19 (3), 439-453.

Anderson, Christopher, 1993: *The Composition of the German Bundestag since 1949: Long-Term Trends and Institutional Effects*, in: Historical Social Research 18 (1), 3-26.

Arceneaux, Kevin, 2001: *The "Gender Gap" in State Legislative Representation: New Data to Tackle an Old Question*, in: Political Research Quarterly 54 (1), 143-160.

Arendt, Hannah, 1958: *The Human Condition*. Chicago: University of Chicago Press.

Aristoteles, 1959: *Über die Zeugung der Geschöpfe*. Schöningh: Paderborn.

Arzheimer, Kai, 2002: *Politikverdrossenheit. Bedeutung, Verwendung und empirische Relevanz eines politikwissenschaftlichen Begriffes*. Opladen: Westdeutscher Verlag.

Atkeson, Lonna Rae, 2003: *Not All Cues Are Created Equal: The Conditional Impact of Female Candidates on Political Engagement*, in: The Journal of Politics 65 (4), 1040-1061.

Atkeson, Lonna Rae/Carrillo, Nancy, 2007: *More is Better: The Influence of Collective Female Descriptive Representation on External Efficacy*, in: Politics & Gender 3 (1), 79-101.

Bacchi, Carol, 2006: *Arguing for and against Quotas: Theoretical Issues*, in: Dahlerup, Drude (Hrsg.), Women, Quotas and Politics. London: Routledge, 32-51.

Baltagi, Badi H., 2008: *Econometric Analysis of Panel Data*. Chichester: John Wiley & Sons.

Banaszak, Lee Ann, 1995: *Frauen in den Kommunalwahlen: Ein Vergleich zwischen Ost- und Westberlin*, in: Maleck-Lewy, Eva/Penrose, Virginia (Hrsg.), Gefährtinnen der Macht. Politische Partizipation von Frauen im vereinigten Deutschland – eine Zwischenbilanz. Berlin: Edition Sigma, 115-135.

Banaszak, Lee Ann/Plutzer, Eric, 1993: *Contextual Determinants of Feminist Attitudes: National and Subnational Influences in Western Europe*, in: American Political Science Review 87 (1), 147-157.

Barber, Benjamin R., 1974: *The Death of Communal Liberty*. Princeton: Princeton University Press.
Barber, Benjamin R., 1984: *Strong Democracy. Participatory Politics for a New Age*. Berkeley: University of California Press.
Barber, Benjamin R., [1984] 2003: *Strong Democracy. Participatory Politics for a New Age*. Berkeley: University of California Press.
Baumann, Ursula, 1992: *Protestantismus und Frauenemanzipation in Deutschland 1850 bis 1920*. Frankfurt a.M.: Campus.
Bayes, Jane H./Tohidi, Nayereh, 2001: *Introduction*, in: Bayes, Jane H./Tohidi, Nayereh (Hrsg.), Globalization, Gender, and Religion. The Politics of Women's Rights in Catholic and Muslim Contexts. Houndmills: Palgrave, 1-15.
Beck, Nathaniel, 2001: *Time-Series-Cross-Section Data: What Have We Learned in the Past Few Years?*, in: Annual Review of Political Science 4 (1), 271-293.
Beck, Nathaniel/Katz, Jonathan N., 1995: *What to do (and not to do) with Time-Series Cross-Section Data*, in: American Political Science Review 89 (3), 634-647.
Berghahn, Sabine, 1993: *Frauen, Recht und langer Atem - Bilanz nach über 40 Jahren Gleichstellungsgebot in Deutschland*, in: Helwig, Gisela/Nickel, Hildegard Maria (Hrsg.), Frauen in Deutschland 1945 - 1992. Berlin: Akademie Verlag, 71-138.
Berkmann, Else, 1975: *Frauen in den Kommunalparlamenten Baden-Württembergs*, in: Der Bürger im Staat 25 (1), 23-25.
Bernauer, Julian, 2009: *Descriptive Parliamentary Representation and Satisfaction with Democracy: A Multilevel Analysis of Eastern European Ethnic Minorities*. Konferenzbeitrag: Workshop "Political Representation: New Forms of Measuring and Old Challenges", NCCR Democracy. 12.-13.11.2009, Bern.
Best, Heinrich/Edinger, Michael/Schmitt, Karl/Vogel, Lars, 2007: *Zweite Deutsche Abgeordnetenbefragung 2007. Dokumentation für den Deutschen Bundestag*. Jena: Friedrich-Schiller-Universität, Sonderforschungsbereich 580.
Biehl, Heiko, 2005: *Parteimitglieder im Wandel: Partizipation und Repräsentation*. Wiesbaden: VS-Verlag.
Blais, André/Massicotte, Louis, 2002: *Electoral Systems*, in: LeDuc, Lawrence/Niemi, Richard G./Norris, Pippa (Hrsg.), Comparing Democracies 2: New Challenges In The Study of Elections and Voting. London: Sage Publications, 40-69.
Bleses, Peter, 2003: *Wenig Neues in der Familienpolitik*, in: Gohr, Antonia/Seeleib-Kaiser, Martin (Hrsg.), Sozial- und Wirtschaftspolitik unter Rot-Grün. Opladen: Westdeutscher Verlag, 189-209.

Bochel, Catherine/Bochel, Hugh, 2005: *Exploring the Low Levels of Women's Representation in Japanese Local Government*, in: Japanese Journal of Political Science 6 (3), 375-392.
Bochel, Catherine/Bochel, Hugh/Masashi, Kasuga/Takeyasu, Hideko, 2003: *Against the System? Women in Elected Local Government in Japan*, in: Local Government Studies 29 (2), 19-31.
Böckenförde, Ernst-Wolfgang, 1998: *Der Zusammenbruch der Monarchie und die Entstehung der Weimarer Republik*, in: Bracher, Karl Dietrich/Funke, Manfred/Jacobsen, Hans-Adolf (Hrsg.), Die Weimarer Republik 1918-1933. Politik, Wirtschaft, Gesellschaft. Bonn: Bundeszentrale für Politische Bildung, 17-43.
Bogdanor, Vernon, 1983: *Conclusion:Electoral Systems and Party Systems*, in: Bogdanor, Vernon/Butler, David (Hrsg.), Democracy and Elections. Electoral Systems and their Political Consequences. Cambridge: Cambridge University Press, 247-262.
Böttcher, Karin, 2006: *Scheidung in Ost- und Westdeutschland: Der Einfluss der Frauenerwerbstätigkeit auf die Ehestabilität*. Max-Planck-Institut für demografische Forschung: MPIDR WORKING PAPER WP 2006-016.
Bratton, Kathleen A., 2005: *Critical Mass Theory Revisited: The Behavior and Success of Token Individuals in State Legislatures*, in: Politics and Gender 1 (1), 97-125.
Braun, Dietmar, 2003: *Dezentraler und unitarischer Föderalismus. Die Schweiz und Deutschland im Vergleich*, in: Schweizerische Zeitschrift für Politikwissenschaft 9 (1), 57-89.
Brenner, Carmina, 2009: *Ergebnisse der Kommunalwahlen in Baden-Württemberg und die Präsenz von Frauen in der Kommunalpolitik*, in: Frech, Siegfried/Weber, Reinhold (Hrsg.), Handbuch Kommunalpolitik. Stuttgart: Kohlhammer und Landeszentrale für politische Bildung Baden-Württemberg, 217-233.
Brock, Ditmar/Junge, Matthias/Krähnke, Uwe, 2007: *Soziologische Theorien von Auguste Comte bis Talcott Parsons. Einführung*. München: Oldenbourg.
Broscheid, Andreas/Gschwend, Thomas, 2003: *Augäpfel, Murmeltiere und Bayes: Zur Auswertung stochastischer Daten aus Vollerhebungen*, in: MPIfG Working Paper 03 (07).
Broscheid, Andreas/Gschwend, Thomas, 2005: *Zur statistischen Analyse von Vollerhebungen*, in: Politische Vierteljahresschrift 46 (1), 16-26.
Brück, Brigitte, 2005: *Frauen und Rechtsradikalismus in Europa: eine Studie zu Frauen in Führungspostionen rechtsradikaler Parteien in Deutschland, Frankreich und Italien*. Wiesbaden: VS Verlag.
Bryson, Valerie, 1992: *Feminist Political Theory. An Introduction*. Houndmills: Macmillan.

Bühler, Grit, 1997: *Mythos Gleichberechtigung in der DDR. Politische Partizipation von Frauen am Beispiel des Demokratischen Frauenbundes Deutschlands*. Frankfurt a.M.: Campus.

Bühlmann, Marc/Merkel, Wolfgang/Wessels, Bernhard/Müller, Lisa, 2008: *The Quality of Democracy. Democracy Barometer for Established Democracies*. National Centre of Competence in Research (NCCR): Working Paper 10a.

Bühlmann, Marc/Vatter, Adrian/Dlabac, Oliver/Schaub, Hans-Peter, 2009: *Demokratiequalität im subnationalen Labor – Anmerkungen zum Beitrag von Sabine Kropp u.a. in Heft 4/2008 der ZParl*, in: Zeitschrift für Parlamentsfragen 40 (2), 454-467.

Bull, Hans Peter, 2007: *Hamburg*, in: Mann, Thomas/Püttner, Günter (Hrsg.), Handbuch der kommunalen Wissenschaft und Praxis. Berlin: Springer, 743-769.

Bundesministerium für Familie, Senioren, Frauen und Jugend, 2000: Grundlagenpapier zu Gender Mainstreaming.

Bundesministerium für Familie, Senioren, Frauen und Jugend, 2004: *Frauen in Deutschland. Von der Frauen- zur Gleichstellungspolitik*. Berlin: Bundesministerium für Familie, Senioren, Frauen und Jugend.

Bundesministerium für Familie, Senioren, Frauen und Jugend, 2007: *20 Jahre Bundesfrauenministerium*. Berlin: Bundesministerium für Familie, Senioren, Frauen und Jugend.

Bundesministerium für Familie, Senioren, Frauen und Jugend, 2008: *Entgeltungleichheit zwischen Frauen und Männern. Einstellungen, Erfahrungen und Forderungen der Bevölkerung zum „gender pay gap"*. Berlin: Bundesministerium für Familie, Senioren, Frauen und Jugend.

Bundesregierung, 1966: *Bericht der Bundesregierung über die Situation der Frauen in Beruf, Familie und Gesellschaft*. Bonn: Deutscher Bundestag.

Burns, Nancy/Schlozman, Kay Lehman/Verba, Sidney, 2001: *The Private Roots of Public Action: Gender, Equality, and Political Participation*. Cambridge: Harvard University Press.

Butler, Judith, 1990: *Gender Trouble: Feminism and the Subversion of Identity*. New York: Routledge.

Campbell, David E./Wolbrecht, Christina, 2006: *See Jane Run: Women Politicians as Role Models for Adolescents*, in: The Journal of Politics 68 (2), 233-247.

Campbell, Rosie/Childs, Sarah/Lovenduski, Joni, 2010: *Do Women Need Women Representatives?*, in: British Journal of Political Science 40 (1), 171-194.

Casanova, José, 2009: *Religion, Politics and Gender Equality. Public Religions Revisited*, in: Casanova, José/Philips, Anne (Hrsg.), A Debate on the

Public Role of Religion and Its Social and Gender Implications. Genf: United Nations Research Institute for Social Development, 1-33.

Caul, Miki, 1999: *Women's Representation in Parliament. The Role of Political Parties*, in: Party Politics 5 (1), 79-98.

Caul, Miki, 2001: *Political Parties and the Adoption of Candidate Gender Quotas: A Cross-National Analysis*, in: The Journal of Politics 63 (4), 1214-1229.

Celis, Karen/Childs, Sarah/Kantola, Johanna/Krook, Mona Lena, 2008: *Rethinking Women's Substantive Representation*, in: Representation 44 (2), 99-110.

Center for Applied Policy Research/Bertelsmann Stiftung, 2009: *BTI 2010. Manual for Country Assessments.* Gütersloh: Bertelsmann Stiftung.

Childs, Sarah, 2004a: *A Feminised Style of Politics? Women MPs in the House of Commons*, in: British Journal of Politics and International Relations 6 (1), 3-19.

Childs, Sarah, 2004b: *Women Representing Women. New Labour's Women MPs*. London: Routledge.

Childs, Sarah/Krook, Mona Lena, 2006: *Should Feminists Give Up on Critical Mass? A Contingent Yes*, in: Politics & Gender 2 (4), 522-530.

Childs, Sarah/Krook, Mona Lena, 2008a: *Critical Mass Theory and Women's Political Representation*, in: Political Studies 56 (3), 725-736.

Childs, Sarah/Krook, Mona Lena, 2008b: *Theorizing Women's Political Representation: Debates and Innovations in Empirical Research* in: Femina Politica 2008 (2), 20-30.

Collier, Ruth Berins/Collier, David, 1991: *Shaping The Political Arena: Critical Junctures, The Labor Movement And Regime Dynamics In Latin America*. Princeton: Princeton University Press.

Colomer, Josep M., 2004: *Handbook of Electoral System Choice*. Houndmills: Palgrave Macmillan.

Cordes, Mechthild, 2008: *Gleichstellungspolitiken: Von der Frauenförderung zum Gender Mainstreaming*, in: Becker, Ruth/Kortendiek, Beate (Hrsg.), Handbuch Frauen- und Geschlechterforschung. Theorie, Methoden, Empirie. Wiesbaden: VS Verlag, 916-924.

Cowell-Meyers, Kimberly/Langbein, Laura, 2008: *Linking Women's Descriptive and Substantive Representation*. Konferenzbeitrag: MPSA Annual National Conference. Chicago.

Crowley, Jocelyn Elise, 2006: *Moving Beyond Tokenism: Ratification of the Equal Rights Amendment and the Election of Women to State Legislatures*, in: Social Science Quarterly 87 (3), 519-539.

Cunningham, Frank, 2002: *Theories of Democracy. A Critical Introduction.* London: Routledge.

Dahl, Robert A., 1971: *Polyarchy. Participation and Opposition*. New Haven: Yale University Press.

Dahl, Robert A., 1985: *A Preface to Economic Democracy*. Cambridge: Polity Press.
Dahl, Robert A., 2006: *On Political Equality*. New Haven: Yale University Press.
Dahlerup, Drude, 1988: *From a Small to a Large Minority: Women in Scandinavian Politics*, in: Scandinavian Political Studies 11 (4), 275-298.
Danzer, Stephan/Weidenfeller, Hans Ulrich, 2008: *Kommunalwahlen in Rheinland-Pfalz am 13. Juni 2004. Auswertung des Wählerverhaltens*. Bad Ems: Landeswahlleiter Rheinland-Pfalz.
Darcy, Robert/Welch, Susan/Clark, Janet, 1987: *Women, Elections, and Representation*. New York: Longman.
Davidson-Schmich, Louise K., 2006: *Implementation of Political Party Gender Quotas. Evidence from the German Länder 1990-2000*, in: Party Politics 12 (2), 211-232.
Davidson-Schmich, Louise K., 2007: *Ahead of Her Time: Eva Kolinsky and the Limits of German Gender Quotas*, in: German Politics 16 (3), 391-407.
Davis, James A., 1985: *The Logic of Causal Order*. Newbury Park: SAGE.
de Beauvoir, Simone, [1949] 1992: *Das andere Geschlecht. Sitte und Sexus der Frau*. Reinbek: Rowohlt.
de Gouges, Olympe, [1791] 1995: *Olympe de Gouges - Mensch und Bürgerin*. Aachen: ein-Fach-Verlag.
de Tocqueville, Alexis, [1835/1840] 1976: *Über die Demokratie in Amerika*. München: dtv.
DeCarlo, Lawrence T., 1997: *On the Meaning and Use of Kurtosis*, in: Psychological Methods 2 (3), 292-307.
Detterbeck, Klaus, 2005: *Die strategische Bedeutung von Mitgliedern für moderne Parteien*, in: Zolleis, Udo (Hrsg.), Zwischen Anarchie und Strategie: der Erfolg von Parteiorganisationen. Wiesbaden: VS Verlag, 63-76.
Deutscher Städtetag, 1926: *Anzahl der männlichen und der weiblichen Mitglieder der städtischen Körperschaften*, in: Mitteilungen des deutschen Städtetages 1, 13-18.
Diamond, Irene/Hartsock, Nancy, 1981: *Beyond Interests in Politics: A Comment on Virgina Spiro's "When are Interests Interesting? The Problem of Political Representation of Women*, in: American Politcal Science Review 75 (3), 717-721.
Dickenson, Donna, 1997: *Property, Women and Politics*. Cambridge: Polity Press.
Diekmann, Andreas, 2002: *Empirische Sozialforschung. Grundlagen, Methoden, Anwendungen*. Reinbek: Rowohlt.
Dietz, Mary G., 1987: *Context is All: Feminism and Theories of Citizenship*, in: Daedalus 116 (4), 1-24.

Dietz, Mary G., 1991: *Hannah Arendt and Feminist Politics*, in: Shanley, Mary Lyndon/Pateman, Carole (Hrsg.), Feminist Interpretations and Political Theory. Cambridge: Polity Press, 232-252.
Döge, Peter/Stiegler, Barbara, 2004: *Gender Mainstreaming in Deutschland*, in: Meuser, Michael/Neusüß, Claudia (Hrsg.), Gender Mainstreaming. Konzepte - Handlungsfelder - Instrumente. Bonn: Bundeszentrale für politische Bildung, 135-157.
Dolan, Kathleen, 2006: *Symbolic Mobilization? The Impact of Candidate Sex in American Elections*, in: American Politics Research 34 (6), 687-704.
Dölling, Irene, 1993: *Gespaltenes Bewußtsein - Frauen- und Männerbilder in der DDR*, in: Helwig, Gisela/Nickel, Hildegard Maria (Hrsg.), Frauen in Deutschland 1945 – 1992. Berlin: Akademie Verlag, 23-52.
Downs, Anthony, 1957: *An Economic Theory of Democracy*. New York: Harper & Row.
Drukker, David, 2003: *Testing for Serial Correlation in Linear Panel-Data Models*, in: Stata Journal 3 (2), 168-177.
Dülmer, Hermann, 2005: *Die Schätzung von kleinräumigen Kontextinformationen aus Umfragedaten*, in: Grözinger, Gerd/Wenzel, Matiaske (Hrsg.), Deutschland regional. Sozialwissenschaftliche Daten im Forschungsverbund. München: Rainer Hampp, 29-39.
Duverger, Maurice, 1955: *The Political Role of Women*. Paris: UNESCO.
Ebertz, Michael N., 2006: *Frauen und die katholische Kirche in Deutschland*, in: Klöcker, Michael/Tworuschka, Udo (Hrsg.), Handbuch der Religionen. Kirchen und andere Glaubensgemeinschaften in Deutschland/deutschsprachigen Raum. München: Olzog, Band II, Kapitel 1.2.8.
Eder, Christina, 2009: *Direkte Demokratie auf subnationaler Ebene. Eine vergleichende Analyse der unmittelbaren Volksrechte in den deutschen Bundesländern, den Schweizer Kantonen und den US-Bundesstaaten.* Universität Konstanz: Dissertation.
Eder, Christina/Magin, Raphael, 2008: *Wahlsysteme*, in: Freitag, Markus/Vatter, Adrian (Hrsg.), Die Demokratien der deutschen Bundesländer. Politische Institutionen im Vergleich. Opladen: Barbara Budrich, 33-62.
Eisenstein, Zillah R., 1987: *The Radical Future of Liberal Feminism*. Boston: Northeastern University Press.
Elman, R. Amy, 1996: *Sexual Subordination and State Intervention: Comparing Sweden and the United States*. Providence: Berghahn.
England, Paula/Folbre, Nancy, 2005: *Gender and Economic Sociology*, in: Smelser, Neil J./Swedberg, Richard (Hrsg.), The Handbook of Economic Sociology. Princeton: Princeton University Press, 627-649.
Engstrom, Richard L., 1987: *District Magnitudes and the Election of Women to the Irish Dáil*, in: Electoral Studies 6 (2), 123-132.
Esser, Hartmut, 2001: *Soziologie. Spezielle Grundlagen. Band 6: Sinn und Kultur.* Frankfurt a.M.: Campus.

Esterchild, Eliszabeth M., 1999: *Gender and Politics*, in: Saltzman Chafetz, Janet (Hrsg.), Handbook of the Sociology of Gender. New York: Kluwer Academic, 519-535.

Etzemüller, Thomas, 2005: *1968 - Ein Riss in der Geschichte? Gesellschaftlicher Umbruch und 68er-Bewegungen in Westdeutschland und Schweden*. Konstanz: UVK.

Eulau, Heinz, 1976: *Elite Analysis and Democratic Theory: The Contribution of Harold D. Lasswell*, in: Eulau, Heinz/Czudnowski, Moshe M. (Hrsg.), Elite Recruitment in Democratic Polities. Comparative Studies Across Nations. New York: Wiley, 7-28.

Evans, Richard J., 1976: *The Feminist Movement in Germany 1894-1933*. London: SAGE.

Ferguson, Kathy, 1993: *The Man Question: Visions of Subjectivity in Feminist Theory*. Berkeley: University of California Press.

Fetscher, Iring, 1975: *Rousseaus politische Philosophie. Zur Geschichte des demokratischen Freiheitsbegriffs*. Frankfurt a.M.: Suhrkamp.

Fleschenberg, Andrea/Derichs, Claudia/Anton, Denise/Lennartz, Ludmilla/Ross, Barbara/Schippritt, Sarah/Streubl, Anett, 2008: *Spitzenpolitikerinnen im alten und neuen Europa - ein Phänomen im Aufwärtstrend*, in: Fleschenberg, Andrea/Derichs, Claudia (Hrsg.), Handbuch Spitzenpolitikerinnen. Wiesbaden: VS Verlag, 141-191.

Flick, Martina, 2009: *Die Landesverfassungsgerichte im Spannungsverhältnis zwischen Regierung und Opposition*. Universität Konstanz: Dissertation.

Fraser, Nancy, 1990: *Rethinking the Public Sphere: A Contribution to the Critique of Actually Existing Democracy*, in: Social Text 25/26 56-80.

Freitag, Markus, 1996a: *Wahlbeteiligung in westlichen Demokratien. Eine Analyse zur Erklärung von Niveauunterschieden*, in: Swiss Political Science Review 2 (4), 99-134.

Freitag, Markus, 1996b: *Wahlbeteiligung in westlichen Demokratien. Eine Analyse zur Erklärung von Niveauunterschieden*, in: Swiss Political Science Review 2 (4), 101-134.

Freitag, Markus, 2000: *Soziales Kapital und Arbeitslosigkeit. Eine empirische Analyse zu den Schweizer Kantonen* in: Zeitschrift für Soziologie 29 (3), 186-201.

Freitag, Markus, 2003: *Beyond Tocqueville: The Origins of Social Capital in Switzerland*, in: European Sociological Review 19 (2), 217-232.

Freitag, Markus, 2004: *Das Konzept des Sozialkapitals und Ansätze zu seiner Messung*, in: Wilbers, Karl (Hrsg.), Das Sozialkapital von Schulen. Die Bedeutung von Netzwerken, gemeinsamen Normen und Vertrauen für die Arbeit von und in Schulen. Bielefeld: Bertelsmann, 7-24.

Freitag, Markus, 2005: *Labor Schweiz: Vergleichende Wahlbeteiligungsforschung bei kantonalen Parlamentswahlen*, in: Kölner Zeitschrift für Soziologie und Sozialpsychologie 57 (4), 667-690.

Freitag, Markus/Vatter, Adrian, 2008a: *Demokratiemuster in den deutschen Bundesländern. Eine Einführung*, in: Freitag, Markus/Vatter, Adrian (Hrsg.), Die Demokratien der deutschen Bundesländer. Politische Institutionen im Vergleich. Opladen: Barbara Budrich, 11-32.
Freitag, Markus/Vatter, Adrian (Hrsg.), 2008b: *Die Demokratien der deutschen Bundesländer. Politische Institutionen im Vergleich*. Opladen: Barbara Budrich.
Freitag, Markus/Vatter, Adrian/Müller, Christoph, 2003: *Bremse oder Gaspedal? Eine empirische Untersuchung zur Wirkung der direkten Demokratie auf den Steuerstaat*, in: Politische Vierteljahresschrift 44 (3), 348-369.
Frey, Regina, 2004: *Entwicklungslinien: Zur Entstehung von Gender Mainstreaming in internationalen Zusammenhängen*, in: Meuser, Michael/Neusüß, Claudia (Hrsg.), Gender Mainstreaming. Konzepte – Handlungsfelder – Instrumente. Bonn: Bundeszentrale für politische Bildung, 24-39.
Gabriel, Oscar W., 2004: *Politische Partizipation*, in: van Deth, Jan W. (Hrsg.), Deutschland in Europa. Ergebnisse des European Social Survey 2002-2003. Wiesbaden: VS Verlag, 317-338.
Galligan, Yvonne/Wilford, Rick, 1999: *Women's Political Representation in Ireland*, in: Galligan, Yvonne/Ward, Eilís/Wilford, Rick (Hrsg.), Contesting Politics. Oxford: Westview Press, 130-48.
Gast, Gabriele, 1973: *Die politische Rolle der Frau in der DDR*. Düsseldorf: Bertelsmann.
Geißel, Brigitte, 1999: *Politikerinnen. Politisierung und Partizipation auf kommunaler Ebene*. Opladen: Leske + Budrich.
Geißler, Rainer, 2006: *Die Sozialstruktur Deutschlands*. Wiesbaden: VS Verlag.
Gerhard, Ute, 1999: *Atempause. Feminismus als demokratischs Projekt. Die Frau in der Gesellschaft*. Frankfurt a.M.: Fischer.
Gerhards, Jürgen/Hölscher, Michael, 2005: *Kulturelle Unterschiede in der Europäischen Union: ein Vergleich zwischen Mitgliedsländern, Beitrittskandidaten und der Türkei*. Wiesbaden: VS Verlag.
Gerlach, Irene, 2004: *Familienpolitik*. Wiesbaden: VS Verlag.
Gerring, John, 2007: *Case Study Research. Principles and Practices*. Cambridge: Cambridge University Press.
Gilcher-Holtey, Ingrid, 2001: *Die 68er Bewegung: Deutschland, Westeuropa, USA*. München C.H. Beck.
Gilligan, Carol, 1982: *In a Different Voice: Psychological Theory and Women's Development*. Cambridge: Harvard University Press.
Göbel, Michael, 2007: *Bremen*, in: Mann, Thomas/Püttner, Günter (Hrsg.), Handbuch der kommunalen Wissenschaft und Praxis. Berlin: Springer, 771-796.
Gössmann, Elisabeth/Pelke, Else, 1968: *Die Frauenfrage in der Kirche*. Donauwörth: Auer.

Graf, Friedrich Wilhelm, 2004: *Protestantismus*, in: Christophersen, Alf/Jordan, Stefan (Hrsg.), Lexikon Theologie. Hundert Grundbegriffe. Stuttgart: Philipp Reclam jun., 246-250.
Gratton, Lynda/Kelan, Elisabeth/Voigt, Andreas/Walker, Lamia/Wolfram, Hans-Joachim, 2007: *Innovative Potential: Men and Women in Teams.* London: London Business School - The Lehman Brothers Centre for Women in Business.
Greeley, Andrew, 2000: *The Catholic Imagination.* Berkeley: University of California Press.
Green, Manda, 2009: Turnover, Term Limits and the Seniority Deficit of Women Deputies in France.
Grey, Sandra, 2006: *Numbers and Beyond: The Relevance of Critical Mass in Gender Research*, in: Politics and Gender 2 (4), 492-502.
Grieswelle, Detlef, 2008: *Die Lohnschere zwischen Mann und Frau. Für eine gerechte Arbeitsbewertung und Entlohnung*, in: Die Politische Meinung 53 (459), 35-39.
Habermas, Jürgen, 1962: *Strukturwandel der Öffentlichkeit. Untersuchungen zu einer Kategorie der bürgerlichen Gesellschaft.* Neuwied: Luchterhand.
Habermas, Jürgen, 1992: *Faktizität und Geltung. Beiträge zur Diskurstheorie des Rechts und des demokratischen Rechtsstaats.* Frankfurt a.M.: Suhrkamp.
Hakim, Catherine, 1995: *Five Feminist Myths about Women's Employment*, in: The British Journal of Sociology 46 (3), 429-455.
Hall, Peter A./Taylor, Rosemary C.R., 1996: *Political Science and the Three New Institutionalisms*, in: Political Studies 44 (5), 936-957.
Hamilton, Alexander/Madison, James/Jay, John, 1788 [1966]: *The Federalist.* Cambridge: Harvard University Press.
Hamilton, Alexander/Madison, James/Jay, John, [1788] 1966: *The Federalist.* Cambridge: Harvard University Press.
Hampele, Anne, 1993: *"Arbeite mit, plane mit, regiere mit" - Zur politischen Partizipation von Frauen in der DDR*, in: Helwig, Gisela/Nickel, Hildegard Maria (Hrsg.), Frauen in Deutschland 1945 - 1992. Berlin: Akademie Verlag, 281-320.
Handschell, Christian, 2002: *Handbuch zur Statistik der Parlamente und Parteien in den westlichen Besatzungszonen und in der Bundesrepublik Deutschland. Teil I: Abgeordnete in Bund und Ländern. Mitgliedschaft und Sozialstruktur 1946-1990.* Düsseldorf: Droste.
Hangartner, Dominik/Bächtiger, André/Grünenfelder, Rita/Steenbergen, Marco R., 2007: *Mixing Habermas with Bayes: Methodological and Theoretical Advances in the Study of Deliberation*, in: Swiss Political Science Review 13 (4), 607-644.
Hansen, Susan B., 1997: *Talking About Politics: Gender and Contextual Effects on Political Proselytizing*, in: The Journal of Politics 59 (1), 73-103.

Hardmeier, Sibylle, 1997: *Frühe Frauenstimmrechtsbewegung in der Schweiz (1890-1930) – Argumente, Strategien, Netzwerk und Gegenbewegung.* Zürich: Chronos.
Häring, Hermann, 2005: *Katholisches Verständnis*, in: Eicher, Peter (Hrsg.), Neues Handbuch theologischer Grundbegriffe, Band 2. München: Kösel, 346-360.
Hartmann, Heidi, 1981: *The Unhappy Marriage of Marxism and Feminism. Towards a More Progressive Union*, in: Sargent, Lydia (Hrsg.), Women and Revolution. The Unhappy Marriage of Marxism and Feminism: A Debate on Class and Patriarchy. London: Pluto Press, 1-41.
Haug, Frigga, 2008: *Sozialistischer Feminismus: Eine Verbindung im Streit*, in: Becker, Ruth/Kortendiek, Beate (Hrsg.), Handbuch Frauen- und Geschlechterforschung: Theorie, Methoden, Empirie. Opladen: Barbara Budrich, 52-58.
Heintz, Bettina/Müller, Dagmar/Roggenthin, Heike, 2001: *Gleichberechtigung zwischen globalen Normen und lokalen Kontexten: Deutschland, Schweiz, Marokko und Syrien im Vergleich*, in: Kölner Zeitschrift für Soziologie und Sozialpsychologie Sonderheft 41 (Geschlechtersoziologie), 398-430.
Held, David, 1997: *Models of Democracy*. Cambridge: Polity Press.
Hennl, Annika/Kaiser, André, 2008: *Ticket-Balancing in Mixed-Member Proportional Systems. Comparing Subnational Elections in Germany*, in: Electoral Studies 27 (2), 321-336.
Hervé, Florence, 1995a: *Brot und Frieden - Kinder, Küche, Kirche. Weimarer Republik 1918/19 bis 1933*, in: Hervé, Florence (Hrsg.), Geschichte der deutschen Frauenbewegung. Köln: PapyRossa, 85-110.
Hervé, Florence, 1995b: *Zwischen Anpassung und Widerstand. Zur Lage der Frauen und zum Widerstand 1933 bis 1945*, in: Hervé, Florence (Hrsg.), Geschichte der deutschen Frauenbewegung. Köln: PapyRossa, 111-125.
Hervé, Florence/Nödinger, Ingeborg, 1995: *Aus der Vergangenheit gelernt? 1945 bis 1949*, in: Hervé, Florence (Hrsg.), Geschichte der deutschen Frauenbewegung. Köln: PapyRossa, 126-137.
High-Pippert, Angela/Comer, John, 1998: *Female Empowerment: The Influence of Women Representing Women*, in: Women & Politics 19 (4), 53-66.
Hildebrandt, Achim/Wolf, Frieder (Hrsg.), 2008: *Die Politik der Bundesländer. Staatstätigkeit im Vergleich*. Wiesbaden: VS Verlag.
Hildebrandt, Karin, 1994: *Historischer Exkurs zur Frauenpolitik der SED*, in: Bütow, Birgit/Stecker, Heidi (Hrsg.), EigenArtige Ostfrauen. Frauenemanzipation in der DDR und in den neuen Bundesländern. Bielefeld: Kleine, 12-31.
Hin, Monika/Michel, Nicole, 2004: *Frauen bei den Kommunalwahlen 2004 in Baden-Württemberg*, in: Statistisches Monatsheft Baden-Württemberg 2004 (9), 14-17.

Hirschmann, Nancy J., 2007: *Feminist Political Philosophy*, in: Alcoff, Linda Martín/Kittay, Eva Feder (Hrsg.), The Blackwell Guide to Feminist Philosophy. Malden: Blackwell, 145-164.

Hobbes, Thomas, [1651] 1962: *Leviathan*. London: Dent.

Hochgeschurz, Marianne, 2001: *Zwischen Autonomie und Integration. Die Neue (west-)deutsche Frauenbewegung*, in: Hervé, Florence (Hrsg.), Geschichte der deutschen Frauenbewegung. Köln: PapyRossa, 155-184.

Hochreuther, Ina, 1992: *Frauen im Parlament. Südwestdeutsche Abgeordnete seit 1919*. Stuttgart: Theiss.

Hoecker, Beate, 1987: *Frauen in der Politik. Eine soziologische Studie*. Opladen: Leske + Budrich.

Hoecker, Beate, 1994: *The German Electoral System: A Barrier to Women?*, in: Rule, Wilma/Zimmerman, Joseph F. (Hrsg.), Electoral Systems in Comparative Perspective. Their Impact on Women and Minorities. Westport: Greenwood Press, 65-77.

Hoecker, Beate, 1995: *Politische Partizipation von Frauen. Ein einführendes Studienbuch*. Opladen: Leske + Budrich.

Hoecker, Beate, 1996: *Politische Partizipation von Frauen im vereinigten Deutschland. Ein Ost-West-Vergleich*, in: Aus Politik und Zeitgeschichte 46 (21-22), 23-33.

Hoecker, Beate, 1998a: *Frauen, Männer und die Politik*. Bonn: Dietz.

Hoecker, Beate, 1998b: *Politische Partizipation von Frauen im europäischen Vergleich*, in: Hoecker, Beate (Hrsg.), Handbuch Politische Partizipation von Frauen in Europa. Opladen: Leske + Budrich, 379-398.

Hoecker, Beate, 1998c: *Zwischen Macht und Ohnemacht: Politische Partizipation von Frauen in Deutschland*, in: Hoecker, Beate (Hrsg.), Handbuch Politische Partizipation von Frauen in Europa. Opladen: Leske + Budrich, 65-90.

Hoecker, Beate/Fuchs, Gesine (Hrsg.), 2004: *Handbuch politische Partizipation von Frauen in Europa. Band II: Die Beitrittsstaaten*. Wiesbaden: VS Verlag.

Hoecker, Beate/Scheele, Alexandra, 2008: *Feminisierung der Politik? Neue Entwicklungen und alte Muster der Repräsentation – Einleitung*, in: Femina Politica 2008 (2), 9-20.

Höffe, Otfried, 2007: *Aristoteles, Politik*, in: Brocker, Manfred (Hrsg.), Geschichte des politischen Denkens. Frankfurt am.M.: Suhrkamp, 31-46.

Hofmann-Göttig, Joachim, 1986: *Emanzipation mit dem Stimmzettel. 70 Jahre Frauenwahlrecht in Deutschland*. Bonn: Verlag Neue Gesellschaft.

Holli, Anne Maria/Wass, Hanna, 2009: *Gender-Based Voting in the Parliamentary Elections of 2007 in Finland*, in: European Journal of Political Research: early view.

Holtkamp, Lars/Schnittke, Sonja, 2008: *Erklärungsmodelle für die Unterrepräsentation von Frauen. Eine Analyse am Beispiel der Kommunalparlamente von Baden-Württemberg und Nordrhein-Westfalen* in: Femina Politica 12 (2), 53-64.
Holtkamp, Lars/Schnittke, Sonja, 2010: *Die Hälfte der Macht im Visier. Der Einfluss von Institutionen und Parteien auf die politische Repräsentation von Frauen.* Berlin: Heinrich-Böll-Stiftung in Zusammenarbeit mit der Fachzeitschrift Alternative Kommunalpolitik (AKP).
Holuscha, Annette, 1999: *Frauen und Kommunalpolitik. Kommunalpolitische Partizipation von Frauen in Baden-Württemberg am Beispiel der Stadt Ludwigsburg.* Konstanz: Hartung-Gorre.
Horstkötter, Marianne, 1990: *Frauen in der Kommunalpolitik. Einflussfaktoren auf die politische Partizipation von Frauen in kommunalen Räten. Eine Regionalstudie.* Frankfurt a.M.: Lang.
Htun, Mala N./Jones, Mark P., 2002: *Engendering the Right to Participate in Decision-Making: Electoral Quotas and Women's Leadership in Latin America*, in: Craske, Nikki/Molyneux, Maxine (Hrsg.), Gender and the Politics of Rights and Democracy in Latin America. New York: Palgrave, 32-56.
Hünermann, Peter, 1996: *Schwerwiegende Bedenken. Eine Analyse des Apostolischen Schreibens "Ordinatio sacerdotalis"*, in: Groß, Walter (Hrsg.), Frauenordination. Stand der Diskussion in der katholischen Kirche. München: Wewel, 120-127.
Hurnik, Wolfgang, 2007: *Berlin*, in: Mann, Thomas/Püttner, Günter (Hrsg.), Handbuch der kommunalen Wissenschaft und Praxis. Berlin: Springer, 717-742.
Hüttner, Manfred, 1986: *Prognoseverfahren und ihre Anwendung*. Berlin: de Gruyter.
Immergut, Ellen M., 1998: *The Theoretical Core of the New Institutionalism*, in: Politics & Society 26 (1), 5-34.
Infratest Burke, 1995: *Erfolg von Frauen bei Kommunalwahlen in Baden-Württemberg. Untersuchung im Auftrag des Ministeriums für Familie, Frauen, Weiterbildung und Kunst Baden-Württemberg.* München: Infratest Burke.
Inglehart, Ronald/Norris, Pippa, 2003: *Rising Tide. Gender Equality and Cultural Change around the World.* Cambridge: Cambridge University Press.
Jagodzinski, Wolfgang/Dobbelaere, Karel, 1995: *Secularization and Church Religiosity*, in: van Deth, Jan W./Scarbrough, Elinor (Hrsg.), The Impact of Values. Oxford: Oxford University Press, 76-119.
Jahn, Detlef, 2009: *Globalisierung als Galton-Problem: Regionale und temporale Diffusionsschübe*, in: Pickel, Susanne/Pickel, Gert/Lauth, Hans-Joachim/Jahn, Detlef (Hrsg.), Methoden der vergleichenden

Politik- und Sozialwissenschaft. Neue Entwicklungen und Anwendungen. Wiesbaden: VS Verlag, 87-112.

Jann, Ben, 2009: *Diagnostik von Regressionsschätzungen bei kleinen Stichproben (mit einem Exkurs zu logistischer Regression)*, in: Kriwy, Peter/Gross, Chrsitiane (Hrsg.), Klein aber fein! Quantitative empirische Sozialforschung mit kleinen Fallzahlen. Wiesbaden: VS Verlag, 93-125.

Jesse, Eckhard, 2009: *Eine Revolution stürzt das SED-Regime*, in: Schipanski, Dagmar/Vogel, Bernhard (Hrsg.), Dreißig Thesen zur deutschen Einheit. Freiburg: Herder, 23-33.

Kaase, Max, 1983: *Sinn oder Unsinn des Konzepts "Politische Kultur" für die vergleichende Politikforschung, oder auch: Der Versuch, einen Pudding an die Wand zu nageln*, in: Kaase, Max/Klingemann, Hans-Dieter (Hrsg.), Wahlen und politisches System. Opladen: Westdeutscher Verlag, 144-172.

Kaiser, André, 2002a: *Gemischte Wahlsysteme. Ein Vorschlag zur typologischen Einordnung*, in: Zeitschrift für Politikwissenschaft 12 (4), 1545-1571.

Kaiser, André, 2002b: *Mehrheitsdemokratie und Institutionenreform. Verfassungspolitischer Wandel in Australien, Großbritannien, Kanada und Neuseeland im Vergleich*. Frankfurt a.M.: Campus.

Kaiser, André, 2006: *Die politische Theorie des Neo-Institutionalismus: James March und Johan Olsen*, in: Brodocz, André/Schaal, Gary S. (Hrsg.), Politische Theorien der Gegenwart II. Eine Einführung. Opladen: Barbara Budrich, 313-342.

Kaiser, André/Hennl, Annika, 2008: *Wahlsysteme und Frauenrepräsentation. Ein Vergleich der deutschen Landesparlamente*, in: Zeitschrift für Politikwissenschaft 18 (2), 167-184.

Kaiser, André/Seils, Eric, 2005: *Demokratie-Audits. Zwischenbilanz zu einem neuen Instrument der empirischen Demokratieforschung*, in: Politische Vierteljahresschrift 46 (1), 133-143.

Kamenitsa, Lynn/Geissel, Brigitte, 2005: *WPAs and Political Representation in Germany*, in: Lovenduski, Joni/Baudino, Claudie (Hrsg.), State Feminism and Political Representation. Cambridge: Cambridge University Press, 106-129.

Karpowitz, Christopher F./Mendelberg, Tali, 2007: *Groups and Deliberation*, in: Swiss Political Science Review 13 (4), 645-662.

Keiser, Lael, 1997: *The Influence of Women's Political Power on Bureaucratic Output: The Case of Child Support Enforcement*, in: British Journal of Political Science 27 (1), 136-148.

Kenngott, Eva-Maria, 1995: *Feminismus und Demokratie: Über die Verwandlung der Frau zur Bürgerin*, in: Leviathan 23 (3), 351-375.

Kenworthy, Lane/Malami, Melissa, 1999: *Gender Inequality in Political Representation: A Worldwide Comparative Analysis*, in: Social Forces 78 (1), 235-268.
Kersting, Wolfgang, 1994: *Die politische Philosophie des Gesellschaftsvertrags.* Darmstadt: Wissenschaftliche Buchgesellschaft.
Kiessling, Andreas, 2004: *Die CSU: Machterhalt und Machterneuerung.* Wiesbaden: VS Verlag.
King, Gary/Koehane, Robert. O/Verba, Sidney, 1994: *Designing Social Inquiry. Scientific Inference in Qualitative Research.* Princeton: Princeton University Press.
Kinzig, Silke, 2007: *Auf dem Weg zur Macht? Zur Unterrepräsentation von Frauen im deutschen und U.S.-amerikanischen Regierungssystem.* Wiesbaden: VS Verlag.
Kittel, Bernhard, 1999: *Sense and Sensitivity in Pooled Analysis of Political Data*, in: European Journal of Political Research 35 (2), 225-253.
Kittel, Bernhard, 2006: *Panelanalyse*, in: Behnke, Joachim/Gschwend, Thomas/Schindler, Delia/Schnapp, Kai-Uwe (Hrsg.), Methoden der Politikwissenschaft. Neuere qualitative und quantitative Analyseverfahren. Baden-Baden: Nomos, 239-249.
Kittilson, Miki Caul, 2006: *Germany: Women, Parties, and the Bundestag*, in: Kittilson, Miki Caul (Hrsg.), Challenging Parties, Changing Parliaments: Women and Elected Office in Contemporary Western Europe. Columbus: Ohio State University Press, 85-102.
Kjær, Ulrik, 1999: *Saturation Without Parity: The Stagnating Number of Female Councillors in Denmark*, in: Beukel, Erik/Klausen, Kurt Klaudi/Mouritzen, Poul Erik (Hrsg.), Elites, Parties and Democracy: Festschrift for Professor Mogens N. Pedersen. Odense: Odense University Press, 149-167.
Klammer, Ute/Klenner, Christina, 2003: *Geteilte Erwerbstätigkeit - gemeinsame Fürsorge. Strategien und Perspektiven der Kombination von Erwerbs- und Familienleben in Deutschland*, in: Leitner, Sigrid/Ostner, Ilona/Schratzenstaller, Margit (Hrsg.), Wohlfahrtsstaat und Geschlechterverhältnis im Umbruch. Was kommt nach dem Ernährermodell? Wiesbaden: VS Verlag, 177-207.
Klinger, Cornelia, 1998: *Feministische Philosophie*, in: Pieper, Cornelia (Hrsg.), Philosophische Disziplinen. Leipzig: Reclam, 115-138.
Kluckhohn, Clyde, 1951: *Values and Value-Orientations in the Theory of Action. An Exploration in Definition and Classification*, in: Parsons, Talcott/Shils, Edward A. (Hrsg.), Toward a General Theory of Action. Theoretical Foundations for the Social Sciences. New York: Harper & Row, 388-433.
Knies, Gundi/Spiess, Katharina, 2007: *Regional Data in the German Socio-Economic Panel Study (SOEP).* DIW Data Documentation: 17 / 2007.

Koepcke, Cordula, 1979: *Geschichte der deutschen Frauenbewegung. Von den Anfängen bis 1945*. Freiburg: Herder.

Kohler, Ulrich/Kreuter, Frauke, 2008: *Datenanalyse mit Stata*. München: Oldenbourg.

Kolinsky, Eva, 1991: *Political Participation and Parliamentary Careers: Women's Quotas in West Germany*, in: West European Politics 14 (1), 56-72.

Kolinsky, Eva, 1993a: *Party Change and Women's Representation in Unified Germany*, in: Lovenduski, Joni/Norris, Pippa (Hrsg.), Gender and Party Politics. London: Sage, 113-146.

Kolinsky, Eva, 1993b: *Women in Contemporary Germany. Life, Work and Politics*. Providence: Berg.

Kolinsky, Eva, 1995: *Women in 20th-Century Germany. A Reader*. Manchester: Manchester University Press.

Kolinsky, Eva, 1996: *Women and the 1994 Federal Election*, in: Dalton, Russel J. (Hrsg.), Germans Divided. The 1994 Bundestag Elections and the Evolution of the German Party System. Oxford: Berg, 265-289.

Kolinsky, Eva, 1998: *Women and Politics in Western Germany*, in: Rueschemeyer, Marilyn (Hrsg.), Women in the Politics of Post-communist Eastern Europe. Armonk: Sharpe, 64-88.

Kongregation für die Glaubenslehre, 1976 [1996]: *"Inter Insignores". Erklärung zur Frage der Zulassung der Frauen zum Priesteramt, 1976*, in: Groß, Walter (Hrsg.), Frauenordination. Stand der Diskussion in der katholischen Kirche. München: Wewel, 11-24.

Korte, Karl-Rudolf, 2005: *Wahlen in der Bundesrepublik Deutschland*. Bonn: Bundeszentrale für politische Bildung.

Kostadinova, Tatiana, 2003: *Voter Turnout Dynamics in Post-Communist Europe*, in: European Journal of Political Research 42 (6), 741-759.

Kostadinova, Tatiana, 2007: *Ethnic and Women's Representation Under Mixed Election Systems*, in: Electoral Studies 26 (2), 418-431.

Krasner, Stephen D., 1984: *Approaches to the State: Alternative Conceptions and Historical Dynamics*, in: Comparative Politics 16 (2), 223-246.

Krause, Ellen, 2003: *Einführung in die politikwissenschaftliche Geschlechterforschung*. Opladen: Leske + Budrich.

Kreyenfeld, Michaela, 2008: *Soziale Ungleichheit und Kinderbetreuung – Eine Analyse der sozialen und ökonomischen Determinanten der Nutzung von Kindertageseinrichtungen*, in: Becker, Rolf/Lauterbach, Wolfgang (Hrsg.), Bildung als Privileg. Erklärungen und Befunde zu den Ursachen der Bildungsungleichheit. Wiesbaden: VS Verlag, 103-127.

Krook, Mona Lena, 2009: *Quotas for Women in Politics. Gender and Candidate Selection Reform Worldwide*. Oxford: Oxford University Press.

Krook, Mona Lena/Lovenduski, Joni/Squires, Judith, 2006: *Western Europe, North America, Australia and New Zealand. Gender Quotas in the*

Context of Citizenship Models, in: Dahlerup, Drude (Hrsg.), Women, Quotas and Politics. London: Routledge, 194-221.
Kuhrig, Herta/Speigner, Wulfram, 1978: *Gleichberechtigung der Frau – Aufgaben und ihre Realisierung in der DDR*, in: Kuhrig, Herta/Speigner, Wulfram (Hrsg.), Zur gesellschaftlichen Stellung der Frau in der DDR. Leipzig: Verlag für die Frau, 11-85.
Kunovich, Sheri/Paxton, Pamela, 2005: *Pathways to Power: The Role of Political Parties in Women's National Political Representation*, in: American Journal of Sociology 111 (2), 505-552.
Kunz, Volker/Gabriel, Oskar W., 2000: *Soziale Integration und politische Partizipation. Das Konzept des Sozialkapitals - Ein brauchbarer Ansatz zur Erklärung politischer Partizipation?*, in: Druwe, Ulrich/Kühnel, Steffen/Kunz, Volker (Hrsg.), Kontext, Akteur und strategische Interaktion. Untersuchungen zur Organisation politischen Handelns in modernen Gesellschaften. Opladen: Leske + Budrich, 47-74.
Kunze, Jan-Peter, 2005: *Das Geschlechterverhältnis als Machtprozess: die Machtbalance der Geschlechter in Westdeutschland seit 1945*. Wiesbaden: VS Verlag.
Kurz-Scherf, Ingrid, 1999: *Demokratie und Geschlechterverhältnis*, in: Berg-Schlosser, Dirk/Giegel, Hans-Joachim (Hrsg.), Perspektiven der Demokratie. Probleme und Chancen im Zeitalter der Globalisierung. Frankfurt a.M.: Campus, 217-259.
Kymlicka, Will, 2002: *Contemporary Political Philosophy: An Introduction*. Oxford: Oxford University Press.
Laakso, Markku/Taagepera, Rein, 1979: *„Effective" Number of Parties. A Measure with Applications to West Europe*, in: Comparative Political Studies 12 (1), 3-27.
Lakeman, Enid, 1976: *Electoral Systems and Women in Parliament*, in: The Parliamentarian 57 (3), 159-162.
Lane, Jan-Erik/Ersson, Svante O., 1999: *Politics and Society in Western Europe*. London: SAGE.
Lang, Sabine, 1994: *Politische Öffentlichkeit und Demokratie. Überlegungen zur Verschränkung von Androzentrismus und öffentlicher Teilhabe*, in: Biester, Elke/Holland-Cunz, Barbara/Sauer, Birgit (Hrsg.), Demokratie oder Androkratie?Theorie und Praxis demokratischer Herrschaft in der feministischen Diskussion. Frankfurt a.M.: Campus, 201-226.
Lang, Sabine, 1995: *Öffentlichkeit und Geschlechterverhältnis. Überlegungen zu einer Politologie der öffentlichen Sphäre*, in: Kreisky, Eva/Sauer, Birgit (Hrsg.), Feministische Standpunkte in der Politikwissenschaft. Eine Einführung. Frankfurt a.M.: Campus, 83-121.
Lawless, Jennifer L., 2004: *Politics of Presence? Congresswomen and Symbolic Representation*, in: Political Research Quarterly 57 (1), 81-99.

Lehmann, Karl, 2004: *Katholizismus*, in: Christophersen, Alf/Jordan, Stefan (Hrsg.), Lexikon Theologie. Hundert Grundbegriffe. Stuttgart: Philipp Reclam jun., 170-174.

Lehnert, Matthias/Miller, Bernhard/Wonka, Arndt, 2007: *Na und? Überlegungen zur theoretischen und gesellschaftlichen Relevanz in der Politikwissenschaft*, in: Gschwend, Thomas/Schimmelfennig, Frank (Hrsg.), Forschungsdesign in der Politikwissenschaft. Probleme - Strategien - Anwendungen. Frankfurt a.M.: Campus, 39-60.

Leitner, Sigrid, 2003: *Die Tour de force der Gleichstellung: Zwischensprints mit Hindernissen*, in: Gohr, Antonia/Seeleib-Kaiser, Martin (Hrsg.), Sozial- und Wirtschaftspolitik unter Rot-Grün. Opladen: Westdeutscher Verlag, 249-264.

Lenz, Ilse (Hrsg.), 2008a: *Die neue Frauenbewegung in Deutschland: Abschied vom kleinen Unterschied. Eine Quellensammlung*. Wiesbaden: VS Verlag.

Lenz, Ilse, 2008b: *Frauenbewegungen: Zu den Anliegen und Verlaufsformen von Frauenbewegungen als sozialen Bewegungen*, in: Becker, Ruth/Kortendiek, Beate (Hrsg.), Handbuch Frauen- und Geschlechterforschung. Theorie, Methoden, Empirie. Wiesbaden: VS Verlag, 859-869.

Lijphart, Arend, 1971: *Comparative Politics and the Comparative Method*, in: American Political Science Review 65 (3), 682-693.

Lijphart, Arend, 1975: *The Comparable-Cases Strategy in Comparative Research*, in: Comparative Political Studies 8 (2), 158-177.

Lijphart, Arend, 1991: *Constitutional Choices for New Democracies*, in: Journal of Democracy 2 (1), 72-84.

Lijphart, Arend, 1994: *Democracies: Forms, Performance, and Constitutional Engineering*, in: European Journal of Political Research 25 (1), 1-17.

Lijphart, Arend, 1999: *Patterns of Democracy: Government Forms and Performance in Thirty-Six Countries*. New Haven: Yale University Press.

Lippl, Bodo, 2007: *Sozialkapital und politische Partizipation in Europa*, in: Kölner Zeitschrift für Soziologie und Sozialpsychologie 47 (Sonderheft), 420-449.

Llanque, Marcus, 2007: *Aristoteles, Politika, ca. 335 v. Chr.*, in: Kailitz, Steffen (Hrsg.), Schlüsselwerke der Politikwissenschaft. Wiesbaden: VS Verlag, 12-15.

Locke, John, [1689] 1988: *Two Treatises of Government*. Cambridge: Cambridge University Press.

Lovenduski, Joni, 1993: *Introduction: The Dynamics of Gender and Party*, in: Lovenduski, Joni/Norris, Pippa (Hrsg.), Gender and Party Politics. London: Sage, 1-15.

Luhmann, Niklas, [1972] 2008: *Rechtssoziologie*. Wiesbaden: VS Verlag.

Lukoschat, Helga/Kletzing, Uta/Wenzl, Andrea, 2008: *Engagiert vor Ort: Einstiegswege und Erfahrungen von Kommunalpolitikerinnen. Erste Ergebnisse einer bundesweiten quantitativen und qualitativen Befragung von Frauen in der Kommunalpolitik*. Berlin: Europäische Akademie für Frauen in Politik und Wirtschaft.

Magin, Raphael, 2010a: *Frauen in Kreisparlamenten – zwischen Einzelfall und Normalfall*, in: Freitag, Markus/Vatter, Adrian (Hrsg.), Vergleichende subnationale Analysen für Deutschland. Institutionen, Staatstätigkeiten und politische Kultur. Münster: LIT, 271-314.

Magin, Raphael, 2010b: *Kommunale Wahlsysteme zwischen Konkordanz- und Konkurrenzdemokratie*, in: Freitag, Markus/Vatter, Adrian (Hrsg.), Vergleichende subnationale Analysen für Deutschland. Institutionen, Staatstätigkeiten und politische Kultur. Münster: LIT, 97-130.

Magin, Raphael, 2010c: *Women in German Town Councils. Explaining Patterns of Inequality*, in: Pini, Barbara/McDonald, Paula (Hrsg.), Women Voice and Representation in Local Government. London: Routledge, in Vorbereitung.

Magin, Raphael/Eder, Christina, 2007: *Direkte Demokratie in den Bundesländern: Grundlagen, Institutionen, Anwendungen*, in: Freitag, Markus/Wagschal, Uwe (Hrsg.), Direkte Demokratie. Bestandsaufnahmen und Wirkungen im internationalen Vergleich. Münster: LIT, 151-187.

Magin, Raphael/Eder, Christina, 2008: *Kommunale Selbstverwaltung und Dezentralisierung*, in: Freitag, Markus/Vatter, Adrian (Hrsg.), Die Demokratien der deutschen Bundesländer. Politische Institutionen im Vergleich. Opladen: Barbara Budrich, 195-220.

Magin, Raphael/Freitag, Markus/Vatter, Adrian, 2009: *Cleavage Structures and Voter Alignments within Nations: Explaining Electoral Outcome in Germany's Counties*, in: Zeitschrift für Vergleichende Politikwissenschaft 3 (2), 231-256.

Maier, Jürgen, 2000: *Politikverdrossenheit in der Bundesrepublik Deutschland. Dimensionen, Determinanten, Konsequenzen*. Opladen: Leske + Budrich.

Manin, Bernard, 1997: *The Principles of Representative Government*. Cambridge: Cambridge University Press.

Manow, Philip, 2008: *Wiederwahlwahrscheinlichkeiten im deutschen System der personalisierten Verhältniswahl – eine empirische Untersuchung der 16 Bundestagswahlen, 1949-2005*, in: Zeitschrift für Politikwissenschaft 18 (2), 147-166.

Mansbridge, Jane, 1991: *Democracy, Deliberation, and the Experience of Women*, in: Murchland, Bernard (Hrsg.), Higher Education and the Practice of Democratic Politics: A Political Education Reader. Dayton: Kettering Foundation, 122-135.

Mansbridge, Jane, 1999: *Should Blacks Represent Blacks and Women Represent Women? A Contingent "Yes"*, in: The Journal of Politics 61 (3), 628-657.

Marshall, Monty G./Jaggers, Keith, 2009: *POLITY IV PROJECT: Dataset Users' Manual*. www.systemicpeace.org/inscr/ p4manualv2007.pdf; letzter Zugriff: 15.12.2009.

Marx, Karl, 1965: *Briefe, Januar 1868 bis Mitte Juli 1870. MEW 24*. Berlin: Dietz.

Marx, Karl, [1844] 1956: *Ökonomisch-Philosophische Manuskripte aus dem Jahre 1844. MEW Band 40 (Ergänzungsband 1)*. Berlin: Dietz.

Marx, Karl, [1867] 2005: *Das Kapital. Erster Band. MEW 23*. Berlin: Dietz.

Marx, Karl, [1885] 2003: *Das Kapital. Zweiter Band. MEW 24*. Berlin: Dietz.

Marx, Karl, [1894] 2003: *Das Kapital. Dritter Band. MEW 25*. Berlin: Dietz.

Massicotte, Louis/Blais, André, 1999: *Mixed Electoral Systems: A Conceptual and Empirical Survey*, in: Electoral Studies 18 (3), 341-366.

Mateo Diaz, Mercedes, 2005: *Representing Women? Female Legislators in West European Parliaments*. Oxford: ECPR Press.

Matland, Richard M., 1998: *Women's Representation in National Legislatures: Developed and Developing Countries*, in: Legislative Studies Quarterly 23 (1), 109-125.

Matland, Richard M./Brown, Doborah Dwight, 1992: *District Magnitude's Effect on Female Representation in U.S. State Legislatures*, in: Legislative Studies Quarterly 17 (4), 469-492.

Matland, Richard M./Montgomery, Kathleen A., 2003: *Recruiting Women to National Legislatures: A General Framework with Applications to Post-Communist Democracies*, in: Matland, Richard M./Montgomery, Kathleen A. (Hrsg.), Women's Access to Political Power in Postcommunist Europe. Oxford: Oxford University Press, 19-42.

Matland, Richard M./Studlar, Donley T., 1996: *The Contagion of Women Candidates in Single-Member District and Proportional Representation Electoral Systems: Canada and Norway*, in: The Journal of Politics 58 (3), 707-733.

Matland, Richard M./Studlar, Donley T., 2004: *Determinants of Legislative Turnover: A Cross-National Analysis*, in: British Journal of Political Science 34 (1), 87-108.

McKay, Joanna, 2004: *Women in German Politics: Still Jobs for the Boys?*, in: German Politics 13 (1), 56-80.

McKay, Joanna, 2007: *Women MPs and the Socio-Environmental Preconditions for Political Participation in the Federal Republic*, in: German Politics 16 (3), 379-390.

Mendelberg, Tali/Karpowitz, Christopher, 2007: *How People Deliberate About Justice: Groups, Gender, and Decision Rules*, in: Rosenberg, Shawn W. (Hrsg.), Deliberation, Participation and Democracy. Can the People Govern? Houndmills: Palgrave Macmillan, 101-129.

Merkel, Wolfgang, 2010: *Systemtransformation. Eine Einführung in die Theorie und Empirie der Transformationsforschung*. Wiesbaden: VS Verlag.
Merton, Robert K., 1968: *Social Theory and Social Structure*. New York: The Free Press.
Mesmer, Beatrix, 2007: *Staatsbürgerinnen ohne Stimmrecht. Die Politik der schweizerischen Frauenverbände 1914-1971*. Zürich: Chronos.
Meyer, Birgit, 1997: *Frauen im Männerbund. Politikerinnen in Führungspositionen von der Nachkriegszeit bis heute*. Frankfurt a.M.: Campus.
Meyer, Birgit, 2000: *Frauen in der Politik und Wirtschaft der Bundesrepublik*, in: Schulz, Günther (Hrsg.), Frauen auf dem Weg zur Elite. München: Oldenbourg, 189-204.
Meyer, Birgit, 2003: *Much Ado about Nothing? Political Representation Policies and the Influence of Women Parliamentarians in Germany*, in: Review of Policy Research 20 (3), 401-421.
Meyer, Hans, 2007: *Kommunalwahlrecht*, in: Mann, Thomas/Püttner, Günter (Hrsg.), Handbuch der kommunalen Wissenschaft und Praxis. Berlin: Springer, 391-457.
Meyer, Ursula I., 1999: *Das Bild der Frau in der Philosophie*. Aachen: ein-FACH-Verlag.
Mielke, Gerd/Eith, Ulrich, 1994: *Honoratioren oder Parteisoldaten? Eine Untersuchung der Gemeinderatskandidaten bei der Kommunalwahl 1989 in Freiburg*. Bochum: Brockmeyer.
Mill, James, [1820] 1992: *Political Writings*. Cambridge: Cambridge University Press.
Mill, John Stuart, [1859] 1977: *On Liberty*, in: Robson, John M. (Hrsg.), Collected Works of John Stuart Mill. Volume XVIII. Essays on Politics and Society. Toronto: University of Toronto Press, 213-310.
Mill, John Stuart, [1861] 1977: *Considerations on Representative Government*, in: Robson, John M. (Hrsg.), Collected Works of John Stuart Mill. Volume XIX. Essays on Politics and Society. Toronto: University of Toronto Press, 371-577.
Mill, John Stuart, [1869] 1984: *The Subjection of Women*, in: Robson, John M. (Hrsg.), Collected Works of John Stuart Mill. Volume XXI. Essays on Equality, Law, and Education. Toronto: University of Toronto Press, 259-340.
Montesquieu, Charles-Louis de Secondat, Baron de, [1748] 1951a: *Vom Geist der Gesetze. Erster Band*. Tübingen: Laupp.
Montesquieu, Charles-Louis de Secondat, Baron de, [1748] 1951b: *Vom Geist der Gesetze. Zweiter Band*. Tübingen: Laupp.
Montgomery, Kathleen A., 2003: *Introduction*, in: Matland, Richard M./Montgomery, Kathleen A. (Hrsg.), Women's Access to Political Power in Postcommunist Europe. Oxford: Oxford University Press, 1-18.

Morgan, Kimberly J., 2009: *The Religious Foundations of Work-Family Policies in Western Europe*, in: van Kersbergen, Kees/Manow, Philip (Hrsg.), Religion, Class Coalitions, and Welfare States. Cambridge: Cambridge University Press, 56-90.

Mossuz-Lavau, Janine, 1991: *Frauen und Männer im Europa der Gegenwart. Ihre Einstellungen zu Europa und zur Politik. Frauen Europas, Sonderheft Nr. 35*. Brüssel: Kommission der Europäischen Gemeinschaften.

Naßmacher, Karl-Heinz, 2002: *Parteienfinanzierung in Deutschland*, in: Gabriel, Oscar W./Niedermayer, Oskar/Stöss, Richard (Hrsg.), Parteiendemokratie in Deutschland. Wiesbaden: Westdeutscher Verlag,

Nave-Herz, Rosemarie, 1994: *Die Geschichte der Frauenbewegung in Deutschland*. Opladen: Leske + Budrich.

Nicholson, Linda J., 1986: *Gender and History. The Limits of Social Theory in the Age of the Family*. New York: Columbia University Press.

Nickel, Hildegard Maria, 1998: *Women and Women's Policies in East and West Germany, 1945-1990*, in: Kolinsky, Eva (Hrsg.), Social Transformation and the Family in Post-Communist Germany. Houndmills: Macmillan, 23-35.

Niedermayer, Oskar, 2009: *Parteimitglieder in Deutschland: Version 1/2009. Arbeitshefte aus dem Otto-Stammer-Zentrum, Nr. 15*. Berlin: Freie Universität Berlin.

Niggemann, Heinz, 1981: *Frauenemanzipation und Sozialdemokratie*. Frankfurt a.M.: Fischer.

Nohlen, Dieter, 2009: *Wahlrecht und Parteiensystem. Zur Theorie und Empirie der Wahlsysteme*. Opladen: Barbara Budrich.

Norris, Pippa, 1985: *Women's Legislative Participation in Western Europe*, in: West European Politics 8 (4), 90-101.

Norris, Pippa, 1993: *Conclusion: Comparing Legislative Recruitment*, in: Lovenduski, Joni/Norris, Pippa (Hrsg.), Gender and Party Politics. London: Sage, 309-330.

Norris, Pippa, 1997: *Conclusion: Comparing Passages to Power*, in: Norris, Pippa (Hrsg.), Passages to Power. Legislative Recruitment in Advanced Democracies. Cambridge: Cambridge University Press, 209-253.

Norris, Pippa, 2004: *Electoral Engineering*. Cambridge: Cambridge University Press.

Norris, Pippa, 2006: *The Impact of Electoral Reform on Women's Representation*, in: Acta Politica 41 (2), 197-213.

Norris, Pippa/Lovenduski, Joni, 1993: *"If Only More Candidates Came Forward": Supply-Side Explanations of Candidate Selection in Britain*, in: British Journal of Political Science 23 (3), 373-408.

Norris, Pippa/Lovenduski, Joni, 1995: *Political Recruitment. Gender, Race and Class in the British Parliament*. Cambridge: Cambridge University Press.

Nussbaum, Martha C., 2002: *Rawls and Feminism*, in: Freeman, Samuel (Hrsg.), The Cambridge Companion to Rawls. Cambridge: Cambridge University Press, 488-520.
Nusser, Karl-Heinz, 2007: *Du Contrat Social ou Principes du Droit Politique*, in: Stammen, Theo/Riescher, Gisela/Hofmann, Wilhelm (Hrsg.), Hauptwerke der politischen Theorie. Stuttgart: Kröner, 457-462.
OECD, 2010: *OECD Factbook 2010: Economic, Environmental and Social Statistics*. Paris: OECD.
Ohlendieck, Lutz, 2003: *Die Anatomie des Glashauses: Ein Beitrag zum Verständnis des Glass-Ceiling-Phänomens*, in: Pasero, Ursula (Hrsg.), Gender – from Costs to Benefits. Opladen: Westdeutscher Verlag, 183-193.
Okin, Susan Moller, 1977: *Philosopher Queens and Private Wives: Plato on Women and the Family*, in: Philosophy and Public Affairs 6 (4), 345-369.
Okin, Susan Moller, 1979: *Women in Western Political Thought*. Princeton: Princeton University Press.
Okin, Susan Moller, 1989: *Justice, Gender, and the Family*. New York: Basic Books.
Orwell, George, [1945] 1987: *Animal Farm*. Penguin: London.
Ott, Yvonne, 1994: *Der Parlamentscharakter der Gemeindevertretung. Eine rechtsvergleichende Untersuchung der Qualität staatlicher und gemeindlicher Vertretungskörperschaften*. Baden-Baden: Nomos.
Palmer, Barbara/Simon, Dennis M., 2008: *Breaking the Political Glass Ceiling. Women and Congressional Elections*. New York: Routledge.
Parsons, Talcott/Shils, Edward A./Allport, Gordon W./Kluckhohn, Clyde/Murray, Henry A./Sears, Robert R./Sheldon, Richard C./Stouffer, Samuel A./Tolman, Edward C., 1951: *Some Fundamental Categories of the Theory of Action: A General Statement*, in: Parsons, Talcott/Shils, Edward A. (Hrsg.), Toward a General Theory of Action. Theoretical Foundations for the Social Sciences. New York: Harper & Row, 3-29.
Pateman, Carole, 1988: *The Sexual Contract*. Cambridge: Polity Press.
Pateman, Carole, 1989: *The Disorder of Women. Democracy, Feminism and Political Theory*. Cambridge: Polity Press.
Pateman, Carole, 1992: *Equality, Difference, Subordination: The Politics of Motherhood and Women's Citizenship*, in: Bock, Gisela/James, Susan (Hrsg.), Beyond Equality and Difference: Citizenship, Feminist Politics and Female Subjectivity. London: Routledge, 17-32.
Paxton, Pamela, 1997: *Women in National Legislatures: A Cross-National Analysis*, in: Social Science Research 26 (4), 442-464.
Paxton, Pamela/Hughes, Melanie M., 2007: *Women, Politics, and Power: A Global Perspective*. Los Angeles: Pine Forge.

Paxton, Pamela/Hughes, Melanie M./Green, Jennifer L., 2006: *The International Women's Movement and Women's Political Representation, 1893-2003*, in: American Sociological Review 71 (6), 898-920.

Paxton, Pamela/Hughes, Melanie M./Painter, Matthew A., 2009: *Growth in Women's Political Representation: A Longitudinal Exploration of Democracy, Electoral System and Gender Quotas*, in: European Journal of Political Research: early view.

Paxton, Pamela/Kunovich, Sheri, 2003: *Women's Political Representation: The Importance of Ideology*, in: Social Forces 82 (1), 87-114.

Penny, Kay I., 1996: *Appropriate Critical Values When Testing for a Single Multivariate Outlier by Using the Mahalanobis Distance*, in: Applied Statistics 45 (1), 73-81.

Peters, B. Guy/Pierre, Jon/King, Desmond S., 2005: *The Politics of Path Dependency: Political Conflict in Historical Institutionalism*, in: The Journal of Politics 67 (4), 1275-1300.

Peters, Guy B., 2005: *Institutional Theory in Political Science. The 'New Institutionalism'*. London: Contiuum.

Pfau-Effinger, Birgit, 1998: *Gender Cultures and the Gender Arrangement. A Theoretical Framework for Cross-National Gender Research*, in: The European Journal of Social Sciences 11 (2), 147-166.

Pfetsch, Frank R., 2003: *Theoretiker der Politik*. Paderborn: Fink.

Phillips, Anne, 1993: *Democracy and Difference*. Cambridge: Polity Press.

Phillips, Anne, 1995: *The Politics of Presence*. Oxford: Clarendon Press.

Pierson, Paul, 2000: *Increasing Returns, Path Dependence, and the Study of Politics*, in: American Political Science Review 94 (2), 251-267.

Pikkala, Sari, 1997: *Kvinnor i kommunfullmäktige. Kvinnorepresentation och dess variationer i kommunerna*, in: Helander, Voitto/Sandberg, Siv (Hrsg.), Festskrift till Krister Ståhlberg. Åbo: Åbo Akademis Förlag, 347-362.

Pikkala, Sari, 2000: Representation of Women in Finnish Local Government: Effects of the 1995 Gender Quota Legislation.

Pitkin, Hanna F., 1967: *The Concept of Representation*. Berkeley: University of California Press.

Planert, Ute, 1998: *Antifeminismus im Kaiserreich*. Göttingen: Vandenhoeck & Ruprecht.

Platon, 1989: *Der Staat*. Hamburg: Meiner.

Plümper, Thomas/Troeger, Vera E., 2007: *Efficient Estimation of Time-Invariant and Rarely Changing Variables in Finite Sample Panel Analyses with Unit Fixed Effects*, in: Political Analysis 15 (2), 124-139.

Plümper, Thomas/Troeger, Vera E., 2009: *Fortschritte in der Paneldatenanalyse: Alternativen zum de facto Beck-Katz-Standard* in: Pickel, Susanne/Pickel, Gert/Lauth, Hans-Joachim/Jahn, Detlef (Hrsg.), Methoden der vergleichenden Politik- und Sozialwissenschaft. Neue Entwicklungen und Anwendungen Wiesbaden: VS Verlag, 263-276.

Popper, Karl R., 1965: *Conjectures and Refutations. The Growth of Scientific Knowledge*. London: Routledge.
Powell, Lynda Watts/Brown, Clifford W./Hedges, Roman B., 1981: *Male and Female Differences in Elite Political Participation: An Examination of the Effects of Socioeconomic and Familial Variables*, in: Western Political Quarterly 34 (1), 31-45.
Praetorius, Ina, 1993: *Anthropologie und Frauenbild in der deutschsprachigen protestantischen Ethik seit 1949*. Gütersloh: Gütersloher Verlagshaus.
Preuss-Lausitz, Ulf, 200 : Vorraussetzungen einer Jungengerechten Schule, in: Matzner, Michael/ Tischner, Wolfgang (Hrsg.), Handbuch Jungen-Pädagogik. Weinheim: Beltz, 122-135.
Putnam, Robert D., 2000: *Bowling Alone: The Collapse and Revival of American Community*. New York: Simon & Schuster.
Putnam, Robert D./Leonardi, Robert/Nanetti, Raffaella, 1993: *Making Democracy Work. Civic Traditions in Modern Italy*. Princeton: Princeton University Press.
Raming, Ida, 1973: *Der Ausschluss der Frau vom priesterlichen Amt. Gottesgewollte Tradition oder Diskriminierung?* Köln: Böhlau.
Raming, Ida, 1989: *Frauenbewegung und Kirche. Bilanz eines 25jährigen Kampfes für Gleichberechtigung und Befreiung der Frau seit dem 2. Vatikanischen Konzil*. Weinheim: Deutscher Studien Verlag.
Rawls, John, 1971: *A Theory of Justice*. Cambridge: Belknap Press.
Rawls, John, 2001: *Justice as Fairness. A Restatement*. Cambridge: Harvard University Press.
Reingold, Beth, 2006: Women as Office Holders: Linking Descriptive and Substantive Representation.
Reiser, Marion, 2006: *Zwischen Ehrenamt und Berufspolitik. Professionalisierung der Kommunalpolitik in deutschen Großstädten*. Wiesbaden: VS Verlag.
Reuter, Konrad, 1991: *Praxishandbuch Bundesrat. Verfassungsrechtliche Grundlagen, Kommentar zur Geschäftsordnung, Praxis des Bundesrates*. Heidelberg: C.F. Müller.
Reynolds, Andrew, 1999: *Women in the Legislatures and Executives of the World. Knocking at the Highest Glass Ceiling*, in: World Politics 51 (4), 547-572.
Riedel-Spangenberger, Ilona, 1989: *Zwischen Rechtsschutz und Diskriminierung? Kanonistische Aspekte der Rechtsstellung der Frau in der Kirche*, in: Schneider, Theodor (Hrsg.), Mann und Frau - Grundproblem theologischer Anthropologie. Freiburg: Herder, 124-141.
Roberts, Geoffrey K., 1988: *The German Federal Republic: The Two-Lane Route to Bonn*, in: Gallagher, Michael/Marsh, Michael (Hrsg.), Candidate Selection in Comparative Perspective. The Secret Garden of Politics. London: Sage, 94-118.

Roberts, Geoffrey K., 1999: *Consequences of Candidate Selection under the AMS Electoral System: The Case of Germany.* Konferenzbeitrag: ECPR Joint Sessions. Mannheim.

Robinson, William S., 1950: *Ecological Correlations and the Behavior of Individuals*, in: American Sociological Review 15 (2), 351-357.

Rosenberg, Dorothy J., 1996: *Distant Relations: Class, "Race," and National Origin in the German Women's Movement*, in: Women's Studies International Forum 19 (1-2), 145-154.

Rosenbusch, Ute, 1998: *Der Weg zum Frauenwahlrecht in Deutschland.* Baden-Baden: Nomos.

Rothstein, Bo, 1992: *Labour Market Institutions and Working-Class Strenth*, in: Steinmo, Sven/Thelen, Kathleen /Longstreth, Frank (Hrsg.), Structuring Politics. Historical Institutionalism in Comparative Analysis. . Cambridge: Cambridge University Press, 33-56.

Rousseau, Jean-Jacques, [1762] 1971: *Emil oder über die Erziehung.* Paderborn: Schöningh.

Rousseau, Jean-Jacques, [1762] 1977: *Politische Schriften Band 1.* Paderborn: Schöningh.

Rudzio, Wolfgang, 2000: *Das politische System der Bundesrepublik Deutschland.* Opladen: Leske + Budrich.

Rueschemeyer, Dietrich, 2006: *Why and How Ideas Matter*, in: Goodin, Robert E./Tilly, Charles (Hrsg.), The Oxford Handbook of Contextual Political Analysis. Oxford: Oxford University Press, 227-251.

Rueschemeyer, Marilyn, 1998: *Difficulties and Opportunities in the Transition Period. Concluding Remarks*, in: Rueschemeyer, Marilyn (Hrsg.), Women in the Politics of Postcommunist Eastern Europe. Armonk: Sharpe, 285-297.

Rule, Wilma, 1987: *Electoral Systems, Contextual Factors and Women's Opportunity for Election to Parliament in Twenty-Three Democracies*, in: The Western Political Quarterly 40 (3), 477-498.

Rule, Wilma, 1994a: *Parliaments of, by, and for the People: Except for Women?*, in: Rule, Wilma/Zimmerman, Joseph F. (Hrsg.), Electoral Systems in Comparative Perspective. Their Impact on Women and Minorities. Westport: Greenwood Press, 15-30.

Rule, Wilma, 1994b: *Women's Underrepresentation and Electoral Systems*, in: Political Science and Politics 27 (4), 689-692.

Russell, Meg/O'Cinneide, Colm, 2003: *Positive Action to Promote Women in Politics: Some European Comparisons*, in: International and Comparative Law Quarterly 52 (3), 587-614.

Sachs, Michael, 2003: *Verfassungsrecht II: Grundrechte.* Berlin: Springer.

Sack, Birgit, 1998: *Zwischen religiöser Bindung und moderner Gesellschaft. Katholische Frauenbewegung und politische Kultur in der Weimarer Republik (1918/19 – 1933).* Münster: Waxmann.

Salmond, Rob, 2006: *Proportional Representation and Female Parliamentarians*, in: Social Science Quarterly 87 (3), 519-539.
Sammet, Kornelia, 1998: *Beruf: Pfarrerin. Eine empirische Untersuchung zu Berufsbild und Berufspraxis von Pfarrerinnen in der Evangelischen Kirche in Berlin-Brandenburg*. Berlin: Berlin-Verlag.
Sanbonmatsu, Kira, 2002: *Political Parties and the Recruitment of Women to State Legislatures*, in: The Journal of Politics 64 (3), 791-809.
Sapiro, Virginia, 1981: *Research Frontier Essay: When Are Interests Interesting? The Problem of Political Representation of Women*, in: American Political Science Review 75 (3), 701-716.
Sartori, Giovanni, 1970: *Concept Misformation in Comparative Politics*, in: American Political Science Review 64 (4), 1033-1053.
Sartori, Giovanni, 1992: *Demokratietheorie*. Darmstadt: Wissenschaftliche Buchgesellschaft
Sauer, Birgit, 1997: *"Die Magd der Industriegesellschaft". Anmerkungen zur Geschlechtsblindheit von Staatstheorien*, in: Kerchner, Brigitte/Wilde, Gabriele (Hrsg.), Staat und Privatheit. Aktuelle Studien zu einem schwierigen Verhältnis. Opladen: Leske + Budrich, 29-53.
Sawer, Marian, 2000: *Parliamentary Representation of Women: From Discourses of Justice to Strategies of Accountability*, in: International Political Science Review 21 (4), 361-380.
Saxonhouse, Arlene W., 1985: *Women in the History of Political Thought. Ancient Greece to Machiavelli*. New York: Praeger.
Schenk, Christina/Schindler, Christiane, 1995: *Frauenbewegung in Ostdeutschland - Innenansichten*, in: Maleck-Lewy, Eva/Penrose, Virginia (Hrsg.), Gefährtinnen der Macht. Politische Partizipation von Frauen im vereinigten Deutschland - eine Zwischenbilanz. Berlin: Edition Sigma, 183-201.
Schindler, Peter, 1999: *Datenhandbuch zur Geschichte des Deutschen Bundestages 1949 bis 1949*. Baden-Baden: Nomos.
Schlozman, Kay Lehman/Burns, Nancy/Verba, Sidney, 1994: *Gender and the Pathways to Participation: The Role of Resources*, in: The Journal of Politics 56 (4), 963-990.
Schlozman, Kay Lehman/Burns, Nancy/Verba, Sidney, 1999: *"What Happened at Work Today?": A Multistage Model of Gender, Employment, and Political Participation*, in: The Journal of Politics 61 (1), 29-53.
Schmidt, Gregory D./Saunders, Kyle L., 2004: *Effective Quotas, Relative Party Magnitude, and the Success of Female Candidates: Peruvian Municipal Elections in Comparative Perspective*, in: Comparative Political Studies 37 (6), 704-734.
Schmidt, Manfred G., 1995: *Wörterbuch zur Politik*. Stuttgart: Kröner.
Schmidt, Manfred G., 2008: *Demokratietheorien. Eine Einführung*. Wiesbaden: VS Verlag.

Schnell, Rainer, 1994: *Graphisch gestützte Datenanalyse*. München: Oldenbourg.

Schnieder, Frank, 1998: *Von der sozialen Bewegung zur Institution? Die Entstehung der Partei Die Grünen in den Jahren 1978 bis 1980: Argumente, Entwicklungen und Strategien am Beispiel Bonn/Hannover/Osnabrück*. LIT.

Schniewind, Aline, 2008: *Parteiensysteme*, in: Freitag, Markus/Vatter, Adrian (Hrsg.), Die Demokratien der deutschen Bundesländer. Politische Institutionen im Vergleich. Opladen: Barbara Budrich, 63-109.

Schniewind, Aline, 2010: *Kommunale Parteiensysteme zwischen Mehrheits- und Verhandlungsdemokratie. Ein Vergleich der Kreise und kreisfreien Städte Deutschlands*, in: Freitag, Markus/Vatter, Adrian (Hrsg.), Vergleichende subnationale Analysen für Deutschland. Institutionen, Staatstätigkeiten und politische Kultur. Münster: LIT, 131-176.

Schöler-Macher, Bärbel, 1994: *Die Fremdheit der Politik. Erfahrungen von Frauen in Parteien und Parlamenten*. Weinheim: Deutscher Studien Verlag.

Scholz, Anja, 2004: *Oberbürgermeisterinnen in Deutschland. Zum Erfolg weiblicher Führungspersönlichkeiten*. Wiesbaden: Deutscher Universitäts-Verlag.

Schulz, Kristina, 2002: *Der lange Atem der Provokation. Die Frauenbewegung in der Bundesrepublik und in Frankreich, 1968-1976*. Frankfurt a.M.: Campus.

Schumpeter, Joseph Alois, [1943] 1976: *Capitalism, Socialism, and Democracy*. London: Allen and Unwin.

Schwaabe, Christian, 2007a: *Politische Theorie 1. Von Platon bis Locke*. Paderborn: Fink.

Schwaabe, Christian, 2007b: *Politische Theorie 2. Von Rousseau bis Rawls*. Paderborn: Fink.

Schwindt-Bayer, Leslie A., 2005: *The Incumbency Disadvantage and Women's Election to Legislative Office*, in: Electoral Studies 24 (2), 227-244.

Schwindt-Bayer, Leslie A./Mishler, William, 2005: *An Integrated Model of Women's Representation*, in: The Journal of Politics 67 (2), 407-428.

Seippel, Ørnulf, 2008: *Sports in Civil Society: Networks, Social Capital and Influence*, in: European Sociological Review 24 (1), 69-80.

Sellers, Jefferey M., 2005: *Re-Placing the Nation: An Agenda for Comparative Urban Politics*, in: Urban Affairs Review 40 (4), 419-445.

Senf, Bernd, 2001: *Die blinden Flecken der Ökonomie. Wirtschaftstheorien in der Krise*. München: dtv.

Shanley, Mary Lyndon/Pateman, Carole, 1991: *Introduction*, in: Shanley, Mary Lyndon/Pateman, Carole (Hrsg.), Feminist Interpretations and Political Theory. Cambridge: Polity Press, 1-10.

Shklar, Judith, 1991: *The Liberalism of Fear*, in: Rosenblum, Nancy (Hrsg.), Another Liberalism: Romanticism and the Reconstruction of Liberal Thought. Cambridge: Harvard University Press, 21-38.
Shugart, Matthew S./Wattenberg, Martin P., 2001: *Mixed-Member Electoral Systems: A Definition and Typology*, in: Shugart, Matthew S./Wattenberg, Martin P. (Hrsg.), Mixed-Member Electoral Systems. The Best of Both Worlds? Oxford: Oxford University Press, 9-24.
Siaroff, Alan, 2000: *Women's Representation in Legislatures and Cabinets in Industrial Democracies*, in: International Political Science Review 21 (2), 197-215.
Sineau, Mariette 2005: *The French Experience: Institutionalizing Parity*, in: Ballington, Julie/Karam, Azza (Hrsg.), Women in Parliament: Beyond Numbers. A Revised Edition. Stockholm: International IDEA, 122-131.
Sinkkonen, Sirkka, 1985: *Women in Local Politics*, in: Haavio-Mannila, Elina (Hrsg.), Unfinished Democracy. Women in Nordic Politics. Oxford: Pergamon Press, 81-105.
Snyder, Richard, 2001: *Scaling Down: The Subnational Comparative Method*, in: Studies in Comparative International Development 36 (1), 93-110.
Squires, Judith, 1999: *Gender in Political Theory*. Cambridge: Polity Press.
Squires, Judith, 2007: *The New Politics of Gender Equality*. Houndmills: Palgrave Macmillan.
Stadelmann-Steffen, Isabelle, 2007: *Policies, Frauen und der Arbeitsmarkt. Die Frauenerwerbstätigkeit im internationalen und interkantonalen Vergleich*. Münster: LIT.
Stadelmann-Steffen, Isabelle, 2008: *Women, Labour, and Public Policy: Female Labour Market Integration in OECD Countries. A Comparative Perspective*, in: Journal of Social Policy 37 (3), 383-408.
Starkey, Pat, 2006: *Women Religious and Religious Women*, in: Simonton, Deborah (Hrsg.), The Routledge History of Women in Europe Since 1700. London: Routledge, 177-215.
Statistische Ämter des Bundes und der Länder, 2008: *Statistik Regional. Daten für die Kreise und kreisfreien Städte Deutschlands*. Statistische Ämter des Bundes und der Länder: Daten-DVD.
Statistisches Bundesamt, 2008: *Statistisches Jahrbuch 2008*. Wiesbaden: Statistisches Bundesamt.
Steiner, Helmut, 2000: *Frauen in der Politik und Wirtschaft der DDR*, in: Schulz, Günther (Hrsg.), Frauen auf dem Weg zur Elite. München: Oldenbourg, 139-167.
Stokes, Wendy, 2005: *Women in Contemporary Politics*. Cambridge: Polity Press.
Studlar, Donley T./Matland, Richard M., 1996: *The Dynamics of Women's Representation in the Canadian Provinces: 1975-1994*, in: Canadian Journal of Political Science 29 (2), 269-293.

Studlar, Donley T./McAllister, Ian, 2002: *Does a Critical Mass Exist? A Comparative Analysis of Legislative Representation Since 1950*, in: European Journal of Political Research 41 (2), 233-253.
Taagepera, Rein, 1994: *Beating the Law of Minority Attrition*, in: Rule, Wilma/Zimmerman, Joseph F. (Hrsg.), Electoral Systems in Comparative Perspective. Their Impact on Women and Minorities. Westport: Greenwood Press, 235-245.
Tabachnick, Barbara G./Fidell, Linda S., 2001: *Using Multivariate Statistics*. Boston: Allyn and Bacon.
Teissier, Cécile, 2002: *Gesetzliche Verwirklichung der Geschlechterparität bei französischen Wahlmandaten - Erste Anwendungserfahrungen*, in: Zeitschrift für Parlamentsfragen 33 (1), 115-124.
Thelen, Kathleen, 1999: *Historical Institutionalism in Comparative Politics*, in: Annual Review of Political Science 2 (1), 369-404.
Thelen, Kathleen/Steinmo, S., 1992: *Historical Institutionalism in Comparative Analysis*, in: Steinmo, Sven/Thelen, Kathleen /Longstreth, Frank (Hrsg.), Structuring Politics. Historical Institutionalism in Comparative Analysis. . Cambridge: Cambridge University Press, 1-32.
Thomas, Rüdiger, 1999: *DDR: Politisches System*, in: Weidenfeld, Werner/Korte, Karl-Rudolf (Hrsg.), Handbuch zur deutschen Einheit. 1949-1989-1999. Bonn: Bundeszentrale für politische Bildung, 176-192.
Thomas, Sue, 1991: *The Impact of Women on State Legislative Policies*, in: The Journal of Politics 53 (4), 958-976.
Thomas, Sue, 1994: *How Women Legislate*. Oxford: Oxford University Press.
Tocqueville, Alexis de, 1835/1840 [1976]: *Über die Demokratie in Amerika*. München: Deutscher Taschenbuch Verlag.
Togeby, Lise, 1994: *Political Implications of Increasing Numbers of Women in the Labor Force*, in: Comparative Political Studies 27 (2), 211-240.
Trefs, Matthias, 2008: *Die Wahlsysteme der Länder*, in: Hildebrandt, Achim/Wolf, Frieder (Hrsg.), Die Politik der Bundesländer. Staatstätigkeit im Vergleich. Wiesbaden: VS Verlag, 331-344.
Tripp, Aili Mari/Kang, Alice, 2008: *The Global Impact of Quotas: On the Fast Track to Increased Female Legislative Representation*, in: Comparative Political Studies 41 (3), 338-361.
Troeltsch, Ernst, [1912] 1994: *Die Soziallehren der christlichen Kirchen und Gruppen 2*. Tübingen: J.C.B. Mohr.
van Deth, Jan W./Scarbrough, Elinor, 1995: *The Concept of Values*, in: van Deth, Jan W./Scarbrough, Elinor (Hrsg.), The Impact of Values. Oxford: Oxford University Press, 21-47.
Vanhanen, Tatù, 2003: *Democratization: A Comparative Analysis of 170 Countries*. London: Routledge.

Vatter, Adrian, 1998: *Politische Fragmentierung in den Schweizer Kantonen. Folge sozialer Heterogenität oder institutioneller Hürden?*, in: Kölner Zeitschrift für Soziologie und Sozialpsychologie 50 (4), 666-684.

Vatter, Adrian, 2002: *Kantonale Demokratien im Vergleich. Entstehungsgründe, Interaktionen und Wirkungen politischer Institutionen in den Schweizer Kantonen.* Opladen: Leske + Budrich.

Vatter, Adrian, 2005: *Bicameralism and Policy Performance: The Effects of Cameral Structure in Comparative Perspective*, in: Journal of Legislative Studies 11 (2), 194-215.

Vatter, Adrian, 2009: *Lijphart Expanded: Three Dimensions of Democracy in Advanced OECD Countries?*, in: European Political Science Review 1 (1), 125-154.

Vatter, Adrian/Bernauer, Julian, 2009: *The Missing Dimension of Democracy: Institutional Patterns in 25 EU Member States between 1997 and 2006* in: European Union Politics 10 (3), 335-359.

Vatter, Adrian/Freitag, Markus, 2002: *Die Janusköpfigkeit von Verhandlungsdemokratien. Zur Wirkung von Konkordanz, direkter Demokratie und dezentralen Entscheidungsstrukturen auf den öffentlichen Sektor der Schweizer Kantone*, in: Swiss Political Science Review 8 (2), 53-80.

Vega, Arturo/Firestone, Juanita M., 1995: *The Effects of Gender on Congressional Behaviour and the Substantive Representation of Women*, in: Legislative Studies Quarterly 20 (2), 213-222.

Vengroff, Richard/Creevey, Lucy/Krisch, Henry, 2001: *Electoral System Effects on Gender Representation: The Case of Mixed Systems*, in: Japanese Journal of Political Science 1 (02), 197-227.

Vengroff, Richard/Nyiri, Zsolt/Fugiero, Melissa, 2003: *Electoral System and Gender Representation in Sub-National Legislatures: Is there a National—Sub-National Gender Gap?*, in: Political Research Quarterly 56 (2), 163-173.

Verba, Sidney/Nie, Norman, 1972: *Participation in America. Political Democracy and Social Equality.* New York: Harper & Row.

Verba, Sidney/Nie, Norman H./Kim, Jae-On, 1978: *Participation and Political Equality. A Seven-Nation Comparison.* Cambridge: Cambridge University Press.

Verba, Sidney/Schlozman, Kay Lehman/Brady, Henry E., 1995: *Voice and Equality. Civic Volontarism in American Politics.* Cambridge: Harvard University Press.

Vester, Michael, 2001: *Milieus und soziale Gerechtigkeit*, in: Korte, Karl-Rudolf/Weidenfeld, Werner (Hrsg.), Deutschland-TrendBuch. Wiesbaden: VS Verlag, 136-183.

Voegeli, Yvonne, 1997: *Zwischen Hausrat und Rathaus, Auseinandersetzungen um die politische Gleichberechtigung der Frauen in der Schweiz 1945-1971.* Zürich: Chronos.

Voegeli, Yvonne, 2005: *Frauenstimmrecht*, in: Jorio, Marco (Hrsg.), Historisches Lexikon der Schweiz (HLS), Band 4, Dudan-Frowin. Basel: Schwabe, 705-706.

von Beyme, Klaus, 1991: *Theorie der Politik im 20. Jahrhundert. Von der Moderne zur Postmoderne*. Frankfurt a.M.: Suhrkamp.

von der Heide, Hans-Jürgen, 1999: *Stellung und Funktion der Kreise*, in: Wollmann, Hellmuth (Hrsg.), Kommunalpolitik. Politisches Handeln in den Gemeinden. Opladen: Leske + Budrich, 123-132.

von Nieding, Bernd, 1994: *Politische Wahlen und Frauenquote. Eine Betrachtung zur verfassungsrechtlichen Zulässigkeit von geschlechtsbezogenen Förderungs-maßnahmen in der Politik*, in: Neue Zeitschrift für Verwaltungsrecht 13 (12), 1171-1176.

von Wahl, Angelika, 2006: *Gender Equality in Germany: Comparing Policy Change Across Domains*, in: West European Politics 29 (3), 461-488.

Wagner-Kern, Michael, 2002: *Staat und Namensänderung. Die öffentlich-rechtliche Namensänderung in Deutschland im 19. und 20. Jahrhundert*. Tübingen: Mohr Siebeck.

Wagschal, Uwe, 1999: *Statistik für Politikwissenschaftler*. München: Oldenbourg.

Walter, Melanie, 1997: *Stuttgarter Ratsmitglieder: Sozialprofil, politische Einstellungen und kommunale Aufgaben*, in: Gabriel, Oscar W./Brettschneider, Frank/Vetter, Angelika (Hrsg.), Politische Kultur und Wahlverhalten in einer Großstadt. Opladen: Westdeutscher Verlag, 229-247.

Wängnerud, Lena, 2000: *Testing the Politics of Presence: Women's Representation in the Swedish Riksdag*, in: Scandinavian Political Studies 23 (1), 67-91.

Wängnerud, Lena, 2009: *Women in Parliaments: Descriptive and Substantive Representation*, in: Annual Review of Political Science 12, 51-69.

Waschkuhn, Arno, 1998: *Demokratietheorien. Politiktheoretische und ideengeschichtliche Grundzüge*. München: Oldenbourg.

Weber, Marianne, 1907: *Ehefrau und Mutter in der Rechtsentwicklung. Eine Einführung*. Tübingen: J.C.B. Mohr.

Wehling, Hans-Georg, 1994: *Gemeinderat - Das Ansehen des Bewerbers entscheidet*, in: Die Gemeinde 117 (16), 565-568.

Wehling, Hans-Georg, 2000: *Frauen in der Kommunalpolitik*, in: Pfizer, Theodor/Wehling, Hans-Georg (Hrsg.), Schriften zur politischen Landeskunde Baden-Württembergs, Band 11: Kommunalpolitik in Baden-Württemberg. Stuttgart: Landeszentrale für Politische Bildung Baden-Württemberg, 203-216.

Wehling, Hans-Georg, 2007: *Freie Wähler (FW/FWG)*, in: Decker, Frank/Neu, Viola (Hrsg.), Handbuch der deutschen Parteien. Wiesbaden: VS Verlag, 288-294.

Weir, Margaret, 1992: *Ideas and the Politics of Bounded Innovation*, in: Steinmo, Sven/ Thelen, Kathleen/Longstreth, Frank (Hrsg.), Structuring Politics. Historical Institutionalism in Comparative Analysis. Cambridge: Cambridge University Press, 188-216.
Welch, Susan, 1977: *Women as Political Animals? A Test of Some Explanations for Male-Female Political Participation Differences*, in: American Journal of Political Science 21 (4), 711-730.
Welch, Susan/Secret, Philip, 1981: *Sex, Race and Political Participation*, in: Western Political Quarterly 34 (1), 5-16.
Welch, Susan/Studlar, Donley T., 1988: *The Effects of Candidate Gender on Voting for Local Office in England*, in: British Journal of Political Science 18 (2), 273-281.
Welch, Susan/Studlar, Donley T., 1990: *Multi-Member Districts and the Representation of Women: Evidence from Britain and the United States*, in: The Journal of Politics 52 (2), 391-412.
Weldon, S. Laurel, 2002: *Beyond Bodies: Institutional Sources of Representation for Women in Democratic Policymaking*, in: The Journal of Politics 64 (4), 1153-1174.
Weldon, S. Laurel, 2006: *Women's Movements, Identity Politics, and Policy Impacts: A Study of Policies on Violence against Women in the 50 United States*, in: Political Research Quarterly 59 (1), 111-122.
Wessels, Bernhard, 1997: *Germany*, in: Norris, Pippa (Hrsg.), Passages to Power. Legislative Recruitment in Advanced Democracies. Cambridge: Cambridge University Press, 76-97.
Westle, Bettina, 2001: *Politische Partizipation und Geschlecht*, in: Koch, Achim/Wasmer, Martina/Schmidt, Peter (Hrsg.), Politische Partizipation in der Bundesrepublik Deutschland: Empirische Befunde und theoretische Erklärungen. Opladen: Leske + Budrich, 131-168.
Westle, Bettina/Schoen, Harald, 2002: *Ein neues Argument in einer alten Diskussion: 'Politikverdrossenheit' als Ursache des gender gap im politischen Interesse?*, in: Brettschneider, Frank/van Deth, Jan/Roller, Edeltraud (Hrsg.), Das Ende der politisierten Sozialstruktur? Opladen: Leske + Budrich, 215-244.
Westphalen, Raban Graf von, 2007: *Charles-Louis de Secondat Baron de la Brède et de Montesquieu, De l'esprit des loix ou Du rapport que les loix doivent avoir avec la constitution de chaque gouvernement, les moeurs, le climat, le commerce, etc.*, in: Kailitz, Steffen (Hrsg.), Schlüsselwerke der Politikwissenschaft. Wiesbaden: VS Verlag, 298-301.
Wickert, Christl, 1986: *Unsere Erwählten. Sozialdemokratische Frauen im Deutschen Reichstag und im Preussischen Landtag 1919 bis 1933. Band 2*. Göttingen: SOVEC.
Wiggershaus, Renate, 1978: *Geschichte der Frauen und der Frauenbewegung in der Bundesrepublik Deutschland und in der Deutschen Demokratischen Republik nach 1945*. Wuppertal: Peter Hammer.

Wilcox, Rand R., 2005: *Introduction to Robust Estimation and Hypothesis Testing*. Amsterdam: Elsevier.
Wildmann, Lothar, 2007: *Einführung in die Volkswirtschaftslehre, Mikroökonomie und Wettbewerbspolitik*. München: Oldenbourg.
Williams, Melissa S., 1998: *Voice, Trust, and Memory. Marginalized Groups and the Failings of Liberal Representation*. Princeton: Princeton University Press.
Wollstonecraft, Mary, [1792] 2004: *A Vindication of the Rights of Woman*. London: Penguin.
Wooldridge, Jeffrey M., 2002: *Econometric Analysis of Cross Section and Panel Data*. Cambridge: MIT Press.
Wooldridge, Jeffrey M., 2009: *Introductory Econometrics. A Modern Approach*. Mason: South-Western.
Wurms, Renate, 1995: *Kein einig' Volk von Schwestern. Von 1890 bis 1918*, in: Hervé, Florence (Hrsg.), Geschichte der deutschen Frauenbewegung. Köln: PapyRossa, 36-84.
Yaffee, Robert A./McGee, Monnie, 2000: *Introduction to Time Series Analysis and Forecasting with Applications of SAS and SPSS*. San Diego: Academic Press.
Young, Iris Marion, 1990: *Justice and the Politics of Difference*. Princeton: Princeton University Press.
Young, Iris Marion, 2000: *Inclusion and Democracy*. Oxford: Oxford University Press.
Zehnpfennig, Barbara, 2007: *Politeia*, in: Stammen, Theo/Riescher, Gisela/Hofmann, Wilhelm (Hrsg.), Hauptwerke der politischen Theorie. Stuttgart: Kröner, 418-424.
Zimmermann, Wolfgang, 2002: *Die industrielle Arbeitswelt der DDR unter dem Primat der sozialistischen Ideologie*. Münster: LIT.
Zypries, Brigitte/Holste, Heiko, 2008: *90 Jahre Frauenwahlrecht in Deutschland. Geschichte, Bilanz, Perspektive*, in: Neue Juristische Wochenschrift 61 (47), 3400-3403.